法学专业新兴学科、交叉学科系列

卫生法原理与实务

Principles and Practice of Health Law

主　编　石　悦

副主编　李晓堰　王番宁　杨逢柱　岳远雷

其他撰稿人（以撰写章节先后为序）

王　萍　徐晗宇　史　蕾　郑和园　蔡斯扬

孟　竹　王丹丹　谢青松　邹长青　蒋　娟

魏　洋　赵子君　张梦琳

中国教育出版传媒集团

高等教育出版社·北京

图书在版编目（CIP）数据

卫生法原理与实务 / 石悦主编 . -- 北京：高等教
育出版社，2023.6
ISBN 978-7-04-060602-7

Ⅰ . ①卫… Ⅱ . ①石… Ⅲ . ①卫生法－中国－高等学
校－教材 Ⅳ . ①D922.16

中国国家版本馆CIP数据核字(2023)第099009号

Weishengfa Yuanli yu Shiwu

策划编辑	程传省	责任编辑	程传省　杨丽云	封面设计	杨立新	版式设计	马　云
责任绘图	杨伟露	责任校对	刘娟娟	责任印制	田　甜		

出版发行	高等教育出版社	网　　址	http://www.hep.edu.cn
社　　址	北京市西城区德外大街 4 号		http://www.hep.com.cn
邮政编码	100120	网上订购	http://www.hepmall.com.cn
印　　刷	山东新华印务有限公司		http://www.hepmall.com
开　　本	787 mm×1092 mm　1/16		http://www.hepmall.cn
印　　张	19.75		
字　　数	470 千字	版　　次	2023 年 6 月第 1 版
购书热线	010-58581118	印　　次	2023 年 6 月第 1 次印刷
咨询电话	400-810-0598	定　　价	49.00 元

物 料 号　60602-00

作者简介

（以撰写章节先后为序）

王萍 哈尔滨医科大学教授、硕士生导师，中国卫生法学会常务理事、黑龙江省法学会常务理事、黑龙江省卫生法学研究会副会长兼秘书长、《医学与法学》期刊专家委员会委员。主要研究方向为诉讼法学、医事法学。出版专著1部，主编或参编卫生法学教材相关及丛书10余部，发表卫生法学科研与教学研究论文30余篇，主持省部级课题和项目10余项。

徐晗宇 哈尔滨医科大学副教授，黑龙江省医师协会医学人文专业委员会委员、黑龙江省法学会会员。主要研究方向为卫生法学。编写法学规划教材《社区卫生服务管理法律实务》1部，撰写学术论文10余篇，主持课题4项。

李晓堰 昆明医科大学副教授，云南省法学会民商法学研究会理事。主要研究方向为卫生法学、民商法学。出版专著2部，主编、副主编、参编教材20余部，发表论文20余篇，主持和参与各级各类项目10余项。

史蕾 大连医科大学讲师，辽宁省卫生法学研究会理事、辽宁省法学会治安治理法研究会理事、辽宁省法学会民族法治研究会理事。主要研究方向为卫生法学、法治文化、法治教育。参编教材近10部，发表论文20余篇，代表作为《医患纠纷法律认同的困境及解决路径探析》《中国特色法治文化建设论探》，主持省部级项目10余项。

郑和园 安徽医科大学讲师。主要研究方向为生命法、市场规制法。出版著作《企业社会责任他律——法律的介入与治理》，参编安徽省一流本科教材《卫生法学（第四版）》，在《科技进步与对策》《价格理论与实践》《科技管理研究》等刊物发表学术论文20余篇，主持省级项目5项。

蔡斯扬 大连医科大学讲师，辽宁省卫生法学研究会理事。主要研究方向为卫生法学、国际法学、仲裁法学。先后在《法学》《政治与法律》《社会科学家》等期刊和《光明日报》等国家级报纸上发表论文数篇，论文《"一带一路"倡议下外国法查明制度的完善》获第八届"辽宁省哲学社会科学奖·成果奖"二等奖，参与国家和省部级课题3项。

孟竹 大连医科大学讲师，辽宁省法学会卫生法学研究会理事。主要研究方向为医事法学、刑法学。在核心期刊、国家级报纸和学术会议上发表论文多篇，主持省级项目1项。

王番宁 锦州医科大学副教授，辽宁省法学会卫生法学研究会理事、中共锦州市委市政府法律专家库成员。主要从事卫生法学及医院管理方面研究。参编《卫生法学概论》等教材及专著 4 部，发表《公立医院改革视角下的医师多点执业发展研究》等卫生法及卫生管理领域论文 20 多篇，主持省级以上项目 8 项、市级项目 3 项。

王丹丹 锦州医科大学讲师，辽宁省法学会卫生法学研究会会员。从事卫生法及卫生行政管理方面教学与科研工作。代表性著作为《医事法热点问题研究》，发表《医学生实习权的界定及保障机制研究》《借鉴美国 DPA 制度，完善我国老年人意定监护法律体系》等核心期刊论文 10 余篇，主持省级科研项目 5 项。

谢青松 广西医科大学副教授、硕士生导师，中国卫生法学会理事、广西卫生法学研究会副会长、南宁律师协会医疗卫生专业委员会主任委员。主要研究方向为医事法学、诉讼法学。主编或参编《医与法》《医事法学》《卫生法学》等教材 15 部，在《学术论坛》等期刊上发表论文 30 余篇，主持各级各类课题 16 项。

邹长青 中国医科大学教授、硕士生导师，中华医学会医学伦理学分会青年委员、中国卫生经济学会青年卫生经济委员会委员、中国伦理学会会员、辽宁省卫生经济学会卫生政策专业委员会青年委员。主要研究方向为中国特色卫生健康治理、卫生政策。出版《东北大健康产业发展研究》专著 1 部，在《东北大学学报（社会科学版）》《天府新论》等期刊上发表学术论文 42 篇，主持省部级课题 11 项。

岳远雷 湖北中医药大学副教授，中国卫生法学会理事、国家中医药管理局传统医药法律保护重点研究室兼职研究员。主要研究方向为卫生法学、药事法学。独著《医事法基础与超越》，副主编 5 部，在《中草药》《中国卫生政策研究》《医学与哲学》《中国卫生事业管理》等期刊上发表论文 20 余篇，主持省部级项目 6 项。

蒋娟 安徽医科大学副教授、硕士生导师。主要研究方向为法治教育、卫生健康法。在《南京医科大学学报（社会科学版）》《合肥学院学报》《江淮》等期刊上发表论文 60 余篇，主持省级课题 4 项，参编教材 2 部。

石悦 大连医科大学教授、硕士生导师，人文与社会科学学院副院长、法学系主任，辽宁省一流本科示范专业负责人，中国卫生法学会常务理事、中国法学会法学教育研究会理事、辽宁省法学会卫生法学研究会会长等。长期致力于医疗卫生法学的教育教学和科学研究工作。出版著作 3 部，主编或参编教材 20 余部，发表学术论文 50 余篇，主持各级各类课题 50 余项，主编的《卫生法学（案例版）》获评辽宁省优秀教材，负责并主讲的《卫生法学》获国家级一流本科示范课程。2017 年获评辽宁省第十三届普通高校本科教学名师，2021 年获大连市"三八红旗手"称号。

魏洋 西南医科大学助理研究员、医事法学教研室专任教师，《医学与法学》期刊责任编辑。主要研究方向为医事法学。发表学术论文 16 篇，参编著作 2 部，主持并参与各级各类项目 20 余项。

赵子君 新乡医学院三全学院助理教师。主要研究方向为卫生法学、生命伦理学。参编教材《医疗美容法律法规与风险管理》，发表多篇论文，主持市级项目 1 项。

杨逢柱 北京中医药大学副教授、硕士生导师，执业律师、仲裁员，中国法学会法学教育研究会理事、中关村产融合作与转型促进会副会长。主要研究方向为中医药法和国际经济法。主编、副主编或参编《中医药法学》《卫生法学》《中医药法律问题专题研究》《新时代公立医院法治建设研究》等教材或著作 10 余部，发表论文 30 余篇，主持省部级以上课题和项目 3 项，校级以上课题或项目 10 余项。

张梦琳 昆明医科大学助理研究员。主要研究方向为卫生法学、行政法学。主持省级项目 1 项、校级项目 4 项，参与省部级项目 3 项、厅级项目 1 项。

编写说明

　　随着健康中国战略的实施，关注健康、健康第一已经成为全社会的共识，从达成共识到转化为公民的自觉行动需要完善卫生健康法治体系，强化卫生健康法治对公民健康的支撑保障作用。作为以健康权为核心、以卫生活动为研究对象的一门法学学科，在全面依法治国、推进法治中国和健康中国建设的背景下，卫生法学的教学研究工作具有必要性和急迫性。

　　在"大卫生、大健康"的理念下，相较其他法学学科，卫生法学的研究范围更广，研究对象的广泛性和特殊性使其成为一门法学、医学、药学、生物学等学科交叉融合的学科。目前，卫生法学已经发展成为既关注前沿理论研究，又致力于解决大众关心的卫生健康领域实际问题的新兴学科，成为法学学科的重要组成部分。

　　《卫生法原理与实务》一书由大连医科大学牵头，由北京中医药大学、中国医科大学、哈尔滨医科大学、昆明医科大学、安徽医科大学、西南医科大学、华中科技大学、广西医科大学、锦州医科大学等十余所高等院校中长期从事卫生法领域研究、教学和实务工作的人员共同完成。本书共计16章，主要阐述了卫生法基础原理、医疗卫生机构管理法律制度、医疗卫生人员管理法律制度、药品管理法律制度、卫生健康相关产品法律制度、传染病防治法律制度、突发公共卫生事件应急法律制度、职业病防治法律制度、基本医疗卫生服务与健康促进法律制度、精神卫生法律制度、母婴保健法律制度、医疗损害责任法律制度、医疗纠纷预防和处理法律制度、医学发展引起的法律问题、中医药管理法律制度、医疗卫生法律救济等内容。构建了包含基础理论、医疗、药事、健康产品、公共卫生、中医药及现代科技等各方面知识的卫生法框架体系。本书的编写旨在总结归纳卫生法的理论体系和制度体系，展示最新研究成果与典型实务案例，构建理论与实践相结合，知识获得、能力养成和价值塑造相融合的知识体系，使读者了解掌握卫生法的基本概念、基本规则和制度体系，明确与卫生有关的活动中主体的权利和义务，提高卫生从业者依法执业、规范执业的意识。

　　本书具有如下突出特点：

　　第一，结构完整，内容翔实。本书涉及医疗法、药事法、公共卫生法、健康法、中医药法及医学发展带来的新法律问题等理论和实务内容，涵盖了目前卫生法研究的主要领域。既可作为高等院校医学、法学等相关专业学生研习我国医疗卫生法律制度的教材，也可作为医疗卫生及法律实务工作者了解卫生法理论与实务的参考书；既可作为社会大众学习医疗卫生法律知识的案头书，也可作为医疗卫生法律领域实务工作者的工具书。

　　第二，兼具理论性与实务性，关注前沿。本书通过严谨的逻辑结构阐述各章的法学理论，概念准确、法理精准。结合最新颁布和修订的卫生法律法规，对社会发展、新兴医疗模式的出现等带来的与医疗卫生相关前沿理论与实务问题进行解析，以扩大读者的理论视野，提高其实操能力。

第三，案例典型，习题经典。本书在每一章都设有典型案例作为导引，以增强读者的学习兴趣，加深其对相关理论知识的理解。同时，本书还针对执业医师资格考试、卫生职称考试等设置了典型练习题或历年真题（题中标注的年份代表该题为当年真题），供读者学习使用，助力其顺利通过考试。

本书由石悦任主编，李晓堰、王番宁、杨逢柱、岳远雷任副主编，具体分工如下：

王萍、徐晗宇：撰写第一章。

李晓堰：撰写第二章。

史蕾：撰写第三章。

郑和园：撰写第四章。

蔡斯扬、孟竹：撰写第五章。

王番宁：撰写第六章。

王丹丹：撰写第七章。

谢青松：撰写第八章。

邹长青：撰写第九章。

岳远雷：撰写第十章。

蒋娟：撰写第十一章。

石悦：撰写第十二章。

魏洋：撰写第十三章。

赵子君：撰写第十四章。

杨逢柱：撰写第十五章。

张梦琳：撰写第十六章。

纸上得来终觉浅，绝知此事要躬行。法律终应表现为有意义的行为，而非白纸上的文字。期望阅读本书的学生、教研人员、医疗卫生从业者以及社会大众能将通过本书学到的知识运用于工作、学习与日常生活之中。如能如此，也是本书的所有编者为更好地保护人民的健康权益，促进医疗卫生事业的健康发展贡献的微薄之力。

本书在编写过程中难免挂一漏万，不足之处，恳请读者、专家、同仁批评指正。

石　悦

2023 年 3 月 6 日

目 录

第一章
卫生法基础原理

【本章重点】

1. 卫生法的概念、特征与作用
2. 生命健康权保障原则
3. 卫生法的渊源
4. 卫生法律关系的构成要素
5. 卫生法的运行

李某诉市卫生健康委员会投诉答复和行政复议案①

2018 年 7 月 30 日，李某向市卫生健康委员会（以下简称"市卫健委"）信访反映其因举报控告遭到报复，要求消除迫害。市卫健委向涉事医院发出《医疗纠纷处理调查函》。医院向市卫健委提交了反映李某入院及治疗过程的调查报告。市卫健委经调查，答复李某反映的问题属于医疗纠纷范畴，根据《医疗事故处理条例》和《广东省医疗纠纷预防与处理办法》，可以协商解决，协商不成可申请医调委调解等；关于反映的问题，根据上述证据未发现相关情况。李某不服，向省卫生健康委员会（以下简称"省卫健委"）申请行政复议。省卫健委受理李某复议申请后，根据市卫健委提交的证据材料，省卫健委经审查维持市卫健委的涉案答复。李某不服，提起行政诉讼。法院一审判决驳回原告李某全部诉讼请求。原告上诉，二审驳回上诉，维持原判。

思考：

1. 因人体生命健康权益而产生的纠纷，有哪些法律救济途径？

2. 本案是医疗纠纷民事争议，是否属于卫生行政复议范围？

案例解析

---

① 审理法院：广州铁路运输中级人民法院，案号为（2019）粤 71 行终 2844 号。

第一节　卫生法概述

一、卫生法的概念

卫生法是指由国家制定或认可，并由国家强制力保障实施，旨在保护人的生命健康、调整卫生健康活动中各种社会关系的法律规范的总和。卫生法是国家意志和利益在卫生健康领域的具体体现，通过维护生命健康活动中的权利与义务，调整保护各种卫生法律关系，维持正常的卫生健康秩序，是国家进行卫生健康事业管理、推进医药卫生体制改革、提高人民健康水平的重要工具。

卫生法有狭义和广义之分。狭义的卫生法仅指由全国人民代表大会及其常务委员会制定、颁布的卫生法律。1957 年 12 月，第一届全国人民代表大会常务委员会通过的《国境卫生检疫条例》，是新中国历史上第一部真正意义的卫生法律。目前我国尚未制定卫生法典，但已构建了较为完整的卫生法律体系框架，在卫生健康领域，现有 15 部法律、35 部行政法规和 90 余部规章。2020 年 6 月，全国人民代表大会常务委员会颁布《基本医疗卫生与健康促进法》，具有基础性和综合性的卫生基本法正式实施。广义的卫生法除狭义的卫生法外，还包括《宪法》和其他部门法中有关卫生内容的规定，以及其他国家机关依照法定程序制定、颁布的卫生法规、卫生规章等。

二、中国卫生法的产生与发展

中国古代最早的卫生法规范可追溯到殷商时期。《周易》《周礼》《春秋》《左传》《韩非子·内储说上》等经典书籍相关文字记载，集中反映了那一时期对繁衍健康后代的重视。周代建立了最早的医事制度。根据《周礼》有关记载，宫廷医生分为食医（负责饮食）、疾医（内科）、疡医（外科）和兽医四种类型。此外，周代还建立了世界上最早的病例记录与死亡报告制度。春秋战国后，我国进入了封建社会，卫生立法获得了迅速发展。从秦代起，我国出现了比较系统的法典，其中卫生法规逐渐增多，医疗管理制度和药品管理制度趋于规范化。根据《云梦秦简》的记载，秦律不仅规定有《法经》六篇，而且有《田律》等内容，这在一定程度上说明，其对环境卫生比较重视。公元 659 年，唐朝颁布了《新修本草》，比《佛罗伦萨药典》还要早 800 多年。宋元时期，医药卫生制度在许多方面虽沿袭唐制，但均有发展。如宋朝建立了国家药品检验制度；《元典章》更是规定，禁止行医者出售剧毒药品和堕胎药品，禁止假医游街卖药，行医者治疗致人丧命必须酌情定罪，等等。明清时期通过立法对医家行医、考试录用、庸医处罚等作出规定。辛亥革命之后，我国的卫生立法趋于专门化，颁布了《传染病预防条例》《医师暂行条例》《助产士条例》等。

新民主主义革命时期，中华苏维埃共和国临时中央政府曾颁布《苏维埃区域暂行防疫条例》等。抗日战争时期颁布的《陕甘宁边区防疫委员会组织条例》《陕甘宁边区医师管理条例》《护理工作条例》等，为各抗日根据地政权在异常艰难的条件下维护军民身体健康提供了法律保障。解放战争时期制定的《连队卫生工作条例》《战时卫生勤务条例》等，对保障军民健康，取得革命胜利发挥了重要作用。

1949年新中国成立后，我国卫生立法进入了一个崭新的时代，大致可分为改革开放前的卫生立法和改革开放后的卫生立法两个阶段。其中，改革开放前的卫生立法又可进一步分为探索阶段（1949年~1965年）和停滞阶段（1966年~1977年）；改革开放后的卫生立法又可以分为快速发展阶段（1978年~2013年）和深化提升阶段（2014年至今）。改革开放前的卫生立法数量较少，效力层次较低，已被后续颁布的法律法规和部门规章所废止或者修正。改革开放后的卫生立法在内容上涉及的领域更为宽泛，尤其在医事行为、食品安全、公共卫生、涉外卫生管制等方面表现得更为突出，陆续颁布了数部具有支柱地位的法律法规和部门规章，解决了医疗卫生事业中的突出问题。从2003年起，我国的卫生立法从体系建立阶段进入到体系完善阶段。近年来，随着"法治中国"和"健康中国"战略的实施，我国的立法面临着新的机遇和挑战，需要从"医疗卫生"立法迅速提升至"大健康"的层次，国家也陆续颁布了许多法律法规和规范性法律文件。[①]

三、卫生法的特征

卫生法以保护公民健康为核心宗旨和根本目的。卫生法的特征是卫生法本质的外化，是卫生法区别于其他部门法的标志。由于卫生法的调整对象是因人体健康生命权益而产生的各种社会关系，它不仅要受到经济、政治、文化、社会习俗的影响和制约，而且要受到自然规律和医学等科学技术发展的影响。卫生法除具有法律的一般属性即规范性、国家强制性、国家意志性、普遍性、可诉性外，还有其独有的特征。

（一）法律形式的多样性

在形式上，卫生法由宪法、法律、行政法规等众多的法律文件构成，是卫生健康领域法律规范的总和。卫生法的这一特征，是由其自身的特殊性决定的。在卫生健康领域，需要卫生法调整的范围十分广泛且内容繁杂；医疗卫生事项繁琐多变，与卫生健康领域有关的法律法规甚多而又修改频繁，由此难以制定一部统一的卫生法典。卫生法体系中还有相当一部分规范性文件是以"办法""规定""通知"等政策形式出现的。

（二）技术标准的时代性

法律的强制性和法律的稳定性高度相关，法律既然由国家强制力保障实施，就应具有相对的稳定性。但与传统法律部门相比，卫生法的时代性较强，原因有三：一是我国卫生法治建设还在逐步完善，仍有一部分卫生方面的事务还需依靠政策来调整。二是卫生法调整领域主要由技术性操作规范和技术标准构成，卫生健康工作是一项科学性、技术性很

---

① 姚建红：《卫生法与卫生政策》，中国协和医科大学出版社2022年版，第14—22页。

强的工作，基于一些领域的科技进步，需要持续对相关技术性规范进行修订，比如器官移植、脑死亡、基因诊断与治疗、生殖技术等。三是人的医疗卫生需求会随着社会和时代发展变化而变化。

（三）调整手段的综合性

卫生法所调整领域的特殊性，决定了其调整手段的综合性，即往往涉及民事手段、行政手段和刑事手段的综合应用。例如，采用行政许可、行政处罚、行政强制等行政手段来调整卫生行政组织管理活动中产生的社会关系；采用民事手段来调整卫生服务活动中的权利义务关系，如医患关系等；对于医疗卫生和提供食品、药品等服务活动中的严重加害行为，需依法追究相应的刑事责任。

（四）保护全人类健康的社会共同性

卫生法属于国际性的国内法，具有社会共同性，即卫生法防治疾病，保护全人类健康，全世界不分国界、不分种族，共同对抗人类所面临的问题。

四、卫生法的作用

卫生法通过法律实施起到规范、预测、强制、教育和保障作用，重点表现为保障公民健康权益、规范和引导相关方行为、引领和促进卫生健康事业发展。

（一）保障公民健康权益

卫生法的根本目的是保障和提高公民健康权益，我国《宪法》规定国家发展医疗卫生事业，保护人民健康。其他相关法律通过规范约束企事业单位、社会团体、医疗卫生机构和公民的行为，规定相关方在开展活动过程中可以做什么、不能做什么或者建议做什么，促进相关行为人遵守卫生标准、规范等，按照正确的行为方式开展活动，并通过国家强制力保证实施，从而保障公民生命健康。

（二）规范和引导相关方行为

卫生法属于特殊行政法，可以有效规范卫生行政行为，是调控国家卫生事业发展的法律规范。卫生法主要规范食品安全、医疗卫生、医疗损害处理、卫生防疫、药品药械管理、从业资格、突发公共卫生事件应对等社会关系，这些社会关系均为纵向的以隶属性为基本特征的卫生行政关系。卫生法通过禁止性规范、命令性规范、授权性规范等，引导人们在法律允许的范围内活动，并对违反卫生法律规范的行为人进行处罚，从而维护国家安全、维护卫生事业的公益性地位、及时有效控制突发性公共卫生事件、推进卫生事业健康有序发展。因此，卫生法具有规范、引导相关方行为的作用。

（三）引领和促进卫生健康事业发展

发展卫生保健事业，除了科学技术、医药教育，还要求卫生事业管理的现代化、法治化。加强卫生法治建设，加强卫生监督，对于保障卫生工作开展，制裁违法犯罪行为、保护公民身体健康具有积极的作用。卫生法可以规范医学科技发展，保证新技术、新成果造福人类，推动建设共同发展的卫生健康体系。改革开放使我国的医药卫生国际技术交流、国际贸易交流日益频繁，卫生法可以为促进医疗卫生国际交流和人类卫生事业发展提供法律保障。

第二节 卫生法的基本原则

卫生法基本原则是连接卫生法价值与卫生法律制度、规则的桥梁，其效力贯穿于整个卫生法律体系，集中体现卫生法的价值、目标和理念，对卫生法的制定与实施具有普遍的指导作用。卫生法的基本原则是指体现在各种卫生法律、法规之中的，对有关人体生命健康各种社会关系具有普遍指导意义的准则。它是卫生立法的指导思想和基本依据，统领卫生法的制定与实施，并指引和规范卫生法治不断发展。关于卫生法的基本原则，理论界持有不同观点和主张。本教材结合《基本医疗卫生与健康促进法》，将卫生法基本原则归纳为如下几项。

一、生命健康权保障原则

生命健康权保障原则是卫生法的首要基本原则，要求卫生法对人的生命健康权予以优先、充分的保障，该项原则集中体现了卫生法的根本目的、核心理念和价值追求。

现代国家中，生命健康权是受到法律保护的最重要权益，在宪法法律塑造的权利体系中，具有最高的地位。全世界有超过 2/3 的国家将健康权视为一项基本权利写入宪法，主要以健康状况与卫生保障为基本内容，涵盖卫生保健与卫生条件领域。卫生保健领域包括医药保健、食品卫生保健、儿童预防保健、孕前孕后卫生保健、精神保健等；卫生条件领域包括清洁用水、充分营养食品、职业卫生与健康有关信息等。我国宪法虽然尚未明确规定公民健康权这一概念，但承认并保障公民在患病时有从国家获得医疗服务的权利，明确国家要通过发展医疗卫生服务等方式，积极履行保护公民健康的义务，以全方位实现对健康权的保护。《基本医疗卫生与健康促进法》明确提出了健康权的概念，这是对宪法原则规定的深化和发展。这一基础性、综合性法律，对我国卫生与健康领域的法治建设、人民健康的全方位保障、健康中国建设的稳步推进具有重要意义。

二、科技促进与伦理约束原则

科技促进与伦理约束原则是与生命健康权保障原则位于同一位阶，且与后者形成互补的另一项重要原则。

科技是科学与技术的统称，亦是科学技术的简称，在卫生领域主要表现为新型医疗手段，如人工辅助生殖、器官移植、克隆技术、基因诊断、基因治疗以及新药物、新疗法等。毫无疑问，科技在医药卫生领域所带来的积极影响非常突出，医药科技的广泛应用，有效提升了人类的生存质量，给人类带来了巨大福祉，极大地促进了人类文明的发展和进步。但也应看到，科技快速发展的同时，给医疗卫生领域也带来了巨大的挑战和一些消极影响，引发了一系列伦理危机，集中表现为安全性问题、人权和尊严问题、人格同一性问题、人类伦理关系问题、生命商品化问题以及破坏自然法则问题等。科技促进与伦理约束原则要求医药卫生事业必须依靠科学技术的支撑和促进，引导科学技术朝着提高人类生命健康水平的方向发展，同时必须受到伦理约束和法律规制，控制和减少医疗卫生领域的科学技术进步对人类文明带来的不利因素。科技促进与伦理约束二者相辅相成、不可偏废。

三、政府主导、全社会参与原则

基于卫生法领域的特殊性及大量不具有法律属性的政策性文件规定在卫生领域的应用，政府主导、全社会参与原则作为前两项基本原则的双向强化，亦是我国卫生法的基本原则之一。

健康权作为一种社会权主要靠国家履行积极义务来保障。在公法关系中，保障意味着法律为国家设定义务，包括消极义务和积极义务。这要求，一方面，对与生命健康相关的国家机关、社会组织和个人相关活动加以规制，防止公民的生命健康权遭受损害，体现为国家、政府消极地保护生命健康权免受侵犯和破坏；另一方面，为卫生事业的发展进步及健康促进目标的实现提供支持，如国家发展卫生事业，鼓励、资助私人主体或社会办医等，体现为积极地促进人民生命健康权水平的提升。基于健康权的社会属性，政府应承担公共医疗服务的供给义务，即保障国家医药卫生事业的公益性。我国《宪法》即明确规定了政府的基本医疗卫生服务供给义务。同时，卫生工作也需动员全社会参与，即必须做到政府领导、部门配合、社会支持、群众参与，使卫生事业成为全民的事业。中央和地方各级政府要把卫生事业列入经济和社会发展的总体规划，加强对卫生事业的宏观管理，并能够为本地区卫生建设提供必要的物质支持；卫生行政部门要认真组织实施卫生工作，加强对卫生工作机构和卫生技术人员的管理，强化卫生监督执法，坚持依法行政；政府其他各职能部门要努力配合，积极履行相应的职责，承担和完成相应的任务；各社会团体、企事业单位和公民要积极参与卫生工作，使卫生事业真正成为全民的事业。

第三节 卫生法的渊源和效力

一、卫生法的渊源

法律渊源是指法律规范由何种国家机关创制，并表现为何种法律文件形式。卫生法的渊源又称卫生法的法源，是指卫生法律规范的具体表现形式。在我国，卫生法并非独立的部门法，故缺乏统一法典，有关卫生法的规范散落在宪法、行政法、民法、刑法等部门法中。同时，医疗卫生相关内容本身既多又杂，往往需要针对具体事项予以专门规制，因此，我国卫生法的渊源包括宪法、卫生法律、卫生行政法规、地方性卫生法规、卫生自治条例与单行条例、卫生规章、卫生标准和技术规范、卫生法律解释及国际卫生条约。

（一）宪法

宪法是我国的根本法，具有最高法律效力，制定任何法律规范都不能与之相抵触。宪法中有关保护人体生命健康的规定，如第 21 条、25 条、33 条、45 条对于发展医疗卫生事业、推行计划生育、任何公民享有宪法和法律规定的权利、获得医疗物质帮助的权利等的规定，是卫生法的最高法源。

（二）卫生法律

卫生法律由全国人民代表大会及其常委会制定，包括卫生基本法和卫生普通法。卫生基本法是国家为了保护人类健康，针对全国医药卫生预防保健工作制定的综合性、系统性的法律文件，其内容应当包括我国卫生工作方针、政策和基本原则。《基本医疗卫生与健康促进法》为我国卫生基本法。卫生普通法包括《食品安全法》《药品管理法》《医师法》《传染病防治法》《母婴保健法》《献血法》《职业病防治法》《人口与计划生育法》和《精神卫生法》等十多部，属于卫生法直接法源。另外还包括《民法典》《消费者权益保护法》和《刑法》等有关医药卫生的条款，是卫生法的间接法源。

（三）卫生行政法规

卫生行政法规由国务院制定。卫生行政法规有两种发布形式：一种由国务院直接发布，如《医疗纠纷预防和处理条例》；另一种经国务院批准，由卫生健康行政部门发布，如《国境卫生检疫法实施细则》。

（四）地方性卫生法规

地方性卫生法规效力低于卫生行政法规，在地方适用。是由省、自治区、直辖市和设区的市、自治州的人大及常委会依法制定的卫生法律文件，如上海市人大常委会制定的《上海市精神卫生条例》。

（五）卫生自治条例与单行条例

卫生自治条例与单行条例属于法规法源，在民族自治地方适用，由民族自治地方的人大依法在其职权范围内根据当地民族的政治、经济、文化的特点制定，如《玉树藏族自治州藏医药管理条例》。

（六）卫生规章

卫生规章是对卫生法律和法规的补充，由国务院卫生健康行政部门或者各省、自治区、直辖市以及设区的市、自治州的人民政府制定和发布。其可进一步分为部门规章和地方政府规章。国务院卫生行政部门制定发布部门规章，在全国范围内适用；省、自治区、直辖市和设区的市、自治州的人民政府制定和发布地方政府规章，在地方适用。

（七）卫生标准和技术规范

卫生标准和技术规范是医学诊断和治疗的准则，包括医疗技术常规、操作规程和诊断标准。作为卫生法的特殊渊源，它具有技术控制和法律控制的双重性质，具有法律约束力。我国医疗服务管理中对医疗行为的具体控制，需要依靠卫生标准和技术规范进行。因此卫生标准、技术规范是卫生法渊源的一个重要组成部分。按照适用范围进行划分，可将卫生标准分为国家标准、行业标准和地方标准三种。

（八）卫生法律解释

卫生法律解释是指正式有效的解释，包括立法解释、司法解释和行政解释。立法解释是由最高国家权力机关即全国人大常委会对卫生法律、法令进行的解释。司法解释是由最高人民法院和最高人民检察院在审判和检察工作中对卫生法律的具体应用进行的解释。行政解释由国务院及主管部门对卫生法律应用问题进行的解释。例如，《最高人民法院关于审理人身损害赔偿案件适用法律若干问题的解释》属司法解释；《卫生部关于产妇分娩后胎盘处理问题的批复》属行政解释。

（九）国际卫生条约

国际卫生条约是我国与外国缔结或者我国加入并生效的国际法规范性文件。国际条约虽然不属于我国国内法的范畴，但其一旦生效，除我国声明保留的条款外，与国内法具有同等效力。如《麻醉品单一公约》《精神药物公约》《国际卫生条例》。

二、卫生法的时间效力

卫生法的时间效力包括卫生法的生效、失效和卫生法生效前对所发生的事件行为是否有溯及力。

（一）卫生法的生效

卫生法的生效时间主要有以下几种：卫生法律文件中明确规定从法律文件颁布之日起施行；卫生法律文件中明确规定由其颁布后的某一具体时间生效；卫生法律文件公布后先予以试行或暂行，而后由立法机关加以补充修改，再公布施行，试行或暂行期间也具有法律效力；卫生法律文件中没有规定生效时间，实践中以该法律文件公布的时间为生效时间。

（二）卫生法的失效

卫生法的失效时间主要有以下几种：从新法公布之日起，相应的旧法即自行废止；新法代替了内容基本相同的旧法，在新法中明文宣布旧法废止；由于形势发展变化，原来的法律因调整的社会关系不复存在或完成了历史任务而已失去了存在的条件而自行失效；有关国家机关发布专门的决议、命令，宣布废止其制定的某些法，而导致该法失效。

（三）卫生法的溯及力

卫生法的溯及力，是卫生法溯及以往的效力，涉及新法生效后，对其生效前所发生的事件和行为是否适用的问题。我国卫生法一般不溯及既往，但有特别规定的除外。例如，根据我国《行政处罚法》和《刑法》的相关规定，卫生行政处罚和卫生刑事处罚适用从旧兼从轻原则，即如果违法行为发生在新法颁布前，旧法更轻，则适用旧法；如果新法更轻，更有利于违法当事人，则适用新法，新法具有溯及力。

第四节　卫生法律关系

法律关系是一种根据法律规范产生的，以主体之间的权利义务关系表现出来的特殊社会关系。卫生法在调整医疗卫生事务过程中，形成了多层且复杂的卫生法律关系。

一、卫生法律关系的概念与类型

（一）卫生法律关系的概念

卫生法律关系是指由卫生法律规范调整的国家机关、企事业单位和其他社会团体与公民之间在医药卫生健康服务过程和医药卫生监督管理活动中形成的各种权利和义务关系。卫生法调整医疗卫生领域的社会关系，即卫生社会关系是卫生法的调整对象。卫生社会关系经卫生法调整后具备了权利义务内容，产生法律上的意义和效果，就上升为法律关系，受到法律保护，因此卫生法律关系是卫生法的调整结果。卫生社会关系比卫生法律关系的范畴广泛，因为不是所有的卫生社会关系经卫生法调整都具有权利义务内容，例如，提供医疗卫生咨询、发布卫生统计数字等仅为卫生事实行为，不具有权利义务内容。

（二）卫生法律关系的类型

因医疗卫生事务本身既复杂又繁多，往往需要针对具体事项专门规制，故卫生法表现出不同位阶的众多单行法。按照传统部门法，卫生法律关系主要包括卫生民事法律关系与卫生行政法律关系，但并不限于这两种法律关系，如为保障人权可能涉及宪法法律关系，触犯刑律可能涉及刑事法律关系。不同形式渊源的卫生法对应不同类型的卫生法律关系，主要有卫生宪法法律关系、卫生民事法律关系、卫生刑事法律关系和卫生行政法律关系。

二、卫生法律关系的构成要素

卫生法律关系由主体、客体和内容三个要素构成。

（一）卫生法律关系主体

卫生法律关系主体是指卫生法律关系的参与者，即在卫生法律关系中享有权利、承担义务的当事人，包括国家卫生行政机关、医疗卫生机构、企事业单位、社会团体和公民。其中，卫生民事法律关系的主体是平等的民事卫生法律关系的当事人；卫生刑事法律关系主体的一方当事人是国家，另一方当事人是医药卫生刑事犯罪分子；卫生行政法律关系的主体包括卫生行政主体和卫生行政相对人。

（二）卫生法律关系客体

卫生法律关系客体是指卫生法律关系主体的权利和义务共同指向的对象。它是联系卫生法律关系主体间权利义务的纽带，是卫生法律关系不可缺少的构成要素。卫生法律关系的客体主要有以下几种形式：

1. 物

作为卫生法律关系客体的物，主要包括药品、保健品、化妆品、医疗器械、生物制品、医疗废物等，即卫生法律关系主体在各种医疗和卫生管理工作中所需要的生产材料和生活资料。按传统民法理论，人体是人身权的客体，物是物权的客体。但随着医疗科学技术的发展，人体的一些部分可以脱离人体，进入物的领域，如捐献的器官、血液、精子、冷冻胚胎、切除的病变组织以及用于生物技术的人类生物材料等，在特定条件下可以成为物权的客体。但此类物权的内容与行使不同于一般物权，要受到一定的限制。

2. 行为

作为卫生法律关系客体的行为较为丰富，包括但不限于疾病诊治、疾病防控、医疗保健服务、健康相关产品的生产和经营、卫生行政执法、突发公共卫生事件应急管理等。上述行为是卫生法律关系主体行使权利、履行义务时进行的活动。行为可分为合法行为和违法行为，合法行为依法受到法律保护，违法行为将引起法律责任和法律制裁。

3. 智力成果

作为卫生法律关系客体的智力成果，是卫生法律关系主体在卫生健康领域从事智力活动所取得的医药卫生科技成果，属于精神财富，如医学著作或论文、医疗仪器发明、新药的发明、转基因技术、克隆技术创造发明等。

4. 生命健康利益

生命健康利益是人身利益的一部分，包括人的生命、身体、生理功能等。它是卫生法律关系中最基本、最重要的客体。随着现代科技和医学科学的不断发展，输血、器官移植、辅助生殖等医学技术和成果在临床中被大量应用，不得超出法律授权的界限侵害他人生命健康利益、严禁对他人人身非法强行行使权利成为法律必须规制的内容。

（三）卫生法律关系内容

卫生法律关系内容是指卫生法律关系的主体依法享有的权利和应当承担的义务，即卫生权利和卫生义务。卫生法律关系主体的权利受卫生法律保护，当义务人拒不履行义务或不依法履行义务时，权利人可以依法请求司法机关或卫生行政部门采取必要的强制措施，以保障其权利得以实现；当权利人的权利受到对方侵害时，受害人可以依法请求司法机关或卫生行政部门给予法律保护，依法追究对方的行政责任、民事责任或刑事责任。

三、卫生法律关系的产生、变更与消灭

（一）基本概念

卫生法律关系的产生，是指卫生法律关系主体间确立和形成了卫生权利与义务关系；卫生法律关系的变更，是指卫生法律关系主体、内容或客体发生了变化；卫生法律关系的消灭，是指卫生法律关系主体间的权利与义务关系完全终止。

引起卫生法律关系产生、变更和消灭的条件有两个：一是法律规范，二是法律事实。在法理学上，法律规范是法律关系产生、变更和消灭的前提；法律事实是法律关系产生、变更和消灭的根据。即法律规范为人们的行为设定了一定的模式，使法律关系当事人享有权利和承担义务具有可能性，但仅有这种可能性是不够的，因为它并不能必然引起法律关系的产生、变更和消灭。只有同时具备一定的法律事实和法律上所规定的权利、义务关系，才能产生实际的权利义务关系。

（二）卫生法律事实

根据卫生法律事实是否与当事人的意志有关，可将卫生法律事实分为卫生法律事件和卫生法律行为。

1. 卫生法律事件

卫生法律事件是指与人的意志无关，不是由当事人的行为引起的，能够引起卫生法律关系发生、变更、消灭的客观事实。卫生法律事件有两种：一种是自然事件，如自然灾害造成的流行病暴发；另一种是社会事件，如卫生政策的重大调整、卫生法律的重大修改、政府卫生行政措施的颁布实施、司法机关与行政机关对双方当事人争议问题的司法判决和行政决定等。

2. 卫生法律行为

卫生法律行为是引起卫生法律关系产生、变更、消灭的最普遍的法律事实，是指与人的意志有关，由当事人的作为或不作为引起的，能够引起卫生法律关系产生、变更、消灭的客观事实。例如，患者到医院挂号就诊的行为，会导致医患双方医疗合同法律关系的形成，治疗任务完成后，卫生法律关系便自行消灭。如果医疗活动中发生了医疗事故，医疗合同法律关系就变更为医疗损害赔偿法律关系。如果出现了医疗纠纷，经协调得以妥善解决，该卫生法律关系就此消灭。

第五节　卫生法的运行

卫生法的运行是卫生法创制、实施到实现的过程，包括卫生法律制定（卫生立法）、卫生法律遵守（卫生守法）、卫生法律执行（卫生执法）和卫生法律适用（卫生司法）等环节。

一、卫生立法和卫生守法

（一）卫生立法的概念与程序

卫生立法是指有权的国家机关依照法定的权限和程序，制定、修改、补充、废止卫生法律文件的活动。

卫生立法程序，是指依据《立法法》和《宪法》有关规定，有权国家机关在其权限范围内按照法定程序行使立法权，包括卫生法的准备、提出和审议、表决、通过与公布等环节。卫生立法尤其注重立法的民主性，这是因为医药卫生事业关乎全体公民的生命健康，立法必须要有公众和一线医药卫生从业人员的参与。要贯彻"开门"立法，让公众知晓，特别是要通过新闻媒体广泛传播立法信息，设立立法公众参与制度，让公众参与卫生立法活动，具体方式包括立法调研、立法听证、专家咨询、网络征求意见等。

（二）卫生守法的概念、主体与范围

卫生守法又称卫生法的遵守，是指一切国家机关和武装力量、各政党和社会团体、各企事业单位和全体公民依照我国卫生法的规定，行使权利和履行义务的活动。卫生守法的主体既包括一切国家机关、社会团体和全体公民，也包括在我国领域内活动的国际组织、外国组织、外国公民和无国籍人。

卫生守法范围极其广泛，不仅包括遵守我国宪法、卫生法律、卫生行政法规、卫生规章以及地方性卫生法规、卫生自治条例和单行条例、特别行政区的卫生法，还包括遵守我国参加的世界卫生组织的相关章程，以及我国缔结或加入的国际卫生条约、协定等；不仅包括遵守国家卫生标准和药品标准等规定，还包括遵守具有法律效力的判决书、决定书、调解书和卫生行政部门的卫生许可证、卫生行政处罚书等。

二、卫生执法

（一）卫生执法的概念

卫生执法是指国家卫生行政机关、法律法规授权的组织依法执行、适用法律，实现国家卫生管理职权的活动。卫生执法主体是具有卫生执法权力的国家卫生行政机关以及法律法规授权的组织。广义的卫生执法包括具体和抽象两种执法活动：既包括卫生行政执法主体针对特定相对人实施的具体行政行为，如卫生行政处罚、卫生行政许可；也包括卫生行政执法主体针对不特定的相对人制定或发布具有普遍约束力的规范性文件的抽象行政行为，如卫生行政机关发布指示、决定、规定等。本节对卫生执法的概念仅做狭义理解，指具体执法活动，即卫生行政执法行为。

（二）卫生执法的特征

1. 卫生执法主体特定

卫生执法主体是依法享有国家卫生行政执法权力，以自己的名义实施卫生行政执法活动并独立承担由此引起的法律责任的组织，包括国家卫生行政管理机关和法律法规授权组织。

2. 卫生执法是公务行为

卫生执法属于依法履行公职的行为，即公务行为，是卫生执法主体代表国家行使职权的活动。其必须在职权范围内，不得越权或滥用职权。

3. 卫生执法对象特定

卫生执法对象是在卫生行政管理活动中处于被管理地位的特定的行政相对人，包括患者、消费者、医疗企事业单位、处于被管理地位的国家机关等。

4. 卫生执法是单方法律行为

卫生执法活动是代表公共利益的卫生执法主体的单方意思表示，执法时无需征得对方同意。如卫生行政处罚，直接依法作出即可。

5. 卫生执法产生法律后果

卫生执法行为必然会直接或间接地与相对人产生权利义务关系，相对人的权益受到执法行为的影响，产生执法的法律意义和效果。

（三）卫生执法行为的种类

卫生执法行为种类繁多，实践中常用的执法方式包括卫生行政许可、卫生行政处罚、卫生行政强制、卫生监督检查等。

1. 卫生行政许可

卫生行政许可，是指卫生行政主体依据行政相对人的申请，依法赋予特定的行政相对人从事某种行为的资格的法律行为。卫生行政许可是卫生行政管理活动中常见的执法行为，如食品药品的生产经营许可、医疗机构的执业许可、医师资格证书的取得等。

2. 卫生行政处罚

卫生行政处罚是指卫生行政机关依法对违反卫生法律规范但不构成犯罪的相对人实施的一种卫生行政法律制裁。在我国，卫生行政处罚主体是具有卫生行政处罚权限的卫生行政机关。卫生行政处罚对象是卫生行政管理活动中的违法相对人，如执业医师、药师、药品生产企业等。卫生行政处罚的行为是具有违法性、违反行政法律规定的行为。卫生行政处罚目的是制裁违法相对人，通过对相对人人身、财产、精神权益予以限制达到惩戒目的。

依据《行政处罚法》的规定，卫生行政机关有权限实施的行政处罚有三类：一是精神罚，包括警告和通报批评；二是财产罚，包括罚款、没收违法所得和非法财物；三是行为罚，即对违法者从事某种活动的行为资格、行为能力予以限制，包括停止执业、限制从业等。

3. 卫生行政强制

卫生行政强制是指卫生行政强制执法机关为保障卫生行政管理目标实现，依法采用强制手段，预防、制止行政相对人违法或促使其履行义务的行政执法行为。卫生行政强制的主体是卫生行政强制执法机关，包括依法具有卫生行政强制权限的卫生行政机关和人民法院。卫生行政强制的对象是违反义务或不履行义务的特定相对人。卫生行政强制可分为卫生行政强制措施和卫生行政强制执行。

4. 卫生监督检查

卫生监督检查是卫生行政执法中的前置性执法行为，作为执法中常用的执法方式，经常要与其他卫生行政执法行为共同适用，如在卫生监督检查中，对确认卫生不合格的予以卫生行政处罚。卫生监督检查执法的内容包括查阅证照、检查卫生状况、进行询问、采样、监测、勘验等。

三、卫生司法

卫生司法属于卫生法律救济的途径之一，又称为卫生司法救济。

（一）卫生司法救济的概念

卫生司法救济是指卫生法律关系主体之间因国家卫生法律、法规所确定的权利与义务发生争议，而诉至人民法院，请求人民法院依法裁决，或对违反卫生法律、法规的行为人确定其行为是否构成犯罪并给予何种刑罚惩罚的活动。

（二）卫生司法救济的特征

（1）卫生司法救济是国家司法机关行使国家权力的一种专门的规范性活动。

（2）卫生司法救济主要解决卫生法律关系主体之间有关卫生权利与义务的争议，确认卫生法律责任是否构成卫生犯罪，以及如何承担卫生法律责任。

（3）卫生司法救济是保证卫生法实现的一种具体司法活动。

（4）卫生司法救济必须由符合法定条件的国家司法机关，依照法定程序解决民事、行政争议或惩罚违反卫生法律情节严重的犯罪行为。

（5）卫生司法救济是由人民法院主持，当事人与其他诉讼参与人参加，依照法定程序充分申明各自的主张，提出相应证据，由人民法院依法审理，最终作出裁判的一种活动。

（三）卫生司法救济的种类

1. 卫生行政诉讼

卫生行政诉讼是指人民法院审理解决卫生行政争议案件，即卫生行政机关及其工作人员与管理相对人之间争议的诉讼活动，人民法院依法对卫生行政行为的合法性进行审查。诉讼活动的参加者包括原告、被告、各级人民法院、第三人。

2. 卫生民事诉讼

卫生民事诉讼是指人民法院在卫生法律关系的当事人和其他诉讼参与人的参加下，依法审理和解决卫生民事权利与义务争议的活动。其主要包括医疗纠纷的民事诉讼，医疗欠费的民事诉讼，违反食品安全、药品管理、传染病防治的民事诉讼，等等。

3. 卫生刑事诉讼

卫生刑事诉讼是指国家司法机关在当事人和其他诉讼参与人的参加下，依照法定的程序，揭露危害公共卫生的犯罪行为、证实犯罪，确定被告人是否构成犯罪及应受何种刑事处罚的侦查、起诉和审判活动。涉及卫生刑事诉讼活动的相关罪名，包括生产销售假药劣药罪、生产销售劣质化妆品罪、非法组织他人卖血罪、医疗事故罪、非法行医罪、违反国境卫生检疫罪等。

（四）卫生行政救济

卫生行政救济是针对卫生行政机关行政侵权行为，给予相对人行政法上的救济的制度。1989 年，我国制定《行政诉讼法》（后于 2014 年、2017 年两次修正），1995 年制定《国家赔偿法》（后于 2010 年、2012 年两次修正），1999 年制定《行政复议法》（后于 2009 年、2017 年两次修正），由此构建了卫生行政诉讼、卫生行政复议与卫生行政赔偿共三种行政救济途径。对于卫生行政诉讼救济途径，前已阐述，此处主要对后两种救济途径予以阐述。

1. 卫生行政复议

卫生行政复议是指公民、法人和其他组织认为卫生行政机关的具体行政行为侵犯了其合法权益，依法向作出该具体行政行为的卫生行政机关的本级人民政府或上级卫生行政机关提出申请，由受理申请的行政复议机关对该具体行政行为的合法性、合理性进行审查，并作出复议决定的活动。

卫生行政复议是行政机关的行政行为，属于行政机关系统内部设置的对行政管理相对人实施救济的制度，当事人对卫生行政复议裁决不服的，仍可提起诉讼。

2. 卫生行政赔偿

我国《国家赔偿法》规定，司法机关及其工作人员和行政机关及其工作人员在履职过程中对他人造成损害的，由国家承担赔偿责任。结合法律规定，卫生行政赔偿是指卫生行政机关及其工作人员在行使行政职权过程中，侵犯公民、法人或其他组织的合法权益，造成损害后果的，由国家承担赔偿责任的救济制度。

根据《国家赔偿法》的规定，卫生行政赔偿应遵循直接损失适用补偿性赔偿原则、间接损失适用抚慰性赔偿原则。国家赔偿以支付赔偿金为主，以返还财产或者恢复原状为辅。造成受害人名誉、荣誉损害的，应当在侵权行为影响的范围内为受害人消除影响，恢复名誉，赔礼道歉，给予精神损害赔偿。

【练习题】

一、选择题

1.（2020年）对不予医师执业注册有异议的可以（　　）。
　　A. 申请复议或申诉　　　　　　　　B. 申请复议或起诉
　　C. 申诉或起诉　　　　　　　　　　D. 先申请复议再起诉
　　E. 先申诉再申请复议

2. 我国卫生法基本原则不包括（　　）。
　　A. 生命健康保障　　　　　　　　　B. 科技进步与伦理约束
　　C. 政府主导社会参与　　　　　　　D. 兼顾经济与社会效益

3. 卫生法律关系的客体不包括（　　）。
　　A. 生命健康权利　　　　　　　　　B. 智力成果和精神产品
　　C. 卫生权利和卫生义务　　　　　　D. 行为和物

4. 辽宁省人大常委会制定的《辽宁省职业病诊断机构审批和诊断医师资质认定管理办法》属于（　　）。
　　A. 卫生法律　　　　　　　　　　　B. 卫生行政法规
　　C. 地方性卫生法规　　　　　　　　D. 地方卫生政府规章

5. 以下卫生立法程序排列正确的是（　　）。
　　①法律议案的审议　②法律的公布　③法律议案的通过　④法律议案提出
　　A. ①②③④　　　　　　　　　　　B. ④①③②
　　C. ④③①②　　　　　　　　　　　D. ④③②①

二、简答题

1. 简述卫生法的特征。
2. 简述卫生法律关系的客体。
3. 简述我国卫生法的渊源。
4. 卫生司法救济有哪些种类？
5. 简述卫生行政救济的途径。

练习题参考答案

三、论述题

结合《基本医疗卫生与健康促进法》，论述卫生法的基本原则。

第二章
医疗卫生机构管理法律制度

【本章重点】

1. 医疗卫生机构的概念和分类
2. 医疗卫生机构的登记与校验
3. 医疗卫生机构的执业规范
4. 医疗卫生机构的广告管理
5. 医疗卫生机构的监督管理

未取得《医疗机构执业许可证》擅自执业案[①]

南方某公司未取得《医疗机构执业许可证》，但自 2009 年 3 月 16 日至 2017 年 8 月期间承包了某市某区某街道社区卫生服务中心（以下简称"某服务中心"）的妇科门诊，并以某服务中心的名义对外开展诊疗活动。2017 年 8 月 2 日，某市某区卫生和计划生育局（以下简称"某区卫计局"）执法人员至该中心门诊进行现场监督检查，并制作现场笔录，发现该单位三楼妇科门诊办公室内某医生正在坐诊。某区卫计局分别于当日及次日对该医生及陈某（南方某公司派出至该中心妇科门诊负责人）进行询问并制作了询问笔录，发现南方某公司自 2009 年起承包该服务中心妇科门诊，购买诊疗仪器，对外开展诊疗活动，且未能提供《医疗机构执业许可证》。后某区卫计局调取了南方某公司与某服务中心签订的协议书。协议书明确，南方某公司承包某服务中心妇科门诊开展诊疗活动，负责医护人员的招聘与任用，负责支付医护人员的工资和奖金；南方某公司的诊疗活动对外统一使用某服务中心医疗票据和医保结算，某服务中心扣除水电费、人工等成本后将妇科门诊收入支付给南方某公司，南方某公司以广告费的名义向某服务中心开具票据。

思考：

1. 南方某公司的行为是否构成擅自执业？
2. 医疗机构的执业规范有哪些？

案例解析

---

① 审理法院：一审法院为江苏省无锡市中级人民法院，案号为（2019）苏 02 行终 73 号；二审法院为江苏省高级人民法院，案号为（2020）苏行申 160 号。

第一节 医疗卫生机构概述

一、医疗卫生机构的概念

医疗卫生机构是指依法设立的从事疾病诊断、治疗活动的机构的总称。医疗卫生机构主要包括医院、妇幼保健院、卫生院、疗养院、门诊部、诊所（卫生所、医务室、卫生保健所、卫生站）、村卫生室（所）、急救中心（急救站）、临床检验中心、专科疾病防治院（所、站）、护理院（站）、其他诊疗机构共计12类。随着互联网技术的发展，实践出现了"互联网+医疗服务"模式。目前，"互联网+医疗服务"主要有三类：第一类为远程医疗，是由医疗机构之间使用本机构注册的医务人员，利用互联网等信息技术开展远程会诊和远程诊断；第二类为互联网诊疗活动，由医疗机构使用本机构注册的医务人员，利用互联网技术直接为患者提供部分常见病、慢性病复诊和家庭医生签约服务；第三类为互联网医院，包括作为实体医疗机构第二名称的互联网医院，以及依托实体医疗机构独立设置的互联网医院。这里所述独立设置的互联网医院，必须依托实体医疗机构，并签订合作协议，合作方发生变更或出现其他导致合作协议失效情形的，需要重新申请设置互联网医院。①

二、医疗卫生机构的特征

第一，医疗卫生机构必须依法成立。设立医疗卫生机构，要符合《基本医疗卫生与健康促进法》《医疗机构管理条例》及《医疗机构管理条例实施细则》等法律法规规定的设立条件，并依法进行登记备案，才能从事相应的疾病诊断、治疗活动。

第二，医疗卫生机构以救死扶伤、防病治病，为公民的健康服务为宗旨。医疗卫生机构为公民提供安全、有效的医疗卫生服务，救死扶伤、防病治病，为公民的健康服务，与人民的健康需求相匹配。

第三，各级各类医疗卫生机构分工合作，为公民提供预防、保健、治疗、护理、康复、安宁疗护等全方位全周期的医疗卫生服务。根据医疗卫生机构的功能、任务、规模的不同，医疗卫生机构可分为不同的种类，但各级各类医疗卫生机构共同为公民提供包括预防、保健、治疗、护理、康复、安宁疗护等全方位全周期的医疗卫生服务。随着"互联网+医疗服务"模式的出现，医疗卫生机构提供的服务还跨越了时空的界限。

---

① 国家卫生健康委员会：《〈关于印发互联网诊疗管理办法（试行）等3个文件的通知〉政策解读》，载 http://www.nhc.gov.cn。

三、医疗卫生机构的属性

根据医疗卫生机构的经营性质，可以将医疗卫生机构分为非营利性医疗卫生机构和营利性医疗卫生机构两类。非营利性医疗卫生机构是指为社会公众利益服务而设立和运营的医疗机构，不以营利为目的，其收入用于弥补医疗服务成本，实际运营中的收支结余只能用于自身的发展，如改善医疗条件、引进技术、开展新的医疗服务项目等。营利性医疗卫生机构是指医疗服务所得收益可用于投资者经济回报的医疗机构。非营利性医疗机构主要用于保障基本医疗卫生服务的公平，以政府资金、捐赠资产举办或者参与举办的医疗卫生机构不得设立为营利性医疗卫生机构。国家鼓励社会力量在康复、护理等短缺专科领域举办非营利性医疗卫生机构。

国家扶持医疗卫生机构的发展，鼓励采取多种形式兴办医疗卫生机构。医疗卫生服务体系坚持以非营利性医疗卫生机构为主体、以营利性医疗卫生机构为补充。"近几年，我国公民对医疗服务呈现多样化、差异化、个性化的需求，我国医疗机构的种类从原来的公立医院，逐渐出现以政府资金或捐赠资产举办的非营利性医疗卫生机构、社会力量举办的营利性及非营利性医疗卫生机构、政府举办的医疗卫生机构与社会力量合作举办的非营利性医疗卫生机构等，构成了我国现今多种形式的医疗机构类型。"[1]

四、医疗卫生机构的功能

（一）基层医疗卫生机构的功能

基层医疗卫生机构主要提供预防、保健、健康教育、疾病管理，为居民建立健康档案，负责常见病、多发病的诊疗以及部分疾病的康复、护理，接收医院转诊患者，以及向医院转诊超出自身服务能力的患者等基本医疗卫生服务。

（二）医院的功能

医院主要提供疾病特别是急危重症和疑难病症的诊疗，突发事件医疗处置和救援以及健康教育等医疗卫生服务，并开展医学教育、医疗卫生人员培训、医学科学研究和对基层医疗卫生机构的业务指导等工作。

（三）专业公共卫生机构的功能

专业公共卫生机构主要提供传染病、慢性非传染性疾病、职业病、地方病等疾病预防控制和健康教育，以及妇幼保健、精神卫生、院前急救、采供血、食品安全风险监测评估、出生缺陷防治等公共卫生服务。

---

[1]　刘鑫、陈伟、张宝珠主编：《民法典时代医疗活动实务指南》，国家行政管理出版社 2021 年版，第 78 页。

第二节 医疗卫生机构的设置审批与登记

一、医疗卫生机构的设置规划

医疗卫生机构的设置坚持需求导向、区域统筹规划、科学布局、协同创新和中西医并重的原则。围绕平急结合、医防协同、区域协作、医养结合、中西医并重、多元发展，推动优质资源扩容和区域均衡布局，着力推进紧密型城市医疗集团网格化布局管理和县域医共体建设，积极发展接续性医疗机构和互联网医院，加快完善分级诊疗体系建设，提升重大疫情救治能力，保障人民群众健康权益。

二、医疗卫生机构的设置审批

（一）医疗卫生机构的设置审批流程

单位或者个人设置医疗机构，按照国务院的规定应当办理设置医疗机构批准书的，应当经县级以上地方人民政府卫生行政部门审查批准，并取得设置医疗机构批准书。卫生行政部门同意实体医疗机构将互联网医院作为第二名称的，在《设置医疗机构批准书》中注明，批准第三方机构申请设置互联网医院的，发给《设置医疗机构批准书》。

申请设置医疗机构，依法应当提交的文件包括：设置申请书；设置可行性研究报告；选址报告和建筑设计平面图。

申请设置互联网医院，应当向其依托的实体医疗机构执业登记机关提出设置申请，并提交以下材料：设置申请书；设置可行性研究报告，可根据情况适当简化报告内容；所依托实体医疗机构的地址；申请设置方与实体医疗机构共同签署的合作建立互联网医院的协议书。

举办中医医疗机构应当按照国家有关医疗机构管理的规定办理审批手续，并遵守医疗机构管理的有关规定。

在城市设置诊所的个人，还应当具备：经医师执业技术考核合格，取得《医师执业证书》；取得《医师执业证书》或者医师职称后，从事 5 年以上同一专业的临床工作；省、自治区、直辖市卫生行政部门规定的其他条件。举办中医诊所的，将诊所的名称、地址、诊疗范围、人员配置情况等报所在地县级人民政府中医药主管部门备案后即可开展执业活动。

县级以上地方人民政府卫生行政部门应当自受理设置申请之日起 30 日内，作出批准或者不批准的书面答复；批准设置的，发给《设置医疗机构批准书》。

（二）不予批准设置医疗卫生机构的情形

不予批准设置医疗卫生机构的情形包括：不符合当地《医疗机构设置规划》；设置人不符合规定的条件；不能提供满足投资总额的资信证明；投资总额不能满足各项预算开

支；医疗机构选址不合理；污水、污物、粪便处理方案不合理；省、自治区、直辖市卫生行政部门规定的其他情形。

三、医疗卫生机构的执业登记

（一）申请执业登记的条件

申请医疗卫生机构执业登记，应当具备以下条件：（1）按照规定应当办理设置医疗机构批准书的，已取得设置医疗机构批准书；（2）符合医疗机构的基本标准；（3）有适合的名称、组织机构和场所；（4）有与其开展的业务相适应的经费、设施、设备和专业卫生技术人员；（5）有相应的规章制度；（6）能够独立承担民事责任。

（二）申请执业登记提交的材料

申请医疗卫生机构的执业登记，必须填写《医疗机构申请执业登记注册书》，并向登记机关提交下列材料：（1）《设置医疗机构批准书》或者《设置医疗机构备案回执》；（2）医疗机构用房产权证明或者使用证明；（3）医疗机构建筑设计平面图；（4）验资证明、资产评估报告；（5）医疗机构规章制度；（6）医疗机构法定代表人或者主要负责人以及各科室负责人名录和有关资格证书、执业证书复印件；（7）省、自治区、直辖市卫生行政部门规定提交的其他材料。

已经取得《医疗机构执业许可证》的实体医疗机构拟建立互联网医院，将互联网医院作为第二名称的，应当向其《医疗机构执业许可证》发证机关提出增加互联网医院作为第二名称的申请，并提交下列材料：（1）医疗机构法定代表人或主要负责人签署同意的申请书，提出申请增加互联网医院作为第二名称的原因和理由；（2）与省级互联网医疗服务监管平台对接情况；（3）如果与第三方机构合作建立互联网医院，应当提交合作协议；（4）登记机关规定提交的其他材料。

（三）医疗卫生机构执业登记的主要事项

医疗卫生机构执业登记的主要事项包括：（1）名称、地址、主要负责人；（2）所有制形式；（3）诊疗科目、床位；（4）注册资金。

（四）执业登记机关

医疗卫生机构的执业登记，由批准其设置的人民政府卫生行政部门办理；不需要办理设置医疗机构批准书的医疗卫生机构的执业登记，由所在地的县级以上地方人民政府卫生行政部门办理。

县级以上地方人民政府卫生行政部门自受理执业登记申请之日起45日内，根据《医疗机构管理条例》和医疗机构基本标准进行审核，审核合格的，予以登记，发给《医疗机构执业许可证》；审核不合格的，将审核结果以书面形式通知申请人。

执业登记机关按照有关法律法规和规章对互联网医院登记材料进行审核。审核合格的，予以登记。审核不合格的，将审核结果以书面形式通知申请人。

（五）不予登记的情形

申请医疗卫生机构执业登记，有下列情形之一的，不予登记：（1）不符合《设置医疗机构批准书》核准的事项；（2）不符合《医疗机构基本标准》；（3）投资不到位；（4）医疗机构用房不能满足诊疗服务功能；（5）通讯、供电、上下水道等公共设施不能满足医疗机构正常运转；（6）医疗机构规章制度不符合要求；（7）消毒、隔离和无菌操作等基本知识和技能的现场抽查考核不合格；（8）省、自治区、直辖市卫生行政部门规定的其他情形。

（六）变更登记和注销登记

医疗卫生机构改变名称、场所、主要负责人、诊疗科目、床位，必须向原登记机关办理变更登记或者向原备案机关备案。

医疗卫生机构歇业，必须向原登记机关办理注销登记或者向原备案机关备案。经登记机关核准后，收缴《医疗机构执业许可证》。

四、医疗卫生机构的校验

医疗卫生机构取得《医疗机构执业许可证》后，应当按照法律、法规规定的期限和程序完成校验。

（一）校验的期限和办理机关

床位不满 100 张的医疗卫生机构，其《医疗机构执业许可证》每年校验 1 次；床位在100 张以上的医疗卫生机构，其《医疗机构执业许可证》每 3 年校验 1 次。校验由原登记机关办理。

（二）校验申请的期限和提交的文件

医疗卫生机构应当于校验期满前 3 个月向登记机关申请办理校验手续。办理校验应当交验《医疗机构执业许可证》，并提交下列文件：（1）医疗机构校验申请书；（2）《医疗机构执业许可证》副本；（3）省、自治区、直辖市卫生行政部门规定提交的其他材料。卫生行政部门应当在受理校验申请后的 30 日内完成校验。

（三）暂缓校验期

登记机构可以给予医疗机构 1 至 6 个月的暂缓校验期，具体情形包括：（1）不符合《医疗机构基本标准》；（2）限期改正期间；（3）省、自治区、直辖市卫生行政部门规定的其他情形。

不设床位的医疗机构在暂缓校验期内不得执业。暂缓校验期满仍不能通过校验的，由登记机关注销其《医疗机构执业许可证》。

第三节　医疗卫生机构的执业规范

一、医疗卫生机构执业的基本规则

（一）依法执业

医疗卫生机构开展执业必须取得《医疗机构执业许可证》。任何单位或者个人，未取得《医疗机构执业许可证》或者未经备案，不得开展诊疗活动。

医疗卫生机构必须按照核准登记或者备案的诊疗科目开展诊疗活动。医疗卫生机构在线开展部分常见病、慢性病复诊时，医师应当掌握患者病历资料，确定患者在实体医疗卫生机构明确诊断为某种或某几种常见病、慢性病后，可以针对相同诊断进行复诊。当患者出现病情变化需要医务人员亲自诊查时，医疗卫生机构及其医务人员应当立即终止互联网诊疗活动，引导患者到实体医疗卫生机构就诊。不得对首诊患者开展互联网诊疗活动。

医疗机构执业，必须遵守有关法律、法规和医疗技术规范[①]。

（二）依法对医务人员进行选任和教育

医疗卫生机构不得使用非卫生技术人员从事医疗卫生技术工作。一般而言，卫生技术人员包括医师、护士、乡村医生等具备卫生行业从业资质的人员。医疗卫生机构中从事医疗卫生技术工作的人员均应具备相应的国家准入资质，否则是不能从事卫生技术工作的，医疗卫生机构不得使用不具备资质的非卫生技术人员在本机构中从事医疗卫生技术工作，包括已经取得医师资格但未经执业注册的人员。在教学医院中实习的本科生、研究生、博士生以及毕业第一年的医学生可以在执业医师的指导下进行临床工作，但不能单独从事医师执业活动。

医疗卫生机构应当加强对医务人员的医德教育。医疗卫生机构应当经常对医务人员进行"基础理论、基本知识、基本技能"的训练与考核，把"严格要求、严密组织、严谨态度"落实到各项工作中。

医疗卫生机构除了对医务人员进行医德教育，还应当对医务人员进行医德考评，考评的主要内容包括：（1）救死扶伤，全心全意为人民服务；（2）增加工作责任心，热爱本职工作，坚守岗位，尽职尽责；（3）文明礼貌，优质服务，构建和谐医患关系；（4）遵纪守法、廉洁行医；（5）因病施治，规范医疗服务行为；（6）顾全大局，团结协作，和谐共事；（7）严谨求实，努力提高专业技术水平。

二、医疗卫生机构在执业过程中应当履行的法定义务

（一）危重病人抢救和转诊的义务

医疗卫生机构对危重病人应当立即抢救。急危重伤病是指各种若不及时救治，病情可能加重甚至危及生命的疾病，其症状、体征、疾病等符合急危重伤病标准。对于这些病人，医疗卫生机构必须及时、有效地对其实施抢救，不得以任何理由拒绝或拖延救治。对限于设备或者技术条件不能诊治的病人，应当及时转诊。

（二）依法出具医学证明文件的义务

未经医师（士）亲自诊查病人，医疗卫生机构不得出具疾病诊断书、健康证明书或者死亡证明书等证明文件；未经医师（士）、助产人员亲自接产，医疗卫生机构不得出具出

---

① 技术规范是指由国家卫生行政机关、国家中医药管理局制定或者认可的与诊疗活动有关的技术标准、操作规程等规范性文件。

生证明书或者死产报告书。医疗卫生机构为死因不明者出具的《死亡医学证明书》，只作是否死亡的判断，不作死亡原因的诊断。

医学证明文件是具有一定法律效力的文件，它可以成为休息休假、保险理赔、医学鉴定、出生信息和死亡信息等的重要依据以及司法活动中的证据。因此，医疗卫生机构出具医学证明文件时应当依法出具，未经医务人员亲自诊查，医疗卫生机构不得出具相应的医学证明文件。

（三）说明病情和医疗措施的义务

1. 医疗卫生机构的说明义务

根据我国法律的相关规定，患者在诊疗过程中，有权从医疗卫生机构和医务人员处获知关于自己的病情、医疗措施和医疗风险等的内容，并在充分了解这些内容的基础上有权决定自己是否接受治疗和接受何种治疗，这是患者知情同意权的必然内涵。患者知情同意权实现的前提是医疗卫生机构和医务人员履行了说明义务。关于说明义务，《民法典》《医师法》《医疗机构管理条例》等法律法规均有规定。主要分为三个层次：第一层次，对于一般的诊疗活动，医务人员应当向患者说明病情和医疗措施；第二层次，需要实施手术、特殊检查、特殊治疗的[①]，医务人员应当及时向患者具体说明医疗风险、替代医疗方案等情况，并取得其明确同意；第三层次，不宜向患者说明的，应当向患者的近亲属说明，并取得其明确同意。

2. 说明义务的例外

一般情况下，只有在医疗卫生机构的医务人员向患者履行了说明义务且患者同意的情况下才能对患者采取医疗措施，但在抢救生命垂危的患者等紧急情况下，不能取得患者或者近亲属意见的，经医疗卫生机构负责人或者授权的负责人批准，可以对患者采取医疗措施。实际上，这是患者知情同意权的一种例外情形。由于没有患者的知情与同意，所以此种情况的适用具有严格的限制：（1）存在抢救生命垂危的患者等紧急情况；（2）不能取得患者或者近亲属的意见；（3）经医疗卫生机构负责人或者其授权的负责人批准。只有同时具备上述三个条件，医疗卫生机构才能采取紧急医疗措施。

关于"不能取得患者或者近亲属的意见"，《民法典》既规定了不能向患者说明的情形，也规定了不宜向患者说明的情形。这里的"不能"，主要是指患者不能表达意志，且无近亲属陪伴，也联系不到近亲属的情形，因此，"在患者昏迷或者由于生理、精神状态无法作出有效判断时，属于'不能'向患者说明"[②]。

（四）病历保管义务

医疗卫生机构的门诊病历的保存期不得少于 15 年，即自患者最后一次就诊之日起不少于 15 年；住院病历的保存期不得少于 30 年。

医疗卫生机构应当妥善保管门（急）诊病历和住院病历。医疗卫生机构应当建立病历管理制度，设置专门部门或者配备专（兼）职人员，具体负责本机构病历和病案的保存

---

① 特殊检查、特殊治疗是指：（1）有一定危险性，可能产生不良后果的检查和治疗；（2）由于患者体质特殊或者病情危笃，可能对患者产生不良后果和危险的检查和治疗；（3）临床试验性检查和治疗；（4）收费可能对患者造成较大经济负担的检查和治疗。

② 黄薇主编：《中华人民共和国民法典侵权责任编释义》，法律出版社 2020 年版，第 152—153 页。

与管理工作。医疗卫生机构应当严格病历管理，严禁任何人涂改、伪造、隐匿、销毁、抢夺、窃取病历。关于病历资料的保管，以下情形下医疗卫生机构可能承担医疗管理损害责任：（1）保管不善，泄露患者病历资料；（2）保管不善，擅自涂改病历、伪造、隐匿、销毁病历；（3）保管不善，遗失病历；（4）保管不善，无法提供病历作为证明资料。

（五）安全保障义务

作为提供公共服务的场所，医疗卫生机构还负有对进入这个场所的人员的安全保障义务。医疗卫生机构的医疗管理服务存在瑕疵，没有及时消除医疗服务设施的潜在危险，医疗服务设施在设计、安装中没有达到相关的规范要求，存在安全隐患；医疗卫生机构对可能存在的安全隐患没有进行警示和提示；医疗卫生机构对可能的第三人侵权消极不作为，等等，这些情形都是医疗卫生机构违反安全保障义务的情形，如果造成相应的损害后果，医疗卫生机构和医务人员应承担医疗管理侵权责任。但应注意的是，在此时，受到损害的主体不限于患者，而包括了进入医疗卫生机构这个公共场所的所有人。

三、医疗卫生机构执业中的质量管理制度

医疗卫生机构应当遵守法律、法规、规章，建立健全内部质量管理和控制制度，对医疗卫生服务质量负责。医疗卫生机构应当按照临床诊疗指南、临床技术操作规范和行业标准以及医学伦理规范等要求，合理进行检查、用药、诊疗，加强医疗卫生安全风险防范，优化服务流程，持续改进医疗卫生服务质量。

医疗质量管理是指按照医疗质量形成的规律和有关法律、法规要求，运用现代科学管理方法，对医疗服务要素、过程和结果进行管理与控制，以实现医疗质量系统改进、持续改进的过程。在诸多的医疗质量管理制度中，医疗质量安全制度在诊疗活动中对保障医疗质量安全和患者安全发挥着重要的基础性作用，是医疗质量管理制度中的安全核心制度，医疗机构及其医务人员应当严格遵守。目前，医疗质量安全制度共包括：首诊负责制度、三级查房制度、会诊制度、分级护理制度、值班和交接班制度、疑难病例讨论制度、急危重患者抢救制度、术前讨论制度、死亡病例讨论制度、查对制度、手术安全核查制度、手术分级管理制度、新技术和新项目准入制度、危急值报告制度、病历管理制度、抗菌药物分级管理制度、临床用血审核制度、信息安全管理制度18项。同时，为了更好地保障医疗质量安全，卫健委也出台了相应的门诊质量管理规范。其中，门诊质量管理制度是指由医疗机构根据国家有关法律法规和管理要求制定的、医疗机构及其医务人员在门诊诊疗活动中应当严格遵守的制度。它主要包括医务人员出诊管理制度、号源管理制度、预检分诊制度、门诊医疗文书管理制度、多学科（MDT）门诊制度、特需门诊制度、门诊转诊制度、门诊手术管理制度、门诊突发事件应急处理制度等。

四、医疗卫生机构执业中的其他规则

医疗卫生机构必须承担相应的预防保健工作，承担县级以上人民政府卫生行政部门委

托的支援农村、指导基层医疗卫生工作等任务。国家鼓励医疗卫生机构不断改进预防、保健、诊断、治疗、护理和康复的技术、设备与服务，支持开发适合基层和边远地区应用的医疗卫生技术。

发生自然灾害、事故灾难、公共卫生事件和社会安全事件等严重威胁人民群众生命健康的突发事件时，医疗卫生机构、医疗卫生人员应当服从政府部门的调遣，参与卫生应急处置和医疗救治。对致病、致残、死亡的参与人员，按照规定给予工伤或者抚恤、烈士褒扬等相关待遇。

五、互联网医疗卫生机构执业规范

（一）依法执业

互联网医院执业除遵守实体医院的相关法律、法规、诊疗规范和技术规范之外，还要执行由国家或行业协会制定的关于互联网医院的诊疗技术规范和操作规程。互联网医院提供医疗服务应当符合分级诊疗相关规定，与依托的实体医疗机构功能定位相适应。

在互联网医院提供医疗服务的医师、护士应当能够在国家医师、护士电子注册系统中进行查询。互联网医院应当对医务人员进行电子实名认证。

（二）信息安全保护

互联网医院信息系统按照国家有关法律法规和规定，实施第三级信息安全等级保护。医疗机构开展互联网诊疗活动，应当具备满足互联网技术要求的设备设施、信息系统、技术人员以及信息安全系统，并实施第三级信息安全等级保护。

第三方机构依托实体医疗机构共同建立互联网医院的，应当为实体医疗机构提供医师、药师等专业人员服务和信息技术支持服务，通过协议、合同等方式明确各方在医疗服务、信息安全、隐私保护等方面的责权利。

医疗机构应当严格执行信息安全和医疗数据保密的有关法律法规，妥善保管患者信息，不得非法买卖、泄露患者信息。

（三）其他执业规则

1. 风险提示

互联网医院必须对患者进行风险提示，获得患者的知情同意。

2. 处方规则

互联网医院应当严格遵守《处方管理办法》等处方管理规定。在线开具处方前，医师应当掌握患者病历资料，确定患者在实体医疗机构明确诊断为某种或某几种常见病、慢性病后，可以针对相同诊断的疾病在线开具处方。

所有在线诊断、处方必须有医师电子签名。处方经药师审核合格后方可生效，医疗机构、药品经营企业可委托符合条件的第三方机构配送。不得在互联网上开具麻醉药品、精神类药品处方以及其他用药风险较高、有其他特殊管理规定的药品处方。为低龄儿童（6岁以下）开具互联网儿童用药处方时，应当确定患儿有监护人和相关专业医师陪伴。

第四节　医疗卫生机构的广告管理

一、医疗广告的概念

医疗广告，是指利用各种媒介或者形式直接或间接介绍医疗卫生机构或医疗卫生服务的广告。医疗广告只能由医疗卫生机构发布，非医疗卫生机构不得发布医疗广告，同时，医疗卫生机构不得以内部科室名义发布医疗广告。医疗卫生机构不同于一般的广告主，一般的广告主只可以发布普通的商品或者服务的广告，但不能发布医疗广告。《广告法》规定广告主应当对广告内容的真实性负责，作为事关公民生命健康权益的医疗广告，医疗卫生机构也应当对其发布的医疗广告的真实性负责。

二、医疗广告审查

（一）医疗广告审查和监督机关

医疗卫生机构发布广告应当在发布前申请医疗广告审查，卫生行政部门、中医药管理部门负责医疗广告的审查。未取得《医疗广告审查证明》的医疗卫生机构，不得发布医疗广告。

国务院市场监督管理部门主管全国的广告监督管理工作，故医疗广告的监督管理也由市场监督管理部门负责。

（二）发布医疗广告需提交的材料

医疗卫生机构发布医疗广告应当向其所在地省级卫生行政部门申请，并提交以下材料：（1）医疗广告审查申请表；（2）《医疗机构执业许可证》副本原件和复印件，复印件应当加盖核发其《医疗机构执业许可证》的卫生行政部门公章；（3）医疗广告成品样件，电视、广播广告可以先提交镜头脚本和广播文稿。

（三）医疗广告的审查期限和有效期限

省级卫生行政部门、中医药管理部门应当自受理之日起 20 日内对医疗广告成品样件内容进行审查。卫生行政部门、中医药管理部门需要请有关专家进行审查的，可延长 10 日。对于审查合格的医疗广告，省级卫生行政部门、中医药管理部门发给《医疗广告审查证明》，并将通过审查的医疗广告样件和核发的《医疗广告审查证明》予以公示；对审查不合格的医疗广告，应当书面通知医疗机构并告知理由。

《医疗广告审查证明》的有效期为 1 年。到期后仍需继续发布医疗广告的，应重新提出审查申请。任何单位或者个人不得伪造、变造或者转让广告审查批准文件。

三、医疗广告的内容

医疗卫生机构发布的医疗广告的内容应受限制，仅限如下内容：（1）医疗机构第一名称；（2）医疗机构地址；（3）所有制形式；（4）医疗机构类别；（5）诊疗科目；（6）床位数；（7）接诊时间；（8）联系电话。（1）至（6）项发布的内容必须与卫生行政部门、中医药管理部门核发的《医疗机构执业许可证》或其副本载明的内容一致。

除医疗、药品、医疗器械广告外，禁止其他任何广告涉及疾病治疗功能，并不得使用医疗用语或者易使推销的商品与药品、医疗器械相混淆的用语。

四、医疗广告发布中不能包含的内容

（一）医疗广告的表现形式不能包含的内容

医疗广告的表现形式不得含有以下情形：（1）涉及医疗技术、诊疗方法、疾病名称、药物的；（2）保证治愈或者隐含保证治愈的；（3）宣传治愈率、有效率等诊疗效果的；（4）淫秽、迷信、荒诞的；（5）贬低他人的；（6）利用患者、卫生技术人员、医学教育科研机构及人员以及其他社会社团、组织的名义、形象作证明的；（7）使用解放军和武警名义的；（8）法律、行政法规规定禁止的其他情形的。

此外，在针对未成年人的大众传播媒介上不得发布医疗、药品、保健食品、医疗器械广告。

（二）不能发布医疗广告的药品

麻醉药品、精神药品、医疗用毒性药品、放射性药品等特殊药品，药品类易制毒化学品，以及戒毒治疗的药品、医疗器械和治疗方法，不得作广告。麻醉药品、精神药品、医疗用毒性药品、放射性药品等特殊药品，药品类易制毒化学品，以及戒毒治疗的药品以外的处方药，只能在国务院卫生行政部门和国务院药品监督管理部门共同指定的医学、药学专业刊物上作广告。

（三）医疗、药品、医疗器械广告中不得包含的内容

医疗、药品、医疗器械广告不得含有下列内容：（1）表示功效、安全性的断言或者保证；（2）说明治愈率或者有效率；（3）与其他药品、医疗器械的功效和安全性或者其他医疗机构比较；（4）利用广告代言人作推荐、证明；（5）法律、行政法规规定禁止的其他内容。

药品广告的内容不得与国务院药品监督管理部门批准的说明书不一致，并应当显著标明禁忌、不良反应。处方药广告应当显著标明"本广告仅供医学药学专业人士阅读"，非处方药广告应当显著标明"请按药品说明书或者在药师指导下购买和使用"。

推荐给个人自用的医疗器械的广告，应当显著标明"请仔细阅读产品说明书或者在医务人员的指导下购买和使用"。医疗器械产品注册证明文件中有禁忌内容、注意事项的，广告中应当显著标明"禁忌内容或者注意事项详见说明书"。

（四）其他禁止性的规定

禁止利用新闻形式、医疗资讯服务类专题节（栏）目发布或变相发布医疗广告。有关

医疗卫生机构的人物专访、专题报道等宣传内容，可以出现医疗卫生机构名称，但不得出现有关医疗卫生机构的地址、联系方式等医疗广告内容。不得在同一媒介的同一时间段或者版面发布该医疗卫生机构的广告。

实际上，《广告法》对一般广告中不得包含的情形也作出了明确规定，作为一种特殊类型的广告，医疗卫生机构在发布医疗广告时也要遵守这些禁止性规定。

第五节 医疗卫生机构的监督管理

一、医疗卫生机构的监督管理机构

县级以上的卫生行政部门负责本辖区内医疗机构的监督管理工作，其监督管理职权包括：（1）负责医疗机构的设置审批、执业登记、备案和校验；（2）对医疗机构的执业活动进行检查指导；（3）负责组织对医疗机构的评审；（4）对医疗机构违反《医疗机构管理条例》的行为给予处罚。

二、医疗卫生机构的评审制度

（一）医疗卫生机构评审的概念

医疗卫生机构评审是依照相关的法律、法规的规定，对医疗卫生机构的执业活动、服务质量和管理水平等进行综合评价的专业技术性活动。医疗卫生机构评审包括周期性评审和不定期重点检查。

（二）医疗卫生机构评审组织

医疗卫生机构的评审由专家组成评审委员会，按照医疗卫生机构评审办法和评审标准，对医疗卫生机构的执业活动、医疗服务质量等进行综合评价。医疗卫生机构评审委员会由医院管理、医学教育、医疗、医技、护理和财务等有关专家组成。评审委员会成员由县级以上地方人民政府卫生行政部门聘任。

（三）医疗卫生机构评审的结果

县级以上地方人民政府卫生行政部门根据评审委员会的评审意见，对达到评审标准的医疗卫生机构，发给评审合格证书。对未达到评审标准的医疗卫生机构，提出处理意见。

三、互联网医院的监督管理

（一）互联网医疗监管平台

省级卫生健康主管部门应当建立省级互联网医疗服务监管平台，对开展互联网诊疗活动的医疗卫生机构进行监管。医疗卫生机构应当主动与所在地省级监管平台对接，及时上传、更新《医疗机构执业许可证》等相关执业信息，主动接受监督。

（二）互联网医院的监督管理制度

互联网医院应当建立互联网医疗服务不良事件防范和处置流程，落实个人隐私信息保护措施，加强互联网医院信息平台内容审核管理，保证互联网医疗服务安全、有效、有序开展。

互联网医院提供诊疗服务的医师，应当依法取得相应执业资质，在依托的实体医疗卫生机构或其他医疗卫生机构注册，具有 3 年以上独立临床工作经验。互联网医院提供服务的医师，应当确保完成主要执业机构规定的诊疗工作。

医疗卫生机构应当有专门部门管理互联网诊疗的医疗质量、医疗安全、药学服务、信息技术等，建立相应的管理制度，包括但不限于医疗卫生机构依法执业自查制度、互联网诊疗相关的医疗质量和安全管理制度、医疗质量（安全）不良事件报告制度、医务人员培训考核制度、患者知情同意制度、处方管理制度、电子病历管理制度、信息系统使用管理制度等。

省级卫生健康行政部门与互联网医院登记机关，通过省级互联网医疗服务监管平台，对互联网医院共同实施监管，重点监管互联网医院的人员、处方、诊疗行为、患者隐私保护和信息安全等内容。将互联网医院纳入当地医疗质量控制体系，将其提供的相关服务纳入行政部门对实体医疗卫生机构的绩效考核和医疗卫生机构评审，开展线上线下一体化监管，确保医疗质量和医疗安全。

第六节　医疗卫生机构的法律责任

一、行政责任

（一）未取得医疗卫生机构执业许可证擅自执业的

未取得医疗卫生机构执业许可证擅自执业的，由县级以上人民政府卫生健康主管部门责令停止执业活动，没收违法所得和药品、医疗器械、并处违法所得 5 倍以上 20 倍以下的罚款，违法所得不足 1 万元的，按 1 万元计算。

（二）诊所未经备案执业的

诊所未经备案执业的，由县级以上人民政府卫生行政部门责令其改正，没收违法所得，并处 3 万元以下罚款；拒不改正的，责令其停止执业活动。

（三）伪造、变造、买卖、出租、出借医疗机构执业许可证的

伪造、变造、买卖、出租、出借医疗机构执业许可证的，由县级以上人民政府卫生健康主管部门责令改正，没收违法所得，并处违法所得 5 倍以上 15 倍以下的罚款，违法所得不足 1 万元的，按 1 万元计算；情节严重的，吊销医疗机构执业许可证。

（四）政府举办的医疗卫生机构与其他组织投资设立非独立法人资格的医疗卫生机构的

政府举办的医疗卫生机构与其他组织投资设立非独立法人资格的医疗卫生机构的，由县级以上地方人民政府卫生健康主管部门责令改正，没收违法所得，并处违法所得 2 倍以上 10 倍以下的罚款，违法所得不足 1 万元的，按 1 万元计算；对直接负责的主管人员和其他直接责任人员依法给予处分。

（五）医疗卫生机构对外出租、承包医疗科室的

医疗卫生机构对外出租、承包医疗科室的，由县级以上地方人民政府卫生健康主管部门责令改正，没收违法所得，并处违法所得 2 倍以上 10 倍以下的罚款，违法所得不足 1 万元的，按 1 万元计算；对直接负责的主管人员和其他直接责任人员依法给予处分。

（六）非营利性医疗卫生机构向出资人、举办者分配或者变相分配收益的

非营利性医疗卫生机构向出资人、举办者分配或者变相分配收益的，由县级以上地方人民政府卫生健康主管部门责令改正，没收违法所得，并处违法所得 2 倍以上 10 倍以下的罚款，违法所得不足 1 万元的，按 1 万元计算；对直接负责的主管人员和其他直接责任人员依法给予处分。

（七）有关医疗卫生机构医疗制度、保障措施不健全的

医疗卫生机构等的医疗信息安全制度、保障措施不健全，导致医疗信息泄露，或者医疗质量管理和医疗技术管理制度、安全措施不健全的，由县级以上人民政府卫生健康等主管部门责令改正，给予警告，并处 1 万元以上 5 万元以下的罚款；情节严重的，可以责令停止相应执业活动，对直接负责的主管人员和其他责任人员依法追究法律责任。

（八）诊疗活动超出登记或者备案范围的

医疗卫生机构诊疗活动超出登记或者备案范围的，由县级以上人民政府卫生行政部门予以警告、责令其改正，没收违法所得，并可以根据情节处以 1 万元以上 10 万元以下的罚款；情节严重的，吊销其《医疗机构执业许可证》或者责令其停止执业活动。

（九）使用非卫生技术人员从事医疗卫生技术工作的

医疗卫生机构使用非卫生技术人员从事医疗卫生技术工作的，由县级以上人民政府卫生行政部门责令其限期改正，并可以处以 1 万元以上 10 万元以下的罚款；情节严重的，吊销其《医疗机构执业许可证》或者责令其停止执业活动。

（十）出具虚假证明文件的

医疗卫生机构出具虚假证明文件的，由县级以上人民政府卫生行政部门予以警告；对造成危害后果的，可以处以 1 万元以上 10 万元以下的罚款；对直接责任人员由所在单位或者上级机关给予行政处分。

二、民事责任

医疗卫生机构的民事责任包括违约责任和侵权责任。医疗卫生机构不履行医疗服务合同义务或者履行医疗服务合同义务不符合约定的，应当承担违约责任。患者在诊疗活动中受到损害，医疗卫生机构或者其医务人员有过错的，由医疗卫生机构承担赔偿责任。

三、刑事责任

医疗卫生机构实施违反《刑法》规定的行为，依法构成犯罪的，应当承担相应的刑事责任。与医疗卫生机构有关的罪名包括：

（一）生产、销售、提供假药罪

医疗卫生机构生产、销售假药的，对单位判处罚金，对其直接负责的主管人员和其他直接责任人员，处3年以下有期徒刑或者拘役，并处罚金；对人体健康造成严重危害或有其他严重情节的，处3年以上10年以下有期徒刑，并处罚金；致人死亡或者有其他特别严重情节的，处10年以上有期徒刑、无期徒刑或者死刑，并处罚金或者没收财产。药品使用单位的人员明知是假药而提供给他人使用的，依照前述规定处罚。

（二）生产、销售、提供劣药罪

医疗卫生机构生产、销售劣药的，对单位判处罚金，对人体健康造成严重危害的，对其直接负责的主管人员和其他直接责任人员，处3年以上10年以下有期徒刑，并处罚金；后果特别严重的，处10年以上有期徒刑或者无期徒刑，并处罚金或者没收财产。药品使用单位的人员明知是劣药而提供给他人使用的，依照前述规定处罚。

（三）生产、销售不符合标准的医用器材罪

生产不符合保障人体健康的国家标准、行业标准的医疗器械、医用卫生材料，或者销售明知是不符合保障人体健康的国家标准、行业标准的医疗器械、医用卫生材料，足以严重危害人体健康的，对单位判处罚金，对其直接负责的主管人员和其他直接责任人员，处3年以下有期徒刑或者拘役，并处销售金额50%以上2倍以下罚金；对人体健康造成严重危害的，处3年以上10年以下有期徒刑，并处销售金额50%以上2倍以下罚金；后果特别严重的，处10年以上有期徒刑或者无期徒刑，并处销售金额50%以上2倍以下罚金或者没收财产。

（四）妨害传染病防治罪

医疗卫生机构违反《传染病防治法》的规定，拒绝按照疾病预防控制机构提出的卫生要求，对传染病病原体污染的污水、污物、场所和物品进行消毒处理的；准许或者纵容传染病病人、病原携带者和疑似传染病病人从事国务院卫生行政部门规定禁止从事的易使该传染病扩散的工作的；出售、运输疫区中被传染病病原体污染或者可能被传染病病原体污染的物品，未进行消毒处理的；拒绝执行县级以上人民政府、疾病预防控制机构依照《传染病防治法》提出的预防、控制措施，引起甲类传染病以及依法确定采取甲类传染病预防、控制措施的传染病传播或者有传播严重危险的，对单位判处罚金，对其直接负责的主管人员和其他直接责任人员，处3年以下有期徒刑或者拘役；后果特别严重的，处3年以上7年以下有期徒刑。

（五）污染环境罪

医疗卫生机构违反国家规定，排放、倾倒或者处置有放射性的废物、含传染病病原体的废物、有毒物质或者其他有害物质，严重污染环境的，对单位判处罚金，对其直接负责的主管人员和其他直接责任人员，处3年以下有期徒刑或者拘役，并处或者单处罚金；情节严重的，处 3 年以上 7 年以下有期徒刑，并处罚金；有下列情形之一的，处 7 年以上有期徒刑，并处罚金：（1）在饮用水水源保护区、自然保护地核心保护区等依法确定的重点保护区域排放、倾倒、处置有放射性的废物、含传染病病原体的废物、有毒物质，情节特别严重的；（2）向国家确定的重要江河，湖泊水域排放、倾倒、处置有放射性的废物、含传染病病原体的废物、有毒物质，情节特别严重的；（3）致使大量永久基本农田基本功能丧失或者遭受永久性破坏的；（4）致使多人重伤、严重疾病，或者致人严重残疾、死亡的。

（六）采集、供应血液、制作、供应血液制品事故罪

医疗卫生机构经国家主管部门批准采集、供应血液或者制作、供应血液制品，不依照规定进行检测或者违背其他操作规定，造成危害他人身体健康后果的，对单位判处罚金，并对其直接负责的主管人员和其他直接责任人员，处 5 年以下有期徒刑或者拘役。

（七）非法提供麻醉药品、精神药品罪

医疗卫生机构违反国家规定，向吸食、注射毒品的人提供国家规定管制的能够使人形成瘾癖的麻醉药品、精神药品的，对单位判处罚金，并对其直接负责的主管人员和其他直接责任人员，处 3 年以下有期徒刑或者拘役，并处罚金；情节严重的，处 3 年以上 7 年以下有期徒刑，并处罚金。

【练习题】

一、选择题

1.（2018 年）任何单位或者个人开展诊疗活动，必须依法取得（   ）。
  A.《设置医疗机构批准书》   B.《设置医疗机构备案回执》
  C.《医疗机构执业许可证》   D.《医疗机构校验申请书》
  E.《医疗机构申请变更登记注册书》

2. 医疗卫生机构以救死扶伤，防病治病，（   ）为宗旨。
  A. 为公民的健康服务   B. 促进健康事业的发展
  C. 治疗疾病   D. 进行科学研究
  E. 保障公民的健康

3. 医疗卫生机构对危重病人应当立即抢救。对限于设备或者技术条件不能诊治的病人，应当（   ）。
  A. 继续治疗   B. 建议患者家属自行转诊
  C. 报上级卫生行政机关   D. 及时转诊
  E. 邀请院外专家治疗

4. 发生重大灾害、事故、疾病流行或者其他意外情况时，（   ）必须服从县级以上人民政府卫生行政部门的调遣。
  A. 医疗卫生机构   B. 医疗卫生机构及其卫生技术人员

C. 相关科室人员　　　　　　　　D. 医务人员

E. 非技术人员

5. 实体医疗卫生机构自行或者与第三方机构合作搭建信息平台，使用在本机构或其他医疗卫生机构注册的医师开展互联网诊疗活动的，应当申请将（　　　　）。

A. 互联网医院作为第一名称　　　　B. 符合法律规定的医院名称作为第一名称

C. 互联网医院作为第二名称　　　　D. 符合法律规定的医院名称作为第二名称

E. 实体医院名称作为第一名称

6. 互联网医院必须对患者进行（　　　　），获得患者的知情同意。

A. 风险提示　　　　　　　　　　B. 治疗提示

C. 开展检查提示　　　　　　　　D. 信息提示

E. 价格提示

二、简答题

1. 简述医疗卫生机构设置审批时应当提交的文件。

2. 简述申请医疗卫生机构执业登记应当具备的条件。

3. 简述医疗卫生机构执业登记的主要事项。

4. 医疗广告发布的内容有哪些？

5. 简述卫生行政部门对医疗卫生机构的监督管理职权。

练习题参考答案

三、论述题

论述医疗卫生机构的执业规则。

第三章
医疗卫生人员管理法律制度

【本章重点】

1. 医疗卫生人员资格考试法律制度
2. 医疗卫生人员执业注册法律制度
3. 医疗卫生人员的执业规则
4. 医疗卫生人员的监督管理
5. 医疗卫生人员的法律责任

付某某、王某某医疗损害责任纠纷案[①]

患者付某因四肢浮肿入住沙河市人民医院，被诊断为电解质紊乱、低钠低氯血症、肺部感染、脑出血后遗症、2 型糖尿病、高血压 1 级（药物控制后很高危）、天疱疮、低蛋白血症，后付某死亡，家属付某某、王某某诉至法院。诉讼过程中原告方发现沙河市人民医院医师徐某某、范某某为中医专业从事西医临床；实习医务人员李某某是助理医师，在其他医师的审阅、修改、签名情况下开具处方；护士申某的执业证书上执业地点是沙河市第二医院。原告方认为以上行为都不符合法律规定，属于非法行医。

思考：

1. 本案中医师徐某某、范某某的行为是否属于非法行医？
2. 实习医务人员李某某开具处方的行为是否合法？
3. 护士申某的执业行为是否合法？

案例解析

---

① 审理法院：河北省邢台市中级人民法院，案号为（2016）冀 05 民终 1962 号。

第一节 医师管理法律制度概述

一、医师

医师，是指依法取得医师资格，经注册在医疗卫生机构中执业的专业医务人员，包括执业医师和执业助理医师。2021年8月20日，十三届全国人大常委会第三十次会议通过了《医师法》，自2022年3月1日起施行，《执业医师法》同时废止。《医师法》共有7章67条，包括总则、考试和注册、执业规则、培训和考核、保障措施、法律责任、附则等内容。

村医疗卫生机构中，尚未取得执业医师资格或者执业助理医师资格，经注册在村医疗卫生机构从事预防、保健和一般医疗服务的乡村医生，适用《乡村医生从业管理条例》。该条例于2003年7月30日由国务院第16次常务会议通过，2004年1月1日起施行。在村医疗卫生机构工作的执业医师或者执业助理医师，适用《医师法》管理。

《医师法》规定，负责全国医师管理工作的是国务院卫生健康主管部门，县级以上地方人民政府卫生健康主管部门负责本行政区域内的医师管理工作，教育、人力资源社会保障、中医药等有关部门在各自职责范围内负责有关的医师管理工作。医师应当坚持人民至上、生命至上，发扬人道主义精神，弘扬敬佑生命、救死扶伤、甘于奉献、大爱无疆的崇高职业精神，恪守职业道德，遵守执业规范，提高执业水平，履行防病治病、保护人民健康的神圣职责。

全社会应当尊重医师，广泛形成尊医重卫的良好氛围。医师依法执业，受法律保护。每年的8月19日为中国医师节，医师的人格尊严、人身安全不受侵犯。《医师法》明确，各级人民政府应当关心爱护医师，弘扬先进事迹，加强业务培训，支持开拓创新，帮助解决困难。医师协会等有关行业组织应当加强行业自律和医师执业规范，维护医师合法权益，协助卫生健康主管部门和其他有关部门开展相关工作。《医师法》的颁布对于保障医师合法权益，规范医师执业行为，加强医师队伍建设，保护人民健康，推进健康中国建设有着重要和积极的意义。

二、医师资格考试和医师执业注册制度

国家实行医师资格考试和医师执业注册制度。医师资格考试由省级以上人民政府卫生健康主管部门组织实施，医师执业注册管理的具体办法，由国务院卫生健康主管部门制定。

（一）医师资格考试制度

医师资格考试是评价申请医师资格者是否具备执业所必备的专业知识与技能的考试。

医师资格考试分为两级四类，即执业医师和执业助理医师两级；每级分为临床医师、中医师、口腔医师、公共卫生医师四类。其中，中医类包括中医、民族医和中西医结合，民族医又可进一步分为蒙医、藏医和维医三类，其他民族医医师暂不开考。执业医师资格考试包含实践技能考试和理论知识考试（医学综合笔试）两部分。参加执业医师资格考试需要具备下列条件之一：（1）具有高等学校相关医学专业本科以上学历，在执业医师指导下，在医疗卫生机构中参加医学专业工作实践满1年；（2）具有高等学校相关医学专业专科学历，取得执业助理医师执业证书后，在医疗卫生机构中执业满2年。参加执业助理医师资格考试需要具备下列条件：具有高等学校相关医学专业专科以上学历，在执业医师指导下，在医疗卫生机构中参加医学专业工作实践满1年。

医师资格考试成绩合格的，取得执业医师资格或者执业助理医师资格，发给医师资格证书。《中医药法》第15条规定了从事中医医疗活动的人员应当按照《医师法》的规定通过资格考试并进行执业注册。中医医师资格考试的内容应当体现中医药的特点。《医师法》明确了以师承方式学习中医满3年，或者经多年实践医术确有专长的，相关考试、考核办法由国务院中医药主管部门拟订，报国务院卫生健康主管部门审核、发布。

参加中医医师资格考试需要具备以下条件：以师承方式学习中医满3年，或者经多年实践医术确有专长；经县级以上人民政府卫生健康主管部门委托的中医药专业组织或者医疗卫生机构考核合格并推荐。以师承方式学习中医或者经多年实践，医术确有专长的，欲取得中医医师资格及相应的资格证书，需要至少2名中医医师推荐以及省级人民政府中医药主管部门组织实践技能和效果考核。考核合格即可取得中医医师资格，按照考核内容进行执业注册后，可以在注册的执业范围内，以个人开业的方式或者在医疗机构内从事中医医疗活动。

（二）医师执业注册制度

1. 医师执业注册一般规定

取得医师资格后应当向所在地县级以上地方人民政府卫生健康主管部门申请注册，取得《医师执业证书》。注册可以个人申请，也可以由所工作的医疗卫生机构集体办理注册手续。没有不予注册等特殊情形的，卫生健康主管部门自收到受理申请之日起20个工作日内准许注册，将注册的相关信息录入国家信息平台，发给申请人员医师执业证书。医师经注册后，应当按照注册的执业地点、执业类别、执业范围执业，从事相应的医疗卫生服务。未经注册取得《医师执业证书》，不得从事医疗、预防、保健活动。经国家卫生计生委主任会议讨论通过，自2017年4月1日起施行的《医师执业注册管理办法》，明确了执业地点是指执业医师执业的医疗、预防、保健机构所在地的省级行政区划和执业助理医师执业的医疗、预防、保健机构所在地的县级行政区划。执业类别是指临床、中医（包括中医、民族医和中西医结合）、口腔、公共卫生。执业范围是指医师在医疗、预防、保健活动中从事的与其执业能力相适应的专业。

《医师法》明确提出，医师经相关专业培训和考核合格，可以增加执业范围。医师在二个以上医疗卫生机构定期执业的，应当以一个医疗卫生机构为主，并按照国家有关规定办理相关手续。这为医师增加执业范围、多点执业提供了法律依据。《医师执业注册管理办法》中明确医师如果在同一个执业地点多个机构执业的，应当确定一个机构作为其主要执业机构，并向批准该机构执业的卫生健康主管部门申请注册，对于拟执业的其他机构，应当向批准该机构执业的卫生健康主管部门分别申请备案，注明所在机构的名称。医师只有一个执业机构，这个机构就视为医师的主要执业机构。《医师法》进一步加强基层医师队伍建设，针对乡村医生较为薄弱的情况，明确国家鼓励医师定点到县级以下医疗卫生机构，包括乡镇卫生院、村卫生室、社区卫生服务中心等，提供医疗卫生服务，主执业机构应当支持并提供便利。

2. 不予注册

《医师法》明确了不予医师执业注册的情形。分别是：（1）无民事行为能力或者限制民事行为能力；（2）受刑事处罚，刑罚执行完毕不满2年或者被依法禁止从事医师职业的期限未满；（3）被吊销医师执业证书不满2年；（4）因医师定期考核不合格被注销注册不满1年；（5）法律、行政法规规定不得从事医疗卫生服务的其他情形。有上述任何一种情形，卫生健康主管部门不予注册，在受理之日起20个工作日内以书面形式通知申请人和申请人所在的医疗卫生机构，并且说明理由。

3. 注销注册

医师注册后出现法律规定的某些情形，会被注销注册，废止医师执业证书，医师所在医疗卫生机构在30日内将情况报告准予注册的卫生健康主管部门。如果卫生健康主管部门依职权发现医师有这些情形，也应当及时通报准予注册的卫生健康主管部门。准予注册的卫生健康主管部门及时注销注册，废止医师执业证书。

这些情形有：（1）死亡；（2）受刑事处罚；（3）被吊销医师执业证书；（4）医师定期考核不合格，暂停执业活动期满，再次考核仍不合格；（5）中止医师执业活动满2年；（6）法律、行政法规规定不得从事医疗卫生服务或者应当办理注销手续的其他情形。

《医师法》明确规定，县级以上地方人民政府卫生健康主管部门应当将准予注册和注销注册的人员名单及时予以公告，由省级人民政府卫生健康主管部门汇总，报国务院卫生健康主管部门备案，并按照规定通过网站提供医师注册信息查询服务。

4. 变更注册

医师执业过程中，需要变更执业地点、执业类别、执业范围等任何一项或几项注册事项的，需要依法到准予注册的卫生健康主管部门办理变更注册手续。如果从事下列活动，可以不办理相关变更注册手续：（1）参加规范化培训、进修、对口支援、会诊、突发事件医疗救援、慈善或者其他公益性医疗、义诊；（2）承担国家任务或者参加政府组织的重要活动等；（3）在医疗联合体内的医疗机构中执业。

5. 重新注册

医师中止医师执业活动2年以上，或者《医师法》规定的不予注册的情形消失，医师申请重新执业的，需要由县级以上人民政府健康主管部门或者其委托的医疗卫生机构、行业组织考核合格，重新进行执业注册。

6. 个体行医的注册规定

《医师法》对个体行医进行了明确规定。执业医师个体行医，须经注册后在医疗卫生机构中执业满5年。以师承方式学习中医或者经多年实践，医术确有专长的人员，经推荐并考核合格取得中医医师资格，按照考核内容进行执业注册以后即可以在注册的执业范围内个体行医。县级以上地方人民政府卫生健康主管部门应当按照国家有关规定对个体行医的医师实施监督检查，发现有《医师法》规定的注销注册情形的，应当及时注销注册，废止医师执业证书。

三、医师执业规则

（一）医师执业权利

医师执业权利是指法律赋予医师的权益，可以表现为许可和保障医师依据法律规定能够作出或不作出一定行为，以及要求他人作出或抑止一定行为。《医师法》明确规定医师在执业活动中享有下列权利：

1. 规范执业权

医师有权在注册的执业范围内，按照有关规范进行医学诊查、疾病调查、医学处置、出具相应的医学证明文件，选择合理的医疗、预防、保健方案。

2. 获取报酬权

医师有权获取劳动报酬，享受国家规定的福利待遇，按照规定参加社会保险并享受相应待遇。

3. 执业保障权

医师有权获得符合国家规定标准的执业基本条件和职业防护装备。

4. 专业教育权

医师有权从事医学教育、研究、学术交流；参加专业培训，接受继续医学教育。

5. 参与民主管理权

医师有权对所在医疗卫生机构和卫生健康主管部门的工作提出意见和建议，依法参与所在机构的民主管理。

（二）医师执业义务

医师执业义务是与执业权利相对的，是指医师按照法律规定应尽的责任，包括作为义务和不作为义务。《医师法》明确规定医师在执业活动中应当履行下列义务：

1. 恪守职业道德义务

医师在执业中应当树立敬业精神，恪守职业道德，履行医师职责，尽职尽责救治患者，执行疫情防控等公共卫生措施。

2. 规范执业义务

医师执业应当遵循临床诊疗指南，遵守临床技术操作规范和医学伦理规范等。

3. 尊重患者权利义务

医师执业应当尊重、关心、爱护患者，依法保护患者隐私和个人信息。

4. 钻研业务义务

医师执业应当努力钻研业务，更新知识，提高医学专业技术能力和水平，提升医疗卫生服务质量。

5. 宣传健康知识义务

医师执业应当宣传推广与岗位相适应的健康科普知识，对患者及公众进行健康教育和健康指导。

（三）常见医师执业规则

1. 医学证明文件的出具

医师实施医疗、预防、保健措施，签署有关医学证明文件，必须亲自诊查、调查，并按照规定及时填写医学文书，不得隐匿、伪造、篡改或者擅自销毁病历等医学文书及有关资料。医师不得出具虚假医学证明文件以及与自己执业范围无关或者与执业类别不相符的医学证明文件。

2. 医师说明义务

《民法典》第七编"侵权责任编"第六章规定了医疗损害责任。其中第1219条规定，医务人员在诊疗活动中应当向患者说明病情和医疗措施。需要实施手术、特殊检查、特殊治疗的，医务人员应当及时向患者说明医疗风险、替代医疗方案等情况，并取得其明确同意。当不能或者不宜向患者说明的时候，医务人员应当向患者的近亲属说明，并取得其明确同意。

《医师法》依据《民法典》的上述规定，对医师的说明义务予以进一步补充、完善，将医师在诊疗活动中应当向患者说明的内容完善为病情、医疗措施和其他需要告知的事项。《医师法》对医师开展药物、医疗器械临床试验和其他医学临床研究进行了进一步规范，明确应当符合国家有关规定，遵守医学伦理规范，依法通过伦理审查，取得书面知情同意。

3. 急危患者救治

《民法典》第1220条规定，因抢救生命垂危的患者等紧急情况，不能取得患者或者其近亲属意见的，经医疗机构负责人或者授权的负责人批准，可以立即实施相应的医疗措施。《医师法》对急危患者的救治予以了细化规范，强调了医师应当采取紧急措施诊治需要紧急救治的患者，不得拒绝急救处置；明确国家鼓励医师积极参与公共交通工具等公共场所急救服务。如果医师因自愿实施急救造成受助人损害，不承担民事责任。

《最高人民法院关于审理医疗损害责任纠纷案件适用法律若干问题的解释》对《民法典》第1220条规定的"不能取得患者近亲属意见"的情形进行了解释说明，包括：（1）近亲属不明的；（2）不能及时联系到近亲属的；（3）近亲属拒绝发表意见的；（4）近亲属达不成一致意见的；（5）法律、法规规定的其他情形。同时还规定，这些情形下医务人员经医疗机构负责人或者授权的负责人批准立即实施相应医疗措施，患者因此请求医疗机构承担赔偿责任的，人民法院不予支持；医疗机构及其医务人员怠于实施相应医疗措施造成损害，患者请求医疗机构承担赔偿责任的，人民法院应予支持。

4. 诊疗方法合法、合规、科学

医师采用的诊疗方法应当合法、合规、科学，使用经依法批准或备案的药品、消毒药剂、医疗器械。医师用药应当坚持安全有效、经济合理的原则，遵循药品临床应用指导原则、临床诊疗指南和药品说明书等合理用药。除按照规范进行诊断治疗外，不得使用麻醉药品、医疗用毒性药品、精神药品、放射性药品等。在没有有效或者更好治疗手段等特殊下，医师取得患者明确知情同意后可以采用药品说明书中没有明确但是具有循证医学证据的药品用法实施治疗。

《基本医疗卫生与健康促进法》第 54 条规定，医疗卫生人员应当遵循医学科学规律，遵守有关临床诊疗技术规范和各项操作规范以及医学伦理规范，使用适宜技术和药物，合理诊疗，因病施治。无论是《基本医疗卫生与健康促进法》还是《医师法》，都明确强调医师不得利用职务之便，索要、非法收受财物或者牟取其他不正当利益，不得对患者实施不必要的检查、治疗。这些规定为有效保护患者权益提供了法治保障。

《医师法》针对近年来新生的互联网医疗的诊疗规范问题，明确执业医师经所在医疗卫生机构同意，可以通过互联网等信息技术提供常见病、慢性病复诊等适宜的医疗卫生服务，国家支持医疗卫生机构之间利用互联网等信息技术开展远程医疗合作。2022 年 3 月，国家卫健委办公厅和国家中医药局办公室联合印发了《互联网诊疗监管细则（试行）》，明确规定开展互联网诊疗活动的医师接诊前需进行实名认证，确保由本人提供诊疗服务。其他人员、人工智能软件等不得冒用、替代医师本人提供诊疗服务。医务人员如在主执业机构以外的其他互联网医院开展互联网诊疗活动，应当根据该互联网医院所在地多机构执业相关要求进行执业注册或备案。

国家卫健委办公厅制定的《医疗机构门诊质量管理暂行规定》将医务人员根据患者有效挂号凭证提供疾病咨询、预防、诊断、治疗、护理、康复等医疗服务的行为界定为门诊，强调医务人员在门诊诊疗活动中应当严格遵守国家法律法规和管理要求，并明确了门诊管理制度，主要包括医务人员出诊管理制度、号源管理制度、预检分诊制度、门诊医疗文书管理制度、多学科（MDT）门诊制度、特需门诊制度、门诊转诊制度、门诊手术管理制度以及门诊突发事件应急管理制度等。

5. 突发事件时服从调遣

《医师法》规定，当有自然灾害、事故灾难、公共卫生事件和社会安全事件等严重威胁人民生命健康的突发事件时，县级以上人民政府卫生健康主管部门根据需要组织医师参与卫生应急处置和医疗救治的，医师应当服从调遣。

6. 特殊情形及时报告

医师在执业活动中发现下列情形之一的，应当按照相关规定及时向所在医疗卫生机构或者有关部门、机构报告：（1）发现传染病、突发不明原因疾病或者异常健康事件；（2）发生或者发现医疗事故；（3）发现可能与药品、医疗器械有关的不良反应或者不良事件；（4）发现假药或者劣药；（5）发现患者涉嫌伤害事件或者非正常死亡；（6）法律、法规规定的其他情形。

7. 处方权的法律规定

《处方管理办法》规定，处方是指由注册的执业医师和执业助理医师在诊疗活动中为患者开具的、由取得药学专业技术职务任职资格的药学专业技术人员审核、调配、核对，并作为患者用药凭证的医疗文书。经注册的执业医师在执业地点取得相应的处方权。经注册的执业助理医师在医疗机构开具的处方，应当经所在执业地点执业医师签名或者加盖专用签章后方有效。医师应当根据医疗、预防、保健需要，按照诊疗规范、药品说明书中的药品适应证、药理作用、用法、用量、禁忌、不良反应和注意事项等开具处方。

医师经考核合格取得麻醉药品和第一类精神药品处方权后，方可在本机构按照麻醉药品和精神药品临床应用指导原则开具麻醉药品和第一类精神药品处方，但不得为自己开具该类药品处方。试用期人员开具处方，经所在医疗机构有处方权的执业医师审核并签名或加盖专用签章后方有效。进修医师由接收进修的医疗机构对其胜任本专业工作的实际情况进行认定后授予相应的处方权。开具医疗用毒性药品、放射性药品的处方应当严格遵守有关法律、法规和规章的规定。

医师开具处方时，处方书写应当符合《处方管理办法》规定的书写规则。每张处方限于一名患者的用药，字迹清楚，如需修改，应当在修改处签名并注明修改日期。西药和中成药可以分别开具处方，也可以开具一张处方，中药饮片应当单独开具处方。开具西药、中成药处方，每一种药品应当另起一行，每张处方不得超过5种药品。处方开具当日有效。特殊情况下需延长有效期的，由开具处方的医师注明有效期限，但有效期最长不得超过3天。处方一般不得超过7日用量；急诊处方一般不得超过3日用量。医疗用毒性药品、放射性药品的处方用量应当严格按照国家有关规定执行。

国家卫健委办公厅、国家医保局办公室颁布的《关于印发长期处方管理规范（试行）的通知》规定，具备条件的医师按照规定，对符合条件的慢性病患者开具的处方用量适当增加的处方为长期处方，可用于治疗慢性病的一般常用药品。根据患者诊疗需要，长期处方的处方量一般在4周内；根据慢性病特点、病情稳定的患者适当延长，最长不超过12周。医师对于超过4周的长期处方，应当严格评估，强化患者教育，并在病历中记录，患者通过签字等方式确认。当患者出现长期用药管理未达预期目标、罹患其他疾病需要药物治疗、因任何原因住院治疗或者其他需要终止长期处方的情况时，医师需要重新评估患者病情，判断是否终止长期处方。

《医师法》规定经考试取得医师资格的中医师按照国家有关规定，经培训和考核合格，在执业活动中可以采用与其专业相关的西医药技术方法。西医医师按照国家有关规定，经培训和考核合格，在执业活动中可以采用与其专业相关的中医药技术方法。这使得中医使用西医技术和西医使用中医药变得有法可依。

四、医师培训和考核

（一）医师培训

1. 培训计划

《基本医疗卫生与健康促进法》规定，国家制定医疗卫生人员培养规划，建立适应行业特点和社会需求的医疗卫生人员培养机制和供需平衡机制。《医师法》进一步明确规定，国家制定医师培养计划，县级以上人民政府卫生健康主管部门和其他有关部门应当制定医师培训计划，采取多种形式对医师进行分级分类培训，为医师接受继续医学教育提供条件。

《医师法》明确要求加强基层和边远地区医师队伍建设。国家在每年的医学专业招生计划和教育培训计划中，核定一定比例用于定向培养、委托培训，加强基层和艰苦边远地区医师队伍建设。接受定向培养、委托培训的人员与有关部门、医疗卫生机构签订协议，约定相关待遇、服务年限、违约责任等事项，有关人员应当履行协议约定的义务。协议各方违反约定的，应当承担违约责任。县级以上人民政府有关部门应当采取措施，加强履约管理。

2. 分级分类培训

为进一步加强紧缺专业的医师培养，《医师法》明确国家统筹各类医学人才需求，加强全科、儿科、精神科、老年医学等紧缺专业人才的培养。其中，全科医生主要提供常见病、多发病的诊疗和转诊、预防、保健、康复，以及慢性病管理、健康管理等服务。国家采取多种途径，加强以全科医生为重点的基层医疗卫生人才培养和配备。国家采取措施完善中医和西医相互学习的教育制度，培养高层次中西医结合人才和能够提供中西医结合服务的全科医生。

医学人才的培训离不开完善的教育体系，国家采取措施，加强医教协同，完善医学院校教育、毕业后教育和继续教育体系。基层、欠发达地区和民族地区的医疗卫生人员接受继续医学教育，由县级以上人民政府采取有力措施予以优先保障。医疗卫生机构应当合理调配人力资源，按照规定和计划保证本机构医师接受继续医学教育。县级以上人民政府卫生健康主管部门应当有计划地组织协调县级以上医疗卫生机构对乡镇卫生院、村卫生室、社区卫生服务中心等基层医疗卫生机构中的医疗卫生人员开展培训，提高其医学专业技术能力和水平。《医师法》还规定了行业组织的职责，有关行业组织应当为医师接受继续医学教育提供服务和创造条件，加强继续医学教育的组织、管理。

3. 规范化培训制度

《基本医疗卫生与健康促进法》规定国家建立健全住院医师、专科医师规范化培训制度，建立规模适宜、结构合理、分布均衡的医疗卫生队伍。《医师法》对此进一步明确，在建立健全规范化培训制度的基础上，健全临床带教激励机制，不断提高临床医师专科诊疗水平，保障住院医师培训期间待遇，严格管理培训过程和结业考核。

（二）医师考核

国家实行医师定期考核制度。考核由县级以上人民政府卫生健康主管部门或者其委托的医疗卫生机构、行业组织进行，受委托的机构或者组织应当将医师考核结果报准予注册的卫生健康主管部门备案。考核内容按照医师职业标准，对医师的业务水平、工作业绩和职业道德状况考核。考核周期为3年，如果医师具有较长年限的执业经历，无不良行为记录，考核流程可以简化。

考核不合格的医师由县级以上人民政府卫生健康主管部门责令暂停3至6个月的执业活动，并且要接受相关专业培训。暂停执业活动期满时再次进行考核，考核合格可以继续执业。对考核不合格的，注销注册，废止《医师执业证书》。

五、保障措施

（一）建立健全制度，完善体制机制

《医师法》开篇明确了保障医师合法权益，并在第五章以专章的形式规定了保障措施，体现出国家对医师权益的重视和保护。国家建立健全能够体现医师职业特点和技术劳动价值的人事、薪酬、职称、奖励制度；加强疾病预防控制人才队伍建设；建立适应现代化疾病预防控制体系的医师培养和使用机制；建立公共卫生与临床医学相结合的人才培养机制，通过多种途径对临床医师进行疾病预防控制、突发公共卫生事件应对等方面业务培

训，对公共卫生医师进行临床医学业务培训，完善医防结合和中西医协同防治的体制机制。疾病预防控制机构、二级以上医疗机构以及乡镇卫生院、社区卫生服务中心等基层医疗卫生机构应当配备一定数量的公共卫生医师，从事人群疾病及危害因素监测、风险评估研判、监测预警、流行病学调查、免疫规划管理、职业健康管理等公共卫生工作。医疗机构应当建立健全管理制度，严格执行院内感染防控措施。

（二）推动特殊岗位和基层医师队伍建设

《医师法》规定，对从事传染病防治、放射医学和精神卫生工作以及其他特殊岗位工作的医师，按照国家有关规定给予适当的津贴。津贴标准应当定期调整。在基层和艰苦边远地区工作的医师，按照国家有关规定享受津贴、补贴政策，并在职称评定、职业发展、教育培训和表彰奖励等方面享受优惠待遇。国家采取措施，统筹城乡资源，加强基层医疗卫生队伍和服务能力建设，对乡村医疗卫生人员建立县乡村上下贯通的职业发展机制，通过县管乡用、乡聘村用等方式，将乡村医疗卫生人员纳入县域医疗卫生人员管理。《医师法》明确执业医师晋升为副高级技术职称的，应当有累计1年以上在县级以下或者对口支援的医疗卫生机构提供医疗卫生服务的经历；晋升副高级技术职称后，在县级以下或者对口支援的医疗卫生机构提供医疗卫生服务，累计1年以上的，同等条件下优先晋升正高级技术职称。

（三）明确表彰、奖励的情形

《医师法》规定，医师有下列情形之一的，按照国家有关规定给予表彰、奖励：（1）在执业活动中，医德高尚，事迹突出；（2）在医学研究、教育中开拓创新，对医学专业技术有重大突破，做出显著贡献；（3）遇有突发事件时，在预防预警、救死扶伤等工作中表现突出；（4）长期在艰苦边远地区的县级以下医疗卫生机构努力工作；（5）在疾病预防控制、健康促进工作中做出突出贡献；（6）法律、法规规定的其他情形。

（四）保障医师执业安全

《基本医疗卫生与健康促进法》规定，全社会应当关心、尊重医疗卫生人员，维护良好安全的医疗卫生服务秩序，共同构建和谐医患关系。国家应当采取措施保障医疗卫生人员执业环境。《医师法》进一步明确县级以上人民政府及其有关部门应当将医疗纠纷预防和处理工作纳入社会治安综合治理体系，加强医疗卫生机构及周边治安综合治理，维护医疗卫生机构良好的执业环境，有效防范和依法打击涉医违法犯罪行为，保护医患双方合法权益。医疗卫生机构要完善安全保卫措施，维护良好的医疗秩序，及时主动化解医疗纠纷，保障医师执业安全。

《基本医疗卫生与健康促进法》规定，医疗卫生人员的人身安全、人格尊严不受侵犯，其合法权益受法律保护。禁止任何组织或者个人威胁、危害医疗卫生人员人身安全，侵犯医疗卫生人员人格尊严。《医师法》明确规定，禁止任何组织或者个人阻碍医师依法执业，干扰医师正常工作、生活；禁止通过侮辱、诽谤、威胁、殴打等方式，侵犯医师的人格尊严、人身安全。

（五）卫生防护和医疗保健措施

《医师法》规定，医疗卫生机构应当为医师提供职业安全和卫生防护用品，并采取有效的卫生防护和医疗保健措施。医师受到事故伤害或者在职业活动中因接触有毒、有害因素而患病、死亡的，应当依照相关法律、行政法规的规定享受工伤保险待遇。医疗卫生机构应当为医师合理安排工作时间，落实带薪休假制度，定期开展健康检查。

《放射诊疗管理规定》明确了医疗机构配备专（兼）职的管理人员，负责放射诊疗工作的质量和安全防护，保证相关场所、设施符合有关规定或者标准。要做好安全防护与质量保证，按照有关规定和标准，对放射诊疗工作人员进行上岗前、在岗期间和离岗时的健康检查，定期进行专业及防护知识培训，并分别建立个人剂量、职业健康管理和教育培训档案。放射诊疗工作人员对患者和受检者进行医疗照射时，应当遵守医疗照射正当化和放射防护最优化的原则，有明确的医疗目的，严格控制受照剂量；对邻近照射野的敏感器官和组织进行屏蔽防护，并事先告知患者和受检者辐射对健康的影响。

（六）完善医疗风险分担机制，开展医疗卫生知识公益宣传

国家建立完善医疗风险分担机制。医疗机构应当参加医疗责任保险或者建立、参加医疗风险基金。鼓励患者参加医疗意外保险。新闻媒体应当开展医疗卫生法律、法规和医疗卫生知识的公益宣传，弘扬医师先进事迹，引导公众尊重医师、理性对待医疗卫生风险。

六、法律责任

（一）行政责任

1. 违反考试纪律等行为的法律责任

《医师法》规定，在医师资格考试中有违反考试纪律等行为，情节严重的，禁止参加医师资格考试 1 年至 3 年。

2. 以不正当手段取得证书的行政法律责任

《医师法》规定，以不正当手段取得医师资格证书或者医师执业证书的，由发给证书的卫生健康主管部门予以撤销，3 年内不受理其相应申请。

3. 非法使用医师执业证书的行政法律责任

《医师法》规定，伪造、变造、买卖、出租、出借医师执业证书的，由县级以上人民政府卫生健康主管部门责令改正，没收违法所得，并处违法所得 2 倍以上 5 倍以下的罚款，违法所得不足 1 万元的，按 1 万元计算；情节严重的，吊销医师执业证书。

4. 医师在执业活动中违反《医师法》规定的法律责任

医师在执业活动中有下列行为之一的，由县级以上人民政府卫生健康主管部门责令改正，给予警告；情节严重的，责令暂停 6 个月以上 1 年以下执业活动直至吊销医师执业证书：（1）在提供医疗卫生服务或者开展医学临床研究中，未按照规定履行告知义务或者取得知情同意；（2）对需要紧急救治的患者，拒绝急救处置，或者由于不负责任延误诊治；（3）遇有自然灾害、事故灾难、公共卫生事件和社会安全事件等严重威胁人民生命健康的突发事件时，不服从卫生健康主管部门调遣；（4）未按照规定报告有关情形；（5）违反法律、法规、规章或者执业规范，造成医疗事故或者其他严重后果。

医师在执业活动中有下列行为之一的，由县级以上人民政府卫生健康主管部门责令改正，给予警告，没收违法所得，并处 1 万元以上 3 万元以下的罚款；情节严重的，责令暂停 6 个月以上 1 年以下执业活动直至吊销医师执业证书：（1）泄露患者隐私或者个人信

息；（2）出具虚假医学证明文件，或者未经亲自诊查、调查，签署诊断、治疗、流行病学等证明文件或者有关出生、死亡等证明文件；（3）隐匿、伪造、篡改或者擅自销毁病历等医学文书及有关资料；（4）未按照规定使用麻醉药品、医疗用毒性药品、精神药品、放射性药品等；（5）利用职务之便，索要、非法收受财物或者牟取其他不正当利益，或者违反诊疗规范，对患者实施不必要的检查、治疗造成不良后果；（6）开展禁止类医疗技术临床应用。

5. 未按注册执业的行政法律责任。《医师法》规定，医师未按照注册的执业地点、执业类别、执业范围执业的，由县级以上人民政府卫生健康主管部门或者中医药主管部门责令改正，给予警告，没收违法所得，并处 1 万元以上 3 万元以下的罚款；情节严重的，责令暂停 6 个月以上 1 年以下执业活动直至吊销医师执业证书。

6. 严重违反医德、伦理规范的行政法律责任

《医师法》规定，严重违反医师职业道德、医学伦理规范，造成恶劣社会影响的，由省级以上人民政府卫生健康主管部门吊销医师执业证书或者责令停止非法执业活动，5 年直至终身禁止从事医疗卫生服务或者医学临床研究。

7. 非医师行医的行政法律责任

违反《医师法》规定，非医师行医的，由县级以上人民政府卫生健康主管部门责令停止非法执业活动，没收违法所得和药品、医疗器械，并处违法所得 2 倍以上 10 倍以下的罚款，违法所得不足 1 万元的，按 1 万元计算。

8. 侵犯医师合法权益的行政法律责任

违反《医师法》规定，阻碍医师依法执业，干扰医师正常工作、生活，或者通过侮辱、诽谤、威胁、殴打等方式，侵犯医师人格尊严、人身安全，构成违反治安管理行为的，依法给予治安管理处罚。

9. 医疗卫生机构未履行报告职责的行政法律责任

医疗卫生机构违反《医师法》规定，未履行报告职责，造成严重后果的，由县级以上人民政府卫生健康主管部门给予警告，对直接负责的主管人员和其他直接责任人员依法给予处分。

10. 工作人员违法的行政法律责任

卫生健康主管部门和其他有关部门工作人员或者医疗卫生机构工作人员违反《医师法》规定，弄虚作假、滥用职权、玩忽职守、徇私舞弊的，依法给予处分。

（二）刑事责任

《医师法》规定，医师在执业活动过程中，违反《医师法》相关规定并构成犯罪的，依法追究刑事责任。卫生健康主管部门和其他有关部门工作人员或者医疗卫生机构工作人员违反《医师法》规定，弄虚作假、滥用职权、玩忽职守、徇私舞弊，构成犯罪的，依法追究刑事责任。

《刑法》第 335 条规定，医务人员由于严重不负责任，造成就诊人死亡或者严重损害就诊人身体健康的，处 3 年以下有期徒刑或者拘役。第 290 条规定，聚众扰乱社会秩序，情节严重，致使工作、生产、营业和教学、科研、医疗无法进行，造成严重损失的，对首要分子，处 3 年以上 7 年以下有期徒刑；对其他积极参加的，处 3 年以下有期徒刑、拘役、

管制或者剥夺政治权利。

（三）民事责任

医师在执业活动中违反《医师法》规定，造成患者人身、财产损害的，依法应承担民事责任。《民法典》明确承担民事责任的方式主要有：停止侵害；排除妨碍；消除危险；返还财产；恢复原状；修理、重作、更换；继续履行；赔偿损失；支付违约金；消除影响、恢复名誉；赔礼道歉。承担民事责任的方式，可以单独适用，也可以合并适用。患者在诊疗活动中受到损害，医师有过错的，由医疗卫生机构承担民事赔偿责任。

第二节 药师管理法律制度

一、药师管理法律制度概述

随着健康中国战略的实施和医药卫生体制改革的进一步深化，药师作为提供药学服务、保障药品质量的重要专业力量，是医疗卫生人员的重要组成部分。我国的药师分为卫生健康部门主管的医疗卫生机构药师和药监部门主管的执业药师。当前我国药师管理制度仍局限于规范性文件基础上，高位阶的《药师法（草案征求意见稿）》分别于2017年、2020年、2021年三次征求意见，对我国医疗卫生机构药师和执业药师进行统一管理，采取"统一考试、分类注册、分类管理"，但该法目前正处于立法进程中。

2019年，国家药监局、人力资源和社会保障部根据《药品管理法》《国家职业资格目录》等有关规定，在原执业药师资格制度基础上，制定了《执业药师职业资格制度规定》和《执业药师职业资格考试实施办法》；2021年6月，国家药监局发布修订后的《执业药师注册管理办法》。这些都是规范执业药师依法执业的法律依据。执业药师，是指经全国统一考试合格，取得《执业药师职业资格证书》并经注册，在药品生产、经营、使用和其他需要提供药学服务的单位中执业的药学技术人员。我国执业药师制度于1994年建立，已经初步建立起执业药师管理制度、组织体系和执业药师队伍。[①] 国家设置执业药师准入类职业资格制度，纳入国家职业资格目录。医疗卫生机构药师管理制度的主要法律依据是《医疗机构药事管理规定》。

二、执业药师资格考试法律制度

（一）报考条件

凡中华人民共和国公民和获准在我国境内就业的外籍人员具备以下条件之一者，均可申请参加执业药师资格考试：（1）取得药学类、中药学类专业大专学历，在药学或中药

---

① 参见国家药品监督管理局执业药师资格认证中心，http://www.cqlp.org。

学岗位工作满 5 年；（2）取得药学类、中药学类专业大学本科学历或学士学位，在药学或中药学岗位工作满 3 年；（3）取得药学类、中药学类专业第二学士学位、研究生班毕业或硕士学位，在药学或中药学岗位工作满 1 年；（4）取得药学类、中药学类专业博士学位；（5）取得药学类、中药学类相关专业相应学历或学位的人员，在药学或中药学岗位工作的年限相应增加 1 年。

（二）考试管理

执业药师职业资格实行全国统一大纲、统一命题、统一组织的考试制度。一般每年举行一次。国家药监局负责组织拟定考试科目和考试大纲、建立试题库、组织命审题工作，提出考试合格标准建议。人力资源和社会保障部负责组织审定考试科目、考试大纲，会同国家药监局对考试工作进行监督、指导并确定合格标准。

（三）证书的取得

执业药师职业资格考试合格者，由各省、自治区、直辖市人力资源和社会保障部门颁发《执业药师职业资格证书》。该证书由人力资源和社会保障部统一印制，国家药监局与人力资源和社会保障部用印，在全国范围内有效。

三、药师执业注册法律制度

（一）管理机构

《执业药师注册管理办法》规定了执业药师的注册和监督管理，明确持有《执业药师职业资格证书》的人员，经注册取得《执业药师注册证》后，方可以执业药师身份执业。国家药品监督管理局负责执业药师注册的政策制定和组织实施，同时指导监督全国执业药师注册管理工作。国家药品监督管理局执业药师资格认证中心承担全国执业药师注册管理工作。法律、行政法规、规章和相关质量管理规范规定需由执业药师资格的人员担任的岗位，应当按规定配备执业药师。鼓励药品上市许可持有人、药品生产企业、药品网络销售第三方平台等使用取得执业药师资格的人员。

（二）注册条件

执业药师注册内容包括执业地区、执业类别、执业范围、执业单位。其中执业地区为省、自治区、直辖市；执业类别为药学类、中药学类、药学与中药学类；执业范围为药品生产、药品经营、药品使用；执业单位为药品生产、经营、使用及其他需要提供药学服务的单位。药品监督管理部门根据申请人《执业药师职业资格证书》中注明的专业确定执业类别进行注册。申请执业药师注册的申请人，必须具备下列条件：（1）《取得执业药师职业资格证书》；（2）遵纪守法，遵守执业药师职业道德；（3）身体健康，能坚持在执业药师岗位工作；（4）经执业单位同意；（5）按规定参加继续教育学习。获得药学和中药学两类专业《执业药师职业资格证书》的人员，可申请药学与中药学类执业类别注册。执业药师只能在一个执业单位按照注册的执业类别、执业范围执业。

（三）不予注册的情形

申请执业药师注册的申请人有下列情形之一的，药品监督管理部门不予注册：（1）不具有完全民事行为能力的；（2）甲类、乙类传染病传染期、精神疾病发病期等健康状况不适宜或者不能胜任相应业务工作的;(3)受到刑事处罚,自刑罚执行完毕之日到申请注册之日不满3年的;(4)未按规定完成继续教育学习的;(5)近3年有新增不良信息记录的;(6)国家规定不宜从事执业药师业务的其他情形。药品监督管理部门依法作出不予注册许可决定的,应当说明理由,对不予注册持有异议的当事人有权依法申请行政复议或者提起行政诉讼。

(四)注册延续和变更

执业药师注册有效期为5年。需要延续注册的,申请人应当在注册有效期满之日30日前,向执业所在地省、自治区、直辖市药品监督管理部门提出延续注册申请。药品监督管理部门准予延续注册的,有效期从期满次日重新计算5年。

需要变更执业地区、执业类别、执业范围、执业单位的一项或几项时,申请人应当向拟申请执业所在地的省、自治区、直辖市药品监督管理部门申请办理变更注册手续。药品监督管理部门接到变更注册申请后,应当在7个工作日内作出准予变更注册的决定。执业药师擅自变更,未按法律规定进行执业活动的,药品监督管理部门应当责令限期改正。

如果在取得《执业药师职业资格证书》后非当年申请注册的,应当提供《执业药师职业资格证书》批准之日起第2年后的历年继续教育学分证明。申请人取得《执业药师职业资格证书》超过5年以上申请注册的,还需要至少提供近5年的连续继续教育学分证明。

(五)注销注册

执业药师本人或者其执业单位,在出现下列情形之一时,应当自知晓或者应当知晓之日起30个工作日内向药品监督管理部门申请办理注销注册,并填写执业药师注销注册申请表。药品监督部门经核实后依法注销注册。具体情形有:(1)本人主动申请注销注册的;(2)执业药师身体健康状况不适宜继续执业的;(3)执业药师无正当理由不在执业单位执业,超过1个月的;(4)执业药师死亡或者被宣告失踪的;(5)执业药师丧失完全民事行为能力的;(6)执业药师受刑事处罚的。

《执业药师注册管理办法》还规定了有下列情形之一的,药品监督管理部门应当将《执业药师注册证》予以注销注册,并予以公告:(1)执业药师注册有效期满未延续的;(2)执业药师注册证被依法撤销或者吊销的;(3)法律法规规定的应当注销注册的其他情形。

四、岗位职责和权利义务

(一)岗位职责

执业药师依法负责药品管理、处方审核和调配,合理用药指导等工作。执业药师在执业范围内应当对执业单位的药品质量和药学服务活动进行监督,保证药品管理过程持续符合法定要求,对执业单位违反有关法律、法规、部门规章和专业技术规范的行为或者决定,提出劝告、制止或者拒绝执行,并向药品监督管理部门报告。

(二)权利、义务

《执业药师注册管理办法》明确执业药师享有的权利包括:(1)以执业药师的名义从

事相关业务，保障公众用药安全和合法权益，保护和促进公众健康；（2）在执业范围内，开展药品质量管理，制定和实施药品质量管理制度，提供药学服务；（3）参加执业培训，接受继续教育；（4）在执业活动中，人格尊严、人身安全不受侵犯；（5）对执业单位的工作提出意见和建议；（6）按照有关规定获得表彰和奖励；（7）法律、法规规定的其他权利。

执业药师享有权利的同时也要履行义务，具体包括：（1）严格遵守《药品管理法》及国家有关药品生产、经营、使用等各项法律、法规、部门规章及政策；（2）遵守执业标准和业务规范，恪守职业道德；（3）廉洁自律，维护执业药师职业荣誉和尊严；（4）维护国家、公众的利益和执业单位的合法权益；（5）按要求参加突发重大公共事件的药事管理与药学服务；（6）法律、法规规定的其他义务。

五、监督管理

（一）对药师继续教育的监督管理

药品监督管理部门依法对执业药师注册和继续教育实施监督检查。执业药师每年应当参加不少于90学时，累计不少于30学分的继续教育培训，承担继续教育职责的机构应当将执业药师的继续教育学分记入全国执业药师注册管理信息系统。

（二）对《执业药师注册证》的监督管理

《执业药师注册证》需要妥善保管，不得买卖、租借和涂改。伪造《执业药师注册证》的，由药品监督管理部门当场予以收缴并追究责任，构成犯罪的，移送相关部门依法追究刑事责任。以欺骗、贿赂等不正当手段取得《执业药师注册证》的，由发证部门撤销《执业药师注册证》，3年内不予注册；构成犯罪的，移送相关部门依法追究刑事责任。严禁《执业药师注册证》挂靠，持证人注册单位与实际工作单位不符的，由发证部门撤销《执业药师注册证》，3年内不予注册；构成犯罪的，移送相关部门依法追究刑事责任。买卖、租借《执业药师注册证》的单位，应依法给予处罚。

（三）个人不良信息记入注册管理信息系统

《执业药师注册管理办法》规定，有下列情形之一的，应作为个人不良信息由药品监督管理部门及时记入全国执业药师注册管理信息系统：（1）以欺骗、贿赂等不正当手段取得《执业药师注册证》的；（2）持证人注册单位与实际工作单位不一致或者无工作单位的，符合《执业药师注册证》挂靠情形的；（3）执业药师注册证被依法撤销或者吊销的；（4）执业药师受刑事处罚的；（5）其他违反执业药师资格管理相关规定的。

（四）对监督管理部门及其工作人员的监督管理

药品监督管理部门工作人员在执业药师注册及其相关监督管理工作中，弄虚作假、玩忽职守、滥用职权、徇私舞弊的，依法依规给予处理。省、自治区、直辖市药品监督管理部门有下列情形之一的，国家药品监督管理局有权责令其进行调查并依法依规给予处理：（1）对不符合规定条件的申请人准予注册的；（2）对符合规定条件的申请人不予注册或者不在法定期限内作出准予注册决定的；（3）履行执业药师注册、继续教育监督管理职责不力，造成不良影响的。

第三节　护理管理法律制度

一、护理管理法律制度概述

护理工作在医疗卫生领域中不可替代。从事护理工作的医药卫生人员是护士。护士是指经执业注册取得护士执业证书，依照《护士条例》规定从事护理活动，履行保护生命、减轻痛苦、增进健康职责的卫生技术人员。当前我国护理管理法律制度的主要法律依据是《护士条例》，于 2008 年制定并于 2020 年进行修订。《护士条例》维护护士合法权益，规范护士护理行为，促进护理事业发展，保障医疗安全和人体健康，共 6 章 35 条。

《护士条例》规定，卫生主管部门负责护士的监督管理工作。国务院有关部门、县级以上地方人民政府及其有关部门以及乡（镇）人民政府应当采取措施，改善护士的工作条件，保障护士待遇，加强护士队伍建设，促进护理事业健康发展。护士人格尊严、人身安全不受侵犯，护士依法履行职责，受法律保护，全社会应当尊重护士。

二、护士执业注册法律制度

（一）申请注册

护士执业应当经执业注册取得《护士执业证书》，按照注册的执业地点从事护理工作。

未经执业注册取得《护士执业证书》，不得从事诊疗技术规范规定的护理活动。申请护士执业注册，应当具备下列条件：（1）具有完全民事行为能力；（2）在中等职业学校、高等学校完成国务院教育主管部门和国务院卫生主管部门规定的普通全日制 3 年以上的护理、助产专业课程学习，包括在教学、综合医院完成 8 个月以上护理临床实习，并取得相应学历证书；（3）通过国务院卫生主管部门组织的护士执业资格考试；（4）符合国务院卫生主管部门规定的健康标准。

护士执业注册申请，应当自通过护士执业资格考试之日起 3 年内，向批准设立拟执业医疗机构或者为该医疗机构备案的卫生主管部门提出。收到申请的卫生主管部门应当自收到申请之日起 20 个工作日内做出决定，对具备《护士条例》规定条件的，准予注册，并发给护士执业证书；对不具备《护士条例》规定条件的，不予注册，并书面说明理由。逾期提出申请的，除应当符合前述条件外，还应当在符合国务院卫生主管部门规定条件的医疗卫生机构接受 3 个月临床护理培训并考核合格。

（二）延续注册

护士执业注册有效期为 5 年，有效期届满需要继续执业的，应当在护士执业注册有效期届满前 30 日向批准设立执业医疗机构或者为该医疗机构备案的卫生主管部门申请延续注册。准予延续的，延续执业注册有效期为 5 年；不予延续注册的，书面说明理由。注册有效期届满未延续注册的或者受吊销《护士执业证书》处罚，自吊销之日起满 2 年的，拟在医疗卫生机构执业时应当重新申请注册。

（三）变更注册

护士在其执业注册有效期内变更执业地点等注册项目，应当向批准设立拟执业医疗机构或者为该医疗机构备案的卫生主管部门报告。收到报告的卫生主管部门应当自收到报告之日起 7 个工作日内为其办理变更手续。护士跨省、自治区、直辖市变更执业地点的，收到报告的卫生主管部门还应当向其原注册部门通报。承担卫生行政部门交办或者批准的任务以及履行医疗卫生机构职责的护理活动，包括经医疗卫生机构批准的进修、学术交流等，不需要办理变更注册。

（四）注销注册

《行政许可法》规定，有下列情形之一的，行政机关应当依法办理有关行政许可的注销手续：（1）行政许可有效期届满未延续的；（2）赋予公民特定资格的行政许可，该公民死亡或者丧失行为能力的；（3）法人或者其他组织依法终止的；（4）行政许可依法被撤销、撤回，或者行政许可证件依法被吊销的；（5）因不可抗力导致行政许可事项无法实施的；（6）法律、法规规定的应当注销行政许可的其他情形。护士执业注册后，有《行政许可法》规定的应当予以注销注册情形的，原注册部门应当依照《行政许可法》的规定注销其执业注册。

（五）护士执业记录

县级以上地方人民政府卫生主管部门应当建立本行政区域的护士执业良好记录和不良记录，并将该记录记入护士执业信息系统。护士执业良好记录包括护士受到的表彰、奖励以及完成政府指令性任务的情况等内容。护士执业不良记录包括护士因违反《护士条例》以及其他卫生管理法律、法规、规章或者诊疗技术规范的规定受到行政处罚、处分的情况等内容。

三、护士执业的权利和义务

（一）护士执业权利

《护士条例》规定护士执业享有下列权利：（1）按照国家有关规定获取工资报酬、享受福利待遇、参加社会保险的权利。任何单位或者个人不得克扣护士工资，降低或者取消护士福利等待遇。（2）获得与其所从事的护理工作相适应的卫生防护、医疗保健服务的权利。从事直接接触有毒有害物质、有感染传染病危险工作的护士，有依照有关法律、行政法规的规定接受职业健康监护的权利；患职业病的，有依照有关法律、行政法规的规定获得赔偿的权利。（3）按照国家有关规定获得与本人业务能力和学术水平相应的专业技术职务、职称的权利；参加专业培训、从事学术研究和交流、参加行业协会和专业学术团体的权利。（4）获得疾病诊疗、护理相关信息的权利和其他与履行护理职责相关的权利，可以对医疗卫生机构和卫生主管部门的工作提出意见和建议。

（二）护士执业义务

《护士条例》规定护士执业负有下列义务：（1）应当遵守法律、法规、规章和诊疗技术规范的规定。（2）在执业活动中，发现患者病情危急，应当立即通知医师；在紧急情况下为抢救垂危患者生命，应当先行实施必要的紧急救护。（3）发现医嘱违反法律、法规、规章或者诊疗技术规范规定的，应当及时向开具医嘱的医师提出；必要时，应当向该医师所在科室的负责人或者医疗卫生机构负责医疗服务管理的人员报告。（4）应当尊重、关心、爱护患者，保护患者的隐私。（5）有义务参与公共卫生和疾病预防控制工作。发生自然灾害、公共卫生事件等严重威胁公众生命健康的突发事件，护士应当服从县级以上人民政府卫生主管部门或者所在医疗卫生机构的安排，参加医疗救护。

四、医疗卫生机构的职责

医疗卫生机构应当按照国务院卫生主管部门规定的护士配备标准配备护士，设置专门机构或者配备专（兼）职人员负责护理管理工作，建立护士岗位责任制并进行监督检查。医疗卫生机构应当为护士提供卫生防护用品，并采取有效的卫生防护措施和医疗保健措施，保障护士合法权益。医疗卫生机构保证护士接受培训，尤其注重新知识、新技术应用的培训，根据临床专科护理发展和专科护理岗位的需要，开展对护士的专科护理培训。

《护士条例》明确规定，医疗机构不得允许下列人员在本机构从事诊疗技术规范规定的护理活动：（1）未取得护士执业证书的人员；（2）未依照《护士条例》第9条的规定办理执业地点变更手续的护士；（3）护士执业注册有效期届满未延续执业注册的护士。

五、法律责任

（一）卫生主管部门违反《护士条例》的法律责任

卫生主管部门的工作人员未依照《护士条例》规定履行职责，在护士监督管理工作中滥用职权、徇私舞弊，或者有其他失职、渎职行为的，依法给予处分；构成犯罪的，依法追究刑事责任。

（二）医疗卫生机构违反《护士条例》的法律责任

医疗卫生机构违反《护士条例》规定，有下列情形之一的，由县级以上地方人民政府卫生主管部门依据职责分工责令限期改正，给予警告；逾期不改正的，根据国务院卫生主管部门规定的护士配备标准和在医疗卫生机构合法执业的护士数量核减其诊疗科目，或者暂停其6个月以上1年以下执业活动：护士的配备数量低于国务院卫生主管部门规定的护士配备标准的；允许未取得护士执业证书的人员或者允许未依照《护士条例》规定办理执业地点变更手续、延续执业注册有效期的护士在本机构从事诊疗技术规范规定的护理活动的。

医疗卫生机构有下列情形之一的，依照有关法律、行政法规的规定给予处罚，国家举办的医疗卫生机构有下列情形之一、情节严重的，还应当对负有责任的主管人员和其他直接责任人员依法给予处分：未执行国家有关工资、福利待遇等规定的；对在本机构从事护理工作的护士，未按照国家有关规定足额缴纳社会保险费用的；未为护士提供卫生防护用品，或者未采取有效的卫生防护措施、医疗保健措施的；对在艰苦边远地区工作，或者从事直接接触有毒有害物质、有感染传染病危险工作的护士，未按照国家有关规定给予津贴的。

医疗卫生机构未制定、实施本机构护士在职培训计划或者未保证护士接受培训的或者未依照《护士条例》规定履行护士管理职责的，由县级以上地方人民政府卫生主管部门依据职责分工责令限期改正，给予警告。

（三）护士违反《护士条例》的法律责任

《护士条例》规定，护士在执业活动中有下列情形之一的，由县级以上地方人民政府卫生主管部门依据职责分工责令改正，给予警告；情节严重的，暂停其 6 个月以上 1 年以下执业活动，直至由原发证部门吊销其护士执业证书：发现患者病情危急未立即通知医师的；发现医嘱违反法律、法规、规章或者诊疗技术规范的规定，未依照规定提出或者报告的；泄露患者隐私的；发生自然灾害、公共卫生事件等严重威胁公众生命健康的突发事件，不服从安排参加医疗救护的。护士在执业活动中造成医疗事故的，依照医疗事故处理的有关规定承担法律责任。护士被吊销执业证书的，自执业证书被吊销之日起 2 年内不得申请执业注册。

（四）扰乱医疗秩序，侵犯护士合法权益的法律责任

扰乱医疗秩序，阻碍护士依法开展执业活动，侮辱、威胁、殴打护士，或者有其他侵犯护士合法权益行为的，由公安机关依照《治安管理处罚法》的规定给予处罚；构成犯罪的，依法追究刑事责任。

第四节 其他医疗卫生人员管理法律制度

一、乡村医生管理法律制度

（一）乡村医生管理法律制度概述

《医师法》明确规定医师是指依法取得医师资格，经注册在医疗卫生机构中执业的专业医务人员，包括执业医师和执业助理医师。《医师法》多次提及乡村医生，对其权益予以法律保障。乡村医生是指尚未取得执业医师资格或者执业助理医师资格，经注册在村医疗卫生机构从事预防、保健和一般医疗服务的医疗卫生人员。国家卫健委的统计数据显示，截至 2020 年底，在 144.2 万名村卫生室人员中，执业（助理）医师仅为 46.5 万人，约占 1/3。[①] 乡村医生长期植根农村，为维护广大农村居民健康发挥了重要作用，为了提高乡村医生的职业道德和业务素质，加强管理，保护乡村医生的合法权益，保障村民获得初级卫生保健服务，国务院制定了《乡村医生从业管理条例》，自 2004 年 1 月 1 日起施行。

《医师法》规定，在基层和艰苦边远地区工作的医师，按照国家有关规定享受津贴、

---

① 参见医学教育网，https://www.med66.com。

补贴政策，并在职称评定、职业发展、教育培训和表彰奖励等方面享受优惠待遇。这明确保障了拥有执业医师、执业助理医师证书的乡村医生待遇水平的进一步提升。针对普通乡村医生，《医师法》统筹性地保障医师合法权益，明确国家采取措施，统筹城乡资源，加强基层医疗卫生队伍和服务能力建设，对乡村医疗卫生人员建立县乡村上下贯通的职业发展机制，通过县管乡用、乡聘村用等方式，将乡村医疗卫生人员纳入县域医疗卫生人员管理。同时，国家采取措施，通过信息化、智能化手段帮助乡村医生提高医学技术能力和水平，进一步完善对乡村医生的服务收入多渠道补助机制和养老等政策。

（二）乡村医生执业注册

1. 申请注册

《乡村医生从业管理条例》规定，国家实行乡村医生执业注册制度。县级人民政府卫生行政主管部门负责乡村医生执业注册工作。对符合申请注册条件的，县级人民政府卫生行政主管部门应当自受理申请之日起15日内完成审核工作，准予执业注册，发给乡村医生执业证书；对不符合申请注册条件的，不予注册，并书面说明理由。

具有县级以上地方人民政府卫生行政主管部门颁发的乡村医生证书，并且具有下列情形之一的，可向县级人民政府卫生行政主管部门申请乡村医生执业注册，取得证书后执业：符合已经取得中等以上医学专业学历；在村医疗卫生机构连续工作20年以上；按照省、自治区、直辖市人民政府卫生行政主管部门制定的培训规划，接受培训取得合格证书。

虽然有县级以上地方人民政府卫生行政主管部门颁发的乡村医生证书，但是不符合上述任何一种情形的，需要由县级人民政府卫生行政主管部门进行有关预防、保健、一般医疗服务基本知识的培训，并根据省、自治区、直辖市人民政府卫生行政主管部门确定的考试内容、考试范围进行考试。经培训并考试合格的，可以申请注册；经培训考试不合格的，由县级人民政府卫生行政主管部门组织再次培训和考核。不参加再次培训或者再次考试仍不合格的，不得申请乡村医生执业注册。

进入村医疗卫生机构从事预防、保健和医疗服务的人员，应当具备执业医师资格或者执业助理医师资格。不具备规定条件的地区，根据实际需要，可以允许具有中等医学专业学历的人员，或者经培训达到中等医学专业水平的其他人员申请执业注册，进入村医疗卫生机构执业。

2. 不予注册

乡村医生有下列情形之一的，不予注册：（1）不具有完全民事行为能力的；（2）受刑事处罚，自刑罚执行完毕之日起至申请执业注册之日止不满2年的；（3）受吊销乡村医生执业证书行政处罚，自处罚决定之日起至申请执业注册之日止不满2年的。

3. 再注册

乡村医生执业证书有效期为5年。乡村医生执业证书有效期满需要继续执业的，应当在有效期满前3个月申请再注册。县级人民政府卫生行政主管部门应当自受理申请之日起15日内进行审核，对符合条件的，准予再注册，换发乡村医生执业证书；对不符合条件的，不予再注册，由发证部门收回原乡村医生执业证书。

4. 变更注册

乡村医生应当在聘用其执业的村医疗卫生机构执业；变更执业的村医疗卫生机构的，

应当依法定程序办理变更注册手续。

5. 注销注册

乡村医生有下列情形之一的，由原注册的卫生行政主管部门注销执业注册，收回乡村医生执业证书：（1）死亡或者被宣告失踪的；（2）受刑事处罚的；（3）中止执业活动满2年的；（4）考核不合格，逾期未提出再次考核申请或者经再次考核仍不合格的。

（三）乡村医生执业规则

1. 执业权利

乡村医生在执业活动中享有下列权利：（1）进行一般医学处置，出具相应的医学证明；（2）参与医学经验交流，参加专业学术团体；（3）参加业务培训和教育；（4）在执业活动中，人格尊严、人身安全不受侵犯；（5）获取报酬；（6）对当地的预防、保健、医疗工作和卫生行政主管部门的工作提出意见和建议。

2. 执业义务

乡村医生在执业活动中应当履行下列义务：（1）遵守法律、法规、规章和诊疗护理技术规范、常规；（2）树立敬业精神，遵守职业道德，履行乡村医生职责，为村民健康服务；（3）关心、爱护、尊重患者，保护患者的隐私；（4）努力钻研业务，更新知识，提高专业技术水平；（5）向村民宣传卫生保健知识，对患者进行健康教育。

3. 执业要求

乡村医生在执业过程中应当遵守下列要求：（1）协助有关部门做好初级卫生保健服务工作；按照规定及时报告传染病疫情和中毒事件，如实填写并上报有关卫生统计报表，妥善保管有关资料。（2）不得重复使用一次性医疗器械和卫生材料。对使用过的一次性医疗器械和卫生材料，应当按照规定处置。（3）如实向患者或者其家属介绍病情，对超出一般医疗服务范围或者限于医疗条件和技术水平不能诊治的病人，应当及时转诊；情况紧急不能转诊的，应当先行抢救并及时向有抢救条件的医疗卫生机构求助。（4）不得出具与执业范围无关或者与执业范围不相符的医学证明，不得进行实验性临床医疗活动。（5）应当在乡村医生基本用药目录规定的范围内用药。

（四）乡村医生培训与考核

《医师法》规定，县级以上人民政府卫生健康主管部门应当有计划地组织协调县级以上医疗卫生机构对乡村医生开展培训，提高其医学专业技术能力和水平。《乡村医生从业管理条例》明确承担国家规定的预防、保健等公共卫生服务的乡村医生，培训所需经费列入县级财政预算。乡村医生的考核，每2年由县级人民政府卫生行政主管部门组织一次，考核应当客观、公正，充分听取乡村医生执业的村医疗卫生机构、乡村医生本人、所在村村民委员会和村民的意见。考核合格的，可以继续执业；经考核不合格的，在6个月之内可以申请进行再次考核。逾期未提出再次考核申请或者经再次考核仍不合格的乡村医生，原注册部门应当注销其执业注册，并收回乡村医生执业证书。

（五）法律责任

1. 行政责任

乡村医生在执业活动中，违反《乡村医生从业管理条例》规定，有下列行为之一的，由县级人民政府卫生行政主管部门责令限期改正，给予警告；逾期不改正的，责令暂停

3 个月以上 6 个月以下执业活动；情节严重的，由原发证部门暂扣乡村医生执业证书；执业活动超出规定的执业范围，或者未按照规定进行转诊的；违反规定使用乡村医生基本用药目录以外的处方药品的；违反规定出具医学证明，或者伪造卫生统计资料的；发现传染病疫情、中毒事件不按规定报告的。

乡村医生在执业活动中，违反规定进行实验性临床医疗活动，或者重复使用一次性医疗器械和卫生材料的，由县级人民政府卫生行政主管部门责令停止违法行为，给予警告，可以并处 1000 元以下的罚款；情节严重的，由原发证部门暂扣或者吊销乡村医生执业证书。

乡村医生变更执业的村医疗卫生机构，未办理变更执业注册手续的，由县级人民政府卫生行政主管部门给予警告，责令限期办理变更注册手续。

2. 民事责任、刑事责任

以不正当手段取得乡村医生执业证书的，由发证部门收缴乡村医生执业证书；造成患者人身损害的，依法承担民事赔偿责任；构成犯罪的，依法追究刑事责任。

寻衅滋事、阻碍乡村医生依法执业，侮辱、诽谤、威胁、殴打乡村医生，构成违反治安管理行为的，由公安机关依法予以处罚；构成犯罪的，依法追究刑事责任。

未经注册在村医疗卫生机构从事医疗活动的，由县级以上地方人民政府卫生行政主管部门予以取缔，没收其违法所得以及药品、医疗器械，违法所得 5000 元以上的，并处违法所得 1 倍以上 3 倍以下的罚款；没有违法所得或者违法所得不足 5000 元的，并处 1000 元以上 3000 元以下的罚款；造成患者人身损害的，依法承担民事赔偿责任；构成犯罪的，依法追究刑事责任。

二、外国医师管理法律制度

（一）外国医师执业法律制度概述

随着我国经济的不断发展和对外开放的不断深入，医疗卫生事业的对外交流合作也日益加深。这其中，外国医师来华短期行医，是指在外国取得合法行医权的外籍医师，应邀、应聘或申请来华从事不超过一年期限的临床诊断、治疗业务活动。为了加强外国医师来华短期行医的管理，保障医患双方的合法权益，促进中外医学技术的交流和发展，原卫生部于 1992 年发布《外国医师来华短期行医暂行管理办法》，并于 2003 年、2016 年两次进行修正。目前，国家卫健委启动了《外国医师来华行医管理办法》的制定工作，征求意见稿正在公开征求意见。

（二）邀请聘用制度

外国医师来华短期行医，必须有在华医疗机构作为邀请或聘用单位。邀请或聘用单位可以是一个或多个。外国医师申请来华短期行医，必须依法与聘用单位签订协议，多个聘用单位时要分别签订协议。协议书必须包含目的、具体项目、地点、时间和责任的承担。外国医师应邀、应聘来华短期行医，可以根据情况由双方决定是否签订协议。未签订协议的，所涉及的有关民事责任由邀请或聘用单位承担。外国医疗团体来华短期行医的，由邀请或合作单位所在地的设区的市级卫生行政部门依法进行审批。

（三）注册制度

外国医师来华短期行医必须经过注册，取得由国家卫生主管部门统一印制的《外国医师短期行医许可证》。外国医师来华短期行医的注册机关为设区的市级以上卫生行政部门。邀请或聘用单位分别在不同地区的，应当分别向当地设区的市级以上卫生行政部门申请注册。

注册机关应当在受理申请后 30 日内进行审核，并将审核结果书面通知申请人或代理申请的单位。对审核合格的予以注册，并发给《外国医师短期行医许可证》。外国医师来华短期行医注册的有效期不超过 1 年。注册期满需要延期的，可以重新办理注册。

（四）法律责任

外国医师来华短期行医，必须遵守中国的法律法规，尊重中国的风俗习惯。违反法律规定的，由所在地设区的市级以上卫生行政部门予以取缔，没收非法所得，并处以 10 000 元以下罚款；对邀请、聘用或提供场所的单位，处以警告，没收非法所得，并处以 5000 元以下罚款。

【练习题】

一、选择题

1. （2020 年）李某欲以生病为理由请假外出旅游，给医师刘某打电话请求为自己开病假条，刘某开具病毒性心肌炎全休 1 个月的诊断证明书。对于医师刘某的行为，县级卫生行政部门给予（　　）的处罚。
   A. 考核不合格　　　　　　　　　B. 罚款
   C. 调离医师岗位　　　　　　　　D. 行政纪律处分
   E. 警告，责令暂停执业 6 个月至 1 年

2. （2020 年）取得执业助理医师执业证书后，具有高等学校医学专科学历的，可以在医疗、预防、保健机构中工作满一定年限后报考执业医师资格考试，该年限是（　　）。
   A. 3 年　　　　　　　　B. 5 年　　　　　　　　C. 1 年
   D. 4 年　　　　　　　　E. 2 年

3. （2019 年）女，28 岁。妊娠 2 个月，到某大学医院妇产科接受人工流产手术。接诊医师给患者检查时，旁边有 10 多位男女见习医学生。患者要求见习医学生出去，被接诊医师拒绝。随后医师边操作边给医学生讲解。术后患者质问医师为何示教未事先告知，医师认为患者在医院无隐私。后患者以隐私权被侵犯为由，要求当地卫生行政部门进行处理。基于该案例，卫生行政部门给予当事医师警告处分。处分的依据是（　　）。
   A.《医师法》　　　　　　　　　　B.《药品管理法》
   C.《行政处罚法》　　　　　　　　D.《母婴保健法》
   E.《精神卫生法》

4.（2017年）对中止执业活动达到一定年限的医师，应当注销其执业注册，该年限是（　　）。

 A. 2年   B. 3年   C. 1年

 D. 4年   E. 5年

5.（2021年）属于医师执业规则的是（　　）。

 A. 医师在执业活动中人格尊严、人身安全不受侵犯

 B. 医师在执业活动中应当遵守法律法规，遵守技术操作规范

 C. 对考核不合格的医师，可以责令其接受培训和继续医学教育

 D. 医师应当使用经国家有关部门批准使用的药品、消毒药剂和医疗器械

 E. 对医学专业技术有重大突破、作出显著贡献的医师，应当给予表彰或者奖励

6.（2016年）具有麻醉药品处方权的执业医师被追究法律责任的情形是（　　）。

 A. 未依照规定进行麻醉药品处方专册登记

 B. 未依照规定保存麻醉药品专用处方

 C. 未依照规定储存麻醉药物

 D. 紧急借用麻醉药品后未备案

 E. 未按照临床应用指导原则使用麻醉药品

7.（2014年）医师判断患者为非正常死亡但未按照规定报告，应给予的行政处罚是（　　）。

 A. 罚款   B. 责令改正

 C. 通报批评   D. 吊销执业证书

 E. 暂停执业活动

8.（2014年）医务人员就医疗行为进行说明的首选对象是（　　）。

 A. 患者朋友   B. 患者同事

 C. 患者所在单位领导   D. 患者本人

 E. 患者亲属

9.（2015年）执业医师的权利是（　　）。

 A. 依法参与所在机构的民主管理   B. 宣传卫生保健知识

 C. 保护患者隐私   D. 努力钻研业务

 E. 遵守技术操作规范

10.（2012年）主治医师张某被注销执业注册满1年，现欲重新执业，遂向卫生行政部门递交了相关申请，但未获批准。其原因是（　　）。

 A. 未经过医师规范化培训   B. 吊销医师执业证书行政处罚起不满2年

 C. 变更执业地点不满2年   D. 未到基层医疗机构锻炼

 E. 在医疗机构的试用期不满1年

二、简答题

1. 申请参加医师资格考试的条件是什么？

2. 药师的岗位职责是什么？

3. 简述护士的执业权利和义务。

4. 乡村医生管理的法律制度有哪些？

5. 简述外国医师来华行医的注册制度。

三、论述题

试述医师执业规则。

练习题参考答案

第四章
药品管理法律制度

【本章重点】

1. 国家基本药物制度的形成及发展
2. 药品生产和经营的法律规定
3. 药物审评审批制度的内容及意义
4. 医疗机构药事管理的法律规定
5. 疫苗的概念及管理
6. 药品不良反应的相关法律问题

生产、销售、提供假药罪 [①]

自 2017 年起，徐某即在位于长春市南关区住所内自行采购原料生产、制作黄红胶囊和蓝白胶囊并对外销售。自 2018 年 12 月至 2019 年 11 月 10 日，徐某购买大量醋酸泼尼松、保泰松、消炎痛等药品，添加在黄红胶囊内，生产含有醋酸泼尼松、保泰松、消炎痛等成分的黄红胶囊共计 24 556 粒，以治疗痛风药品的名义对外销售给毕某、姜某等人，价格为 1 元 / 粒，其中销售给毕某 20 356 粒，销售给姜某 1600 粒，还有 3600 粒待售。

自 2014 年 5 月起，毕某与威海某医院在威海火炬高技术产业开发区联合经营威海某医院痛风科，其间毕某在徐某处购买大量的黄红胶囊和蓝白胶囊，并以治疗痛风药品的名义向病人销售。自 2018 年 12 月至 2019 年 11 月 10 日，毕某明知上述黄红胶囊系徐某个人自制，仍对外以药品的名义销售，其中已销售 11 141 粒，还有 9215 粒待售，上述黄红胶囊销售数额共计为 75 317.2 元。

思考：

1. 徐某和毕某的行为是否构成刑事犯罪？
2. 什么是假药？

案例解析

---

① 审理法院：山东省威海火炬高技术产业开发区人民法院，案号为（2021）鲁 1091 刑初 88 号。

第一节　国家基本药物制度概述

一、药品和基本药物的概念

药品是指用于预防、治疗、诊断人的疾病，有目的地调节人的生理机能并规定有适应证或者功能主治、用法和用量的物质，包括中药、化学药和生物制品等。

基本药物是指满足疾病防治基本用药需求，适应现阶段基本国情和保障能力，剂型适宜，价格合理，能够保障供应，可公平获得的药品。《基本医疗卫生与健康促进法》第59条规定："国家实施基本药物制度，遴选适当数量的基本药物品种，满足疾病防治基本用药需求。国家公布基本药物目录，根据药品临床应用实践、药品标准变化、药品新上市情况等，对基本药物目录进行动态调整。基本药物按照规定优先纳入基本医疗保险药品目录。国家提高基本药物的供给能力，强化基本药物质量监管，确保基本药物公平可及、合理使用。"

二、基本药物制度发展历程及目录的制定

（一）基本药物制度的形成及发展

基本药物这一概念由世界卫生组织（WHO）于1977年提出，为响应WHO的号召，世界上各个国家和地区根据自身情况，在所有可以上市的药品中适当进行遴选，编制出基本药物目录，优先强化其供应保障体系，以满足大部分国民基本医疗卫生的需要。我国从1979年开始参加WHO基本药物行动计划。1996年，中国首次发布了国家基本药物中成药和化学药品目录。2009年8月18日，卫生部等9部门发布《关于建立国家基本药物制度的实施意见》《国家基本药物目录管理办法（暂行）》和《国家基本药物目录（基层医疗卫生机构配备使用部分）》（2009年版），正式启动国家基本药物制度建设工作。《关于建立国家基本药物制度的实施意见》指出，政府举办的基层医疗卫生机构全部配备和使用基本药物，其他各类医疗机构也都必须按规定使用基本药物。国家基本药物制度是对基本药物的遴选、生产、流通、使用、定价、报销、监测评价等环节实施有效管理的制度，与公共卫生、医疗服务、医疗保障体系相衔接。为贯彻落实全国卫生与健康大会、《"健康中国2030"规划纲要》和深化医药卫生体制改革的部署要求，进一步完善国家基本药物制度，2018年9月19日，国务院办公厅印发《关于完善国家基本药物制度的意见》，从基本药物的遴选、生产、流通、使用、支付、监测等环节，提出了动态调整优化目录、切实保障生产供应、全面配备优先使用、降低群众药费负担、提升质量安全水平五个方面政策措施，明确指出国家基本药物制度是药品供应保障体系的基础，是医疗卫生领域基本公共服务的重要内容。

（二）基本药物目录的制定

国家基本药物目录是各级医疗卫生机构配备使用药品的依据。目录中的药品包括化学药品、生物制品、中成药和中药饮片三部分。化学药品和生物制品主要依据临床药理学分类，中成药和中药饮片主要依据功能分类。国家基本药物工作委员会负责协调解决制定和实施国家基本药物制度过程中各个环节的相关政策问题，确定国家基本药物制度框架，确定国家基本药物目录遴选和调整的原则、范围、程序和工作方案，审核国家基本药物目录，各有关部门在职责范围内做好国家基本药物遴选调整工作。国家基本药物工作委员会由国家卫生健康委员会、国家发展改革委、工业和信息化部、财政部、人力资源和社会保障部、商务部、国家市场监督管理总局、国家中医药管理局、总后勤部卫生部组成。其办公室设在国家卫生健康委员会，承担委员会的日常工作。

国家基本药物遴选按照防治必需、安全有效、价格合理、使用方便、中西药并重、基本保障、临床首选和基层能够配备的原则，结合我国用药特点，参照国际经验，合理确定品种（剂型）和数量。我国国家基本药物目录在保持数量相对稳定的基础上，实行动态管理，原则上 3 年调整一次。必要时，经国家基本药物工作委员会审核同意，可适时组织调整。当前，《国家基本药物目录》（2018 年版）包含 417 个品种的化学药品和生物制品、268 个品种的中成药。

第二节　药品生产和经营管理制度

一、药品生产管理制度

（一）药品生产许可制度

依据《药品管理法》的规定，在我国，凡是从事药品生产活动，都应当经所在地省、自治区、直辖市人民政府药品监督管理部门批准，取得药品生产许可证。无药品生产许可证的，不得生产药品。

1. 从事药品生产的条件

从事药品生产活动，应当具备以下条件：（1）有依法经过资格认定的药学技术人员、工程技术人员及相应的技术工人；（2）有与药品生产相适应的厂房、设施和卫生环境；（3）有能对所生产药品进行质量管理和质量检验的机构、人员及必要的仪器设备；（4）有保证药品质量的规章制度，并符合国务院药品监督管理部门制定的药品生产质量管理规范要求。

2. 药品生产许可的审批

从事药品生产活动，应当经所在地省、自治区、直辖市人民政府药品监督管理部门批准，取得药品生产许可证。无药品生产许可证的，不得生产药品。药品生产许可证应当标明有效期和生产范围，到期重新审查发证。委托他人生产制剂的药品上市许可持有人，应当具备国家规定的条件，并与符合条件的药品生产企业签订委托协议和质量协议，将相关协议和实际生产场地申请资料合并提交至药品上市许可持有人所在地省、自治区、直辖市药品监督管理部门。申请人应当对其申请材料全部内容的真实性负责。

省、自治区、直辖市药品监督管理部门应当自受理之日起 30 日内，作出决定。经审查符合规定的，予以批准，并自书面批准决定作出之日起 10 日内颁发药品生产许可证；不符合规定的，作出不予批准的书面决定，并说明理由。

3. 药品生产许可证的管理

《药品生产许可证》有效期为 5 年，分为正本和副本。药品生产许可证样式由国家药品监督管理局统一制定。《药品生产许可证》电子证书与纸质证书具有同等法律效力。

药品生产许可证应当载明许可证编号、分类码、企业名称、统一社会信用代码、住所（经营场所）、法定代表人、企业负责人、生产负责人、质量负责人、质量受权人、生产地址和生产范围、发证机关、发证日期、有效期限等项目。企业名称、统一社会信用代码、住所（经营场所）、法定代表人等项目应当与市场监督管理部门核发的营业执照中载明的相关内容一致。

变更药品生产许可证许可事项的，向原发证机关提出药品生产许可证变更申请。未经批准，不得擅自变更许可事项。任何单位或者个人不得伪造、变造、出租、出借、买卖药品生产许可证。

（二）药品生产质量管理

1. 生产质量管理规范

从事药品生产活动，应当遵守《药品生产质量管理规范》，建立健全药品生产质量管理体系，保证药品生产全过程持续符合法定要求。药品生产企业的法定代表人、主要负责人对本企业的药品生产活动全面负责。药品上市许可持有人应当建立药品质量保证体系，配备专门人员独立负责药品质量管理，对受托药品生产企业、药品经营企业的质量管理体系进行定期审核，监督其持续具备质量保证和控制能力。

2. 药品生产工艺

药品应当按照国家药品标准和经药品监督管理部门核准的生产工艺进行生产。生产、检验记录应当完整准确，不得编造。中药饮片应当按照国家药品标准炮制；国家药品标准没有规定的，应当按照省、自治区、直辖市人民政府药品监督管理部门制定的炮制规范炮制。省、自治区、直辖市人民政府药品监督管理部门制定的炮制规范应当报国务院药品监督管理部门备案。不符合国家药品标准或者不按照省、自治区、直辖市人民政府药品监督管理部门制定的炮制规范炮制的，不得出厂、销售。

3. 药品的原料及辅料

生产药品所需的原料、辅料，应当符合药用要求、药品生产质量管理规范的有关要求。生产药品，应当按照规定对供应原料、辅料等的供应商进行审核，保证购进、使用的原料、辅料等符合要求。

4. 药品包装材料和容器

直接接触药品的包装材料和容器，应当符合药用要求，符合保障人体健康、安全的标准。对不合格的直接接触药品的包装材料和容器，由药品监督管理部门责令停止使用。

5. 药品质量检验

药品生产企业应当对药品进行质量检验。不符合国家药品标准的，不得出厂。药品生产企业应当建立药品出厂放行规程，明确出厂放行的标准、条件。符合标准、条件的，经质量受权人签字后方可放行。

6. 药品包装

药品包装应当适合药品质量的要求，方便储存、运输和医疗使用。发运中药材应当有包装。在每件包装上，应当注明品名、产地、日期、供货单位，并附有质量合格的标志。药品包装操作应当采取降低混淆和差错风险的措施，药品包装应当确保有效期内的药品储存运输过程中不受污染。

药品包装应当按照规定印有或者贴有标签并附有说明书。标签或者说明书应当注明药品的通用名称、成分、规格、上市许可持有人及其地址、生产企业及其地址、批准文号、产品批号、生产日期、有效期、适应证或者功能主治、用法、用量、禁忌、不良反应和注意事项。标签、说明书中的文字应当清晰，生产日期、有效期等事项应当显著标注，容易辨识。麻醉药品、精神药品、医疗用毒性药品、放射性药品、外用药品和非处方药的标签、说明书，应当印有规定的标志。药品说明书和标签中的表述应当科学、规范、准确，文字应当清晰易辨，不得以粘贴、剪切、涂改等方式进行修改或者补充。

7. 药品质量控制

（1）药品上市许可持有人、药品生产企业应当每年进行自检，监控药品生产质量管理规范的实施情况，评估企业是否符合相关法规要求，并提出必要的纠正和预防措施。（2）药品上市许可持有人应当建立年度报告制度，按照国家药品监督管理局规定每年向省、自治区、直辖市药品监督管理部门报告药品生产销售、上市后研究、风险管理等情况。疫苗上市许可持有人应当按照规定向国家药品监督管理局进行年度报告。（3）药品上市许可持有人应当持续开展药品风险获益评估和控制，制定上市后药品风险管理计划，主动开展上市后研究，对药品的安全性、有效性和质量可控性进行进一步确证，加强对已上市药品的持续管理。（4）药品上市许可持有人应当建立药物警戒体系，按照国家药品监督管理局制定的药物警戒质量管理规范开展药物警戒工作。药品上市许可持有人、药品生产企业应当经常考察本单位的药品质量、疗效和不良反应。发现疑似不良反应的，应当及时按照要求报告。

二、药品经营管理制度

（一）药品经营许可制度

依据《药品管理法》的规定，从事药品批发活动，应当经所在地省、自治区、直辖市人民政府药品监督管理部门批准，取得药品经营许可证。从事药品零售活动，应当经所在地县级以上地方人民政府药品监督管理部门批准，取得药品经营许可证。无药品经营许可证的，不得经营药品。

1. 从事药品经营活动的条件

从事药品经营活动应当具备以下条件：（1）有依法经过资格认定的药师或者其他药学

技术人员；（2）有与所经营药品相适应的营业场所、设备、仓储设施和卫生环境；（3）有与所经营药品相适应的质量管理机构或者人员；（4）有保证药品质量的规章制度，并符合国务院药品监督管理部门制定的药品经营质量管理规范要求。

2. 药品经营许可的审批

开办药品批发企业的，申办人向拟办企业所在地的省、自治区、直辖市药品监督管理部门提出筹建申请，药品监督管理部门自受理申请之日起 30 个工作日内，依法对申报材料进行审查，作出是否同意筹建的决定，并书面通知申办人。申办人完成筹建后，向受理申请的药品监督管理部门提出验收申请。受理申请的药品监督管理部门在收到验收申请之日起 30 个工作日内，依据开办药品批发企业验收实施标准组织验收，作出是否发给《药品经营许可证》的决定。

开办药品零售企业的，申办人向拟办企业所在地设区的市级药品监督管理部门或省、自治区、直辖市药品监督管理部门直接设置的县级药品监督管理部门提出筹建申请，药品监督管理部门自受理申请之日起 30 个工作日内，依法对申报材料进行审查，作出是否同意筹建的决定，并书面通知申办人。申办人完成筹建后，向受理申请的药品监督管理部门提出验收申请。受理申请的药品监督管理部门在收到验收申请之日起 15 个工作日内，依据开办药品零售企业验收实施标准组织验收，作出是否发给《药品经营许可证》的决定。

3. 药品经营许可证的管理

《药品经营许可证》有效期为 5 年。有效期届满，需要继续经营药品的，持证企业应在有效期届满前 6 个月内，向原发证机关申请换发《药品经营许可证》。原发证机关按规定的申办条件进行审查，符合条件的，收回原证，换发新证。不符合条件的，可限期 3 个月进行整改，整改后仍不符合条件的，注销原《药品经营许可证》。

药品监督管理部门应当将已经颁发的《药品经营许可证》的有关信息予以公开，公众有权进行查阅。对公开信息后发现企业在申领《药品经营许可证》过程中，有提供虚假文件、数据或其他欺骗行为的，应依法予以处理。《药品经营许可证》是企业从事药品经营活动的法定凭证，任何单位和个人不得伪造、变造、买卖、出租和出借。

（二）药品经营质量管理规范

从事药品经营活动，应当遵守《药品经营质量管理规范》，建立健全药品经营质量管理体系，保证药品经营全过程持续符合法定要求。国家鼓励、引导药品零售连锁经营。从事药品零售连锁经营活动的企业总部，应当建立统一的质量管理制度，对所属零售企业的经营活动履行管理责任。药品经营企业的法定代表人、主要负责人对本企业的药品经营活动全面负责。

（三）药品购进、零售及保管

1. 药品购进

（1）药品上市许可持有人、药品生产企业、药品经营企业和医疗机构应当从药品上市许可持有人或者具有药品生产、经营资格的企业购进药品；但是，购进未实施审批管理的中药材除外。（2）药品经营企业购进药品，应当建立并执行进货检查验收制度，验明药品合格证明和其他标识；不符合规定要求的，不得购进和销售。（3）药品经营企业购销药品，应当有真实、完整的购销记录。购销记录应当注明药品的通用名称、剂型、规格、产品批号、有效期、上市许可持有人、生产企业、购销单位、购销数量、购销价格、购销日期及国务院药品监督管理部门规定的其他内容。

2. 药品零售

药品经营企业零售药品应当准确无误，并正确说明用法、用量和注意事项；调配处方应当经过核对，对处方所列药品不得擅自更改或者代用。对有配伍禁忌或者超剂量的处方，应当拒绝调配；必要时，经处方医师更正或者重新签字，方可调配。

药品经营企业销售中药材，应当标明产地。依法经过资格认定的药师或者其他药学技术人员负责本企业的药品管理、处方审核和调配、合理用药指导等工作。新发现和从境外引种的药材，经国务院药品监督管理部门批准后，方可销售。

3. 药品保管

药品经营企业应当制定和执行药品保管制度，采取必要的冷藏、防冻、防潮、防虫、防鼠等措施，保证药品质量。药品入库和出库应当执行检查制度。

（四）药品网络销售

药品上市许可持有人、药品经营企业通过网络销售药品，应当遵守药品经营的有关法律规定。疫苗、血液制品、麻醉药品、精神药品、医疗用毒性药品、放射性药品、药品类易制毒化学品等国家实行特殊管理的药品不得在网络上销售。

药品网络交易第三方平台提供者应当按照国务院药品监督管理部门的规定，向所在地省、自治区、直辖市人民政府药品监督管理部门备案。第三方平台提供者应当依法对申请进入平台经营的药品上市许可持有人、药品经营企业的资质等进行审核，保证其符合法定要求，并对发生在平台的药品经营行为进行管理。第三方平台提供者发现进入平台经营的药品上市许可持有人、药品经营企业有违反法律规定行为的，应当及时制止并立即报告所在地县级人民政府药品监督管理部门；发现严重违法行为的，应当立即停止提供网络交易平台服务。

（五）药品进出口管理

1. 药品进口程序

药品应当从允许药品进口的口岸进口，并由进口药品的企业向口岸所在地药品监督管理部门备案。海关凭药品监督管理部门出具的进口药品通关单办理通关手续。无进口药品通关单的，海关不得放行。口岸所在地药品监督管理部门应当通知药品检验机构按照国务院药品监督管理部门的规定对进口药品进行抽查检验。允许药品进口的口岸由国务院药品监督管理部门会同海关总署提出，报国务院批准。医疗机构因临床急需进口少量药品的，经国务院药品监督管理部门或者国务院授权的省、自治区、直辖市人民政府批准，可以进口。进口的药品应当在指定医疗机构内用于特定医疗目的。个人自用携带入境少量药品的，按照国家有关规定办理。

2. 特定药品的进出口管理

进口、出口麻醉药品和国家规定范围内的精神药品，应当持有国务院药品监督管理部门颁发的进口准许证、出口准许证。禁止进口疗效不确切、不良反应大或者因其他原因危害人体健康的药品。

国务院药品监督管理部门对下列药品在销售前或者进口时，应当指定药品检验机构进行检验；未经检验或者检验不合格的，不得销售或者进口：（1）首次在中国境内销售的药品；（2）国务院药品监督管理部门规定的生物制品；（3）国务院规定的其他药品。

第三节　药品审评审批及监督管理

一、药物审评审批制度

（一）药物审评审批制度概述

药品作为特殊商品，其质量安全关系到人民群众的身体健康和生命安全。坚决守住药品安全底线，践行人民至上、生命至上理念，推动构建科学、高效、权威的药品监管体系，成为药品供应保障的重要内容。药品审评审批是满足国内临床用药需求，确保公众用药更加安全有效的重要方式，是指药品注册申请人依照法定程序和要求提出药物临床研究、药品上市许可、生产药品或者进口药品等，药品监督管理部门依法对安全性、有效性、质量可控性等进行系统评价，并决定是否同意其申请的过程。当前。我国已经建立了包括《药品管理法》《基本医疗卫生与健康促进法》《药品管理法实施条例》《药品注册管理办法》《药物非临床研究质量管理规范》等法律规范在内的药品审评审批规范体系。

虽然我国医药产业发展迅猛，但药品审评审批中存在的问题也日益突出：注册申请资料质量不高，审评过程中需要多次补充完善，严重影响审评审批效率；仿制药重复建设、重复申请，市场恶性竞争，部分仿制药质量与国际先进水平存在较大差距；临床急需新药的上市审批时间过长，药品研发机构和科研人员不能申请药品注册，影响药品创新的积极性。为改革药品及医疗器械审评审批制度，2015 年 8 月，国务院印发《关于改革药品和医疗器械审评审批制度改革的意见》，明确了改革的 12 项任务，包括提高药品审批标准，推进仿制药质量一致性评价，加快创新药审评审批，开展药品上市许可持有人制度试点，落实申请人主体责任，及时发布药品供求和注册申请信息，改进药品临床试验审批，严肃查处注册申请弄虚作假行为，简化药品审批程序、完善药品再注册制度，改革医疗器械审批方式，健全审评质量控制体系，全面公开药品医疗器械审评审批信息。在此基础上，2016 年 2 月，国务院办公厅印发了《关于开展仿制药质量和疗效一致性评价的意见》；2017 年 10 月，中共中央办公厅、国务院办公厅印发了《关于深化审评审批制度改革鼓励药品医疗器械创新的意见》，等等。为规范药品注册行为，保证药品的安全、有效和质量可控，2020 年 1 月，国家市场监督管理总局局务会议审议通过《药品注册管理办法》，自2020 年 7 月 1 日起施行。该办法对药品审评审批制度进行了多项制度性改革，有效解决了我国药品审评审批中的诸多制度问题。《基本医疗卫生与健康促进法》在立法过程中充分吸收药品审评审批制度改革经验，在第 60 条规定"国家建立健全以临床需求为导向的药品审评审批制度，支持临床急需药品、儿童用药品和防治罕见病、重大疾病等药品的研制、生产，满足疾病防治需求"。

（二）药物审评审批的内容

1. 药品注册

药品注册是指国务院药品监督管理部门根据药品注册申请人的申请，依照法定程序，对拟上市销售的药品的安全性、有效性、质量可控性等进行系统评价，并决定是否同意其申请的审批过程。在中国境内上市的药品，应当经国务院药品监督管理部门批准，取得药品注册证书；但是，未实施审批管理的中药材和中药饮片除外。实施审批管理的中药材、中药饮片品种目录由国务院药品监督管理部门会同国务院中医药主管部门制定。申请药品注册，应当提供真实、充分、可靠的数据、资料和样品，证明药品的安全性、有效性和质量可控性。

2. 药品审查审批流程

对申请注册的药品，国务院药品监督管理部门应当组织药学、医学和其他技术人员进行审评，对药品的安全性、有效性和质量可控性以及申请人的质量管理、风险防控和责任赔偿等能力进行审查；符合条件的，颁发药品注册证书。

国务院药品监督管理部门在审批药品时，对化学原料药一并审评审批，对相关辅料、直接接触药品的包装材料和容器一并审评，对药品的质量标准、生产工艺、标签和说明书一并核准。

3. 附条件审批制度

对治疗严重危及生命且尚无有效治疗手段的疾病以及公共卫生方面急需的药品，药物临床试验已有数据显示疗效并能预测其临床价值的，可以附条件批准，并在药品注册证书中载明相关事项。

4. 药品审评审批工作制度

国务院药品监督管理部门应当完善药品审评审批工作制度，加强能力建设，建立健全沟通交流、专家咨询等机制，优化审评审批流程，提高审评审批效率。批准上市药品的审评结论和依据应当依法公开，接受社会监督。对审评审批中知悉的商业秘密应当保密。

二、药品监督管理

（一）药品全过程追溯制度

药品全过程追溯制度是指药品上市许可持有人、生产企业、经营企业、使用单位、药品监督管理部门、消费者等与药品质量安全相关的追溯相关方，通过信息化手段，对药品生产、流通和使用等全过程的信息进行追踪、溯源的法律制度。《基本医疗卫生与健康促进法》第 61 条规定："国家建立健全药品研制、生产、流通、使用全过程追溯制度，加强药品管理，保证药品质量。"药品全过程追溯制度能够有效促进药品质量安全综合治理，提升药品质量安全保障水平，并能够防范非法药品进入合法渠道，确保发生质量安全风险的药品可召回、责任可追究。

建立健全药品全过程追溯制度是党中央、国务院作出的重大决策部署，是药品供应保障体系的重要组成部分，是强化药品监管的重要基础。2005年，国家食品药品监督管理局开始牵头建设中国药品电子监管平台，通过全国统一平台、统一编码的方式开展药品追溯。2010年，国家食品药品监督管理局要求，基本药物全面接入药品电子监管码。2015年12月，国务院办公厅印发《关于加快推进重要产品追溯体系建设的意见》，明确规定包括药品在内的七类产品为当前及今后一段时期重点推进的七类产品，提出到2020年，追溯体系建设的规划标准体系得到完善，全国追溯数据统一共享交换机制基本形成等目标。为进一步提高药品质量安全保障水平，2018年10月，国家药监局发布了《关于药品信息化追溯体系建设的指导意见》，提出药品生产、流通和使用等环节共同建成覆盖全过程的药品追溯系统。2019年8月，国家药监局发布《药品追溯系统基本技术要求》《疫苗追溯基本数据集》《疫苗追溯数据交换基本技术要求》共3项信息化标准，重点规范了药品追溯系统技术要求，并为疫苗药品追溯体系建设提供科技支撑依据。2020年3月，国家药监局又发布了《药品上市许可持有人和生产企业追溯基本数据集》《药品经营企业追溯基本数据集》《药品使用单位追溯基本数据集》《药品追溯消费者查询基本数据集》《药品追溯数据交换基本技术要求》共5项信息化标准。

2019年，我国首次将药品追溯写入立法，《药品管理法》和《疫苗管理法》均规定了追溯制度，并明确相关主体的责任、义务以及相应的法律责任。当前，建立健全药品全过程追溯制度已经上升为一项法定制度，我国从事药品研制、生产、经营、使用的单位和个人，以及药品监督管理等部门，必须依法建立健全药品信息化追溯制度体系，并严格遵守和组织实施，通过科学信息化手段，对药品生产、流通、使用等全流程的信息进行追踪、溯源。

《药品管理法》分别对从事药品研制、生产、经营、使用活动进行了规定，第12条规定："国家建立健全药品追溯制度。国务院药品监督管理部门应当制定统一的药品追溯标准和规范，推进药品追溯信息互通互享，实现药品可追溯"；第7条规定："从事药品研制、生产、经营、使用活动，应当遵守法律、法规、规章、标准和规范，保证全过程信息真实、准确、完整和可追溯"。

（二）药品价格制度

药品定价不仅关系到药品生产企业的生存和发展，也是全社会关注的重点热点。科学、合理、公正地制定药品价格，既有利于优势企业的发展，又能减轻群众的用药负担。为此，我国出台了一些法律法规对药品价格进行调节，形成了较为体系的价格监督管理制度。

1. 国家药品采购管理

国家完善药品采购管理制度，对药品价格进行监测，开展成本价格调查，加强药品价格监督检查，依法查处价格垄断、哄抬价格等药品价格违法行为，维护药品价格秩序。

2. 药品价格的市场调节

依法实行市场调节价的药品，药品上市许可持有人、药品生产企业、药品经营企业和医疗机构应当按照公平、合理和诚实信用、质价相符的原则制定价格，为用药者提供价格合理的药品。药品上市许可持有人、药品生产企业、药品经营企业和医疗机构应当遵守国务院药品价格主管部门关于药品价格管理的规定，制定和标明药品零售价格，禁止暴利、价格垄断和价格欺诈等行为。药品上市许可持有人、药品生产企业、药品经营企业和医疗机构应当依法向药品价格主管部门提供其药品的实际购销价格和购销数量等资料。

3. 医疗机构药品价格

医疗机构应当向患者提供所用药品的价格清单，按照规定如实公布其常用药品的价格，加强合理用药管理。具体办法由国务院卫生健康主管部门制定。

（三）药品上市后管理

1. 药品上市后风险管理

药品上市许可持有人应当制定药品上市后风险管理计划，主动开展药品上市后研究，对药品的安全性、有效性和质量可控性进行进一步确证，加强对已上市药品的持续管理。

对附条件批准的药品，药品上市许可持有人应当采取相应风险管理措施，并在规定期限内按照要求完成相关研究；逾期未按照要求完成研究或者不能证明其获益大于风险的，国务院药品监督管理部门应当依法处理，直至注销药品注册证书。

2. 药品变更的分类管理

对药品生产过程中的变更，按照其对药品安全性、有效性和质量可控性的风险和产生影响的程度，实行分类管理。属于重大变更的，应当经国务院药品监督管理部门批准，其他变更应当按照国务院药品监督管理部门的规定备案或者报告。

药品上市许可持有人应当按照国务院药品监督管理部门的规定，全面评估、验证变更事项对药品安全性、有效性和质量可控性的影响。

3. 药品不良反应监测

药品上市许可持有人、药品生产企业、药品经营企业和医疗机构应当经常考察本单位生产、经营、使用的药品的质量、疗效和不良反应。发现疑似不良反应的，应当及时向药品监督管理部门和卫生健康主管部门报告。具体办法由国务院药品监督管理部门会同国务院卫生健康主管部门制定。

对已确认发生严重不良反应的药品，由国务院药品监督管理部门或者省、自治区、直辖市人民政府药品监督管理部门根据实际情况采取停止生产、销售、使用等紧急控制措施，并应当在 5 日内组织鉴定，自鉴定意见作出之日起 15 日内依法作出行政处理决定。

4. 药品质量问题及其他安全隐患

药品存在质量问题或者其他安全隐患的，药品上市许可持有人应当立即停止销售，告知相关药品经营企业和医疗机构停止销售和使用，召回已销售的药品，及时公开召回信息，必要时应当立即停止生产，并将药品召回和处理情况向省、自治区、直辖市人民政府药品监督管理部门和卫生健康主管部门报告。药品生产企业、药品经营企业和医疗机构应当配合。

药品上市许可持有人依法应当召回药品而未召回的，省、自治区、直辖市人民政府药品监督管理部门应当责令其召回。

5. 药品上市后评价

药品上市许可持有人应当对已上市药品的安全性、有效性和质量可控性定期开展上市后评价。必要时，国务院药品监督管理部门可以责令药品上市许可持有人开展上市后评价或者直接组织开展上市后评价。经评价，对疗效不确切、不良反应大或者因其他原因危害人体健康的药品，应当注销药品注册证书。

（四）药品监督检查

1. 药品监督检查机构

国务院药品监督管理部门主管全国药品监督管理工作。省、自治区、直辖市人民政府药品监督管理部门负责本行政区域内的药品监督管理工作。设区的市级、县级人民政府承担药品监督管理职责的部门负责本行政区域内的药品监督管理工作。

县级以上地方人民政府负责本行政区域内的药品监督管理工作，统一领导、组织、协调本行政区域内的药品监督管理工作以及药品安全突发事件应对工作，建立健全药品监督管理工作机制和信息共享机制。

2. 药品监督检查职责

（1）药品监督管理部门应当依照法律、法规的规定对药品研制、生产、经营和药品使用单位使用药品等活动进行监督检查，必要时可以对为药品研制、生产、经营、使用提供产品或者服务的单位和个人进行延伸检查，有关单位和个人应当予以配合，不得拒绝和隐瞒。药品监督管理部门应当对高风险的药品实施重点监督检查。对有证据证明可能存在安全隐患的，药品监督管理部门根据监督检查情况，应当采取告诫、约谈、限期整改以及暂停生产、销售、使用、进口等措施，并及时公布检查处理结果。药品监督管理部门进行监督检查时，应当出示证明文件，对监督检查中知悉的商业秘密应当保密。

（2）药品监督管理部门根据监督管理的需要，可以对药品质量进行抽查检验。抽查检验应当按照规定抽样，并不得收取任何费用；抽样应当购买样品。所需费用按照国务院规定列支。对有证据证明可能危害人体健康的药品及其有关材料，药品监督管理部门可以查封、扣押，并在 7 日内作出行政处理决定；药品需要检验的，应当自检验报告书发出之日起 15 日内作出行政处理决定。

（3）药品监督管理部门应当对药品上市许可持有人、药品生产企业、药品经营企业和药物非临床安全性评价研究机构、药物临床试验机构等遵守药品生产质量管理规范、药品经营质量管理规范、药物非临床研究质量管理规范、药物临床试验质量管理规范等情况进行检查，监督其持续符合法定要求。

（4）药品监督管理部门建立药品上市许可持有人、药品生产企业、药品经营企业、药物非临床安全性评价研究机构、药物临床试验机构和医疗机构药品安全信用档案，记录许可颁发、日常监督检查结果、违法行为查处等情况，依法向社会公布并及时更新；对有不良信用记录的，增加监督检查频次，并可以按照国家规定实施联合惩戒。

第四节　医疗机构药事管理

医疗机构药事管理是指医疗机构以病人为中心，以临床药学为基础，对临床用药全过程进行有效的组织实施与管理，促进临床科学、合理用药的药学技术服务和相关的药品管理工作。加强医疗机构药事管理，是建立健全现代医院管理制度的重要内容，是加强医疗卫生服务综合监管的重要举措。近年来，我国药事管理不断加强，合理用药水平逐步提升，并积极推进药品集中采购和使用改革，完善药品价格形成机制，规范药品生产流通秩序。

一、医疗机构药事管理的要求

（一）人员配置规定

医疗机构应当配备依法经过资格认定的药师或者其他药学技术人员，负责本单位的药品管理、处方审核和调配、合理用药指导等工作。非药学技术人员不得直接从事药剂技术工作。

依法经过资格认定的药师或者其他药学技术人员调配处方，应当进行核对，对处方所列药品不得擅自更改或者代用。对有配伍禁忌或者超剂量的处方，应当拒绝调配；必要时，经处方医师更正或者重新签字，方可调配。

（二）药品管理规定

医疗机构购进药品，应当建立并执行进货检查验收制度，验明药品合格证明和其他标识；不符合规定要求的，不得购进和使用。

医疗机构应当有与所使用药品相适应的场所、设备、仓储设施和卫生环境，制定和执行药品保管制度，采取必要的冷藏、防冻、防潮、防虫、防鼠等措施，保证药品质量。

（三）临床用药规定

医疗机构应当坚持安全有效、经济合理的用药原则，遵循药品临床应用指导原则、临床诊疗指南和药品说明书等合理用药，对医师处方、用药医嘱的适宜性进行审核。

医疗机构以外的其他药品使用单位，应当遵守有关医疗机构使用药品的规定。

二、医疗机构的制剂管理

（一）医疗机构制剂许可

医疗机构制剂是指医疗机构根据本单位临床需要经批准配制的自用的固定处方制剂。医疗机构配制制剂，应当经所在地省、自治区、直辖市人民政府药品监督管理部门批准，取得医疗机构制剂许可证。无医疗机构制剂许可证的，不得配制制剂。

（二）医疗机构制剂的质量管理

医疗机构配制制剂应当有能够保证制剂质量的设施、管理制度、检验仪器和卫生环境。医疗机构配制制剂应当按照经核准的工艺进行，所需的原料、辅料和包装材料等应当符合药用要求。

（三）医疗机构制剂的使用

医疗机构配制的制剂，应当是本单位临床需要而市场上没有供应的品种，并应当经所在地省、自治区、直辖市人民政府药品监督管理部门批准；但是，法律对配制中药制剂另有规定的除外。

医疗机构配制的制剂应当按照规定进行质量检验；合格的，凭医师处方在本单位使用。经国务院药品监督管理部门或者省、自治区、直辖市人民政府药品监督管理部门批准，医疗机构配制的制剂可以在指定的医疗机构之间调剂使用，但不得在市场上销售。

第五节　疫苗管理法律制度

一、疫苗及疫苗管理法概述

疫苗是指为预防、控制疾病的发生、流行，用于人体免疫接种的预防性生物制品，包括免疫规划疫苗和非免疫规划疫苗。免疫规划疫苗是指居民应当按照政府的规定接种的疫苗，包括国家免疫规划确定的疫苗，省、自治区、直辖市人民政府在执行国家免疫规划时增加的疫苗，以及县级以上人民政府或者其卫生健康主管部门组织的应急接种或者群体性预防接种所使用的疫苗。非免疫规划疫苗是指居民自愿接种的其他疫苗。

疫苗关系人民群众生命健康，关系公共卫生安全和国家安全，是国家战略性、公益性产品。长期以来，国家高度重视人民群众用药安全，要求用最严谨的标准、最严格的监管、最严厉的处罚、最严肃的问责加强疫苗监管。为了规范疫苗研制、生产、流通、预防接种，保障和促进公众健康，维护公共安全，2019 年 6 月 29 日，第十三届全国人民代表大会常务委员会第十一次会议通过《疫苗管理法》，自 2019 年 12 月 1 日起施行。

《疫苗管理法》坚持以人民为中心的思想，将中央部署的疫苗监管新举措以法律形式固化，将分散的疫苗管理规范整合集成，对疫苗研制、生产、流通、预防接种及监督管理作出系统性规定，以立法促改革，以立法强监管，以立法保权益。《疫苗管理法》是全球首部综合性疫苗管理法律，充分体现了国家对疫苗的高度重视，对促进疫苗产业创新和行业健康发展，保证疫苗安全、有效、可及，重塑人民群众疫苗安全信心，保护和促进公众健康，均具有重要意义。

二、疫苗研制和注册

（一）疫苗研制

1. 疫苗研制规划

国家根据疾病流行情况、人群免疫状况等因素，制定相关研制规划，安排必要资金，支持多联多价等新型疫苗的研制。国家组织疫苗上市许可持有人、科研单位、医疗卫生机构联合攻关，研制疾病预防、控制急需的疫苗。

2. 疫苗临床试验

开展疫苗临床试验，应当经国务院药品监督管理部门依法批准。疫苗临床试验应当由符合国务院药品监督管理部门和国务院卫生健康主管部门规定条件的三级医疗机构或者省级以上疾病预防控制机构实施或者组织实施。

疫苗临床试验申办者应当制定临床试验方案，建立临床试验安全监测与评价制度，审慎选择受试者，合理设置受试者群体和年龄组，并根据风险程度采取有效措施，保护受试者合法权益。

开展疫苗临床试验，应当取得受试者的书面知情同意；受试者为无民事行为能力人的，应当取得其监护人的书面知情同意；受试者为限制民事行为能力人的，应当取得本人及其监护人的书面知情同意。

（二）疫苗注册

依据《疫苗管理法》的规定，在我国境内上市的疫苗应当经国务院药品监督管理部门批准，取得药品注册证书。对疾病预防、控制急需的疫苗和创新疫苗，国务院药品监督管理部门应当予以优先审评审批。

应对重大突发公共卫生事件急需的疫苗或者国务院卫生健康主管部门认定急需的其他疫苗，经评估获益大于风险的，国务院药品监督管理部门可以附条件批准疫苗注册申请。出现特别重大突发公共卫生事件或者其他严重威胁公众健康的紧急事件，国务院卫生健康主管部门根据传染病预防、控制需要提出紧急使用疫苗的建议，经国务院药品监督管理部门组织论证同意后可以在一定范围和期限内紧急使用。

三、疫苗生产和批签发

（一）疫苗生产

依据《疫苗管理法》的规定，在我国从事疫苗生产活动，应当经省级以上人民政府药品监督管理部门批准，取得药品生产许可证。

1. 从事疫苗生产活动的条件

从事疫苗生产活动，除符合《药品管理法》规定的从事药品生产活动的条件外，还应当具备下列条件：（1）具备适度规模和足够的产能储备；（2）具有保证生物安全的制度和设施、设备；（3）符合疾病预防、控制需要。疫苗上市许可持有人应当具备疫苗生产能力；超出疫苗生产能力确需委托生产的，应当经国务院药品监督管理部门批准。接受委托生产的，应当遵守法律规定和国家有关规定，保证疫苗质量。

2. 疫苗生产的质量管理

疫苗应当按照经核准的生产工艺和质量控制标准进行生产和检验，生产全过程应当符合药品生产质量管理规范的要求。疫苗上市许可持有人应当按照规定对疫苗生产全过程和疫苗质量进行审核、检验。

疫苗上市许可持有人应当建立完整的生产质量管理体系，持续加强偏差管理，采用信息化手段如实记录生产、检验过程中形成的所有数据，确保生产全过程持续符合法定要求。

（二）疫苗批签发

国家实行疫苗批签发制度。每批疫苗销售前或者进口时，应当经国务院药品监督管理部门指定的批签发机构按照相关技术要求进行审核、检验。符合要求的，发给批签发证明；不符合要求的，发给不予批签发通知书。国务院药品监督管理部门、批签发机构应当及时公布上市疫苗批签发结果，供公众查询。

申请疫苗批签发应当按照规定向批签发机构提供批生产及检验记录摘要等资料和同批号产品等样品。进口疫苗还应当提供原产地证明、批签发证明；在原产地免予批签发的，应当提供免予批签发证明。预防、控制传染病疫情或者应对突发事件急需的疫苗，经国务院药品监督管理部门批准，免予批签发。

四、疫苗流通

（一）疫苗采购

国家免疫规划疫苗由国务院卫生健康主管部门会同国务院财政部门等组织集中招标或者统一谈判，形成并公布中标价格或者成交价格，各省、自治区、直辖市实行统一采购。

国家免疫规划疫苗以外的其他免疫规划疫苗、非免疫规划疫苗由各省、自治区、直辖市通过省级公共资源交易平台组织采购。

（二）疫苗流通的过程管理

疫苗上市许可持有人应当按照采购合同约定，向疾病预防控制机构或者疾病预防控制机构指定的接种单位配送疫苗。疫苗上市许可持有人、疾病预防控制机构自行配送疫苗应当具备疫苗冷链储存、运输条件，也可以委托符合条件的疫苗配送单位配送疫苗。

疾病预防控制机构、接种单位、疫苗上市许可持有人、疫苗配送单位应当遵守疫苗储存、运输管理规范，保证疫苗质量。疫苗在储存、运输全过程中应当处于规定的温度环境，冷链储存、运输应当符合要求，并定时监测、记录温度。

疫苗上市许可持有人在销售疫苗时，应当提供加盖其印章的批签发证明复印件或者电子文件；销售进口疫苗的，还应当提供加盖其印章的进口药品通关单复印件或者电子文件。疾病预防控制机构、接种单位在接收或者购进疫苗时，应当索取上述证明文件，并保存至疫苗有效期满后不少于5年备查。

疫苗上市许可持有人应当按照规定，建立真实、准确、完整的销售记录，并保存至疫苗有效期满后不少于5年备查。疾病预防控制机构、接种单位、疫苗配送单位应当按照规定，建立真实、准确、完整的接收、购进、储存、配送、供应记录，并保存至疫苗有效期满后不少于5年备查。疾病预防控制机构、接种单位接收或者购进疫苗时，应当索取本次运输、储存全过程温度监测记录，并保存至疫苗有效期满后不少于5年备查；对不能提供本次运输、储存全过程温度监测记录或者温度控制不符合要求的，不得接收或者购进，并应当立即向县级以上地方人民政府药品监督管理部门、卫生健康主管部门报告。

此外，有关疫苗接种的法律规定，将在传染病防治法接种制度中详细介绍，本节不再赘述。

第六节　药品不良反应相关法律问题

一、药品不良反应概述

药品不良反应，是指合格药品在正常用法用量下出现的与用药目的无关的有害反应，亦即在使用常用剂量的药物防治或诊断疾病过程中，因药物本身的作用或药物间相互作用而产生的与用药目的无关而又不利于病人的各种反应。药品不良反应可能发生在身体的某个器官或系统中，也可能在身体的不同系统中进行累积，对身体造成不同程度的损害。

药品生产企业（包括进口药品的境外制药厂商）、药品经营企业、医疗机构应当按照规定报告所发现的药品不良反应。

国务院药品监督管理部门主管全国药品不良反应报告和监测工作，地方各级药品监督管理部门主管本行政区域内的药品不良反应报告和监测工作。各级卫生健康主管部门负责本行政区域内医疗机构与实施药品不良反应报告制度有关的管理工作。地方各级药品监督管理部门应当建立健全药品不良反应监测机构，负责本行政区域内药品不良反应报告和监测的技术工作。

二、药品不良反应的报告和处置

（一）报告和处置的基本要求

药品生产、经营企业和医疗机构获知或者发现可能与用药有关的不良反应，应当通过国家药品不良反应监测信息网络报告；不具备在线报告条件的，应当通过纸质报表报所在地药品不良反应监测机构，由所在地药品不良反应监测机构代为在线报告。报告内容应当真实、完整、准确。

各级药品不良反应监测机构应当对本行政区域内的药品不良反应报告和监测资料进行评价和管理。

药品生产、经营企业和医疗机构应当配合药品监督管理部门、卫生健康主管部门和药品不良反应监测机构对药品不良反应或者群体不良事件的调查，并提供调查所需的资料。药品生产、经营企业和医疗机构应当建立并保存药品不良反应报告和监测档案。

（二）个例药品不良反应

1. 药品生产、经营企业和医疗机构的职责

药品生产、经营企业和医疗机构应当主动收集药品不良反应，获知或者发现药品不良反应后应当详细记录、分析和处理，填写《药品不良反应 / 事件报告表》并报告。药品生产、经营企业和医疗机构发现或者获知新的、严重的药品不良反应的，应当在 15 日内

报告，其中死亡病例须立即报告；其他药品不良反应应当在 30 日内报告。有随访信息的，应当及时报告。

药品生产企业应当对获知的死亡病例进行调查，详细了解死亡病例的基本信息、药品使用情况、不良反应发生及诊治情况等，并在 15 日内完成调查报告，报药品生产企业所在地的省级药品不良反应监测机构。

2. 不良反应监测机构的职责

（1）设区的市级、县级药品不良反应监测机构。设区的市级、县级药品不良反应监测机构应当对收到的药品不良反应报告的真实性、完整性和准确性进行审核。严重药品不良反应报告的审核和评价应当自收到报告之日起 3 个工作日内完成，其他报告的审核和评价应当在 15 个工作日内完成。

设区的市级、县级药品不良反应监测机构应当对死亡病例进行调查，详细了解死亡病例的基本信息、药品使用情况、不良反应发生及诊治情况等，自收到报告之日起 15 个工作日内完成调查报告，报同级药品监督管理部门和卫生健康主管部门，以及上一级药品不良反应监测机构。

（2）省级药品不良反应监测机构。省级药品不良反应监测机构应当在收到下一级药品不良反应监测机构提交的严重药品不良反应评价意见之日起 7 个工作日内完成评价工作。

对死亡病例，事件发生地和药品生产企业所在地的省级药品不良反应监测机构均应当及时根据调查报告进行分析、评价，必要时进行现场调查，并将评价结果报省级药品监督管理部门和卫生健康主管部门，以及国家药品不良反应监测中心。

（3）国家药品不良反应监测中心。国家药品不良反应监测中心应当及时对死亡病例进行分析、评价，并将评价结果报国家市场监督管理总局和国家卫生健康委员会。

（三）药品群体不良事件

1. 药品生产、经营企业和医疗机构的职责

药品生产、经营企业和医疗机构获知或者发现药品群体不良事件后，应当立即通过电话或者传真等方式报所在地的县级药品监督管理部门、卫生健康主管部门和药品不良反应监测机构，必要时可以越级报告；同时填写《药品群体不良事件基本信息表》，对每一病例还应当及时填写《药品不良反应/事件报告表》，通过国家药品不良反应监测信息网络报告。

药品生产企业获知药品群体不良事件后应当立即开展调查，详细了解药品群体不良事件的发生、药品使用、患者诊治以及药品生产、储存、流通、既往类似不良事件等情况，在 7 日内完成调查报告，报所在地省级药品监督管理部门和药品不良反应监测机构；同时迅速开展自查，分析事件发生的原因，必要时应当暂停生产、销售、使用和召回相关药品，并报所在地省级药品监督管理部门。

药品经营企业发现药品群体不良事件应当立即告知药品生产企业，同时迅速开展自查，必要时应当暂停药品的销售，并协助药品生产企业采取相关控制措施。

医疗机构发现药品群体不良事件后应当积极救治患者，迅速开展临床调查，分析事件发生的原因，必要时可采取暂停药品的使用等紧急措施。

2. 药品监督管理部门的职责

设区的市级、县级药品监督管理部门获知药品群体不良事件后，应当立即与同级卫生健康主管部门联合组织开展现场调查，并及时将调查结果逐级报至省级药品监督管理部门和卫生健康主管部门。省级药品监督管理部门与同级卫生健康主管部门联合对设区的市级、县级的调查进行督促、指导，对药品群体不良事件进行分析、评价，对本行政区域内发生的影响较大的药品群体不良事件，还应当组织现场调查，评价和调查结果应当及时报国家市场监督管理总局和国家卫生健康委员会。对全国范围内影响较大并造成严重后果的药品群体不良事件，国家市场监督管理总局应当与国家卫生健康委员会联合开展相关调查工作。

药品监督管理部门可以采取暂停生产、销售、使用或者召回药品等控制措施。卫生健康主管部门应当采取措施积极组织救治患者。

（四）境外发生的严重药品不良反应

1. 境外发生严重药品不良反应的报告

进口药品和国产药品在境外发生的严重药品不良反应（包括自发报告系统收集的、上市后临床研究发现的、文献报道的）的，药品生产企业应当填写《境外发生的药品不良反应/事件报告表》，自获知之日起30日内报送国家药品不良反应监测中心。国家药品不良反应监测中心要求提供原始报表及相关信息的，药品生产企业应当在5日内提交。

2. 境外发生严重药品不良反应的分析、评价

国家药品不良反应监测中心应当对收到的药品不良反应报告进行分析、评价，每半年向国家市场监督管理总局和国家卫生健康委员会报告，发现提示药品可能存在安全隐患的信息应当及时报告。

3. 境外发生严重药品不良反应的处理

进口药品和国产药品在境外因药品不良反应被暂停销售、使用或者撤市的，药品生产企业应当在获知后24小时内书面报国家市场监督管理总局和国家药品不良反应监测中心。

【练习题】

一、选择题

1.（2021年）根据《药品管理法》，下列情形不属于假药的是（　　）。
  A. 与国家药品标准规定成分不符的化学药
  B. 变质的中药饮片
  C. 标明适应证超出规定范围的生物制品
  D. 被污染的中成药

2.（2020年）以下说法不符合《药品管理法》规定的是（　　）。
  A. 国家建立药物警戒制度，对药物不良反应及其他与用药有关的有害反应进行监测和

控制

B. 药品上市许可持有人应当制定药品上市后风险管理计划，主动开展药品上市后研究

C. 对已确认发生不良反应的药品，国家药品监督管理部门应当注销药品注册证书

D. 建立中央和地方两级医药储备制度，发生重大灾情、疫情或其他突发事件时，按规定可以紧急调用药品

3.（2019 年）关于医疗机构制剂管理的说法，正确的是（　　　）。

A. 医疗机构制剂批准文号和《医疗机构制剂许可》的有效期均为 5 年

B. 医疗机构制剂可以在本院自建网站上向在本院就诊的患者销售，但不得在其他网站上销售

C. 医疗机构制剂可以在本医院周边的药品零售企业凭本医院医师处方销售

D. 医疗机构不得配制中药、化学药组成的复方制剂

4.（2018 年）下列药品经营活动，符合国家相关规定的是（　　　）。

A. 甲药品经营企业销售的中药材标明了产地

B. 乙药品零售企业以"购二赠一"的方式促销甲类非处方药

C. 丙药品零售企业采购药品时索取销售凭证，销售凭证保存 2 年后销毁

D. 丁药品经营企业在产品订货会上，把展示的乙类非处方药以现货方式卖给参观者

5.（2016 年）根据《中华人民共和国药品管理法》对药品的界定，下列不属于药品的是（　　　）。

A. 生化药品　　　　　　　　　　B. 血液制品

C. 化学原料药　　　　　　　　　D. 兽药

二、简答题

1. 什么是药品上市许可持有人？
2. 开办药品生产企业应当具备哪些条件？
3. 简述药品全过程追溯的必要性及意义。
4. 什么是疫苗批签发制度？具体流程是什么？
5. 什么是药品不良反应报告制度？

练习题参考答案

三、论述题

论我国互联网药品经营监管的挑战和对策。

第五章
卫生健康相关产品法律制度

【本章重点】

1. 医疗机构临床用血制度
2. 医疗器械的生产许可与备案制度
3. 消毒产品的生产许可与卫生安全评价
4. 食品安全事故的处理
5. 特殊化妆品与儿童化妆品

组织有偿献血案①

俞某以牟利为目的，安排孙某为其介绍卖血人员。2021年某日，俞某安排孙某及孙某招募的陆某至上海市浦东新区有偿献血。此次献血成功后，俞某获得人民币 2800 元好处费、孙某获得 1500 元费用及 200 元好处费，陆某获得 1500 元费用。几日后，俞某又组织孙某招募的钱某、吴某二人至上海市静安区有偿献血，双方约定献血成功后每人可以获得 1400 元费用，孙某从中收取好处费。

思考：

1. 我国临床用血源自何处、应当如何供应？
2. 俞某、孙某的行为是否构成刑事犯罪？

案例解析

第一节　卫生健康相关产品法律制度概述

为了确保对公民健康的有效维护，除了对与消除疾病危害直接相关的药品进行管理与监督以外，还需要对与公民卫生健康息息相关的其他产品的研发、生产和流通进行法

---

① 审理法院：上海市静安区人民法院，案号为（2021）沪 0106 刑初 1263 号。

律规制。

一、卫生健康相关产品的法律调整范围

由于卫生法调整的对象是围绕健康权而形成的各类法律关系，除直接消除或缓解疾病的药品以外，对保障和促进健康起到主要或辅助作用的有关产品，亦属卫生法调整范围。卫生健康产品法调整的是政府主管部门、研发机构、生产者、流通者和使用者之间围绕健康产品的研发、生产和使用而形成的关系。主流观点认为，法律调整的卫生健康相关产品主要包括血液及血液制品、医疗器械、消毒产品、食品、化妆品。

血液是维持生命所必需的重要物质，且以全血中血浆蛋白为原料生产的血液制品在临床治疗和预后康复上具有不可替代的作用，因此对血液的采集与供应、临床用血管理、血液制品的原料来源和生产经营均须进行法律调控与规制，以确保血液及血液制品的安全可控。医疗器械作为直接或间接作用于人体的仪器、设备、诊断材料，对人体的疾病诊疗、损伤恢复或补偿、生理机能支持甚至替代等方面具有重要辅助作用，故而法律对医疗器械的准入、生产与经营须进行必要的规制，确定适当的标准。随着人民卫生健康意识的提高，消毒产品逐步从医疗机构、公共场所进入人们的日常生活中，为了加强对消毒产品的管理，有效预防和控制感染性疾病的传播，保障人群总体健康，我国制定和修订了与消毒产品生产经营、监督管理有关的法律法规。民以食为天，食以安为先，保障食品安全就是保障公众身体健康和生命安全。故此，食品的种植、养殖、加工、包装、储藏、运输、销售、消费等活动均需符合国家强制标准和要求，食品产业各环节详细且严谨的立法由此产生。工业技术的进步和人们生活水平的提高，使得消费者在关注自身生命机能之外，逐渐对自我形象外观的改善与保养更加重视。为使化妆品产业健康有序发展，保障人民群众化妆品使用安全，我国鼓励和支持化妆品领域的研究、创新，并出台针对化妆品生产、进口与流通等方面的法律规定。

二、卫生健康相关产品的立法

为了加强卫生健康相关产品的法治管理，保障人民群众生命健康权益，全国人大及常委会、国务院及其下设职能部委出台了一系列有关卫生健康相关产品管理与监督的法律、行政法规、规章和配套的规范性文件。

具体而言，在血液及血液制品方面，根据全国人大常委会颁布的《献血法》，国务院相继颁布并修订了《血站管理办法》《脐带血造血干细胞库管理办法（试行）》《采供血机构设置规划指导原则》《血液制品管理条例》等配套规章与规范性文件，并联合国家标准化管理委员会发布了《献血者健康检查要求》（GB18467-2011）。就医疗器械监督管理事宜，国务院颁布了《医疗器械监督管理条例》并对其进行了修订，卫生行政部门近年来出台了《医疗器械生产监督管理办法》《医疗器械经营监督管理办法》《医疗器械注册与备案管理办法》等一系列规章，对医疗器械的生产、销售、注册和备案作出了更详尽的指引。在消毒产品规制方面，卫生行政部门在《传染病防治法》对消毒产品作出原则性规定的基

础上，出台并修订了《消毒管理办法》，并相继发布了《消毒产品生产企业卫生规范》《消毒产品标签说明书管理规范》《消毒产品卫生安全评价规定》等规范性文件。在食品安全领域，为进一步增强《食品安全法》所规定制度的可操作性，国务院及其下设部委相继出台了《食品安全法实施条例》《食品生产经营监督检查管理办法》《食品安全风险监测管理规定》《食品安全风险评估管理规定》等法规。针对化妆品的监督管理，在《化妆品监督管理条例》基础上，相关部委制定了《化妆品生产经营监督管理办法》《化妆品标签管理办法》等配套行政法规。

第二节　血液及血液制品管理法律制度

一、无偿献血概述

血液由血浆和血细胞（包括红细胞、白细胞、血小板）构成，是一种复杂的维持生命不可缺少的物质。当前包括我国在内的许多国家和地区都实行了无偿献血制度。为保证医疗临床用血需要和安全，保障献血者和用血者身体健康，我国于 1997 年底由全国人大常委会颁布了《献血法》，该法自 1998 年 10 月 1 日起施行至今。

在无偿献血的主体上，《献血法》规定，国家提倡 18 周岁至 55 周岁的健康公民自愿献血。对献血者，发给国务院卫生行政部门制作的无偿献血证书，有关单位可以给予适当补贴。

在无偿献血的用途与管理上，《献血法》规定无偿献血的血液必须用于临床，不得买卖。血站、医疗机构不得将无偿献血的血液出售给单采血浆站或者血液制品生产单位。地方各级人民政府领导本行政区域内的献血工作，县级以上各级人民政府卫生行政部门监督管理献血工作。各级红十字会依法参与、推动献血工作。

二、血站管理及采血供血制度

血站是采集、提供临床用血的机构，是不以营利为目的的公益性组织。国务院卫生行政部门根据《献血法》先后发布并修订了《血站管理办法》《脐带血造血干细胞库管理办法（试行）》《采供血机构设置规划指导原则》等配套规章与规范性文件，并联合国家标准化管理委员会发布了《献血者健康检查要求》（GB18467-2011）。

（一）血站的设置与审批

1. 血站的类型与设置

我国血站分为一般血站和特殊血站。一般血站包括血液中心、中心血站和中心血库，按照《采供血机构设置规划指导原则》的具体要求设置。特殊血站包括脐带血造血干细胞库和国务院卫生行政部门根据医学发展需要批准、设置的其他类型血库，根据《脐带血造血干细胞库管理办法（试行）》的规定设置。

2. 血站的审批与执业登记

《献血法》规定，设立血站向公民采集血液，必须经国务院卫生行政部门或者省级政府卫生行政部门批准。《血站管理办法》要求血站开展采供血活动，应当向所在省级政府卫生行政部门申请办理执业登记，取得《血站执业许可证》（有效期为 3 年），且在有效期届满前 3 个月再次办理执业登记。

（二）采集血液

1. 采血前的必要事项

（1）健康检查。血站在每次采血前必须免费对献血者进行必要的身体健康检查。身体状况不符合献血条件的，血站应向其说明情况，不得采集血液。

（2）身份核对。血站采血前应当对献血者身份进行核对并进行登记，严禁采集冒名顶替者的血液。

（3）知情同意。血站采集血液应当对献血者履行规定的告知义务，并取得献血者签字的知情同意书，具体告知内容根据《献血者健康检查要求》（GB18467-2011）执行。

2. 质量管理

血站应当建立对有易感染经血液传播疾病危险行为的献血者献血后的报告工作程序、献血屏蔽和淘汰制度；建立人员岗位责任制度和采供血管理相关工作制度，并定期检查、考核执行和落实情况。采血必须由具有采血资格的医务人员进行，且血站工作人员须接受血液安全和业务岗位培训与考核后方可上岗。

3. 采血量和献血间隔

《献血法》规定，血站对献血者每次采集血液量一般为 200 毫升，最高不得超过 400 毫升，献血间隔不得少于 6 个月；严格禁止血站违反规定对献血者超量、频繁采集血液。

4. 采血器材的使用

血站采集血液必须使用有生产单位名称和批准文号的一次性采血器材，不得使用可重复使用的采血器材，一次性采血器材一次使用后必须销毁，不得再次使用。

5. 血液检测

血站应当保证所采集的血液由具有血液检测实验室资格的实验室，按照国务院卫生行政部门制定的献血者血液检验标准规定的项目进行检测。对检测不合格或者报废的血液，血站应当严格按照有关规定处理，不得向医疗机构提供。

（三）供应血液

血液的供应由血站负责。

1. 发血

血站应当保证发出的血液质量符合国家有关标准，其品种、规格、数量、活性、血型无差错；未经检测或者检测不合格的血液，不得向医疗机构提供。

2. 血液的包装

《血站管理办法》规定，血液包装袋上应当标明：（1）血站的名称及其许可证号；（2）献血编号或者条形码；（3）血型；（4）血液品种；（5）采血日期及时间或者制备日期及时间；（6）有效日期及时间；（7）储存条件。

3. 血液的储存与运输

血站应当确保储存条件，保证血液储存质量，并按照临床需要进行血液储存和调换；血站和医疗机构应当使用符合卫生标准的运输工具进行血液的运输，以确保血液不受污染。

三、医疗机构临床用血制度

临床用血，是指用于临床的全血、成分血。《献血法》规定，医疗机构临床用血应当制定用血计划，遵循合理、科学的原则，不得浪费和滥用血液。医疗机构应当推行按血液成分针对医疗实际需要输血。国家鼓励临床用血新技术的研究和推广。为加强医疗机构临床用血管理，国务院卫生行政部门于 2012 年 6 月 7 日公布了《医疗机构临床用血管理办法》，并于 2019 年 2 月 28 日对其进行了修订。

（一）临床用血组织与职责

1. 临床用血管理委员会

医疗机构法定代表人为临床用血管理第一责任人。二级以上医院和妇幼保健院应当设立临床用血管理委员会，负责本机构临床合理用血管理工作。主任委员由院长或者分管医疗的副院长担任，成员由医务部门、输血科、麻醉科、开展输血治疗的主要临床科室、护理部门、手术室等部门负责人组成。医务、输血部门共同负责临床合理用血日常管理工作。

临床用血管理委员会或者临床用血管理工作组应当履行以下职责：（1）认真贯彻临床用血管理相关法律、法规、规章、技术规范和标准，制定本机构临床用血管理的规章制度并监督实施；（2）评估确定临床用血的重点科室、关键环节和流程；（3）定期监测、分析和评估临床用血情况，开展临床用血质量评价工作，提高临床合理用血水平；（4）分析临床用血不良事件，提出处理和改进措施；（5）指导并推动开展自体输血等血液保护及输血新技术；（6）承担医疗机构交办的有关临床用血的其他任务。

2. 输血科（血库）

医疗机构应当根据有关规定和临床用血需求设置输血科或者血库，并根据自身功能、任务、规模，配备与输血工作相适应的专业技术人员、设施、设备。不具备条件设置输血科或者血库的医疗机构，应当安排专（兼）职人员负责临床用血工作。

输血科或血库的主要职责是：（1）建立临床用血质量管理体系，推动临床合理用血；（2）负责制订临床用血储备计划，根据血站供血的预警信息和医院的血液库存情况协调临床用血；（3）负责血液预订、入库、储存、发放工作；（4）负责输血相关免疫血液学检测；（5）参与推动自体输血等血液保护及输血新技术；（6）参与特殊输血治疗病例的会诊，为临床合理用血提供咨询；（7）参与临床用血不良事件的调查；（8）根据临床治疗需要，参与开展血液治疗相关技术；（9）承担医疗机构交办的有关临床用血的其他任务。

（二）临床用血管理

1. 临床用血计划

医疗机构应当使用卫生行政部门指定血站提供的血液。医疗机构应当配合血站建立血液库存动态预警机制，保障临床用血需求和正常医疗秩序。医疗机构应当科学制订临床用血计划，建立临床合理用血的评价制度，提高临床合理用血水平。

2. 临床用血申请

医疗机构应当建立临床用血申请管理制度:(1)同一患者一天申请备血量少于800毫升的,由具有中级以上专业技术职务任职资格的医师提出申请,上级医师核准签发后,方可备血;(2)同一患者一天申请备血量在800毫升至1600毫升的,由具有中级以上专业技术职务任职资格的医师提出申请,经上级医师审核,科室主任核准签发后,方可备血;(3)同一患者一天申请备血量达到或超过1600毫升的,由具有中级以上专业技术职务任职资格的医师提出申请,科室主任核准签发后,报医务部门批准,方可备血。以上规定内容不适用于急救用血。

3. 临床用血知情同意

在输血治疗前,医师应当向患者或者其近亲属说明输血目的、方式和风险,并签署临床输血治疗知情同意书。因抢救生命垂危的患者需要紧急输血,且不能取得患者或者其近亲属意见的,经医疗机构负责人或者授权的负责人批准后,可以立即实施输血治疗。

4. 临时采集血液的条件

为保证应急用血,医疗机构可以临时采集血液,但必须同时符合以下条件:(1)危及患者生命,急需输血;(2)所在地血站无法及时提供血液,且无法及时从其他医疗机构调剂血液,而其他医疗措施不能替代输血治疗;(3)具备开展交叉配血及乙型肝炎病毒表面抗原、丙型肝炎病毒抗体、艾滋病病毒抗体和梅毒螺旋体抗体的检测能力;(4)遵守采供血相关操作规程和技术标准。同时,医疗机构应当在临时采集血液后10日内将情况报告县级以上人民政府卫生行政部门。

5. 临床用血不良事件监测报告制度

医疗机构应当根据国家有关法律法规和规范建立临床用血不良事件监测报告制度。临床发现输血不良反应后,应当积极救治患者,及时向有关部门报告,并做好观察和记录。

6. 临床用血医学文书管理制度

医疗机构应当建立临床用血医学文书管理制度,确保临床用血信息客观真实、完整、可追溯。医师应当将患者输血适应证的评估、输血过程和输血后疗效评价情况记入病历;临床输血治疗知情同意书、输血记录单等随病历保存。

四、血液制品管理法律制度

血液制品,是指各种人血浆蛋白制品。为了加强血液制品的管理,预防和控制经血液途径传播的疾病,保证血液制品的质量,国务院于1996年12月30日颁布了《血液制品管理条例》,并在2016年2月6日对该条例进行了修订。

(一)血液制品生产和经营

1. 血液制品生产单位的审批

新建、改建或者扩建血液制品生产单位,经国务院卫生行政部门根据总体规划进行立项审查同意后,由省级卫生行政部门依照《药品管理法》的规定审核批准。血液制品生产单位必须达到国务院卫生行政部门制定的《药品生产质量管理规范》规定的标准,经国务院卫生行政部门审查合格,并依法向市场监督管理部门申领营业执照后,方可从事血液制品的生产活动。

2. 原料血浆采集

血液制品生产单位不得向无《单采血浆许可证》的单采血浆站或者未与其签订质量责任书的单采血浆站及其他任何单位收集原料血浆。同时，血液制品生产单位不得向其他任何单位供应原料血浆。

3. 血液制品的质量检验

血液制品生产单位在原料血浆投料生产前，必须使用有产品批准文号并经国家药品生物制品检定机构逐批检定合格的体外诊断试剂，对每一人份血浆进行全面复检，并作检测记录。原料血浆经复检不合格的，不得投料生产，并必须在省级药品监督员监督下按照规定程序和方法予以销毁，并作记录。原料血浆经复检发现有经血液途径传播的疾病的，必须通知供应血浆的单采血浆站，并及时上报所在省级政府卫生行政部门。

4. 血液制品的经营要求

开办血液制品经营单位，由省级政府卫生行政部门审核批准。血液制品经营单位应当具备与所经营的产品相适应的冷藏条件和熟悉所经营品种的业务人员，对血液制品的包装、储存、运输，必须符合国家规定的卫生标准和要求。

（二）单采血浆站的管理

单采血浆站，是指根据地区血源资源，按照有关标准和要求并经严格审批设立，采集、供应血液制品生产用原料血浆的单位。单采血浆站由血液制品生产单位设置，具有独立的法人资格，其他任何单位和个人不得从事单采血浆活动。

血液制品生产单位设置单采血浆站应当符合当地单采血浆站设置规划，并经省级政府卫生行政部门批准。单采血浆站应当设置在县（旗）及县级市，不得与一般血站设置在同一县行政区划内。有地方病或经血传播的传染病流行、高发的地区不得规划设置单采血浆站。符合上述规定的基础上，单采血浆站的设置还需满足《单采血浆站管理办法》第9条的若干具体规定。

单采血浆站采集原料血浆应当遵循自愿和知情同意的原则。单采血浆站对申请供血浆者应当进行健康状况征询、健康检查和血样化验。符合相关条件的供血浆者，由县级卫生行政部门发给《供血浆证》。严禁跨区域采集血浆和组织、采集冒名顶替者及无《供血浆证》者的血浆。同时，严禁采集血液或者将所采集的原料血浆用于临床。

第三节　医疗器械管理法律制度

一、医疗器械概述

（一）医疗器械的概念

医疗器械，是指直接或者间接用于人体的仪器、设备、器具、体外诊断试剂及校准物、材料以及其他类似或者相关的物品，包括所需要的计算机软件。其效用主要通过物理等方式获得，而不是通过药理学、免疫学或者代谢的方式获得，或者虽然有这些方式参与但是只起辅助作用。我们生活中使用的医用口罩、隐形眼镜、血压检测仪等均属于医疗器械。

（二）医疗器械的用途

医疗器械的用途主要有六种，分别是：（1）疾病的诊断、预防、监护、治疗或者缓解；（2）损伤的诊断、监护、治疗、缓解或者功能补偿；（3）生理结构或者生理过程的检验、替代、调节或者支持；（4）生命的支持或者维持；（5）妊娠控制；（6）通过对来自人体的样本进行检查，为医疗或者诊断目的提供信息。

（三）医疗器械的分类

我国对医疗器械按照风险程度实行分类管理，共有三类。第一类是风险程度低，实行常规管理可以保证其安全、有效的医疗器械。第二类是具有中度风险，需要严格控制管理以保证其安全、有效的医疗器械。第三类是具有较高风险，需要采取特别措施严格控制管理以保证其安全、有效的医疗器械。

（四）医疗器械相关立法

随着改革开放的深入，以及国家支持力度的不断加大，我国的医疗器械行业得到了突飞猛进的发展。为了保障人体健康和生命安全，也为了规范医疗器械行业的生产与经营，我国对医疗器械相关立法进行了多次修订和完善，形成了较为完备的法律体系。2000年1月4日，国务院制定并公布了《医疗器械监督管理条例》，并于2014年、2017年和2020年对该条例进行了三次修订。此外，为细化管理、明确责任，近年来国务院出台了《医疗器械生产监督管理办法》《医疗器械经营监督管理办法》《医疗器械注册与备案管理办法》等一系列部门规章，对医疗器械的生产、销售、注册和备案作出了更详尽的指引。

二、医疗器械的产品监管

（一）医疗器械产品准入

凡在中华人民共和国境内销售、使用的医疗器械，在拟上市前都应当按照《医疗器械注册与备案管理办法》的规定申请注册或者办理备案。具体而言，第一类医疗器械实行产品备案管理，由备案人向所在地设区的市级人民政府负责药品监督管理的部门提交备案资料。第二类、第三类医疗器械则实行产品注册管理。第二类医疗器械向所在地省级人民政府药品监督管理部门申请注册，第三类医疗器械向国务院药品监督管理部门申请注册。国家药品监督管理部门对其安全性、有效性研究及其结果进行系统评价，以决定是否同意其申请。

（二）医疗器械临床实验

不论申请注册还是备案，都应当对医疗器械进行临床实验，并在申请注册和备案时提交相应的临床评价资料。开展医疗器械临床试验，应当在具备相应条件的临床试验机构进行，并向临床试验申办者所在地省级人民政府药品监督管理部门备案。

开展临床试验，不得以任何形式向受试者收取与临床试验有关的费用。在试验开始前，还要按照规定进行伦理审查，向受试者告知试验目的、用途和可能产生的风险等详细情况，获得受试者的书面知情同意。受试者为无民事行为能力人或者限制民事行为能力人的，应当依法获得其监护人的书面知情同意。

（三）流程与时限

药品监督管理部门应当自受理注册申请之日起 3 个工作日内将注册申请资料转交技术审评机构，以评审意见为审批的依据，自收到审评意见之日起 20 个工作日内作出决定。对符合条件的，准予注册并发给医疗器械注册证，并自医疗器械准予注册之日起 5 个工作日内，通过国务院药品监督管理部门在线政务服务平台向社会公布注册有关信息。对不符合条件的，不予注册并书面说明理由。

医疗器械注册证有效期为 5 年。有效期届满需要延续注册的，应当在有效期届满 6 个月前向原注册部门提出延续注册的申请，否则不予延续注册。接到延续注册申请的药品监督管理部门在医疗器械注册证有效期届满前未作决定的，视为准予延续。

（四）特殊情况

对用于治疗罕见疾病、严重危及生命且尚无有效治疗手段的疾病和应对公共卫生事件等急需的医疗器械，受理注册申请的药品监督管理部门可以作出附条件批准决定，并在医疗器械注册证中载明相关事项。

出现特别重大突发公共卫生事件或者其他严重威胁公众健康的紧急事件，国务院卫生主管部门根据预防、控制事件的需要提出紧急使用医疗器械的建议，经国务院药品监督管理部门组织论证同意后可以在一定范围和期限内紧急使用。

三、医疗器械的生产监管

（一）生产许可与备案

根据我国《医疗器械生产监督管理办法》的规定，在我国境内从事第二类、第三类医疗器械生产的，应当向所在地省、自治区、直辖市药品监督管理部门申请生产许可，由该部门发给医疗器械生产许可证。医疗器械生产许可证有效期为 5 年，责任人应当在有效期届满前 90 个工作日至 30 个工作日期间提出延续申请。有效期届满仍未申请延续的，由原发证部门注销医疗器械生产许可证，并予以公告。

在我国境内从事第一类医疗器械生产的，应当向所在地设区的市级负责药品监督管理的部门备案，在提交相关材料后即可获取备案编号。药品监督管理部门会在生产备案之日起 3 个月内，对提交的资料以及执行医疗器械生产质量管理规范情况开展现场检查。对不符合医疗器械生产质量管理规范要求的，依法处理并责令限期改正。不能保证产品安全、有效的，取消备案并向社会公告。

（二）生产条件

根据我国《医疗器械生产监督管理办法》第 9 条的规定，医疗器械生产从业者必须有与生产的医疗器械相适应的生产场地、环境条件、生产设备和专业技术人员，能对生产的医疗器械进行质量检验的机构或者专职检验人员以及检验设备，并具备相应的售后服务能力。生产出的医疗器械产品必须使用通用名称且具备唯一标识，还应当有说明书、标签、医疗器械注册证编号。如果是由消费者个人自行使用的医疗器械，则需附上关于安全使用的特别说明。

四、医疗器械的经营监管

（一）经营准入

我国对部分特定医疗器械的经营实行准入制度，只有经过相应申请程序或获得批准的企业才能开展经营活动。经营准入的途径有两类：一类是备案取得，主要适用于第二类医疗器械，由经营企业向所在地设区的市级人民政府负责药品监督管理的部门备案。按照国务院药品监督管理部门的规定，对产品安全性、有效性不受流通过程影响的第二类医疗器械，可以免于经营备案。另一类是许可取得，主要适用于第三类医疗器械，由经营企业向所在地设区的市级人民政府负责药品监督管理的部门申请经营许可。

经营第一类医疗器械则不需要许可和备案，医疗器械注册人、备案人经营其注册、备案的医疗器械，也无需办理医疗器械经营许可或者备案。从事医疗器械网络销售的经营者，应当将从事医疗器械网络销售的相关信息告知所在地设区的市级人民政府负责药品监督管理的部门。

（二）经营条件

从事医疗器械经营活动，经营者需要做到以下几点：

1. 源头品控

医疗器械经营企业、使用单位应当从具备合法资质的医疗器械注册人、备案人、生产经营企业购进医疗器械。

2. 全程记录

购进医疗器械时，应当查验供货者的资质和医疗器械的合格证明文件，建立进货查验记录制度。从事第二类、第三类医疗器械批发业务以及第三类医疗器械零售业务的经营企业，还应当建立销售记录制度。

3. 安全运存

运输、贮存医疗器械，应当符合医疗器械说明书和标签标示的要求，保证医疗器械的安全、有效。

五、医疗器械的召回

当医疗器械的生产者和经营者发现其生产或销售的医疗器械不符合强制性标准、不符合经注册或者备案的产品技术要求或存在其他缺陷时，应当立即停止生产和经营，通知医疗器械注册人、备案人以及相关经营企业、使用单位和消费者停止经营和使用，召回已经上市销售的医疗器械。召回后，要采取补救、销毁等措施，记录相关情况，发布相关信息，并将医疗器械召回和处理情况向负责药品监督管理的部门和卫生主管部门报告。

第四节　消毒产品管理法律制度

一、消毒产品概述

消毒产品，是指消毒剂、消毒器械（含生物指示物、化学指示物和灭菌物品包装物）、卫生用品和一次性使用医疗用品。

随着消毒产品逐步从医疗机构、公共场所普及到人们的日常生活中，为了加强消毒管理，预防和控制感染性疾病的传播，保障人体健康，我国先后出台了若干针对消毒产品生产经营与管理的法规。在《传染病防治法》对消毒产品作出原则性规定的基础上，国务院卫生行政部门颁布并修订了《消毒管理办法》。为了加强消毒产品监督管理，规范消毒产品生产企业的生产经营行为，国务院卫生行政部门又相继发布了《消毒产品生产企业卫生规范》《消毒产品标签说明书管理规范》《消毒产品卫生安全评价规定》等规范性文件。

二、消毒产品的卫生许可

我国在消毒产品的生产与经营方面实行卫生许可制度。消毒产品的生产单位包括生产企业、委托方、进口消毒在华责任单位等；消毒产品的经营单位包括产品经销商、销售终端药店、超市等。

（一）消毒产品的生产许可

1. 从事消毒产品生产的卫生许可证

《消毒管理办法》规定，消毒剂、消毒器械、卫生用品生产企业取得市场监督管理部门颁发的营业执照后，还应当取得所在地省级卫生行政部门发放的卫生许可证，方可从事消毒产品的生产。

省级卫生行政部门应当自受理消毒产品生产企业的申请之日起 20 日内作出是否批准的决定。对符合《消毒产品生产企业卫生规范》要求的，发给卫生许可证，编号格式为：（省、自治区、直辖市简称）卫消证字（发证年份）第××××号。消毒产品生产企业卫生许可证的生产项目分为消毒剂类、消毒器械类和卫生用品类。

消毒产品生产企业卫生许可证有效期为 4 年。消毒产品生产企业卫生许可证有效期届满 30 日前，生产企业应当向原发证机关申请延续。经审查符合要求的，予以延续，换发新证。新证延用原卫生许可证编号。如果消毒产品生产企业迁移厂址或者另设分厂（车间），应当按照规定向生产场所所在地的省级卫生行政部门申请消毒产品生产企业卫生许可证。

2. 新消毒产品的卫生许可批件

《消毒管理办法》规定，生产、进口利用新材料、新工艺技术和新杀菌原理生产消毒剂和消毒器械（以下简称"新消毒产品"），应当取得国务院卫生行政部门颁发的卫生许可批件。

生产企业申请新消毒产品卫生许可批件、在华责任单位申请进口新消毒产品卫生许可批件的，应当按照国家卫生行政部门新消毒产品卫生行政许可管理规定的要求，向国务院卫生行政部门提出申请。国务院卫生行政部门对批准的新消毒产品，发给卫生许可批件，批准文号格式为：卫消新准字（年份）第××××号。不予批准的，应当说明理由。新消毒产品卫生许可批件的有效期为4年。

（二）消毒产品的经营许可

《消毒管理办法》规定，经营者采购消毒产品时，应当索取生产企业卫生许可证复印件，以及产品卫生安全评价报告或者新消毒产品卫生许可批件复印件。有效证件的复印件应当加盖原件持有者的印章。同时，禁止经营无生产企业卫生许可证或新消毒产品卫生许可批准文件的、产品卫生安全评价不合格或产品卫生质量不符合要求的消毒产品。

三、消毒产品的生产管理

《消毒管理办法》及有关文件中，对消毒产品的生产环境、质量管理以及命名、标签等重要事项都作出了具体的规定。

（一）生产环境要求

根据《消毒产品生产企业卫生规范》的规定，消毒产品生产企业的厂区环境与布局、生产区、设备、物料和仓储等必须符合相应的卫生要求，符合消毒产品生产企业卫生规范。直接从事消毒产品生产的操作人员，上岗前及每年必须进行一次健康体检，取得预防性健康体检合格证明后方可上岗。对于患有相关传染疾病的工作人员，治愈前不得从事消毒产品的生产、分装或质量检验。

（二）产品质量管理

生产企业法定代表人（负责人）或授权负责人对产品质量实施负责。灭菌剂、皮肤黏膜消毒剂（用于洗手的皮肤消毒剂除外）、化学（生物）指示物、隐形眼镜护理用品生产企业应设置卫生质量管理部门，负责管理产品生产全过程的卫生质量。其他消毒产品生产企业应设立专兼职卫生管理员，负责管理产品生产全过程的卫生质量。

生产企业应建立和完善消毒产品生产的各项标准操作规程和管理制度。同时，消毒产品生产企业应当按照国家卫生标准和卫生规范要求对消毒产品理化指标、微生物指标、杀灭微生物指标、毒理学指标等进行检验。不具备检验能力的，可以委托检验。消毒产品的检验活动应当符合国家有关规定，检验报告在全国范围内有效。

（三）消毒产品的命名和标签

《消毒管理办法》规定，消毒产品的命名、标签（含说明书）应当符合国务院卫生行政部门的有关规定。《消毒产品标签说明书管理规范》第3条要求消毒产品标签、说明书标注的有关内容应当真实，不得有虚假夸大、明示或暗示对疾病的治疗作用和效果的内容，并详细列举了8项具体的标注要求。同时，该规定在第18条详细列明消毒产品标签及说明书禁止标注的若干具体内容。

为规范消毒产品标签说明书的编制，降低产品使用过程中的潜在风险，国家市场监督管理总局联合国家标准化委员会，于 2020 年 11 月 17 日共同发布了《消毒产品标签说明书通用要求》（GB38598—2020），对各类消毒产品标签说明书所需标注的内容增加了一些新要素，以更有针对性地指导消毒产品标签说明书的编写。

四、消毒产品卫生安全评价

根据《消毒产品卫生安全评价规定》的规定，对消毒产品按照其用途、使用对象的风险程度实行分类管理。第一类是具有较高风险，需要严格管理以保证安全、有效的消毒产品；第二类是具有中度风险，需要加强管理以保证安全、有效的消毒产品；第三类是风险程度较低，实行常规管理可以保证安全、有效的除抗（抑）菌制剂外的卫生用品。同一个消毒产品涉及不同类别时，应当以较高风险类别进行管理。

生产企业须依据《消毒管理办法》，生产消毒剂、消毒器械以及卫生用品中的抗（抑）菌制剂需要在产品首次上市前开展卫生安全评价。产品责任单位应当在第一类、第二类消毒产品首次上市前自行或者委托第三方进行卫生安全评价，并对评价结果负责。卫生安全评价合格的消毒产品方可上市销售。产品责任单位的卫生安全评价应当形成完整的《消毒产品卫生安全评价报告》，卫生安全评价报告在全国范围内有效。

第一类消毒产品卫生安全评价报告有效期为 4 年，第二类消毒产品卫生安全评价报告长期有效。卫生安全评价内容包括产品标签（铭牌）、说明书、检验报告（含结论）、企业标准或质量标准、生产企业卫生许可证（境外允许生产销售的证明文件及报关单）、产品配方、消毒器械的结构图等。

五、消毒产品监督管理

《消毒管理办法》规定，县级以上卫生行政部门对消毒工作行使下列监督管理职权：（1）对有关机构、场所和物品的消毒工作进行监督检查；（2）对消毒产品生产企业执行《消毒产品生产企业卫生规范》情况进行监督检查；（3）对消毒产品的卫生质量进行监督检查；（4）对消毒服务机构的消毒服务质量进行监督检查；（5）对违反《消毒管理办法》的行为采取行政控制措施；（6）对违反《消毒管理办法》的行为给予行政处罚。

有下列情形之一的，国务院卫生行政部门对已获得卫生许可批件和备案凭证的消毒产品进行重新审查：（1）产品原料、杀菌原理和生产工艺受到质疑的；（2）产品安全性、消毒效果受到质疑的。国务院卫生行政部门自收到重新审查所需的全部材料之日起 30 日内，应当作出重新审查决定。有下列情形之一的，注销产品卫生许可批件：（1）产品原料、杀菌原理和生产工艺不符合利用新材料、新工艺技术和新杀菌原理生产消毒剂和消毒器械的判定依据的；（2）产品安全性、消毒效果达不到要求的。

第五节　食品安全法律制度

一、食品安全概述

（一）食品安全的概念

食品安全，即食品无毒、无害，符合应当有的营养要求，对人体健康不造成任何急性、亚急性或者慢性危害。食品（食物）的种植、养殖、加工、包装、储藏、运输、销售、消费等活动均需符合国家强制标准和要求，使之不存在可能损害或威胁人体健康的有毒有害物质以导致消费者病亡或者危及消费者及其后代的隐患。[①]

（二）食品安全相关立法

民以食为天，食以安为先。保障食品安全就是保障公众身体健康和生命安全。包括我国在内，世界各国基本上都对食品产业的各个环节有着详细严谨的法律规定。我国于2009年制定并颁布了《食品安全法》，并于2015年、2018年和2021年三次修改。为增强制度的可操作性，又相继出台了《食品安全法实施条例》《食品生产经营监督检查管理办法》《食品安全风险监测管理规定》《食品安全风险评估管理规定》等法规，对食品生产与经营过程的监督管理作出了细化规定。

（三）食品安全标准

食品安全工作以保障公众身体健康为宗旨，关键在于设置科学合理、安全可靠的安全标准。我国的食品安全标准是一种强制执行标准，根据《食品安全法》第26条的规定，食品安全标准应当包括对各种食品、食品添加剂、食品相关产品中的危害因子的限量规定，以及对食品标签、食品质量、食品生产经营卫生条件、食品检验方法等项目的相关要求。

二、食品生产与经营

（一）市场准入

根据《食品安全法》的规定，我国对食品、食品添加剂、直接接触食品的包装材料等产品的生产，以及食品的经营活动实行行政许可制度。

许可由县级以上地方人民政府食品安全监督管理部门负责作出，对不符合规定条件的，在不予许可的同时还应书面说明理由。如果利用新的食品原料或新的添加剂品种生产食品，则应当向国务院卫生行政部门提交相关产品的安全性评估材料，国务院卫生行政部门自收到申请之日起60日内组织审查。

[①]　谢明勇、陈绍军：《食品安全导论》，中国农业大学出版社2009年版，第4页。

（二）资质要求

食品的生产与经营环节都应当符合食品安全标准，根据《食品安全法》第33条的规定，从业者应当符合食品安全标准，并符合下列要求：（1）具有与生产经营的食品品种、数量相适应的食品原料处理和食品加工、包装、贮存等场所，保持该场所环境整洁，并与有毒、有害场所以及其他污染源保持规定的距离；（2）具有与生产经营的食品品种、数量相适应的生产经营设备或者设施，有相应的消毒、更衣、盥洗、采光、照明、通风、防腐、防尘、防蝇、防鼠、防虫、洗涤以及处理废水、存放垃圾和废弃物的设备或者设施；（3）有专职或者兼职的食品安全专业技术人员、食品安全管理人员和保证食品安全的规章制度；（4）具有合理的设备布局和工艺流程，防止待加工食品与直接入口食品、原料与成品交叉污染，避免食品接触有毒物、不洁物；（5）餐具、饮具和盛放直接入口食品的容器，使用前应当洗净、消毒，炊具、用具用后应当洗净，保持清洁；（6）贮存、运输和装卸食品的容器、工具和设备应当安全、无害，保持清洁，防止食品污染，并符合保证食品安全所需的温度、湿度等特殊要求，不得将食品与有毒、有害物品一同贮存、运输；（7）直接入口的食品应当使用无毒、清洁的包装材料、餐具、饮具和容器；（8）食品生产经营人员应当保持个人卫生，生产经营食品时，应当将手洗净，穿戴清洁的工作衣、帽等，销售无包装的直接入口食品时，应当使用无毒、清洁的容器、售货工具和设备；（9）用水应当符合国家规定的生活饮用水卫生标准；（10）使用的洗涤剂、消毒剂应当对人体安全、无害；（11）法律法规规定的其他要求。

相关主体在获得市场准入许可后，还应注意不得违反食品生产经营的禁止性规定。我国《食品安全法》第34条明确指出，禁止生产经营下列食品、食品添加剂、食品相关产品：（1）用非食品原料生产的食品或者添加食品添加剂以外的化学物质和其他可能危害人体健康物质的食品，或者用回收食品作为原料生产的食品；（2）致病性微生物，农药残留、兽药残留、生物毒素、重金属等污染物质以及其他危害人体健康的物质含量超过食品安全标准限量的食品、食品添加剂、食品相关产品；（3）用超过保质期的食品原料、食品添加剂生产的食品、食品添加剂；（4）超范围、超限量使用食品添加剂的食品；（5）营养成分不符合食品安全标准的专供婴幼儿和其他特定人群的主辅食品；（6）腐败变质、油脂酸败、霉变生虫、污秽不洁、混有异物、掺假掺杂或者感官性状异常的食品、食品添加剂；（7）病死、毒死或者死因不明的禽、畜、兽、水产动物肉类及其制品；（8）未按规定进行检疫或者检疫不合格的肉类，或者未经检验或者检验不合格的肉类制品；（9）被包装材料、容器、运输工具等污染的食品、食品添加剂；（10）标注虚假生产日期、保质期或者超过保质期的食品、食品添加剂；（11）无标签的预包装食品、食品添加剂；（12）国家为防病等特殊需要明令禁止生产经营的食品；（13）其他不符合法律、法规或者食品安全标准的食品、食品添加剂、食品相关产品。

（三）食品的包装

食品和食品添加剂的标签、说明书必须清楚、明显，尤其要显著标注生产日期、保质期等事项，使人容易辨识。并且，食品包装和食品广告均不得宣称食品涉及疾病预防、治疗功能。

食品添加剂的标签、说明书应当载明食品添加剂的使用范围、用量、使用方法，并在标签上载明"食品添加剂"字样。对于散装食品，食品经营者应当在散装食品的容器、外包装上标明食品的名称、生产日期和保质期以及生产经营者名称、地址、联系方式等内容。

三、食品安全监管机制

（一）食品安全风险监测制度

食品安全风险监测，是指由专门机构系统持续收集食源性疾病、食品污染以及食品中有害因素的监测数据及相关信息，并综合分析、及时报告和通报的活动。监测活动中采集的样品应当按照市场价格支付费用。

1. 监测依据

根据我国《食品安全法》以及《食品安全风险监测管理规定》，食品安全监测活动应当依据国家食品安全风险监测计划进行。该计划由国家卫生健康委会同工业和信息化部、市场监管总局等多个部门制定并实施。此外，省级人民政府卫生健康行政部门可以结合本行政区域的具体情况，制定本行政区域的食品安全风险监测方案，报国家卫生健康委备案并实施。

2. 监测内容

县级以上卫生健康行政部门负责落实风险监测工作任务。监测的主要对象有三大类：一是食源性疾病，二是食品污染物，三是食品中的有害因素。对于风险程度较高、易对婴幼儿、孕产妇等重点人群造成健康影响的食品领域，或受到消费者广泛关注的食品安全情况，应当优先监测。监测后形成的食品安全风险监测分析报告，需报本级人民政府和上一级卫生健康行政部门备案。监测结果表明可能存在食品安全隐患的，应当及时将相关信息通报同级食品安全监督管理等部门，由其组织开展进一步调查。

（二）食品安全风险评估制度

食品安全风险评估，是指运用科学方法，根据食品安全风险监测信息、科学数据以及有关信息，对食品、食品添加剂、食品相关产品中的生物性、化学性和物理性危害对人体健康造成不良影响进行的科学评估。由危害识别、危害特征描述、暴露评估和风险特征描述四个步骤组成。[①]

1. 食品安全风险评估的开展

食品安全风险评估活动只针对具有食品安全风险的对象，在必要情况下展开。比如，通过食品安全风险监测或者接到举报发现食品、食品添加剂、食品相关产品可能存在安全隐患时，或发现新的可能危害食品安全因素，需要进一步判断其是否构成食品安全隐患时，才可进行食品安全风险评估。

2. 食品安全风险评估的结果

食品安全风险评估结果是制定、修订食品安全国家和地方标准和实施食品安全监督管理的科学依据。由国家卫生健康委领导食品安全风险评估专家委员会开展具体工作，经食品安全风险评估得出不安全结论的，食品安全监督管理部门应当立即向社会公告，告知消费者停止食用或者使用，并采取相应措施确保相关产品停止生产经营。

---

① 刘兆平、李凤琴、贾旭东：《食品中化学物风险评估原则和方法》，人民卫生出版社 2012 年版，第 17 页。

（三）食品安全检验制度

确定食品安全的关键方法是食品安全检验。根据我国《食品安全法》的规定，县级以上人民政府食品安全监督管理部门负责对食品进行定期或者不定期的抽样检验，检验结果向社会公布。对任何食品都不得免检，也不得收费，并应当支付样品费用。

对检验结论有异议的，食品生产经营者可以自收到检验结论之日起7个工作日内向实施抽样检验的食品安全监督管理部门或者其上一级食品安全监督管理部门提出复检申请。复检机构与初检机构不得为同一机构，其出具的复检结论为最终检验结论。

（四）食品召回制度

食品生产者或经营者发现其生产、经营的食品不符合食品安全标准，或者有证据证明可能危害人体健康的，应当立即停止生产或销售，召回已经上市销售的食品并做记录。

在召回后，食品生产经营者应当对召回的食品采取无害化处理、销毁等措施，防止其再次流入市场。但是，对因标签、标志或者说明书不符合食品安全标准而被召回的食品，食品生产者在采取补救措施且能保证食品安全的情况下可以继续销售。

四、食品安全事故及其处理

食品安全事故是指食物中毒、食源性疾病、食品污染等源于食品，对人体健康有危害或者可能有危害的事故。其严重程度有四级，即特别重大食品安全事故、重大食品安全事故、较大食品安全事故和一般食品安全事故。

（一）食品安全事故应急预案

国务院组织制定国家食品安全事故应急预案。食品安全事故应急预案应当对食品安全事故分级、事故处置组织指挥体系与职责、预防预警机制、处置程序、应急保障措施等作出规定。县级以上地方人民政府应当根据有关法律、法规的规定和上级人民政府的食品安全事故应急预案以及本行政区域的实际情况，制定本行政区域的食品安全事故应急预案，并报上一级人民政府备案。食品生产经营企业应当制定食品安全事故处置方案，定期检查本企业各项食品安全防范措施的落实情况，及时消除事故隐患。

（二）食品安全事故处理流程

食品安全事故发生后，由卫生健康行政部门依法组织对事故进行分析评估，核定事故级别。对于特别重大食品安全事故，经国务院批准后，成立国家特别重大食品安全事故应急处置指挥部。对于重大、较大、一般食品安全事故，则分别由事故所在地省、市、县级人民政府组织成立相应应急处置指挥机构。具体应按照以下流程处理：

1. 止损

发生食品安全事故的单位应当立即采取措施防止事故扩大，减轻社会危害。食品安全监督管理部门应当立即封存可能导致食品安全事故的食品及其原料并进行检验，县级以上疾病预防控制机构还应当对事故现场进行卫生处理。

2. 调查

发生食品安全事故，设区的市级以上人民政府食品安全监督管理部门应当立即会同有关部门进行事故责任调查，查清事故性质和原因，认定事故责任。

3. 上报

在调查结束后，责任部门需向本级人民政府和上一级人民政府食品安全监督管理部门提出事故责任调查处理报告。县级以上疾病预防控制机构应当向同级食品安全监督管理、卫生健康行政部门提交流行病学调查报告。

第六节　化妆品管理法律制度

一、化妆品管理法律制度概述

（一）化妆品的概念

化妆品，是指以涂擦、喷洒或者其他类似方法，施用于皮肤、毛发、指甲、口唇等人体表面，以清洁、保护、美化、修饰为目的的日用化学工业产品。在我国，化妆品可以分为特殊化妆品和普通化妆品。特殊化妆品是指用于染发、烫发、祛斑美白、防晒、防脱发的化妆品以及宣称新功效的化妆品。宣称具有特殊化妆品功效的香皂，也可以参照特殊化妆品的规定进行管理。特殊化妆品以外的化妆品均为普通化妆品，在我国，牙膏即属于参照普通化妆品有关规定进行管理的产品。

（二）化妆品相关立法

爱美之心，人皆有之。为满足消费者对美的需求，我国鼓励和支持化妆品领域的研究、创新，支持运用现代科学技术，结合我国传统优势项目和特色植物资源研究开发化妆品，并对化妆品及化妆品原料行业规定了严格的监管措施。卫生部于1989年颁布了我国第一部化妆品相关行政法规《化妆品卫生监督条例》，并在此基础上经多次审议讨论，于2020年形成了《化妆品监督管理条例》，相继出台了《化妆品生产经营监督管理办法》《化妆品标签管理办法》等配套行政法规；国务院药品监督管理部门负责全国化妆品监督管理工作。

二、化妆品原料与产品监管

（一）管理方式

我国按照风险程度对化妆品及其原料实行分类管理，具体包括两种管理方式：第一种是注册管理。申请人向国务院药品监督管理部门提出申请，经技术审评得出意见后，国务院药品监督管理部门在20个工作日内作出是否准予注册的决定，决定不予注册的，需书面说明理由。这种管理方式适用于特殊化妆品和风险程度较高的化妆品新原料。后者是指在我国境内首次使用于化妆品的，具有防腐、防晒、着色、染发、祛斑美白功能的化妆品新原料。第二种是备案管理。备案人通过国务院药品监督管理部门在线政务服务平台提交表明化妆品、化妆品新原料安全性和质量可控性的资料后即完成备案，由药品监督管理部门对提交的资料存档备查。这种管理方式适用于普通化妆品和除特殊规定外的化妆品新原料。

获得批准或备案成功后，国务院药品监督管理部门应当在 5 个工作日内向社会公布注册、备案有关信息。

（二）申请资质

化妆品注册申请人、备案人应当具备下列条件：（1）是依法设立的企业或者其他组织；（2）有与申请注册、进行备案的产品相适应的质量管理体系；（3）有化妆品不良反应监测与评价能力。

（三）延续注册

特殊化妆品注册证有效期为 5 年，责任人应当在有效期届满 30 个工作日前，向国务院药品监督管理部门提出延续注册的申请，超过有效期后再申请的不予延续注册。有关部门在特殊化妆品注册证有效期届满前未作出是否准予延续的决定的，视为准予延续。

三、化妆品生产与经营监管

根据我国《化妆品监督管理条例》的规定，从事化妆品生产活动，应当向所在地省、自治区、直辖市人民政府药品监督管理部门提出申请，获得批准后才能开展生产活动。

（一）生产监管

1. 生产者资质

由于化妆品直接接触人体，一旦质量出现问题，将会对人体健康产生影响，因此必须从源头上保障化妆品的生产安全。从事化妆品及其原料生产的企业，必须是依法设立的企业，并取得化妆品生产企业卫生许可证。企业需具备与生产的化妆品相适应的生产场地、设施设备，以及与生产的化妆品相适应的技术人员、检验人员和检验设备。

2. 生产申请审批流程

从事化妆品生产活动，应当向所在地省、自治区、直辖市人民政府药品监督管理部门提出申请，提交其符合《化妆品监督管理条例》第 26 条规定条件的证明资料，并对资料的真实性负责。

省、自治区、直辖市人民政府药品监督管理部门应当对申请资料进行审核，对申请人的生产场所进行现场核查，并自受理化妆品生产许可申请之日起 30 个工作日内作出决定。对符合规定条件的，准予许可并发给化妆品生产许可证；对不符合规定条件的，不予许可并书面说明理由。化妆品生产许可证有效期为 5 年。有效期届满需要延续的，依照《行政许可法》的规定办理。

（二）经营监管

1. 销售标签

化妆品的最小销售单元必须有标签，内容应当包括产品名称、注册证和生产许可证编号、生产企业、产品成分、净含量、保质期和安全警示等信息。化妆品的产品名称一般应当与产品的使用方法、使用部位、使用目的等产品属性保持一致，不能使用令消费者不易理解的产品命名方式。为保证化妆品原料质量而在原料中添加的微量稳定剂、防腐剂、抗氧剂等成分，虽然在产品配方中应当填报，但不属于化妆品成分的范畴，可以不在产品标签上标注。

化妆品标签禁止标注下列内容：（1）明示或者暗示具有医疗作用的内容；（2）虚假或者引人误解的内容；（3）违反社会公序良俗的内容；（4）法律、行政法规禁止标注的其他内容。

2. 广告宣传

化妆品广告的内容应当真实、合法。化妆品广告不得明示或者暗示产品具有医疗作用，不得含有虚假或者引人误解的内容，不得欺骗、误导消费者。化妆品的广告宣传不得存在以下情形：（1）化妆品名称、制法、效用或者性能虚假夸大的；（2）使用他人名义保证或以暗示方法使人误解其效用的；（3）宣传医疗作用的。包括我国在内的世界大多数国家在法规层面均不存在"药妆品"的概念，也不存在单纯依照化妆品管理的"药妆品"，因此，对于以化妆品名义注册或备案的产品，宣称"药妆""医学护肤品"等"药妆品"概念的，均属于违法行为。[①]

3. 经营者义务

根据我国《化妆品监督管理条例》的规定，化妆品经营者负有下列义务：（1）进货查验并记录。化妆品经营者应当查验供货者的市场主体登记证明、化妆品注册或者备案情况、产品出厂检验合格证明，在查验后如实记录并保存相关凭证。（2）合法存运。经营者需依照有关法律、法规的规定和化妆品标签标示的要求贮存、运输化妆品。（3）保证所销售产品的质量，并不得自行配制化妆品销售。（4）信息公开。在电子商务平台经营化妆品者，应当全面、真实、准确、及时披露所经营化妆品的信息。（5）合法宣传。化妆品广告不得明示或者暗示产品具有医疗作用，不得含有虚假或者引人误解的内容。

（三）召回制度

化妆品注册人、备案人、生产人、经营者发现化妆品存在质量缺陷或者其他问题，可能危害人体健康的，应当立即停止生产，自行召回或通知相关方召回已经上市销售的化妆品。化妆品注册人、备案人对召回的化妆品应采取补救、无害化处理、销毁等措施，将化妆品召回和处理情况向所在地省、自治区、直辖市人民政府药品监督管理部门报告。

（四）监督检查

负责药品监督管理的部门有权对化妆品生产经营所有环节进行监督检查。监督检查人员不得少于2人，并应当出示执法证件。化妆品生产经营者对检验结论有异议的，可以自收到检验结论之日起7个工作日内向实施抽样检验的部门或者其上一级负责药品监督管理的部门提出复检申请，由受理复检申请的部门在国务院药品监督管理部门公布的复检机构名录中随机确定复检机构进行复检。复检机构出具的复检结论为最终检验结论。

在检查中，负责药品监督管理的部门可以进入现场，查阅、复制有关合同、票据、账簿以及其他有关资料，查封、扣押不符合标准或可能危害人体健康的化妆品及其原料。省

---

① 国家药品监督管理局：《化妆品监督管理常见问题解答（一）》，载 https://www.nmpa.gov.cn。

级以上人民政府药品监督管理部门应当组织下级部门对生产经营的化妆品进行抽样检验；对于被举报反映或者日常监督检查中发现问题较多的化妆品，可以进行专项抽样检验，所需费用纳入本级政府预算，并及时公布化妆品抽样检验结果。

四、儿童化妆品

儿童化妆品，是指适用于年龄在12岁以下（含12岁）儿童，具有清洁、保湿、爽身、防晒等功效的化妆品。根据我国《儿童化妆品监督管理规定》，标识"适用于全人群""全家使用"等词语或者利用商标、图案、谐音、字母、汉语拼音、数字、符号、包装形式等暗示产品使用人群包含儿童的产品，均按照儿童化妆品管理。

我国对儿童化妆品的监管有特殊规定，具体体现在以下几个方面：（1）包装专用性。儿童化妆品应当在销售包装展示面标注国家药品监督管理局规定的儿童化妆品标志（详见图5-1），非儿童化妆品不得标注。此外，儿童化妆品不得标注"食品级""可食用"等词语或者食品有关图案。（2）原料安全性。儿童化妆品配方设计应当遵循"安全、极简、必要"的原则。不得使用尚处于监测期的新原料和以基因技术、纳米技术等新技术产生的原料。以祛斑美白、祛痘、脱毛、除臭、去屑、防脱发、染发、烫发等为目的的原料，均不允许使用在儿童化妆品当中。（3）监管严格性。国家药品监督管理局下属的化妆品技术审评机构制定专门的儿童化妆品技术指导原则，并对申请人提交的注册申请资料进行严格审查。儿童化妆品上市后，药品监督管理部门将会对其产品安全性资料进行重点技术核查。

图 5-1 儿童化妆品标识"小金盾"

第七节 卫生健康相关产品法律责任

一、违反血液及血液制品相关规定的法律责任

（一）民事责任

《民法典》第 1223 条规定，因药品、消毒药剂、医疗器械的缺陷，或者输入不合格的血液造成患者损害的，患者可以向生产者或者血液提供机构请求赔偿，也可以向医疗机构请求赔偿。患者向医疗机构请求赔偿的，医疗机构赔偿后，有权向负有责任的生产者或者血液提供机构追偿。

（二）行政责任

依据《献血法》《传染病防治法》《医疗机构临床用血管理办法》的相关条款，对违反血液采集、管理和使用有关规范的行为，由县级以上政府卫生行政部门予以处罚，包括警告、责令整改、通报批评、罚款、没收违法所得、吊销执业许可证等。其所针对的违法情形主要包括以下几类：（1）非法采集、出售、出卖血液的；（2）违规采集血液的；（3）临床用血的包装、储存、运输不符合规定的；（4）提供不符合国家规定标准血液的；（5）将不符合标准的血液用于患者的；（6）卫生行政部门及其工作人员玩忽职守的；（7）《医疗机构临床用血管理办法》第 35 条明确列举的 8 种行为。

（三）刑事责任

首先，《刑法》第 333 条明确了对"非法组织、强迫出卖血液行为"的刑罚，并规定了在该行为实施中对他人造成伤害的，依照《刑法》第 234 条"故意伤害罪"论处。其次，《刑法》第 334 条用两款分别对"非法采集、供应血液、制作、供应血液制品罪"和"采集、供应血液、制作、供应血液制品事故罪"予以明确。最后，因血液及血液制品使用不当造成就诊人死亡或严重损害就诊人身体健康的，适用《刑法》第 335 条"医疗事故罪"的规定。

二、违反医疗器械管理制度的法律责任

（一）行政责任

《医疗器械监督管理条例》对违反其规定的行政责任作出了较为详细的规定。

1. 医疗器械生产经营者的法律责任

第 81、83~89 条分别对违反医疗器械生产经营的许可范围、伪造或非法流转许可证件、备案时提供虚假材料、生产经营或进口不符合相关标准与要求的医疗器械、违反医疗器械说明书及标签要求等事项，规定了没收违法所得、罚款、责令停产停业、吊销生产或经营许可证、从业禁止等不同种类与程度的处罚措施。

2. 医疗器械使用者的法律责任

第 82 条、第 90 条分别对未经许可擅自使用大型医用设备、未按有关要求使用大型医用设备、未按规定重复使用设备等事项，规定了前述不同种类与程度的处罚措施。

3. 医疗器械临床试验、检验机构的法律责任

第 93~96 条对违规开展医疗器械临床试验、出具虚假（检验）报告的，规定了前述不同种类与程度的处罚措施。

4. 监测机构与监管人员的责任

第 100 条和第 101 条分别对医疗器械技术评审机构、医疗器械不良事件监测技术机构、县级以上食品药品监督管理部门的人员的违规行为作出了处分规定。

（二）刑事责任

违反《医疗器械监督管理条例》的有关规定，构成犯罪的，依法追究刑事责任。《刑法》第 145 条规定，生产不符合保障人体健康的国家标准、行业标准的医疗器械、医用卫生材料，或者明知却仍然销售上述医疗器械，足以造成严重危害的，处 3 年以下有期徒刑或拘役，并处销售金额 50% 以上 2 倍以下罚金；对人体造成严重危害的，处 3 年以上 10 年以下有期徒刑，并处销售金额 50% 以上 2 倍以下罚金，后果特别严重的，处 10 年以上有期徒刑或者无期徒刑，并处销售金额 50% 以上 2 倍以下罚金或者没收财产。

三、违反消毒产品管理制度的法律责任

（一）行政责任

消毒产品生产经营单位有下列情形之一的，由县级以上地方卫生行政部门责令其限期改正，可以处 5000 元以下罚款；造成感染性疾病暴发的，可以处 5000 元以上 2 万元以下的罚款：（1）消毒产品的命名、标签（含说明书）不符合国务院卫生行政部门的有关规定；（2）生产经营无生产企业卫生许可证或新消毒产品卫生许可批准文件的；（3）生产经营产品卫生安全评价不合格或产品卫生质量不符合要求的。另外，根据《卫生部关于对〈消毒管理办法〉有关适用问题的复函》的规定，消毒产品经销商夸大宣传或者违法宣传的，可以参照上述规定对经销商进行处罚。

消毒产品生产经营单位违反《传染病防治法》的相关规定，对用于传染病防治的消毒产品不符合国家卫生标准和卫生规范，导致或者可能导致传染病传播、流行的，由县级以上人民政府卫生行政部门责令限期改正，没收违法所得，可以并处 5 万元以下的罚款；已取得许可证的，原发证部门可以依法暂扣或者吊销许可证。

（二）刑事责任

消毒产品生产经营单位拒绝执行卫生防疫机构依照《传染病防治法》提出的预防、控制措施，引起甲类传染病传播或者有传播严重危险的，将构成《刑法》第 330 条的"妨害传染病防治罪"。前述单位在消毒产品上标注虚假、无效证号或者未标注相关批准文号，抑或在标签、说明书中宣称具有功能主治、适应证或者明示预防疾病、治疗功效或药用疗效，情节严重的，可能分别构成《刑法》第 140 条的"生产、销售伪劣产品罪"和第 141 条的"生产、销售假药罪"。[①]

四、违反食品安全相关规定的法律责任

（一）民事责任

《食品安全法》第 147 条规定，违反本法规定，造成人身、财产或者其他损害的，依法承担赔偿责任。生产经营者财产不足以同时承担民事赔偿责任和缴纳罚款、罚金时，先承担民事赔偿责任。

（二）行政责任

《食品安全法》对行政相对人违反该法的行政责任作出了规定，针对不同违法情形给予不同的行政处罚。具体包括：没收违法所得和违法生产经营商品以及用于违法生产经营的工具、设备、原料等物品，罚款，吊销许可证，从业禁止，行政拘留；对于责任人员给予撤职或者开除处分；对直接负责的主管人员和负有直接责任的认证人员，撤销其执业资格。

上述行政处罚所针对的违法情形主要包括以下几类：（1）违反国家对食品生产经营实行的许可制度；（2）违反国家生产经营食品、食品添加剂、食品相关产品的规定；（3）违

---

① 罗银江：《消毒产品常见违法行为查处及监管对策探讨》，载《中国卫生监督杂志》2017 年第 1 期。

反国家食品标准规定；（4）其他违反《食品安全法》的规定。

（三）刑事责任

《刑法》第143条、第144条分别明确规定了"生产、销售不符合安全标准的食品罪"和"生产、销售有毒、有害食品罪"。现行《食品安全法》对一些严重危害人体健康的食品安全违法行为在加大民事、行政处罚力度的同时，以法律的形式使行政责任与刑事责任接轨，并坚持刑事侦查优先原则。县级以上食品安全监督管理部门发现涉嫌食品安全犯罪的，应当按照有关规定及时将案件移送公安机关立案侦查。公安机关经侦查认为不需要追究刑事责任的，应将案件依法移送至前述部门依法追究行政责任。

五、违反化妆品监管规定的法律责任

（一）民事责任

违反《化妆品监督管理条例》造成人体损伤或者发生中毒事故的，相关生产企业和经营单位或者个人应负损害赔偿责任。

（二）行政责任

《化妆品监督管理条例》对行政相对人违反该法的行政责任作出了规定，对不同违法情形给予不同的行政处罚，具体包括：没收违法所得和违法生产经营商品以及用于违法生产经营的原料、设备、工具等物品；罚款；吊销许可证；从业禁止；行政拘留；等等。上述行政处罚针对的违法情形主要包括以下几类：（1）违反化妆品的生产、进口、经营或生产原料标准的有关许可制度和注册制度；（2）违反化妆品原料与包装技术规范规定、使用期限与说明制度以及强制召回制度；（3）未按规定执行与化妆品质量安全有关的负责人、注册人、备案人制度和从业人员健康管理制度；（4）违反该条例关于化妆品集中交易市场的审查、检查、制止和报告制度以及电子商务平台的登记、检查、制止和报告制度；（5）化妆品检验机构、技术评审机构以及质量监测机构未依照该条例履行职责。

（三）刑事责任

《刑法》第148条规定，生产不符合卫生标准的化妆品，或者销售明知是不符合卫生标准的化妆品，造成严重后果的，处3年以下有期徒刑或者拘役，并处或者单处销售金额50%以上2倍以下罚金。此外，按照《化妆品监督管理条例》的规定，若存在化妆品监督人员滥用职权，生产商、进口商非法转让或变造化妆品许可证件，对化妆品进行虚假性或误导性宣传，化妆品检验机构出具虚假报告等行为，构成犯罪的，由司法机关依法追究刑事责任。

【练习题】

一、选择题

1.《献血法》规定的无偿献血年龄是（　　　　）。

A. 15岁至55岁　　　　　　　　　　B. 18岁至50岁

  C. 18 岁至 55 岁   D. 20 岁至 60 岁

2. 血站对献血者每次采集血液量一般为（ ）毫升，最多不超过（ ）毫升，两次采集间隔不少于（ ）个月。

  A. 200；400；3   B. 200；400；6

  C. 200；600；6   D. 300；500；4

3.《医疗器械经营企业许可证》的有效期限为（ ）。

  A. 2 年   B. 3 年   C. 4 年   D. 5 年

4. 企业生产用于传染病防治的消毒用品应当由（ ）批准。

  A. 省级以上卫生行政部门   B. 县级卫生行政部门

  C. 国务院卫生行政部门   D. 市级卫生行政部门

5. 下列关于食品添加剂的说法，错误的是（ ）。

  A. 食品添加剂应当有标签、说明书和包装

  B. 食品添加剂标签上不得涉及疾病治疗功能

  C. 食品添加剂说明书涉及疾病预防功能的，要经过评估

  D. 食品添加剂的标签要容易辨识

6. 下列属于注册管理的化妆品是（ ）。

  A. 香皂   B. 染发剂

  C. 牙膏   D. 润肤霜

二、简答题

1. 简述我国血站采集血液前的必要事项。
2. 简述我国医疗器械的分类。
3. 简述我国消毒产品卫生安全评价制度的主要内容。
4. 简述我国《食品安全法》有关食品召回制度的法律规定。
5. 简述我国儿童化妆品的特点。

练习题参考答案

三、论述题

论我国临床用血管理的主要制度。

第六章
传染病防治法律制度

【本章重点】

1. 法定传染病的分类
2. 疾病预防控制机构与医疗机构在传染病防控中的职责
3. 传染病疫情报告的主体和时限
4. 医疗机构采取的传染病控制措施
5. 传染病防控中的紧急措施

医疗机构丙肝疫情瞒报案 [①]

　　某市卫生和计划生育委员会责成市卫生监督所牵头、市疾控中心配合成立联合调查组，对该市医疗机构瞒报丙肝疫情进行调查核实。经调查发现，该市人民医院、市二院、某民营医院3家医院共瞒报丙肝病例8例（市人民医院6例；市二院1例；某民营医院1例）。根据调查结果及证据材料，市卫生和计划生育委员会认定市人民医院（其他2家医院另案查处）检验科工作人员和6名患者的5名首诊医生均未按规定上报传染病，存在瞒报丙肝疫情的情形，已违反《传染病防治法》的规定，给予该医院警告的行政处罚。

思考：

　　1. 按照《传染病防治法》的规定，丙肝属于哪类传染病？

　　2. 案例中市人民医院、市二院和某民营医院属于哪类疫情报告人？

案例解析

---

① 许陆宏、陈皓：《一起医疗机构瞒报丙肝疫情案件的分析》，载《中国卫生监督杂志》2017 年第 3 期。

第一节　传染病防治法律制度概述

一、传染病防治法概念及其发展历史

（一）传染病防治法的概念

传染病是由病毒、细菌、真菌、原虫等病原微生物引起的可以在人与人之间、动物与动物之间、人与动物之间传播的疾病。相应地，传染病防治法是为了预防、控制和消除传染病的发生与流行，保障人体健康和公共卫生活动的系列法律规范的总称。

（二）新中国传染病防治法律制度发展历史

新中国成立后，国家对传染病的防控工作非常重视，将传染病防控立法作为一项重要工作。1955 年 7 月，卫生部颁布《传染病管理办法》。1978 年 9 月，为加强对急性传染病的管理，预防、控制和消灭急性传染病的发生与流行，卫生部又颁发《急性传染病管理条例》。1989 年 2 月，第七届全国人民代表大会常务委员会第六次会议通过《传染病防治法》，开启了我国对传染病进行系统规范的新纪元。为保障该法的顺利实施，卫生部根据该法于 1991 年 12 月颁布《传染病防治法实施办法》。为防止传染病通过交通工具及其乘运的人员、物资传播，危害人体健康，1998 年 11 月，国务院发布《国内交通卫生检疫条例》，自 1999 年 3 月 1 日起施行。2004 年 8 月，第十届全国人民代表大会常务委员会第十一次会议对《传染病防治法》进行修订，此后，2013 年 6 月，第十二届全国人民代表大会常务委员会第三次会议对其进行修正。2006 年，卫生部发布《传染病信息报告管理规范》，自此，全国传染病信息报告工作走上科学化、规范化的轨道。随着传染病防控形势的变化和防控工作的推进，2015 年，国家卫生计生委对该规范进行修订。为优化传染病医疗资源区域布局，提升应对重大疫情救治能力，2020 年 9 月，国家卫生健康委印发《国家传染病医学中心设置标准》和《国家传染病区域医疗中心设置标准》，对传染病防控工作进行规范。

二、传染病防治的方针和原则

为了达到预防、控制和消除传染病的发生与流行，保障人体健康和公共卫生的目的，国家对传染病防治实行预防为主的方针，坚持防治结合、分类管理、依靠科学、依靠群众的管理原则。

三、传染病的分类

《传染病防治法》将发病率较高、流行面较大、危害严重的 40 种急性和慢性传染病纳入其中进行管理，并依据其传播方式、传播速度及危害程度，将其分为甲、乙、丙三类。根据国家卫健委传染病病种调整最新规定，传染病分类及病种如下：

甲类传染病 2 种：鼠疫、霍乱。

乙类传染病 27 种：传染性非典型肺炎、新型冠状病毒感染、人感染 H7N9 禽流感、艾滋病、病毒性肝炎、脊髓灰质炎、人感染高致病性禽流感、麻疹、流行性出血热、狂犬病、流行性乙型脑炎、登革热、炭疽、细菌性和阿米巴性痢疾、肺结核、伤寒和副伤寒、流行性脑脊髓膜炎、百日咳、白喉、新生儿破伤风、猩红热、布鲁氏菌病、淋病、梅毒、钩端螺旋体病、血吸虫病、疟疾。

丙类传染病 11 种：流行性感冒（包括 H1N1）、流行性腮腺炎、风疹、急性出血性结膜炎、麻风病、流行性和地方性斑疹伤寒、黑热病、包虫病、丝虫病，除霍乱、细菌性和阿米巴性痢疾、伤寒和副伤寒以外的感染性腹泻病、手足口病。

国务院卫生行政部门根据传染病暴发、流行情况和危害程度，可以决定增加、减少或者调整乙类、丙类传染病病种并予以公布。其中，对乙类传染病中传染性非典型肺炎、炭疽中的肺炭疽，采取甲类传染病的预防、控制措施。其他乙类传染病和突发原因不明的传染病需要采取甲类传染病的预防、控制措施的，由国务院卫生行政部门及时报经国务院批准后予以公布、实施。需要解除对其采取的甲类传染病预防、控制措施的，由国务院卫生行政部门报经国务院批准后予以公布。省、自治区、直辖市人民政府对本行政区域内常见、多发的其他地方性传染病，可以根据情况决定按照乙类或者丙类传染病管理并予以公布，报国务院卫生行政部门备案。

四、传染病防治法的适用范围

为了传染病防控的需要，在中华人民共和国领域内的一切单位和个人，必须接受疾病预防控制机构、医疗机构有关传染病的调查、检验、采集样本、隔离治疗等预防、控制措施，如实提供有关情况。

第二节　传染病预防制度

一、传染病防控体系

我国建立起各级人民政府领导下的传染病防控工作管理体系。

（一）各级人民政府职责

县级以上人民政府制定传染病防治规划并组织实施，建立健全传染病防治的疾病预防控制、医疗救治和监督管理体系。各级人民政府组织开展群众性卫生活动，进行预防传染病的健康教育，倡导文明健康的生活方式，提高公众对传染病的防治意识和应对能力，加强环境卫生建设，消除鼠害和蚊、蝇等病媒生物的危害。地方各级人民政府应当有计划地建设和改造公共卫生设施，改善饮用水卫生条件，对污水、污物、粪便进行无害化处置。

（二）各级卫生行政部门职责

国务院卫生行政部门主管全国传染病防治及其监督管理工作。县级以上地方人民政府卫生行政部门负责本行政区域内的传染病防治及监督管理工作。军队的传染病防治工作，由中国人民解放军卫生主管部门实施监督管理。

（三）疾病预防控制机构职责

疾病预防控制机构指从事疾病预防控制活动的疾病预防控制中心以及与上述机构业务活动相同的单位。在传染病防控中，各级疾病预防控制机构职责主要包括：（1）实施传染病预防控制规划、计划和方案；（2）收集、分析和报告传染病监测信息，预测传染病的发生、流行趋势；（3）开展对传染病疫情和突发公共卫生事件的流行病学调查、现场处理及其效果评价；（4）开展传染病实验室检测、诊断、病原学鉴定；（5）实施免疫规划，负责预防性生物制品的使用管理；（6）开展健康教育、咨询，普及传染病防治知识；（7）指导、培训下级疾病预防控制机构及其工作人员开展传染病监测工作；（8）开展传染病防治应用性研究和卫生评价，提供技术咨询。

（四）医疗机构职责

医疗机构承担与医疗救治有关的传染病防治工作和责任区域内的传染病预防工作。医疗机构必须严格执行国务院卫生行政部门规定的管理制度、操作规范，防止传染病的医源性感染和医院感染。医疗机构应当确定专门的部门或者人员，承担传染病疫情报告、本单位的传染病预防、控制以及责任区域内的传染病预防工作；承担医疗活动中与医院感染有关的危险因素监测、安全防护、消毒、隔离和医疗废物处置工作。

（五）政府有关部门职责

各级人民政府农业、水利、林业行政部门按照职责分工负责指导和组织消除农田、湖区、河流、牧场、林区的鼠害与血吸虫危害，以及其他传播传染病的动物和病媒生物的危害。铁路、交通、民用航空行政部门负责组织消除交通工具以及相关场所的鼠害和蚊、蝇等病媒生物的危害。

（六）学校及新闻媒体宣传教育职责

各级各类学校应当对学生进行健康知识和传染病预防知识的教育。医学院校应当加强预防医学教育和科学研究，对在校学生以及其他与传染病防治相关人员进行预防医学教育和培训，为传染病防治工作提供技术支持。新闻媒体应当无偿开展传染病防治和公共卫生教育的公益宣传。

二、传染病预防管理制度

按照预防为主的方针，《传染病防治法》规定了预防管理制度，对我国传染病预防工作进行规范。

（一）传染病监测制度

传染病监测指对人群传染病的发生、流行及影响因素有计划地、系统地进行长期观察。通过传染病监测，可以及时发现传染源，掌握传染病流行发展趋势，为我国传染病的防控提供依据。

国家建立传染病监测制度。国务院卫生行政部门制定国家传染病监测规划和方案，省、自治区、直辖市人民政府卫生行政部门根据国家传染病监测规划和方案，制定本行政区域的传染病监测计划和工作方案。

各级疾病预防控制机构对传染病的发生、流行以及影响其发生、流行的因素，进行监测；对国外发生、国内尚未发生的传染病或者国内新发生的传染病，进行监测。在监测中，各级疾病预防控制机构依职责进行分工，其中国家、省级疾病预防控制机构负责对传染病发生、流行以及分布进行监测，对重大传染病流行趋势进行预测，提出预防控制对策，参与并指导对暴发的疫情进行调查处理，开展传染病病原学鉴定，建立检测质量控制体系，开展应用性研究和卫生评价。设区的市和县级疾病预防控制机构负责传染病预防控制规划、方案的落实，组织实施免疫、消毒、控制病媒生物的危害，普及传染病防治知识，负责本地区疫情和突发公共卫生事件监测、报告，开展流行病学调查和常见病原微生物检测。

（二）传染病预警制度

国家建立传染病预警制度。预警制度有利于相关部门及公众根据预警及早作出防控准备。

国务院卫生行政部门和省、自治区、直辖市人民政府根据传染病发生、流行趋势的预测，及时发出传染病预警，根据情况予以公布。地方人民政府和疾病预防控制机构接到国务院卫生行政部门或者省、自治区、直辖市人民政府发出的传染病预警后，应当按照传染病预防、控制预案，采取相应的预防、控制措施。

（三）预防接种制度

预防接种对于保护易感人群，防止传染病传播、扩散具有重要意义。对此，国家实行有计划的预防接种制度，国务院卫生行政部门和省、自治区、直辖市人民政府卫生行政部门，可以根据传染病预防、控制的需要，制定传染病预防接种规划并组织实施。

1. 儿童预防接种管理

国家对儿童实行预防接种证制度。医疗机构、疾病预防控制机构与儿童的监护人应当相互配合，保证儿童及时接受预防接种。

根据《疫苗管理法》的规定，预防接种实行居住地管理，儿童离开原居住地期间，由现居住地承担预防接种工作的接种单位负责对其实施接种。儿童出生后1个月内，其监护人应当到儿童居住地承担预防接种工作的接种单位或者出生医院为其办理预防接种证。接种单位或者出生医院不得拒绝。监护人应当妥善保管预防接种证。儿童入托、入学时，托幼机构、学校应当查验预防接种证，发现未按照规定接种免疫规划疫苗的，应当向儿童居住地或者托幼机构、学校所在地承担预防接种工作的接种单位报告，并配合接种单位督促其监护人按照规定补种。

接种单位接种免疫规划疫苗不得收取任何费用，接种非免疫规划疫苗，除收取疫苗费用外，可以收取接种服务费。

2. 群体性预防接种管理

县级以上地方人民政府卫生健康主管部门为预防、控制传染病暴发、流行，在本行政区域进行群体性预防接种，须报本级人民政府决定，并向省级以上人民政府卫生健康主管部门备案。全国范围或者跨省、自治区、直辖市范围内进行群体性预防接种，应当由国务院卫生健康主管部门决定。任何单位和个人不得擅自进行群体性预防接种。

3. 预防接种单位应具备的条件

预防接种单位应当具备下列条件：（1）具有医疗机构执业许可证；（2）具有经过县级人民政府卫生健康主管部门组织的预防接种专业培训并考核合格的医师、护士或者乡村医生；（3）具有符合疫苗储存、运输管理规范的冷藏设施、设备和冷藏保管制度。

县级以上地方人民政府卫生健康主管部门指定符合条件的医疗机构承担责任区域内免疫规划疫苗接种工作。符合条件的医疗机构可以承担非免疫规划疫苗接种工作，并应当报颁发其医疗机构执业许可证的卫生健康主管部门备案。

4. 预防接种工作规范

接种单位开展预防接种工作应当遵守预防接种工作规范、免疫程序、疫苗使用指导原则和接种方案。

医疗卫生人员实施接种，应当告知受种者或者其监护人所接种疫苗的品种、作用、禁忌、不良反应以及现场留观等注意事项，询问受种者的健康状况以及是否有接种禁忌等情况，并如实记录告知和询问情况。受种者或者其监护人应当如实提供受种者的健康状况和接种禁忌等情况，有接种禁忌不能接种，医疗卫生人员应当向受种者或者其监护人提出医学建议，并如实记录提出医学建议情况。在实施接种前，应当按照预防接种工作规范的要求，检查受种者健康状况、核查接种禁忌，查对预防接种证，检查疫苗、注射器的外观、批号、有效期，核对受种者的姓名、年龄和疫苗的品名、规格、剂量、接种部位、接种途径，做到受种者、预防接种证和疫苗信息相一致，确认无误后方可实施接种。

医疗卫生人员应当对符合接种条件的受种者实施接种。受种者在现场留观期间出现不良反应的，医疗卫生人员应当按照预防接种工作规范的要求，及时采取救治等措施。

医疗卫生人员应当按照国务院卫生健康主管部门的规定，真实、准确、完整记录疫苗的品种、上市许可持有人、最小包装单位的识别信息、有效期、接种时间、实施接种的医疗卫生人员、受种者等接种信息，确保接种信息可追溯、可查询。接种记录应当保存至疫苗有效期满后不少于 5 年备查。

5. 预防接种异常反应及处理

（1）预防接种异常反应。预防接种异常反应，是指合格的疫苗在实施规范接种过程中或者实施规范接种后造成受种者机体组织器官、功能损害，相关各方均无过错的药品不良反应。

以下情形不属于预防接种异常反应：①因疫苗本身特性引起的接种后一般反应；②因疫苗质量问题给受种者造成的损害；③因接种单位违反预防接种工作规范、免疫程序、疫苗使用指导原则、接种方案给受种者造成的损害；④受种者在接种时正处于某种疾病的潜伏期或者前驱期，接种后偶合发病；⑤受种者有疫苗说明书规定的接种禁忌，在接种前受种者或者其监护人未如实提供受种者的健康状况和接种禁忌等情况，接种后受种者原有疾病急性复发或者病情加重；⑥因心理因素发生的个体或者群体的心因性反应。

（2）预防接种异常反应处理。接种单位、医疗机构等发现疑似预防接种异常反应的，应当向疾病预防控制机构报告。疫苗上市许可持有人应当设立专门机构，配备专职人员，主动收集、跟踪分析疑似预防接种异常反应，及时采取风险控制措施，将疑似预防接种异常反应向疾病预防控制机构报告，并将质量分析报告提交省、自治区、直辖市人民政府药品监督管理部门。疾病预防控制机构对疑似预防接种异常反应，应当按照规定及时报告，组织调查、诊断，并将调查、诊断结论告知受种者或者其监护人。对调查、诊断结论有争议的，可以根据国务院卫生健康主管部门制定的鉴定办法申请鉴定。因预防接种导致受种者死亡、严重残疾，或者群体性疑似预防接种异常反应等对社会有重大影响的疑似预防接种异常反应，由设区的市级以上人民政府卫生健康主管部门、药品监督管理部门按照各自职责组织调查、处理。

国家实行预防接种异常反应补偿制度。实施接种过程中或者实施接种后出现受种者死亡、严重残疾、器官组织损伤等损害，属于预防接种异常反应或者不能排除的，应当给予补偿。预防接种异常反应补偿应当及时、便民、合理。接种免疫规划疫苗所需的补偿费用，由省、自治区、直辖市人民政府财政部门在预防接种经费中安排；接种非免疫规划疫苗所需的补偿费用，由相关疫苗上市许可持有人承担。同时，国家鼓励通过商业保险等多种形式对预防接种异常反应受种者予以补偿。

（四）传染病菌种、毒种分类管理制度

国家建立传染病菌种、毒种库。根据《传染病防治法实施办法》第16条的规定，传染病菌（毒）种分为下列3类：一类：鼠疫耶尔森氏菌、霍乱弧菌；天花病毒、艾滋病病毒；二类：布氏菌、炭疽菌、麻风杆菌；肝炎病毒、狂犬病毒、出血热病毒、登革热病毒；斑疹伤寒立克次体；三类：脑膜炎双球菌、链球菌、淋病双球菌、结核杆菌、百日咳嗜血杆菌、白喉棒状杆菌、沙门氏菌、志贺氏菌、破伤风梭状杆菌；钩端螺旋体、梅毒螺旋体；乙型脑炎病毒、脊髓灰质炎病毒、流感病毒、流行性腮腺炎病毒、麻疹病毒、风疹病毒。

对传染病菌种、毒种和传染病检测样本的采集、保藏、携带、运输和使用实行分类管理，对可能导致甲类传染病传播的以及国务院卫生行政部门规定的这些菌种、毒种和传染病检测样本，确需采集、保藏、携带、运输和使用的，须经省级以上人民政府卫生行政部门批准。

第三节　传染病疫情报告、通报和公布制度

一、传染病疫情报告制度

传染病信息报告遵循分级负责、属地管理的原则，并通过传染病疫情报告制度对疫情信息报告主体、内容、时限与方式等进行规范。

（一）报告主体

我国疫情报告主体分为义务疫情报告人和责任疫情报告人两类。义务疫情报告人即任何单位和个人。当其发现传染病病人或者疑似传染病病人时，均应及时向附近的疾病预防控制机构或者医疗机构报告。责任疫情报告人包括疾病预防控制机构、医疗机构、采供血机构和国境卫生检疫机关及其执行职务的人员。当其发现法定传染病疫情或者其他传染病暴发、流行以及突发原因不明的传染病时，应当立即报告当地疾病预防控制机构。

港口、机场、铁路疾病预防控制机构以及国境卫生检疫机关发现甲类传染病病人、病原携带者、疑似传染病病人时，应当立即向国境口岸所在地的疾病预防控制机构或者所在地县级以上地方人民政府卫生行政部门报告并互相通报。

疾病预防控制机构应当设立或者指定专门的部门、人员负责传染病疫情信息管理工作，主动收集、分析、调查、核实传染病疫情信息，接到甲类、乙类传染病疫情报告或者发现传染病暴发、流行时，应当立即报告当地卫生行政部门，由当地卫生行政部门立即报告当地人民政府，同时报告上级卫生行政部门和国务院卫生行政部门。

军队医疗机构向社会公众提供医疗服务，发现规定的传染病疫情时，应当按照国务院卫生行政部门的规定报告。

负有传染病疫情报告职责的人民政府有关部门、机构及其工作人员，不得隐瞒、谎报、缓报传染病疫情。

（二）报告内容

根据《传染病信息报告管理规范（2015年版）》的规定，责任报告人需报告下列传染性情形：法定传染病；其他传染病，即省级人民政府决定按照乙类、丙类管理的其他地方性传染病和其他暴发、流行或原因不明的传染病；不明原因肺炎病例和不明原因死亡病例等重点监测疾病。

（三）报告时限

责任报告单位和责任报告人发现甲类传染病和乙类传染病中按照甲类管理的肺炭疽、传染性非典型肺炎等传染病人或疑似病人时，或发现其他传染病和不明原因疾病暴发时，应于2小时内进行报告。对其他乙、丙类传染病病人、疑似病人和规定报告的传染病病原携带者在诊断后，应于24小时内进行报告。

（四）报告程序及方式

传染病报告实行属地化管理，首诊负责制。传染病疫情信息实行网络直报或直接数据交换。不具备网络直报条件的医疗机构，在24小时内将传染病报告卡信息报告属地乡镇卫生院、城市社区卫生服务中心或县级疾病预防控制机构进行网络报告，同时传真或寄送传染病报告卡至代报单位。传染病报告卡由首诊医生或其他执行职务的人员负责填写。

二、传染病疫情通报制度

县级以上人民政府有关部门发现传染病疫情时，应当及时向同级人民政府卫生行政部门通报。县级以上地方人民政府卫生行政部门应当及时向本行政区域内疾病预防控制机构和医疗机构通报传染病疫情以及监测、预警的相关信息。接到通报的疾病预防控制机构和医疗机构应当及时告知本单位的有关人员。

国务院卫生行政部门应当及时向国务院其他有关部门和各省、自治区、直辖市人民政府卫生行政部门通报全国传染病疫情以及监测、预警的相关信息。毗邻的以及相关的地方人民政府卫生行政部门，应当及时互相通报本行政区域的传染病疫情以及监测、预警的相关信息。

中国人民解放军卫生主管部门发现传染病疫情时，应当向国务院卫生行政部门通报。

动物防疫机构和疾病预防控制机构，应当及时互相通报动物间和人间发生的人畜共患传染病疫情以及相关信息。

三、传染病疫情公布制度

国家建立传染病疫情信息公布制度。国务院卫生行政部门定期公布全国传染病疫情信息。省、自治区、直辖市人民政府卫生行政部门定期公布本行政区域的传染病疫情信息。

传染病暴发、流行时，国务院卫生行政部门负责向社会公布传染病疫情信息，并可以授权省、自治区、直辖市人民政府卫生行政部门向社会公布本行政区域的传染病疫情信息。

公布传染病疫情信息公布应当及时、准确。

第四节　传染病疫情控制制度

一、传染病疫情控制概念

传染病疫情控制是指在传染病发生后，为控制传染源、切断传播途径、保护易感人群而采取的综合性控制措施。通过疫情控制，对病人进行隔离、治疗，保护易感人群，使疫情不再继续蔓延。

二、疫情控制主体及其控制措施

（一）医疗机构

医疗机构发现甲类传染病以及按照甲类防控的乙类传染病的，应当及时采取下列措施：对病人、病原携带者，予以隔离治疗，隔离期限根据医学检查结果确定；对疑似病人，确诊前在指定场所单独隔离治疗；对医疗机构内的病人、病原携带者、疑似病人的密切接触者，在指定场所进行医学观察和采取其他必要的预防措施。拒绝隔离治疗或者隔离期未满擅自脱离隔离治疗的，可以由公安机关协助医疗机构采取强制隔离治疗措施。医疗机构发现其他乙类或者丙类传染病病人，应当根据病情采取必要的治疗和控制传播措施。

医疗机构对本单位内被传染病病原体污染的场所、物品以及医疗废物，必须依照法律、法规的规定实施消毒和无害化处置。

（二）疾病预防控制机构

疾病预防控制机构发现传染病疫情或者接到传染病疫情报告时，应当及时采取下列措施：对传染病疫情进行流行病学调查，根据调查情况提出划定疫点、疫区的建议，对被污染的场所进行卫生处理，对密切接触者，在指定场所进行医学观察和采取其他必要的预防措施，并向卫生行政部门提出疫情控制方案；传染病暴发、流行时，对疫点、疫区进行卫生处理，向卫生行政部门提出疫情控制方案，并按照卫生行政部门的要求采取措施；指导下级疾病预防控制机构实施传染病预防、控制措施，组织、指导有关单位对疫情进行处理。

（三）各级政府

1. 紧急措施

传染病暴发、流行时，县级以上地方人民政府应当立即组织力量，按照预防、控制预案进行防治，切断传染病的传播途径，必要时，报经上一级人民政府决定，可以采取下列紧急措施并予以公告：（1）限制或者停止集市、影剧院演出或者其他人群聚集的活动；（2）停工、停业、停课；（3）封闭或者封存被传染病病原体污染的公共饮用水源、食品以及相关物品；（4）控制或者扑杀染疫野生动物、家畜家禽；（5）封闭可能造成传染病扩散的场所。

上级人民政府接到下级人民政府关于采取紧急措施的报告后，应及时作出决定。紧急措施的解除，由原决定机关决定并宣布。

2. 宣布疫区

疫区指传染病在人群中暴发、流行，其病原体向周围播散时所能波及的地区。

甲类、乙类传染病暴发、流行时，县级以上地方人民政府报经上一级人民政府决定，可以宣布本行政区域部分或者全部为疫区；国务院可以决定并宣布跨省、自治区、直辖市的疫区。县级以上地方人民政府可以在疫区内采取紧急措施，并可以对出入疫区的人员、物资和交通工具实施卫生检疫。

3. 疫区封锁

省、自治区、直辖市人民政府可以决定对本行政区域内的甲类传染病疫区实施封锁；但是，封锁大、中城市的疫区或者封锁跨省、自治区、直辖市的疫区，以及封锁疫区导致中断干线交通或者封锁国境的，由国务院决定。

疫区封锁的解除，由原决定机关决定并宣布。

4. 隔离措施

对已经发生甲类传染病病例的场所或者该场所内特定区域的人员，所在地的县级以上地方人民政府可以实施隔离措施，并同时向上一级人民政府报告；接到报告的上级人民政府应当即时作出是否批准的决定。上级人民政府作出不予批准决定的，实施隔离措施的人民政府应当立即解除隔离措施。在隔离期间，实施隔离措施的人民政府应当对被隔离人员提供生活保障；被隔离人员有工作单位的，所在单位不得停止支付其隔离期间的工作报酬。

隔离措施的解除，由原决定机关决定并宣布。

5. 调集物资和人员

传染病暴发、流行时，根据传染病疫情控制的需要，国务院有权在全国范围或者跨省、自治区、直辖市范围内，县级以上地方人民政府有权在本行政区域内紧急调集人员或者调用储备物资，临时征用房屋、交通工具以及相关设施、设备。

紧急调集人员的，应当按照规定给予合理报酬。临时征用房屋、交通工具以及相关设施、设备的，应当依法给予补偿；能返还的，应当及时返还。

6. 尸体处理

患甲类传染病、炭疽死亡的，应当将尸体立即进行卫生处理，就近火化。患其他传染病死亡的，必要时，应当将尸体进行卫生处理后火化或者按照规定深埋。为了查找传染病病因，医疗机构在必要时可以按照国务院卫生行政部门的规定，对传染病病人尸体或者疑似传染病病人尸体进行解剖查验，并应当告知死者家属。

（四）其他相关部门

发生甲类传染病时，县级以上地方人民政府卫生行政部门或者铁路、交通、民用航空行政主管部门的卫生主管机构，根据各自的职责，对出入检疫传染病疫区的或者在非检疫传染病疫区发现检疫传染病疫情的交通工具及其乘运的人员、物资，实施交通卫生检疫；经检疫合格，签发检疫合格证明。交通工具及其乘运的人员、物资凭检疫合格证明，方可通行。

疫区当地疾病预防控制机构应当指导相关单位对经消毒可以使用的被传染病病原体污染或者可能被传染病病原体污染的物品进行消毒处理。

传染病暴发、流行时，药品和医疗器械生产、供应单位应当及时生产、供应防治传染病的药品和医疗器械。铁路、交通、民用航空经营单位必须优先运送处理传染病疫情的人员以及防治传染病的药品和医疗器械。

第五节 传染病的医疗救治制度

一、各级政府在传染病救治中的职责

为提高本辖区传染病救治能力，县级以上人民政府应当加强和完善传染病医疗救治服务网络的建设，指定具备传染病救治条件和能力的医疗机构承担传染病救治任务，或者根据传染病救治需要设置传染病医院。

二、预防医院感染的要求

（一）建设及服务要求

医疗机构的基本标准、建筑设计和服务流程，应当符合预防传染病医院感染的要求。

新建、改建和扩建的传染病医院和综合性医院的传染病区的建筑设计，应遵照《传染病医院建筑设计规范》，遵照控制传染源、切断传播链、隔离易感人群的基本原则，同时满足传染病医院的医疗流程。

（二）医疗器械及器具处置要求

医疗机构应当按照规定对使用的医疗器械进行消毒；对按照规定一次使用的医疗器具，应当在使用后予以销毁。

三、开展医疗救治的要求

医疗机构应当按照国务院卫生行政部门规定的传染病诊断标准和治疗要求，采取相应措施，提高传染病医疗救治能力；应当对传染病病人或者疑似传染病病人提供医疗救护、现场救援和接诊治疗，书写病历记录以及其他有关资料，并妥善保管。医疗机构应当实行传染病预检、分诊制度；对传染病病人、疑似传染病病人，应当引导至相对隔离的分诊点进行初诊；不具备相应救治能力的，应当将患者及其病历记录复印件一并转至具备相应救治能力的医疗机构。

第六节 特殊传染病防治制度

一、艾滋病防治法律制度

1988 年，卫生部联合其他六部委发布《艾滋病监测管理的若干规定》；2006 年 1 月，国务院颁布《艾滋病防治条例》，后于 2019 年 3 月修订；2006 年 6 月，卫生部印发《全国艾滋病检测工作管理办法》；2021 年中国疾病预防控制中心颁布了修订版的《全国艾滋病检测技术规范》，上述规定对我国艾滋病防控工作进行了规范。

（一）艾滋病防治方针与管理原则

艾滋病防治工作坚持预防为主、防治结合的方针，建立政府组织领导、部门各负其责、全社会共同参与的机制，加强宣传教育，采取行为干预和关怀救助等措施，实行综合防治。

（二）艾滋病防治宣传教育制度

地方各级人民政府及其有关部门应当组织开展艾滋病防治宣传教育，提倡健康文明的生活方式，营造良好的艾滋病防治的社会环境；在公共场所和公共交通工具显著位置，设置固定的艾滋病防治广告牌或者张贴艾滋病防治公益广告，组织发放艾滋病防治宣传材料；采取措施，鼓励和支持有关组织和个人对易感染艾滋病病毒危险行为的人群开展艾滋病防治的咨询、指导和宣传教育。县级以上地方人民政府还应当在医疗卫生机构开通艾滋病防治咨询服务电话，向公众提供艾滋病防治咨询服务和指导。

县级以上人民政府卫生主管部门应当对有关部门、组织和个人开展艾滋病防治的宣传教育工作提供技术支持；利用计划生育宣传和技术服务网络，组织开展艾滋病防治的宣传教育；要求计划生育技术服务机构向育龄人群提供计划生育技术服务和生殖健康服务时，应当开展艾滋病防治的宣传教育。

县级以上人民政府教育主管部门应当指导、督促高等院校、中等职业学校和普通中学将艾滋病防治知识纳入有关课程，开展有关课外教育活动。高等院校、中等职业学校和普通中学应当组织学生学习艾滋病防治知识。

医疗卫生机构及其医务人员、从事劳务中介服务的机构、出入境检验检疫机构、新闻媒体和企事业单位、人民团体等应当在职务履行中，对相关人员进行艾滋病防治宣传教育，提高他们预防艾滋病的意识和能力。

（三）不歧视及隐私权保护制度

任何单位和个人不得歧视艾滋病病毒感染者、艾滋病病人及其家属。艾滋病病毒感染者、艾滋病病人及其家属享有的婚姻、就业、就医、入学等合法权益受法律保护。同时，地方各级人民政府和政府有关部门应当组织开展艾滋病防治以及关怀和不歧视艾滋病病毒感染者、艾滋病病人及其家属的宣传教育，营造良好的艾滋病防治社会环境。

未经本人或者其监护人同意，任何单位或者个人不得公开艾滋病病毒感染者、艾滋病病人及其家属的姓名、住址、工作单位、肖像、病史资料以及其他可能推断出其具体身份的信息。

（四）艾滋病预防与控制制度

1. 艾滋病监测制度

国家建立健全艾滋病监测网络。国务院卫生主管部门负责制定国家艾滋病监测规划和方案。省、自治区、直辖市人民政府卫生主管部门根据国家艾滋病监测规划和方案，负责制定本行政区域的艾滋病监测计划和工作方案，组织开展艾滋病监测和专题调查，掌握艾滋病疫情变化情况和流行趋势。疾病预防控制机构负责对艾滋病发生、流行以及影响其发生、流行的因素开展监测活动。出入境检验检疫机构负责对出入境人员进行艾滋病监测，并将监测结果及时向卫生主管部门报告。

2. 艾滋病自愿咨询和自愿检测制度

国家实行艾滋病自愿咨询和自愿检测制度。县级以上地方人民政府卫生主管部门指定的医疗卫生机构，应当按照国务院卫生主管部门会同国务院其他有关部门制定的艾滋病自愿咨询和检测办法，为自愿接受艾滋病咨询、检测的人员免费提供咨询和初筛检测。

3. 防控干预制度

（1）帮助有易感染艾滋病病毒危险行为的人群改变行为。县级以上地方人民政府和政府有关部门应当依照《艾滋病防治条例》的规定，根据本行政区域艾滋病的流行情况，制定措施，鼓励和支持居民委员会、村民委员会以及其他有关组织和个人推广预防艾滋病的行为干预措施，帮助有易感染艾滋病病毒危险行为的人群改变行为。

（2）推广安全套。县级以上人民政府卫生、市场监督管理、药品监督管理、广播电视等部门应当组织推广使用安全套，建立和完善安全套供应网络。公共场所的经营者应当在公共场所内放置安全套或者设置安全套发售设施。

（3）公共场所的服务人员取得健康合格证明。公共场所的服务人员应当依照《公共场所卫生管理条例》的规定，定期进行相关健康检查，取得健康合格证明；经营者应当查验其健康合格证明，不得允许未取得健康合格证明的人员从事服务工作。

4. 采集或使用人体血液、血浆、组织、器官、细胞等行为的管理制度

采集或者使用人体组织、器官、细胞、骨髓等，应当进行艾滋病检测，但是，用于艾滋病防治科研、教学的除外。

血站、单采血浆站应当对采集的人体血液、血浆进行艾滋病检测；血液制品生产单位应当在原料血浆投料生产前对每一份血浆进行艾滋病检测；医疗机构应当对应急临时采集的血液进行艾滋病检测。

5. 艾滋病病人和病毒感染者的义务

艾滋病病人和病毒感染者应当接受疾病预防控制机构或者出入境检验检疫机构的流行病学调查和指导；将感染或者发病的事实及时告知与其有性关系者；就医时，将感染或者发病的事实如实告知接诊医生；采取必要的防护措施，防止感染他人。艾滋病病毒感染者和艾滋病病人不得以任何方式故意传播艾滋病。

（五）艾滋病治疗与救助制度

1. 医疗机构艾滋病治疗制度

（1）医疗机构应当为艾滋病病毒感染者和艾滋病病人提供艾滋病防治咨询、诊断和治疗服务。

（2）医疗机构不得因就诊的病人是艾滋病病毒感染者或者艾滋病病人，推诿或者拒绝对其其他疾病进行治疗。

（3）对确诊的艾滋病病毒感染者和艾滋病病人，医疗机构的工作人员应当将其感染或者发病的事实告知本人；本人为无行为能力人或者限制行为能力人的，应当告知其监护人。

（4）医疗卫生机构应当按照国务院卫生主管部门制定的《预防艾滋病母婴传播技术指导方案》的规定，对孕产妇提供艾滋病防治咨询和检测，对感染艾滋病病毒的孕产妇及其婴儿，提供预防艾滋病母婴传播的咨询、产前指导、阻断、治疗、产后访视、婴儿随访和检测等服务。

2. 艾滋病防治关怀、救助制度

县级以上人民政府应针对不同人群分别采取下列关怀、救助措施：（1）向农村艾滋病病人和城镇经济困难的艾滋病病人免费提供抗艾滋病病毒治疗药品；（2）对农村和城镇经济困难的艾滋病病毒感染者、艾滋病病人适当减免抗机会性感染治疗药品的费用；（3）向接受艾滋病咨询、检测的人员免费提供咨询和初筛检测；（4）向感染艾滋病病毒的孕产妇免费提供预防艾滋病母婴传播的治疗和咨询；（5）生活困难的艾滋病病人遗留的孤儿和感染艾滋病病毒的未成年人接受义务教育时，应当免收杂费、书本费，接受学前教育和高中阶段教育的，应当减免学费等相关费用；（6）对生活困难并符合社会救助条件的艾滋病病毒感染者、艾滋病病人及其家属给予生活救助；（7）创造条件，扶持有劳动能力的艾滋病病毒感染者和艾滋病病人，从事力所能及的生产和工作。

二、性病防治法律制度

性病是指以性接触为主要传播途径的疾病。2012 年 11 月 23 日，卫生部公布《性病防治管理办法》，自 2013 年 1 月 1 日起施行。纳入《性病防治管理办法》的性病包括以下三类：《传染病防治法》规定的乙类传染病中的梅毒和淋病；生殖道沙眼衣原体感染、尖锐湿疣、生殖器疱疹；卫生部根据疾病危害程度、流行情况等因素，确定需要管理的其他性病。

我国性病防治坚持预防为主、防治结合的方针，遵循依法防治、科学管理、分级负责、专业指导、部门合作、社会参与的原则。坚持性病防治工作与艾滋病防治工作相结合，将性病防治工作纳入各级艾滋病防治工作协调机制，整合防治资源，实行性病艾滋病综合防治。

（一）性病防治机构及其职责

1. 各级疾病预防控制机构

（1）中国疾病预防控制中心。中国疾病预防控制中心协助国务院卫生行政部门制定全国性病防治规划；指导全国性病防治工作，开展性病监测、疫情分析及管理、培训督导、防治效果评估等工作；组织制定和完善性病实验室检测等技术规范，开展性病实验室质量管理，定期开展性病诊断试剂临床应用质量评价。

（2）省级、设区的市和县级疾病预防控制机构。省级、设区的市和县级疾病预防控制机构组织有关机构和专家，协助同级卫生行政部门制定本行政区域性病防治计划，开展性病的监测、流行病学调查、疫情分析及管理、培训督导等工作；组织并指导下级疾病预防控制机构和社会组织开展性病防治宣传教育、有易感染性病危险行为的人群干预工作；组织开展本行政区域性病实验室质量管理。

2. 医疗机构

（1）根据性病诊断标准和技术规范对性病患者或者疑似病人进行诊断治疗，并按照规定报告疫情。

（2）开展性病防治知识宣传、健康教育、咨询和必要的干预。

（3）协助卫生行政部门开展性病诊疗业务培训。

（4）开展实验室检测质量控制。

（5）协助疾病预防控制机构开展性病疫情漏报调查和流行病学调查等工作。

（二）性病的诊断和治疗

1. 性病诊疗机构的条件

医疗机构开展性病诊疗业务应当取得与性传播疾病诊疗相关的诊疗科目，确定相应科室，并应当具备以下条件：具有相应的诊疗场所，包括诊室、治疗室和检验科等；具备性病诊断治疗、消毒灭菌所必需的设备、设施及药品等；具有依法取得执业资格并经性病诊疗培训考核合格的人员。

2. 性病诊疗规范

医疗机构及其医务人员对就诊者进行性病相关检查时，应当遵循用药、病历书写、传染病报告等执业规则。

开展性病诊疗业务的医疗机构，应当实行首诊医师负责制，建立门诊日志，对就诊者逐例登记，对有可能感染性病或者具有性病可疑症状、体征的就诊者应当及时进行相关性病检查，不得以任何理由推诿。医疗机构应当按照国家推荐方案及时为感染梅毒的孕产妇提供治疗，并为其婴幼儿提供必要的预防性治疗、随访、梅毒相关检测服务等。性病患者同时患有严重危及健康和生命的伴随疾病的，可以转诊至伴随疾病的专科诊治，并给予性病诊治支持。

不具备开展性病诊疗条件的医疗机构或者科室，在诊治、体检、筛查活动中发现疑似或者确诊的性病患者时，应当及时转诊至具备性病诊疗条件的医疗机构或者科室处置。患者同时患有严重危及健康和生命的伴随疾病的，可以安排在伴随疾病的专科继续诊治，开展性病诊疗业务的医疗机构或者科室应当给予性病诊治支持。

三、结核病防控法律制度

结核病特指肺结核，不包括肺外结核。1991 年 9 月，卫生部公布《结核病防治管理办法》，后于 2013 年 1 月进行修订。2017 年，国家卫生计生委会同教育部发布《学校结核病防控工作规范（2017 版）》，国务院印发《"十三五"全国结核病防治规划》。2020 年12 月，国家卫健委发布《中国学校结核病防控指南》。上述规定为我国结核病的防控提供了政策和法律依据。

我国结核病管理坚持预防为主、防治结合的方针，建立政府组织领导、部门各负其责、全社会共同参与的结核病防治机制；加强宣传教育，实行以及时发现患者、规范治疗管理和关怀救助为重点的防治策略。

（一）结核病防控机构及其职责

1. 卫生行政部门

国务院卫生行政部门组织制定全国结核病防治规划、技术规范和标准；统筹医疗卫生资源，建设和管理全国结核病防治服务体系；对全国结核病防治工作进行监督检查及评价。

县级以上地方卫生行政部门负责拟订本辖区内结核病防治规划并组织实施；组织协调辖区内结核病防治服务体系的建设和管理，指定结核病定点医疗机构；统筹规划辖区内结核病防治资源，对结核病防治服务体系给予必要的政策和经费支持；组织开展结核病防治工作的监督、检查和绩效评估。

2. 疾病预防控制机构

疾病预防控制机构协助卫生行政部门开展规划管理及评估工作；对结核病疫情进行监测并进行报告与调查处置；组织落实肺结核患者治疗期间的规范管理；组织开展对肺结核或者疑似肺结核患者及密切接触者的追踪、结核病高发和重点行业人群的防治、结核病防治培训、结核病防治健康教育工作；开展结核病实验室检测，对辖区内的结核病实验室进行质量控制以及防治应用性研究。

3. 结核病定点医疗机构

结核病定点医疗机构负责肺结核患者诊断治疗，落实治疗期间的随访检查，患者报告、登记和相关信息的录入；对肺结核患者的密切接触者进行检查；对患者及其家属进行健康教育。

4. 非结核病定点医疗机构

非结核病定点医疗机构指定内设职能科室和人员负责结核病疫情的报告；负责结核病患者和疑似患者的转诊工作；开展结核病防治健康教育和培训工作。

5. 基层医疗机构（乡镇卫生院、村卫生室和城市社区卫生服务机构）

基层医疗机构负责肺结核患者居家治疗期间的督导管理和转诊、追踪肺结核或者疑似肺结核患者及有可疑症状的密切接触者；对辖区内居民开展结核病防治知识宣传。

（二）结核病的预防

1. 宣传教育

医疗机构对就诊的肺结核患者及家属进行健康教育，宣传结核病防治政策和知识。基层医疗机构定期对辖区内居民进行健康教育和宣传。疾病预防控制机构对易患结核病重点人群和重点场所进行有针对性的健康教育和宣传工作。

2. 预防接种

承担预防接种工作的医疗机构按照预防接种工作规范的要求，提供预防接种服务。根据国家免疫规划对适龄儿童开展卡介苗预防接种工作。

3. 重点人群肺结核筛查

医疗机构在开展健康体检和预防性健康体检时，重点对下列人群做好肺结核筛查工作：从事结核病防治的医疗卫生人员；食品、药品、化妆品从业人员；《公共场所卫生管理条例》中规定的从业人员；各级各类学校、托幼机构的教职员工及学校入学新生；接触粉尘或者有害气体的人员；乳牛饲养业从业人员；其他易使肺结核扩散的人员。

4. 防止医源性感染

医疗机构应当落实各项结核病防治措施，结核病定点医疗机构应当重点采取以下感染预防与控制措施：结核病门诊、病房设置应当符合国家有关规定；严格执行环境卫生及消毒隔离制度，注意环境通风；对于被结核分枝杆菌污染的痰液等排泄物和污物、污水以及医疗废物，应当按照医疗废物管理的相关规定进行分类收集、暂存及处置；为肺结核可疑症状者或者肺结核患者采取必要的防护措施，避免交叉感染发生。

医务人员在工作中严格遵守个人防护的基本原则，接触传染性肺结核患者或者疑似肺结核患者时，应当采取必要的防护措施。

（三）肺结核患者的发现、报告与登记

医疗机构应当对肺结核可疑症状者及时进行检查，对发现的确诊和疑似肺结核患者应当按照《传染病防治法》规定进行报告，并将其转诊到患者居住地或者就诊医疗机构所在地的结核病定点医疗机构。

结核病定点医疗机构应当对肺结核患者进行诊断和登记管理，并对其中的传染性肺结核患者的密切接触者进行结核病筛查。

（四）肺结核患者的治疗与管理

1. 医疗机构

结核病定点医疗机构应当为肺结核患者制定合理的治疗方案，提供规范化的治疗服务。基层医疗卫生机构应当对居家治疗的肺结核患者进行定期访视、督导服药等管理。卫生行政部门指定的医疗机构应当按照有关工作规范对结核菌/艾滋病病毒双重感染患者进行抗结核和抗艾滋病病毒治疗、随访复查和管理。

2. 疾病预防控制机构

疾病预防控制机构应当及时掌握肺结核患者的相关信息，督促辖区内医疗机构落实肺结核患者的治疗和管理工作。

第七节　传染病防治监督、保障制度和法律责任

一、传染病防治监督主体及其职责

（一）监督管理主体

县级以上人民政府卫生行政部门对下级人民政府卫生行政部门、疾病预防控制机构、医疗机构、采供血机构、用于传染病防治的消毒产品及其生产单位、饮用水供水单位、公共场所和有关单位在传染病防治中的职责进行监督和管理，对传染病菌种、毒种和传染病检测样本的采集、保藏、携带、运输、使用进行监督检查。省级以上人民政府卫生行政部门负责组织对传染病防治重大事项的处理。

（二）监督管理职责

县级以上人民政府卫生行政部门在履行监督检查职责时，有权进入被检查单位和传染病疫情发生现场调查取证，查阅或者复制有关的资料和采集样本。被检查单位应当予以配合，不得拒绝、阻挠。监督检查时发现被传染病病原体污染的公共饮用水源、食品以及相关物品，如不及时采取控制措施可能导致传染病传播、流行的，可以采取封闭公共饮用水源、封存食品以及相关物品或者暂停销售的临时控制措施，并予以检验或者进行消毒。经检验，属于被污染的食品，应当予以销毁；对未被污染的食品或者经消毒后可以使用的物品，应当解除控制措施。

二、传染病防治保障措施

（一）经费保障

县级以上地方人民政府按照本级政府职责负责本行政区域内传染病预防、控制、监督工作的日常经费。省、自治区、直辖市人民政府根据本行政区域内传染病流行趋势，在国务院卫生行政部门确定的项目范围内，确定传染病预防、控制、监督等项目，并保障项目的实施经费。国家扶持贫困地区和少数民族地区的传染病防治工作，对患有特定传染病的困难人群实行医疗救助，减免医疗费用。中央财政对困难地区实施重大传染病防治项目给予补助。

（二）物资及相关人员待遇保障

县级以上人民政府负责储备防治传染病的药品、医疗器械和其他物资，以备调用。

对从事传染病预防、医疗、科研、教学、现场处理疫情的人员，以及在生产、工作中接触传染病病原体的其他人员，有关单位应当按照国家规定，采取有效的卫生防护措施和医疗保健措施，并给予适当的津贴。

三、传染病防治法律责任

（一）地方各级人民政府的法律责任

地方各级人民政府未依照法律规定履行报告职责，或者隐瞒、谎报、缓报传染病疫情，或者在传染病暴发、流行时，未及时组织救治、采取控制措施的，由上级人民政府责令改正，通报批评；造成传染病传播、流行或者其他严重后果的，对负有责任的主管人员，依法给予行政处分；构成犯罪的，依法追究刑事责任。

（二）人民政府相关职能部门的法律责任

1. 卫生行政部门的法律责任

县级以上人民政府卫生行政部门有下列情形之一的，由本级人民政府、上级人民政府卫生行政部门责令改正，通报批评；造成传染病传播、流行或者其他严重后果的，对负有责任的主管人员和其他直接责任人员，依法给予行政处分；构成犯罪的，依法追究刑事责任：（1）未依法履行传染病疫情通报、报告或者公布职责，或者隐瞒、谎报、缓报传染病疫情；（2）发生或者可能发生传染病传播时未及时采取预防、控制措施；（3）未依法履行监督检查职责，或者发现违法行为不及时查处；（4）未及时调查、处理单位和个人对下级卫生行政部门不履行传染病防治职责的举报；（5）违反本法的其他失职、渎职行为。

2. 疾病预防控制机构的法律责任

疾病预防控制机构有下列情形之一的，由县级以上人民政府卫生行政部门责令限期改正，通报批评，给予警告；对负有责任的主管人员和其他直接责任人员，依法给予降级、撤职、开除的处分，并可以依法吊销有关责任人员的执业证书；构成犯罪的，依法追究刑事责任：

（1）未依法履行传染病监测职责；（2）未依法履行传染病疫情报告、通报职责，或者隐瞒、谎报、缓报传染病疫情；（3）未主动收集传染病疫情信息，或者对传染病疫情信息和疫情报告未及时进行分析、调查、核实；（4）发现传染病疫情时，未依据职责及时采取本法规定的措施；（5）故意泄露传染病病人、病原携带者、疑似传染病病人、密切接触者涉及个人隐私的有关信息、资料。

3. 采供血机构的法律责任

采供血机构未按照规定报告传染病疫情，或者隐瞒、谎报、缓报传染病疫情，或者未执行国家有关规定，导致因输入血液引起经血液传播疾病发生的，由县级以上人民政府卫生行政部门责令改正，通报批评，给予警告；造成传染病传播、流行或者其他严重后果的，对负有责任的主管人员和其他直接责任人员，依法给予降级、撤职、开除的处分，并可以依法吊销采供血机构的执业许可证；构成犯罪的，依法追究刑事责任。

非法采集血液或者组织他人出卖血液的，由县级以上人民政府卫生行政部门予以取缔，没收违法所得，可以并处 10 万元以下的罚款；构成犯罪的，依法追究刑事责任。

4. 国境卫生检疫机关、动物防疫机构的法律责任

国境卫生检疫机关、动物防疫机构未依法履行传染病疫情通报职责的，由有关部门在各自职责范围内责令改正，通报批评；造成传染病传播、流行或者其他严重后果的，对负有责任的主管人员和其他直接责任人员，依法给予降级、撤职、开除的处分；构成犯罪的，依法追究刑事责任。

5. 交通运输经营单位的法律责任

铁路、交通、民用航空经营单位未依照《传染病防治法》的规定优先运送处理传染病疫情的人员以及防治传染病的药品和医疗器械的，由有关部门责令限期改正，给予警告；造成严重后果的，对负有责任的主管人员和其他直接责任人员，依法给予降级、撤职、开除的处分。

（三）医疗机构的法律责任

医疗机构有下列情形之一的，由县级以上人民政府卫生行政部门责令改正，通报批评，给予警告；造成传染病传播、流行或者其他严重后果的，对负有责任的主管人员和其他直接责任人员，依法给予降级、撤职、开除的处分，并可以依法吊销有关责任人员的执业证书；构成犯罪的，依法追究刑事责任：

（1）未按照规定承担本单位的传染病预防、控制工作、医院感染控制任务和责任区域内的传染病预防工作；（2）未按照规定报告传染病疫情，或者隐瞒、谎报、缓报传染病疫情；（3）发现传染病疫情时，未按照规定对传染病病人、疑似传染病病人提供医疗救护、现场救援、接诊、转诊的，或者拒绝接受转诊；（4）未按照规定对本单位内被传染病病原体污染的场所、物品以及医疗废物实施消毒或者无害化处置；（5）未按照规定对医疗器械进行消毒，或者对按照规定一次使用的医疗器具未予销毁，再次使用；（6）在医疗救治过程中未按照规定保管医学记录资料；（7）故意泄露传染病病人、病原携带者、疑似传染病病人、密切接触者涉及个人隐私的有关信息、资料。

（四）其他特定主体的法律责任

有下列情形之一，导致或者可能导致传染病传播、流行的，由县级以上人民政府卫生行政部门责令限期改正，没收违法所得，可以并处 5 万元以下的罚款；已取得许可证的，原发证部门可以依法暂扣或者吊销许可证；构成犯罪的，依法追究刑事责任：（1）饮用水供水单位供应的饮用水不符合国家卫生标准和卫生规范；（2）涉及饮用水卫生安全的产品不符合国家卫生标准和卫生规范；（3）用于传染病防治的消毒产品不符合国家卫生标准和卫生规范；（4）出售、运输疫区中被传染病病原体污染或者可能被传染病病原体污染的物品，未进行消毒处理；（5）生物制品生产单位生产的血液制品不符合国家质量标准。

有下列情形之一的，由县级以上地方人民政府卫生行政部门责令改正，通报批评，给予警告，已取得许可证的，可以依法暂扣或者吊销许可证；造成传染病传播、流行以及其他严重后果的，对负有责任的主管人员和其他直接责任人员，依法给予降级、撤职、开除的处分，并可以依法吊销有关责任人员的执业证书；构成犯罪的，依法追究刑事责任：（1）疾病预防控制机构、医疗机构和从事病原微生物实验的单位，不符合国家规定的条件

和技术标准，对传染病病原体样本未按照规定进行严格管理，造成实验室感染和病原微生物扩散；（2）违反国家有关规定，采集、保藏、携带、运输和使用传染病菌种、毒种和传染病检测样本；（3）疾病预防控制机构、医疗机构未执行国家有关规定，导致因输入血液、使用血液制品引起经血液传播疾病发生。

未经检疫出售、运输与人畜共患传染病有关的野生动物、家畜家禽的，由县级以上地方人民政府畜牧兽医行政部门责令停止违法行为，并依法给予行政处罚。

在国家确认的自然疫源地兴建水利、交通、旅游、能源等大型建设项目，未经卫生调查进行施工的，或者未按照疾病预防控制机构的意见采取必要的传染病预防、控制措施的，由县级以上人民政府卫生行政部门责令限期改正，给予警告，处 5000 元以上 3 万元以下的罚款；逾期不改正的，处 3 万元以上 10 万元以下的罚款，并可以提请有关人民政府依据职责权限，责令停建、关闭。

单位和个人违反《传染病防治法》的规定，导致传染病传播、流行，给他人人身、财产造成损害的，应当依法承担民事责任。

【练习题】

一、选择题

1.（2021 年）在乙类传染病中，按甲类传染病方式进行管理的传染病是（　　）。
   A. 登革热　　　　　　　　　　　　B. 布鲁菌病
   C. 人感染高致病性禽流感　　　　　D. 伤寒和副伤寒
   E. 肺炭疽

2.（2019 年）某医疗机构发现 1 例鼠疫患者，其病情特殊，传染性明显高于以往，医师怀疑发生菌株变异，计划将该菌株送往上级实验室进一步研究。关于该菌株的运输说法正确的是（　　）。
   A. 经省级卫生行政部门批准后方可运输
   B. 在疾病预防控制机构指导下由医疗机构送往上级实验室
   C. 由医疗机构和上级实验室共同委托第三方运输
   D. 由医疗机构直接送往上级实验室
   E. 由上级实验室自行来采取

3.（2018 年）一般情况下法定传染病责任报告人不包括（　　）。
   A. 疾病预防控制机构的医师　　　　B. 出入境检验检疫工作人员
   C. 体检中心的医师　　　　　　　　D. 医疗机构的就诊者
   E. 血站的护士

4.（2018 年）业务员纪某因身体不适去医院就诊，被初步诊断为疑似传染性非典型肺炎，并被实施单独隔离治疗。2 天后，纪某厌倦了被隔离治疗的状态，要求出院；医院反复劝说，不予批准。纪某于当晚溜出医院并回家；医院发现纪某失踪后立即向有关部门报告。家人得知纪某情况后动员其尽快返回医院接受隔离治疗，被纪某拒绝。根据《传染病防治法》，有权协助医疗机构对纪某采取强制隔离治疗措施的是（ ）。

A. 卫生监督机构   B. 卫生行政部门

C. 街道办事处   D. 疾病预防控制机构

E. 公安机关

5. （2016 年）医疗机构为预防传染病院内传播应承担的职责是（ ）。

A. 实施传染病预防控制规划   B. 收集和分析传染病疫情信息

C. 对传染病预防工作进行指导   D. 流行病学调查

E. 医疗废物处置

二、简答题

1. 疾病预防控制机构在传染病监测中的职责是什么？

2. 传染病疫情报告责任人有哪些？

3. 医疗机构发现甲类传染病时，应当采取哪些控制措施？

4. 传染病暴发、流行时，县级以上人民政府可以采取哪些紧急措施？

练习题参考答案

第七章
突发公共卫生事件应急法律制度

【本章重点】

1. 突发公共卫生事件的概念、范围、分级
2. 突发公共卫生事件应急组织体系的设置
3. 突发公共卫生事件的预警与报告制度
4. 应急报告的责任单位和责任人及报告内容、时限
5. 有关部门可以采取的应急处理措施
6. 医疗机构在应急处理中的职责及法律责任

大连市 J 区应对突发公共卫生事件的过程

2012 年 11 月 19 日 12 时 15 分，大连市 J 区疾病预防控制中心接到 D 公司报告，该公司从 2012 年 11 月 16 日至 2012 年 11 月 19 日发生急性结膜炎病例百余例。经大连市疾病预防控制专家和眼科专家核实确定，共发生 363 例急性结膜炎病例。专家组评估认为此事件尚未找到确切原因和传播途径，存在进一步扩散的危险。按照《大连市突发公共卫生事件应急预案》的规定，已构成突发公共卫生事件Ⅳ级（一般级别）事件。因此，J 区卫生行政部门报请 J 区人民政府启动《J区突发公共卫生事件应急预案》Ⅳ级（一般级别）响应，J 区人民政府立即同意。后经调查分析，认定此次疫情为腺病毒 56 型引起的流行性角结膜炎突发公共卫生事件。该事件无住院病例、重症病例和死亡病例，且均已痊愈。末位病例经过该病 2 个平均潜伏期，无新发病例报告。J 区卫生行政部门综合了市、区有关专家综合评估意见，向同级人民政府和大连市卫生局请示后，确认此次突发公共卫生事件已处理完毕，于 2013 年 1 月 9 日结案。[1]

思考：

1. 什么是突发公共卫生事件？其有何特点？

2. 结合案例，分析突发公共卫生事件应急管理主要包括哪些内容？

案例解析

---

[1] 刘晓辉等：《腺病毒 56 型引起大连市某区流行性角膜炎暴发事件调查》，载《疾病监测与控制》2014 年第 2 期。

第一节 突发公共卫生事件应急法律制度概述

一、突发公共卫生事件的概念和特点

（一）突发公共卫生事件的概念

突发公共卫生事件，是指突然发生，造成或者可能造成社会公众健康严重损害的重大传染病疫情、群体性不明原因疾病、重大食物和职业中毒以及其他严重影响公众健康的事件。

重大传染病疫情是指某种传染病在短时间内发生，波及范围广泛，出现大量的病人或死亡病例，其发病率远远超过常年的发病水平的情形。例如，公元前 430 年—公元前 427 年的雅典大瘟疫、1346 年—1353 年蔓延欧洲的黑死病、1918 年—1920 年的西班牙大流感等。

群体性不明原因疾病是指一定时间内（通常是指 2 周内），在某个相对集中的区域（如同一个医疗机构、自然村、社区、建筑工地、学校等集体单位）内同时或者相继出现 3 例及以上相同临床表现，经县级及以上医院组织专家会诊，不能诊断或解释病因，有重症病例或死亡病例发生的疾病。群体性不明原因疾病具有临床表现相似性、发病人群聚集性、流行病学关联性、健康损害严重性的特点。这类疾病可能是由传染病（包括新发传染病）、中毒或者其他未知因素引起的疾病。

重大食物和职业中毒是指由食品污染和职业危害引起的人数众多或者伤亡较重的中毒事件。

除上述以外，其他突然发生的，造成或者可能造成社会公众健康严重损害，严重影响正常社会秩序的事件也属于突发公共卫生事件。

（二）突发公共卫生事件的特征

突发公共卫生事件与一般社会事件相比，具有突发性、公共性和严重社会危害性的特征。

1. 突发性

此类事件的发生往往突如其来、不易预测甚至不可预测。当然这不排除可能出现的事前征兆，因此也存在预警的可能性。但是这类事件由于发生突然，很难准确、及时识别，往往缺乏有效的应对措施，因此可能造成重大的社会危害。

2. 公共性

此类事件发生在公共卫生领域，它针对不特定的人群，严重影响社会公众的整体生活和共同利益，严重威胁特定区域内公民的人身健康安全，容易引发社会恐慌，加剧破坏性。

3. 严重社会危害性

此类事件具有现实危害性或者危害性威胁，可能或已经影响人们正常的生产生活秩序，给人们的生命财产带来巨大损失。故在依法防治中，应当科学划分突发公共卫生事件等级，构建完备的应急预警系统和监测机制。

二、突发公共卫生事件的分级

根据突发公共卫生事件的性质、危害程度、涉及范围等因素，《国家突发公共卫生事件应急预案》及《突发公共卫生事件分级标准》将突发公共卫生事件划分为特别重大（Ⅰ级）、重大（Ⅱ级）、较大（Ⅲ级）和一般（Ⅳ级）四级。

特别重大突发公共卫生事件（Ⅰ级）主要包括：（1）肺鼠疫、肺炭疽在大、中城市发生并有扩散趋势，或肺鼠疫、肺炭疽疫情波及2个以上的省份，并有进一步扩散趋势。（2）发生传染性非典型肺炎、人感染高致病性禽流感病例，并有扩散趋势。（3）涉及多个省份的群体性不明原因疾病，并有扩散趋势。（4）发生新传染病或我国尚未发现的传染病发生或传入，并有扩散趋势，或发现我国已消灭的传染病重新流行。（5）发生烈性病菌株、毒株、致病因子等丢失事件。（6）周边以及与我国通航的国家和地区发生特大传染病疫情，并出现输入性病例，严重危及我国公共卫生安全的事件。（7）国务院卫生行政部门认定的其他特别重大突发公共卫生事件。

重大突发公共卫生事件（Ⅱ级）主要包括：（1）在一个县（市）行政区域内，一个平均潜伏期内（6天）发生5例以上肺鼠疫、肺炭疽病例，或者相关联的疫情波及2个以上的县（市）。（2）发生传染性非典型肺炎、人感染高致病性禽流感疑似病例。（3）腺鼠疫发生流行，在一个市（地）行政区域内，一个平均潜伏期内多点连续发病20例以上，或流行范围波及2个以上市（地）。（4）霍乱在一个市（地）行政区域内流行，1周内发病30例以上，或波及2个以上市（地），有扩散趋势。（5）乙类、丙类传染病波及2个以上县（市），1周内发病水平超过前5年同期平均发病水平2倍以上。（6）我国尚未发现的传染病发生或传入，尚未造成扩散。（7）发生群体性不明原因疾病，扩散到县（市）以外的地区。（8）发生重大医源性感染事件。（9）预防接种或群体性预防性服药出现人员死亡。（10）一次食物中毒人数超过100人并出现死亡病例，或出现10例以上死亡病例。（11）一次发生急性职业中毒50人以上，或死亡5人以上。（12）境内外隐匿运输、邮寄烈性生物病原体、生物毒素造成我境内人员感染或死亡的。（13）省级以上人民政府卫生行政部门认定的其他重大突发公共卫生事件。

较大突发公共卫生事件（Ⅲ级）主要包括：（1）发生肺鼠疫、肺炭疽病例，一个平均潜伏期内病例数未超过5例，流行范围在一个县（市）行政区域以内。（2）腺鼠疫发生流行，在一个县（市）行政区域内，一个平均潜伏期内连续发病10例以上，或波及2个以上县（市）。（3）霍乱在一个县（市）行政区域内发生，1周内发病10—29例或波及2个以上县（市），或市（地）级以上城市的市区首次发生。（4）一周内在一个县（市）行政区域内，乙、丙类传染病发病水平超过前5年同期平均发病水平1倍以上。（5）在一个县（市）行政区域内发现群体性不明原因疾病。（6）一次食物中毒人数超过100人，或出现死亡病例。（7）预防接种或群体性预防性服药出现群体心因性反应或不良反应。（8）一次发生急性职业中毒10—49人，或死亡4人以下。（9）市（地）级以上人民政府卫生行政部门认定的其他较大突发公共卫生事件。

一般突发公共卫生事件（Ⅳ级）主要包括：（1）腺鼠疫在一个县（市）行政区域内发生，一个平均潜伏期内病例数未超过 10 例。（2）霍乱在一个县（市）行政区域内发生，1 周内发病 9 例以下。（3）一次食物中毒人数 30—99 人，未出现死亡病例。（4）一次发生急性职业中毒 9 人以下，未出现死亡病例。（5）县级以上人民政府卫生行政部门认定的其他一般突发公共卫生事件。

三、我国突发公共卫生事件应急处理立法

为了有效预防、及时控制和消除突发公共卫生事件的危害，保障公众身体健康与生命安全，维护正常的社会秩序，2003 年 5 月 9 日，国务院发布了《突发公共卫生事件应急条例》。该条例的出台，意味着我国突发公共卫生事件应急处置相关工作踏入法治化阶段，从法律的角度进一步确立了应对突发公共卫生事件的快速处置机制，强化了相应责任，提高了处置突发公共卫生事件的反应能力。此后，卫生部制定了《传染性非典型肺炎防治管理办法》《突发公共卫生事件与传染病疫情监测信息报告管理办法》《国家救灾防病与突发公共卫生事件信息报告管理规范》等规章，对突发公共卫生事件信息报告要求、诊断标准和处理原则作出了明确规定。

2007 年 8 月 30 日，全国人大常委会通过了《突发事件应对法》，对包括公共卫生事件、自然灾害和社会安全事件等在内的突发事件的处理统一作出规定。该法进一步明确了突发事件的防范与应急筹备、监控与预警、应急处置与施救、后续解决与重新建设等问题。2011 年 1 月 8 日，国务院对《突发公共卫生事件应急条例》进行修订。2013 年 10 月 25 日，依据《突发事件应对法》等法律、行政法规，国务院颁布了《突发事件应急预案管理办法》。2017 年 6 月 9 日，国家卫计委发布了《突发事件卫生应急预案管理办法》。

总体来看，我国目前已经构建了以《突发公共卫生事件应急条例》和《突发事件应对法》为核心，多部部门规章组成的较为完备的突发公共卫生事件应急处理立法体系。

四、我国突发公共卫生事件应急处理的方针与基本原则

《突发公共卫生事件应急条例》第 5 条规定："突发事件应急工作，应当遵循预防为主、常备不懈的方针，贯彻统一领导、分级负责、反应及时、措施果断、依靠科学、加强合作的原则。"

（一）突发公共卫生事件应急处理方针

"预防为主、常备不懈"是突发公共卫生事件应急处理的基本方针。"预防为主"是我国卫生工作的基本原则，它要求把公共卫生工作的重心放在预防上，从源头上控制、预防和减少突发公共卫生事件的发生。"常备不懈"意味着对突发公共卫生事件的防范，必须时刻警惕，常抓不懈。

"预防为主、常备不懈"是我国处理突发公共卫生事件成功经验的总结。国家建立重大突发公共卫生事件风险评估体系，对可能发生的突发公共卫生事件进行综合评估，减少

重大突发公共卫生事件的发生，最大限度地减轻重大突发公共卫生事件的影响。国家建立有效的社会动员机制，增强全民的公共卫生安全和防范风险的意识，提高全社会的避险救助能力。

（二）我国突发公共卫生事件应急处理的基本原则

1. 统一领导、分级负责原则

统一领导、分级负责原则要求对突发公共卫生事件的应急处理必须有统一的意志、统一的目标、统一的行为规范，根据突发公共卫生事件的级别和性质分级负责。全国性的和跨省的突发公共卫生事件应急处理工作由中央负责，国务院设立全国突发事件应急处理指挥部统一领导和指挥；地方突发公共卫生事件，由突发事件发生地的省级人民政府设立地方突发事件应急处理指挥部统一领导和指挥。各有关部门都要在突发事件应急处理指挥部的领导下，按照应急预案规定的工作方案以及应急处理指挥部根据突发事件的具体情况作出的部署，依照《突发公共卫生事件应急条例》的规定，开展各项与本部门有关的应急工作。

2. 反应及时、措施果断原则

反应及时、措施果断原则要求在发生突发公共卫生事件后，有关人民政府及其卫生行政主管部门按照相关法律、法规和规章的规定，及时、快速反应，立即了解情况，组织调查，采取必要的控制措施，有效开展报告和处理工作。

3. 依靠科学、加强合作原则

处理突发公共卫生事件要尊重科学规律，依靠科学技术，积极开展防范和处理突发公共卫生事件的科研和培训工作。各级人民政府、卫生行政主管部门和其他有关部门应通力合作、资源共享，有效应对突发公共卫生事件。同时，要广泛组织、动员公众参与突发公共卫生事件的应急处理，普及和宣传突发公共卫生事件应急处理知识，增强公众预防突发公共卫生事件的自觉性。

第二节　突发公共卫生事件应急预防与应急准备

社会公平、社会善治和有效的应急管理是建设和谐社会的三大基石。[①] 目前来看，突发公共卫生事件不能完全避免，也不能完全准确预测，但可以预防，科学的预防措施与充足的应急准备可以最大限度减轻突发公共卫生事件造成的影响与损失。

一、突发公共卫生事件应急预案

突发公共卫生事件应急预案是法定主体经法定程序制定的处理突发公共卫生事件的

---

① 张爱龙：《和谐社会的三大基础：公平、善治与有效的应急管理》，载《湖南农业大学学报（社会科学版）》2007年第 3 期。

事先方案。《突发事件应对法》规定，国家建立健全突发事件应急预案体系。《突发公共卫生事件应急条例》明确，国务院卫生行政主管部门按照分类指导、快速反应的要求，制定全国突发公共卫生事件应急预案，报请国务院批准。省、自治区、直辖市人民政府根据全国突发事件应急预案，结合本地实际情况，制定本行政区域的突发事件应急预案。

（一）突发公共卫生事件应急预案的制定

突发公共卫生事件应急预案分为全国突发公共卫生事件应急预案和省、自治区、直辖市突发公共卫生事件应急预案。

国家卫生行政主管部门负责制定全国突发公共卫生事件应急预案。根据分类指导的原则，针对不同性质的突发公共卫生事件分别制定不同的应急预案，报请国务院批准后实施。例如，2006年，国家编制了4项公共卫生类突发公共事件专项应急预案，即《国家突发公共卫生事件应急预案》《国家突发公共事件医疗卫生救援应急预案》《国家突发重大动物疫情应急预案》《国家重大食品安全事故应急预案》。

省、自治区、直辖市人民政府根据全国突发公共卫生事件应急预案，结合本地实际情况，制定本行政区域的突发公共卫生事件应急预案。各地要将全国突发公共卫生事件应急预案融入本地区的突发公共卫生事件应急预案中去。同时也要结合本地实际情况，根据自身特点，制定适合本地实际情况的突发公共卫生事件应急预案。

（二）突发公共卫生事件应急预案的内容

根据《突发公共卫生事件应急条例》的规定，全国突发事件应急预案应当包括以下主要内容：（1）突发事件应急处理指挥部的组成和相关部门的职责；（2）突发事件的监测与预警；（3）突发事件信息的收集、分析、报告、通报制度；（4）突发事件应急处理技术和监测机构及其任务；（5）突发事件的分级和应急处理工作方案；（6）突发事件预防、现场控制，应急设施、设备、救治药品和医疗器械以及其他物资和技术的储备与调度；（7）突发事件应急处理专业队伍的建设和培训。突发事件应急预案应当根据突发事件的变化和实施中发现的问题及时进行修订、补充。

二、突发公共卫生事件的监测与预警

《突发公共卫生事件应急条例》规定，县级以上地方人民政府建立和完善突发事件监测与预警系统。县级以上各级人民政府卫生行政主管部门应当指定机构负责开展突发事件的日常监测，并确保监测与预警系统的正常运行。

（一）突发公共卫生事件的监测

各级医疗、疾病预防控制、卫生监督和出入境检疫机构负责开展突发公共卫生事件的日常监测工作。省级人民政府卫生行政部门要按照国家统一规定和要求，结合实际，组织开展重点传染病和突发公共卫生事件的主动监测。

（二）突发公共卫生事件的预警

针对重大传染病、食物中毒和职业中毒等突发公共卫生事件发生的特点和季节性特征，国务院卫生行政部门和各省、自治区、直辖市卫生行政部门应及时进行分析和预测，必要时可向社会发布传染病疫情、食品安全和职业安全的预警信息，宣传普及传染病防控和预防食物中毒、职业中毒的知识，增强群众的防病意识，提高群众自我防护能力，保障群众的健康安全。

公共卫生事件的预警级别，按照突发事件发生的紧急程度、发展势态和可能造成的危害程度分为一级、二级、三级和四级，分别用红色、橙色、黄色和蓝色标示，一级为最高级别。

（三）突发公共卫生事件应急储备

《突发公共卫生事件应急条例》第 16 条规定，国务院有关部门和县级以上地方人民政府及其有关部门，应当根据突发事件应急预案的要求，保证应急设施、设备、救治药品和医疗器械等物资储备。因此，各级人民政府和有关部门应当承担物资保障的职责，例如，综合计划部门要做好应急物资的储备计划，财政部门要将储备经费的支出列入政府财政预算，药品管理部门要储备应急必需药品和医疗器械，交通部门安排好应急物资的运输，等等。

（四）急救医疗服务网络建设

县级以上各级人民政府应当加强急救医疗服务网络的建设，配备相应的医疗救治药物、技术、设备和人员，提高医疗卫生机构应对各类突发事件的救治能力。设区的市级以上地方人民政府应当设置与传染病防治工作需要相适应的传染病专科医院，或者指定具备传染病防治条件和能力的医疗机构承担传染病防治任务。

县级以上地方人民政府卫生行政主管部门，应当定期对医疗卫生机构和人员开展突发事件应急处理相关知识、技能的培训，定期组织医疗卫生机构进行突发事件应急演练，推广最新知识和先进技术。

第三节　突发公共卫生事件应急报告与信息发布

一、突发公共卫生事件应急报告

国家建立突发事件应急报告制度。国务院卫生行政主管部门制定突发事件应急报告规范，建立重大、紧急疫情信息报告系统。

（一）报告主体

根据《国家突发公共卫生事件应急预案》的规定，任何单位和个人都有权向国务院卫生行政部门和地方各级人民政府及其有关部门报告突发公共卫生事件及其隐患，也有权向上级政府部门举报不履行或者不按照规定履行突发公共卫生事件应急处理职责的部门、单位及个人。《突发公共卫生事件应急条例》明确规定了突发公共卫生事件的责任报告单位和责任报告人，任何单位和个人不得隐瞒、缓报、谎报或者授意他人隐瞒、缓报、谎报突发公共卫生事件。

1. 责任报告单位

县级以上各级人民政府卫生行政部门指定的突发公共卫生事件监测机构、各级各类医疗卫生机构、卫生行政部门、县级以上地方人民政府和检验检疫机构、食品安全监督管理机构、药品监督管理机构、环境保护监测机构、教育机构等有关单位为突发公共卫生事件的责任报告单位。突发公共卫生事件责任报告单位要按照有关规定及时、准确地报告突发公共卫生事件及其处置情况。

2. 责任报告人

执行职务的各级各类医疗卫生机构的医疗卫生人员、个体开业医生为突发公共卫生事件的责任报告人。

（二）报告内容及时限

《突发公共卫生事件应急条例》规定，有下列情形之一的，省、自治区、直辖市人民政府应当在接到报告 1 小时内，向国务院卫生行政部门报告：（1）发生或者可能发生传染病暴发、流行；（2）发生或者发现不明原因的群体性疾病；（3）发生传染病菌种、毒种丢失；（4）发生或者可能发生重大食物和职业中毒事件。国务院卫生行政主管部门对可能造成重大社会影响的突发事件，应当立即向国务院报告。

突发公共卫生事件监测机构、医疗卫生机构和有关单位发现上述需要报告情形之一的，应当在 2 小时内向所在地县级人民政府卫生行政部门报告；接到报告的卫生行政部门应当在 2 小时内向本级人民政府报告，并同时向上级人民政府卫生行政部门和国务院卫生行政部门报告。县级人民政府应当在接到报告后 2 小时内向设区的市级人民政府或者上一级人民政府报告；设区的市级人民政府应当在接到报告后 2 小时内向省、自治区、直辖市人民政府报告。

接到报告的地方人民政府、卫生行政部门在依照规定报告的同时，应当立即组织力量对报告事项调查核实、确证，采取必要的控制措施，并及时报告调查情况。

二、突发公共卫生事件信息通报和发布

（一）突发公共卫生事件信息通报

国务院卫生行政主管部门应当根据发生突发公共卫生事件的情况，及时向国务院有关部门和各省、自治区、直辖市人民政府卫生行政主管部门以及军队有关部门通报。突发公共卫生事件发生地的省、自治区、直辖市人民政府卫生行政主管部门，应当及时向毗邻省、自治区、直辖市人民政府卫生行政主管部门通报。接到通报的省、自治区、直辖市人民政府卫生行政主管部门，必要时应当及时通知本行政区域内的医疗卫生机构。县级以上地方人民政府有关部门，已经发生或者发现可能引起突发公共卫生事件的情形时，应当及时向同级人民政府卫生行政主管部门通报。

（二）突发公共卫生事件信息发布

国家建立突发公共卫生事件的信息发布制度。国务院卫生行政主管部门负责向社会发布突发公共卫生事件的信息。必要时，可以授权省、自治区、直辖市人民政府卫生行政主管部门向社会发布本行政区域内突发公共卫生事件的信息。信息发布应当及时、准确、全面。

第四节 突发公共卫生事件应急处理

一、突发公共卫生事件应急预案的启动

突发公共卫生事件发生后，卫生行政主管部门应当组织专家对突发事件进行综合评估，初步判断突发事件的类型，提出是否启动突发事件应急预案的建议。在全国范围内或者跨省、自治区、直辖市范围内启动全国突发公共卫生事件应急预案，由国务院卫生行政主管部门报国务院批准后实施。省、自治区、直辖市启动突发公共卫生事件应急预案，由省、自治区、直辖市人民政府决定，并向国务院报告。

应急预案启动后，突发公共卫生事件发生地的人民政府有关部门，应当根据预案规定的职责要求，服从指挥部的统一指挥，立即到达规定岗位，采取有关的控制措施。医疗卫生机构、监测机构和科学研究机构，应当服从突发公共卫生事件应急处理指挥部的统一指挥，相互配合、协作，集中力量开展相关的科学研究工作。

二、突发公共卫生事件应急反应措施

（一）各级人民政府应急反应措施

突发公共卫生事件发生后，各级人民政府应组织协调有关部门参与突发公共卫生事件的处理。根据突发公共卫生事件处理需要，调集本行政区域内各类人员、物资、交通工具和相关设施、设备参加应急处理工作。涉及危险化学品管理和运输安全的，有关部门要严格执行相关规定，防止事故发生。

1. 划定控制区域

甲类、乙类传染病暴发、流行时，县级以上地方人民政府报经上一级地方人民政府决定，可以宣布疫区范围；经省、自治区、直辖市人民政府决定，可以对本行政区域内甲类传染病疫区实施封锁；封锁大、中城市的疫区或者封锁跨省（区、市）的疫区，以及封锁疫区导致中断干线交通或者封锁国境的，由国务院决定。对重大食物中毒和职业中毒事故，根据污染食品扩散和职业危害因素波及的范围，划定控制区域。

2. 进行疫情控制

当地人民政府可以在本行政区域内采取限制或者停止集市、集会、影剧院演出，以及其他人群聚集的活动；停工、停业、停课；封闭或者封存被传染病病原体污染的公共饮用水源、食品以及相关物品等紧急措施；临时征用房屋、交通工具以及相关设施和设备。

3. 流动人口管理

对流动人口采取预防工作，落实控制措施，对传染病病人、疑似病人采取就地隔离、

就地观察、就地治疗的措施，对密切接触者根据情况采取集中或居家医学观察。

4. 实施交通卫生检疫

组织铁路、交通、民航、质检等部门在交通站点和出入境口岸设置临时交通卫生检疫站，对出入境、进出疫区和运行中的交通工具及其乘运人员和物资、宿主动物进行检疫查验，对病人、疑似病人及其密切接触者实施临时隔离、留验和向地方卫生行政部门指定的机构移交。

5. 做好信息发布

突发公共卫生事件发生后，有关部门要按照有关规定作好信息发布工作，信息发布要及时主动、准确把握，实事求是，正确引导舆论，注重社会效果。

6. 开展群防群治

街道、乡（镇）以及居委会、村委会协助卫生行政部门和其他部门、医疗机构，做好疫情信息的收集、报告、人员分散隔离及公共卫生措施的实施工作。

7. 维护社会稳定

组织有关部门保障商品供应，平抑物价，防止哄抢；严厉打击造谣传谣、哄抬物价、囤积居奇、制假售假等违法犯罪和扰乱社会治安的行为。

（二）卫生行政部门应急反应措施

突发公共卫生事件发生后，卫生行政主管部门应采取以下应急反应措施：

（1）组织医疗机构、疾病预防控制机构和卫生监督机构开展突发公共卫生事件的调查与处理。（2）组织突发公共卫生事件专家咨询委员会对突发公共卫生事件进行评估，提出启动突发公共卫生事件应急处理的级别。（3）根据需要组织开展应急疫苗接种、预防服药。（4）国务院卫生行政部门组织对全国或重点地区的突发公共卫生事件应急处理工作进行督导和检查。省、市（地）级以及县级卫生行政部门负责对本行政区域内的应急处理工作进行督察和指导。（5）国务院卫生行政部门或经授权的省、自治区、直辖市人民政府卫生行政部门及时向社会发布突发公共卫生事件的信息或公告。国务院卫生行政部门及时向国务院各有关部门和各省、自治区、直辖市卫生行政部门以及军队有关部门通报突发公共卫生事件情况。对涉及跨境的疫情线索，由国务院卫生行政部门向有关国家和地区通报情况。（6）国务院卫生行政部门对新发现的突发传染病、不明原因的群体性疾病、重大中毒事件，组织力量制定技术标准和规范，及时组织全国培训。地方各级卫生行政部门开展相应的培训工作。（7）针对事件性质，有针对性地开展卫生知识宣教，提高公众健康意识和自我防护能力，消除公众心理障碍，开展心理危机干预工作。（8）组织专家对突发公共卫生事件的处理情况进行综合评估，包括事件概况、现场调查处理概况、病人救治情况、所采取的措施、效果评价等。

（三）医疗机构应急反应措施

突发公共卫生事件发生后，医疗机构应开展病人接诊、收治和转运工作，实行重症和普通病人分开管理，对疑似病人及时排除或确诊。协助疾控机构人员开展标本的采集、流行病学调查工作。做好医院内现场控制、消毒隔离、个人防护、医疗垃圾和污水处理工作，防止院内交叉感染和污染。做好传染病和中毒病人的报告。对因突发公共卫生事件而引起身体伤害的病人，任何医疗机构不得拒绝接诊。对群体性不明原因疾病和新发传染病做好病例分析与总结，积累诊断治疗的经验。重大中毒事件，按照现场救援、病人转运、后续治疗相结合的原则进行处置。开展与突发事件相关的诊断试剂、药品、防护用品等方面的研究。开展国际合作，加快病源查寻和病因诊断。

（四）疾病预防控制机构应急反应措施

突发公共卫生事件发生后，疾病预防控制机构应采取以下应急反应措施：

1. 突发公共卫生事件信息报告

国家、省、市（地）、县级疾病预防控制机构做好突发公共卫生事件的信息收集、报告与分析工作。

2. 开展流行病学调查

疾病预防控制机构人员到达现场后，尽快制订流行病学调查计划和方案，地方专业技术人员按照计划和方案，开展对突发事件累及人群的发病情况、分布特点进行调查分析，提出并实施有针对性的预防控制措施；对传染病病人、疑似病人、病原携带者及其密切接触者进行追踪调查，查明传播链，并向相关地方疾病预防控制机构通报情况。

3. 进行实验室检测

中国疾病预防控制中心和省级疾病预防控制机构指定的专业技术机构在地方专业机构的配合下，按有关技术规范采集足量、足够的标本，分送省级和国家应急处理功能网络实验室检测，查找致病原因。

4. 开展科研与国际交流

开展与突发事件相关的诊断试剂、疫苗、消毒方法、医疗卫生防护用品等方面的研究。开展国际合作，加快病源查寻和病因诊断。

5. 制定技术标准和规范

中国疾病预防控制中心协助卫生行政部门制定全国新发现的突发传染病、不明原因的群体性疾病、重大中毒事件的技术标准和规范。

6. 开展技术培训

中国疾病预防控制中心具体负责全国省级疾病预防控制中心突发公共卫生事件应急处理专业技术人员的应急培训。各省级疾病预防控制中心负责县级以上疾病预防控制机构专业技术人员的培训工作。

（五）卫生监督机构应急反应措施

卫生监督机构在卫生行政主管部门的领导下，开展对医疗机构、疾病预防控制机构突发公共卫生事件应急处理各项措施落实情况的督导、检查。围绕突发公共卫生事件应急处理工作，开展食品卫生、环境卫生、职业卫生等的卫生监督和执法稽查。协助卫生行政部门依据《突发公共卫生事件应急条例》和有关法律法规，调查处理突发公共卫生事件应急工作中的违法行为。

（六）出入境检验检疫机构应急反应措施

突发公共卫生事件发生时，调动出入境检验检疫机构技术力量，配合当地卫生行政部门做好口岸的应急处理工作。及时上报口岸突发公共卫生事件信息和情况变化。

（七）非事件发生地区的应急反应措施

未发生突发公共卫生事件的地区应根据其他地区发生事件的性质、特点、发生区域和发展趋势，分析本地区受波及的可能性和程度，重点做好以下工作：（1）密切保持与事件发生地区的联系，及时获取相关信息。（2）组织做好本行政区域应急处理所需的人员与物资准备。（3）加强相关疾病与健康监测和报告工作，必要时，建立专门报告制度。（4）开展重点人群、重点场所和重点环节的监测和预防控制工作，防患于未然。（5）开展防治知识宣传和健康教育，提高公众自我保护意识和能力。（6）根据上级人民政府及其有关部门的决定，开展交通卫生检疫等。

三、突发公共卫生事件应急状态的终止

突发公共卫生事件应急反应状态的终止需符合以下条件：突发公共卫生事件隐患或相关危险因素消除，或末例传染病病例发生后经过最长潜伏期无新的病例出现。

特别重大突发公共卫生事件由国务院卫生行政部门组织有关专家进行分析论证，提出终止应急反应的建议，报国务院或全国突发公共卫生事件应急指挥部批准后实施。特别重大以下突发公共卫生事件由地方各级人民政府卫生行政部门组织专家进行分析论证，提出终止应急反应的建议，报本级人民政府批准后实施，并向上一级人民政府卫生行政部门报告。上级人民政府卫生行政部门要根据下级人民政府卫生行政部门的请求，及时组织专家对突发公共卫生事件应急反应的终止的分析论证提供技术指导和支持。

四、突发公共卫生事件的善后处理

（一）后期评估

突发公共卫生事件结束后，各级卫生行政部门应在本级人民政府的领导下，组织有关人员对突发公共卫生事件的处理情况进行评估。评估内容主要包括事件概况、现场调查处理概况、病人救治情况、所采取措施的效果评价、应急处理过程中存在的问题和取得的经验及改进建议。评估报告上报本级人民政府和上一级人民政府卫生行政部门。

（二）奖励

县级以上人民政府人事部门和卫生行政部门对参加突发公共卫生事件应急处理作出贡献的先进集体和个人进行联合表彰；民政部门对在突发公共卫生事件应急处理工作中英勇献身的人员，按有关规定追认为烈士。

（三）责任

对在突发公共卫生事件的预防、报告、调查、控制和处理过程中，有玩忽职守、失职、渎职等行为的，依据《突发公共卫生事件应急条例》及有关法律法规追究当事人的责任。

（四）抚恤和补助

地方各级人民政府要组织有关部门对因参与应急处理工作致病、致残、死亡的人员，

按照国家有关规定，给予相应的补助和抚恤；对参加应急处理一线工作的专业技术人员应根据工作需要制订合理的补助标准，给予补助。

（五）征用物资、劳务的补偿

突发公共卫生事件应急工作结束后，地方各级人民政府应组织有关部门对应急处理期间紧急调集、征用有关单位、企业、个人的物资和劳务进行合理评估，给予补偿。

第五节　突发公共卫生事件法律责任

人民政府及其有关部门、医疗卫生机构、其他有关机构和人员未依法履行突发公共卫生事件应急处理法律义务的，应依法承担法律责任。

一、未依法履行报告职责的法律责任

县级以上地方人民政府及其卫生行政主管部门未依法履行报告职责，对突发事件隐瞒、缓报、谎报或者授意他人隐瞒、缓报、谎报的，对政府主要领导人及其卫生行政主管部门主要负责人，依法给予降级或者撤职的行政处分；造成传染病传播、流行或者对社会公众健康造成其他严重危害后果的，依法给予开除的行政处分；构成犯罪的，依法追究刑事责任。

二、未按规定完成应急物资生产、供应、运输和储备的法律责任

国务院有关部门、县级以上地方人民政府及其有关部门未依照规定，完成突发事件应急处理所需要的设施、设备、药品和医疗器械等物资的生产、供应、运输和储备的，对政府主要领导人和政府部门主要负责人依法给予降级或者撤职的行政处分；造成传染病传播、流行或者对社会公众健康造成其他严重危害后果的，依法给予开除的行政处分；构成犯罪的，依法追究刑事责任。

三、不配合调查或者阻碍、干涉调查的法律责任

突发公共卫生事件发生后，县级以上地方人民政府及其有关部门对上级人民政府有关部门的调查不予配合，或者采取其他方式阻碍、干涉调查的，对政府主要领导人和政府部门主要负责人依法给予降级或者撤职的行政处分；构成犯罪的，依法追究刑事责任。

四、玩忽职守、失职、渎职的法律责任

县级以上各级人民政府卫生行政主管部门和其他有关部门在突发事件调查、控制、医

疗救治工作中玩忽职守、失职、渎职的，由本级人民政府或者上级人民政府有关部门责令改正、通报批评、给予警告；对主要负责人、负有责任的主管人员和其他责任人员依法给予降级、撤职的行政处分；造成传染病传播、流行或者对社会公众健康造成其他严重危害后果的，依法给予开除的行政处分；构成犯罪的，依法追究刑事责任。

五、拒不履行应急处理职责的法律责任

县级以上各级人民政府有关部门拒不履行应急处理职责的，由同级人民政府或者上级人民政府有关部门责令改正、通报批评、给予警告；对主要负责人、负有责任的主管人员和其他责任人员依法给予降级、撤职的行政处分；造成传染病传播、流行或者对社会公众健康造成其他严重危害后果的，依法给予开除的行政处分；构成犯罪的，依法追究刑事责任。

六、医疗卫生机构违反规定职责的法律责任

根据《突发公共卫生事件应急条例》的规定，医疗卫生机构有下列行为之一的，由卫生行政主管部门责令改正、通报批评、给予警告；情节严重的，吊销《医疗机构执业许可证》；对主要负责人、负有责任的主管人员和其他直接责任人员依法给予降级或者撤职的纪律处分；造成传染病传播、流行或者对社会公众健康造成其他严重危害后果，构成犯罪的，依法追究刑事责任：（1）未依照该条例的规定履行报告职责，隐瞒、缓报或者谎报的；（2）未依照该条例的规定及时采取控制措施的；（3）未依照该条例的规定履行突发事件监测职责的；（4）拒绝接诊病人的；（5）拒不服从突发事件应急处理指挥部调度的。

七、有关单位及个人违反法定义务的法律责任

在突发事件应急处理工作中，有关单位和个人未依照《突发公共卫生事件应急条例》的规定履行报告职责，隐瞒、缓报或者谎报，阻碍突发事件应急处理工作人员执行职务，拒绝国务院卫生行政主管部门或者其他有关部门指定的专业技术机构进入突发事件现场，或者不配合调查、采样、技术分析和检验的，对有关责任人员依法给予行政处分或者纪律处分；触犯《治安管理处罚法》，构成违反治安管理行为的，由公安机关依法予以处罚；构成犯罪的，依法追究刑事责任。

在突发事件发生期间，散布谣言、哄抬物价、欺骗消费者，扰乱社会秩序、市场秩序的，由公安机关或者市场监督管理部门依法给予行政处罚；构成犯罪的，依法追究刑事责任。

【练习题】

一、选择题

1. 医疗卫生机构发现不明原因的群体性疾病，应当在 2 小时内向（　　）报告。
   A. 所在地县级人民政府
   B. 所在地县级人民政府卫生行政主管部门
   C. 所在地县级以上人民政府卫生行政部门
   D. 设区的市级人民政府
   E. 所在地省级卫生行政主管部门

2. 下列有关全国突发事件应急预案的主要内容，叙述正确的是（　　）。
   A. 突发事件的监测与预警
   B. 突发事件信息的收集、分析、报告、通报制度
   C. 突发事件的分级和应急处理工作方案
   D. 突发事件应急处理指挥部的组成和相关部门的职责
   E. 以上均是

3. 国务院卫生行政主管部门按照分类指导、快速反应的要求，制定（　　）。
   A. 突发事件医疗救助方案　　　　　B. 突发事件应急处理培训
   C. 突发事件日常监测　　　　　　　D. 全国突发事件应急预案
   E. 本行政区域的突发事件应急预案

4. 突发公共卫生事件预防控制体系中，县级以上人民政府卫生行政主管部门应当指定机构负责开展（　　）。
   A. 医疗救助方案　　　　　　　　　B. 预防控制体系
   C. 应急演练　　　　　　　　　　　D. 技能培训
   E. 日常监测

5. 《突发公共卫生事件应急条例》规定，医疗卫生机构应当对传染病做到（　　）。
   A. 早发现、早观察、早隔离、早治疗
   B. 早报告、早观察、早治疗、早康复
   C. 早发现、早报告、早隔离、早治疗
   D. 早发现、早报告、早隔离、早康复
   E. 早预防、早发现、早治疗、早康复

6. 在突发性公共卫生事件应急处理工作中，有关单位和个人不配合有关专业技术人员调查、采样、技术分析和检验的，对有关责任人给予（　　）。
   A. 警告　　　　　　　　　　　　　B. 吊销执照
   C. 降级或者撤职的纪律处分　　　　D. 行政处分或纪律处分
   E. 追究刑事责任

二、简答题

1. 什么是突发公共卫生事件?
2. 处理突发公共卫生事件应遵循哪些方针和原则?
3. 突发公共卫生事件处理的组织体系及职责是什么?
4. 突发公共卫生事件报告与信息发布有哪些具体的规定?
5. 突发公共卫生事件应急处理有哪些具体措施?

练习题参考答案

三、论述题

我国是如何建设突发公共卫生事件预防控制体系的?

第八章
职业病防治法律制度

【本章重点】

1. 职业病概念和分类
2. 职业病防治的方针和原则
3. 用人单位的职业病防治义务
4. 职业病诊断及鉴定程序
5. 职业病患者的法定待遇
6. 职业病防治的监督管理
7. 职业病防治的法律责任

开胸验肺，谁应该买单

2004 年 8 月，河南省新密市刘寨镇老寨村村民张海超到郑州振东耐磨材料有限公司（以下简称"振东公司"）打工，该公司是一家以硅石为原材料的加工厂。从 2004 年 8 月至 2007 年 10 月，张海超在该工厂工作期间长期接触粉尘和噪声。2007 年 8 月，张海超开始出现咳嗽、胸闷的症状，2007 年 10 月，张海超从振东公司离职。由于"感冒"久治不愈，张海超先后到多家医院进行检查，最后被北京协和医院、中国煤炭总医院、首都医科大学朝阳医院、北京大学第三附属医院等 6 家医院诊断为尘肺。张海超向郑州市职业病防治所申请职业病鉴定，但振东公司拒不提供工作证明和职业健康监护档案，导致张海超无法进行职业病诊断。通过市政府的协调，由张海超现任单位中岳公司出具申请职业病鉴定的相关材料，但郑州市职业病防治所鉴定结果是"无尘肺 0 期（医学观察）合并肺结核"，不属于职业病。2009 年 6 月 9 日，为了证明自己患的是职业病尘肺，张海超前往郑州大学第一附属医院要求"开胸验肺"，即通过切开患者的胸部，剪取肺部组织进行活检。郑州大学第一附属医院病理报告显示："右肺下叶肺组织内大量组织细胞聚集伴炭末沉积并灶性纤维化"，确诊为尘肺。但郑州市职业病防治所认为，只有他们才具有合法的职业病诊断资质，郑州大学第一附属医院不具有做职业病诊断的资质，对其诊断结论不予认可。河南的媒体和中央电视台等媒体先后对该事件进行了报道,在社会上引起了广泛的关注。2009 年 7 月 24 日,卫生部派出督导组赶赴河南,郑州市成立了张海超事件处理小组。在卫生部专家的督导之下,郑州市职业病防治所再次组织省、市专家对张海超职业病问题进行了会诊,诊断为职业病"尘肺病Ⅲ期"。2009 年 7 月 28 日,郑州市委对郑州市职业病防治所给予通报批评,对郑州市职业病防治所、新密市卫生局、振东公司相关责任人员给予处分,由振东公司赔偿包括医疗费、护理费、住院期间伙食补偿费、停工留薪期工资、一次性伤残补助金、一次性伤残津贴及各项工伤保险待遇共计 615 000 元,当地政府向张海超支付补偿款 585 000 元。

思考:

1. 认定职业病需要经过哪些程序?
2. 被认定为职业病的员工可以享受哪些待遇?

案例解析

第一节　职业病防治法律制度概述

一、职业病的概念及分类

由职业性危害因素引起的疾病统称为职业病,列入国家主管部门公布的职业病目录的职业病称为法定职业病。根据《职业病防治法》的规定,职业病是指企业、事业单位和个体经济组织等用人单位的劳动者在职业活动中,因接触粉尘、放射性物质和其他有毒、有害因素而引起的疾病。

2013 年 12 月 23 日,国家卫生计生委、人力资源社会保障部、安全监管总局、全国总工会 4 部门联合印发《职业病分类和目录》,将职业病分为职业性尘肺病及其他呼吸系统疾病、职业性皮肤病、职业性眼病、职业性耳鼻喉口腔疾病、职业性化学中毒、物理因素所致职业病、职业性放射性疾病、职业性传染病、职业性肿瘤和其他职业病共 10 类 132 种。

二、职业病的现状

我国的职业危害主要以粉尘为主,职业病人以尘肺病为主,尘肺病又以煤工尘肺病、矽肺病最为严重,尘肺病患者中有半数以上为煤工尘肺病患者。

我国的职业病危害正在由城市工业区向农村转移,由东部地区向中西部转移,由大中型企业向中小型企业转移,职业病危害分布越来越广,尤其以中小企业为重。据统计,全国约有 83% 的中小企业存在不同程度的职业危害，近 34% 的中小企业职工接触尘毒有害作业，占我国企业总数 90% 以上的中小企业大多不重视职业病的防治。[1] 职业病本身具有潜伏期长、发病滞后等特点，加之农民工流动性大、自我防护意识薄弱等因素，农民工患职业病往往存在认定、赔偿难的问题，使农民工成为高危人群。

党的十八大以来，我国职业健康事业快速发展，职业病防治工作取得了显著成效，包括组织开展尘肺病防治攻坚行动，在矿山、冶金、建材等 19 个重点行业开展职业病危害专项治理；将职业病防治纳入基本公共卫生服务项目，将全部职业病病种纳入职业病及职业病危害因素监测范围，等等。近年来，尘肺病等重点职业病高发势头得到初步遏制，全国报告新发职业病病例数从 2012 年的 27 420 例下降至 2021 年的 15 407 例，降幅达 43.8%；其中，报告新发职业性尘肺病病例数从 2012 年的 24 206 例下降至 2021 年的 11 809 例，降幅达 51.2%。[2]

三、职业病防治法立法概况

职业病防治法是指调整在预防、控制和消除职业病危害，保护劳动者健康及其相关权益等活动中所发生的各种社会关系的法律规范的总称。1956 年，国务院发布了《关于防止厂、矿企业中矽尘危害的决定》；1957 年，卫生部制定了《职业病范围和职业病患者处理办法》；1984 年，国务院下发《关于加强防尘防毒工作的决定》；1987 年，国务院颁布了《尘肺病防治条例》；1989 年，国务院颁布了《放射性同位素与射线装置放射防护条例》；2001 年 10 月，全国人大常委会通过了《职业病防治法》。卫生部颁布了《职业病报告办法》《职业病危害事故调查处理办法》《职业病分类和目录》《职业卫生技术服务机构管理办法》《职业病诊断与鉴定管理办法》等职业病防治的法律规范。2011 年、2016 年、2017 年、2018 年，全国人大常委会先后四次对《职业病防治法》进行了修正。

四、职业病防治方针、机制和管理原则

根据《职业病防治法》的规定，职业病防治工作坚持预防为主、防治结合的方针，建立用人单位负责、行政机关监管、行业自律、职工参与和社会监督的机制，实行分类管理、综合治理。

（一）预防为主、防治结合的防治方针

预防可以减少职业病的发生，减轻职业病的危害程度，因此，在整个职业病防治过程中，预防措施应作为根本措施和首要环节放在先导地位，从而控制职业病危害源头，尽可能控制和消除职业病危害因素的产生，使工作场所职业卫生防护符合国家职业卫生标准和卫生要求。同时，对已经被诊断患有职业病的劳动者要积极救治，减少患者痛苦。

---

[1] 肖鹏主编：《卫生法学》，华南理工大学出版社 2021 年版，第 54 页。

[2] 《国家卫健委：2012 年至 2021 年全国报告新发职业病病例数降幅达 43.8%》，载 http://health.people.com.cn。

（二）用人单位负责、行政机关监管、行业自律、职工参与和社会监督的机制

用人单位对职业病防治负有法定义务。用人单位应当为劳动者创造符合国家职业卫生标准和卫生要求的工作环境和条件，并采取措施保障劳动者获得职业卫生保护。工会组织依法对职业病防治工作进行监督，维护劳动者的合法权益。用人单位制定或者修改有关职业病防治的规章制度，应当听取工会组织的意见。用人单位应当建立、健全职业病防治责任制，加强对职业病防治的管理，提高职业病防治水平，对本单位产生的职业病危害承担责任。用人单位的主要负责人对本单位的职业病防治工作全面负责。用人单位必须依法参加工伤保险。将职业病纳入工伤社会保险，不仅有利于保障职业病病人的合法权益，同时也分担了用人单位的风险，有利于生产经营的稳定。国家实行职业卫生监督制度。国务院卫生行政部门、劳动保障行政部门依照法律和国务院确定的职责，负责全国职业病防治的监督管理工作。国务院有关部门在各自的职责范围内负责职业病防治的有关监督管理工作。县级以上地方人民政府卫生行政部门、劳动保障行政部门依据各自职责，负责本行政区域内职业病防治的监督管理工作。县级以上地方人民政府有关部门在各自的职责范围内负责职业病防治的有关监督管理工作。

（三）分类管理、综合治理的管理原则

分类管理的原则要求按职业病危害因素的种类、性质、毒性、危害程度及对人体健康造成的损害后果确定类别，针对不同类别采取不同的管理方法。综合治理的原则要求在职业病防治活动中采取一切有效的管理和技术措施，包括立法、行政、经济、科技、民主管理和社会监督等。

第二节   职业病防治和保障制度

预防为主是防治职业病的法定方针。重视职业病的前期预防和劳动保障，不仅可以保护劳动者的身体健康，而且可以避免或者减轻社会以及企业因职业病而承受的负担。

一、前期预防

在职业病危害发生前就采取积极的预防措施，既是职业病防治的成熟经验，也是长期坚持的正确方针。用人单位应当依照法律、法规要求，严格遵守国家职业卫生标准，落实职业病预防措施，从源头上控制和消除职业病危害。

（一）设立符合职业卫生条件的工作场所

劳动场所，既是劳动者履行劳动义务的地点，也是职业病发生的地点。设立符合职业卫生条件的工作场所，是保障劳动者健康的最有力的措施。根据法律规定，用人单位的设立除应当符合法律、行政法规规定的设立条件外，其工作场所还应当符合下列职业卫生要求：

（1）职业病危害因素的强度或者浓度符合国家职业卫生标准；（2）有与职业病危害

防护相适应的设施；（3）生产布局合理，符合有害无害作业分开的原则；（4）有配套的更衣间、洗浴间、孕妇休息间等卫生设施；（5）设备、工具、用具等设施符合保护劳动者生理、心理健康的要求；（6）法律、行政法规和国务院卫生行政部门关于保护劳动者健康的其他要求。

（二）职业病危害项目申报制度

职业病危害项目是指存在或者产生《职业病危害因素分类目录》所列的职业病危害因素的项目。《职业病防治法》规定，国家建立职业病危害项目申报制度。用人单位工作场所存在职业病目录所列职业病的危害因素的，应当及时、如实向所在地卫生行政部门申报危害项目，接受监督。职业病危害项目申报制度是法定的制度，由卫生行政部门实施。

（三）职业病危害预评价制度

职业病危害预评价制度是从源头上减少与控制职业病危害因素的一项制度。《职业病防治法》规定，新建、扩建、改建建设项目和技术改造、技术引进项目可能产生职业病危害的，建设单位在可行性论证阶段应当进行职业病危害预评价。医疗机构建设项目可能产生放射性职业病危害的，建设单位应当向卫生行政部门提交放射性职业病危害预评价报告。职业病危害预评价报告应当对建设项目可能产生的职业病危害因素及其对工作场所和劳动者健康的影响作出评价，确定危害类别和职业病防护措施。

卫生行政部门应当自收到预评价报告之日起30日内，作出审核决定并书面通知建设单位。未提交预评价报告或者预评价报告未经卫生行政部门审核同意的，不得开工建设。建设项目的职业病防护设施所需费用应当纳入建设项目工程预算，并与主体工程同时设计，同时施工，同时投入生产和使用。

建设项目的职业病防护设施设计应当符合国家职业卫生标准和卫生要求。其中，医疗机构放射性职业病危害严重的建设项目的防护设施设计，经卫生行政部门审查同意后方可施工。在建设项目竣工验收前，建设单位应当进行职业病危害控制效果评价。可能产生放射性职业病危害的医疗机构建设项目竣工验收的，其放射性职业病防护设施经卫生行政部门验收合格后，方可投入使用；其他建设项目的职业病防护设施应当由建设单位负责依法组织验收，验收合格后，方可投入生产和使用。卫生行政部门应当加强对建设单位组织的验收活动和验收结果的监督核查。

二、劳动过程中的防护与管理

劳动过程中的防护与管理，是职业病防治中前期预防的延伸，内容涉及职业病防治管理制度、个人防护、工作场所防护、劳动者职业卫生培训、劳动者职业危害健康检查、劳动者职业病救治等。

（一）职业病防治管理制度

用人单位对职业病防治负有法定的义务，应积极落实劳动过程中的防护与管理职责。用人单位应当采取以下职业病防治措施：（1）设置或者指定职业卫生管理机构或者组织，配备专职或者兼职的职业卫生管理人员，负责本单位的职业病防治工作；（2）制订职业病防治计划和实施方案；（3）建立、健全职业卫生管理制度和操作规程；（4）建立、健全职业卫生档案和劳动者健康监护档案；（5）建立、健全工作场所职业病危害因素监测及评价制度；（6）建立、健全职业病危害事故应急救援预案。

同时，用人单位应当优先采用有利于防治职业病的新技术、新材料，减少职业病危害因素；对职业病防护设备、应急救援设施和个人防护用品，用人单位应当进行经常性的维护、检修，确保其处于正常状态；不得生产或者使用国家明令禁止的可能产生职业病危害的设备或者材料；不得将产生职业病危害的作业转移给不具备职业病防护条件的单位和个人；不得安排未成年工从事接触职业病危害的作业；不得安排孕期、哺乳期的女职工从事对本人和胎儿、婴儿有危害的作业。

（二）个人防护

职业病的个人防护是指用人单位必须采用有效的职业病防护设施，并为劳动者提供个人使用的职业病防护用品。用人单位为劳动者个人提供的职业病防护用品必须符合防治职业病的要求；不符合要求的，不得使用。劳动者享有以下权利：（1）获得职业卫生教育、培训；（2）获得职业健康检查、职业病诊疗、康复等职业病防治服务；（3）了解工作场所产生或者可能产生的职业病危害因素、危害后果和应当采取的职业病防护措施；（4）要求用人单位提供符合防治职业病要求的职业病防护设施和个人使用的职业病防护用品，改善工作条件；（5）对违反职业病防治法律、法规以及危及生命健康的行为提出批评、检举和控告；（6）拒绝违章指挥和强令进行没有职业病防护措施的作业；（7）参与用人单位职业卫生工作的民主管理，对职业病防治工作提出意见和建议。

（三）工作场所防护

工作场所的危害因素以及劳动者与其接触的状况是职业病防治必须严密监测的，用人单位应采取防护措施，消除或者减少其对劳动者的危害。防护措施主要有：（1）用人单位在醒目位置设置公告栏，公布职业病防治的规章制度、操作规程、职业病危害事故应急救援措施和工作场所职业病危害因素检测结果；（2）对产生严重职业病危害的作业岗位，用人单位应当在其醒目位置，设置警示标识和中文警示说明，依法载明警示的内容；（3）对可能发生急性职业损伤的有毒、有害的工作场所，用人单位应当设置报警装置，配置现场急救用品、冲洗设备、应急撤离通道和必要的泄险区；（4）对职业病防护设备、应急救援设施和个人使用的职业病防护用品，用人单位应当进行经常性的维护、检修，定期检测其性能和效果，确保其处于正常状态，不得擅自拆除或者停止使用；（5）用人单位应当定期对工作场所进行职业病危害因素检测、评价。检测、评价结果存入本单位的职业卫生档案，定期向所在地卫生行政部门报告并向劳动者公布。如果发现工作场所职业病危害因素不符合国家职业卫生标准和卫生要求时，用人单位应当立即采取相应治理措施；对于经治理后仍然达不到国家职业卫生标准和卫生要求的，必须停止存在职业病危害的作业，只有在治理后达到了标准和要求才能重新作业。

（四）劳动者职业卫生培训

用人单位应当对劳动者进行上岗前的职业卫生培训和定期职业卫生培训，督促劳动者遵守职业病防治法律、法规、规章和操作规程，指导劳动者正确使用职业病防护设备和个人防护用品。用人单位的主要负责人、职业卫生管理人员和劳动者应当接受职业卫生培训，对于发现的职业病危害事故隐患负有及时报告义务。

（五）劳动者职业危害健康检查

对接触职业病危害作业的劳动者，用人单位应组织上岗前、在岗期间和离岗时的职业健康检查，并将检查结果书面告知劳动者。职业健康检查费用由用人单位承担。用人单位不得安排未经上岗前职业健康检查的劳动者从事接触职业病危害的作业，对在职业健康检查中发现有与所从事的职业相关的健康损害的劳动者，应当调离原工作岗位并妥善安置，对未进行离岗前职业健康检查的劳动者不得终止劳动合同。职业健康检查应当由省级以上人民政府卫生行政部门批准的医疗卫生机构承担。

（六）劳动者职业病救治

对遭受急性职业病危害的劳动者，用人单位应当及时组织救治、进行健康检查和医学观察，及时安排对疑似职业病病人进行诊断。在疑似职业病病人诊断或者医学观察期间，用人单位不得解除或者终止与其订立的劳动合同。疑似职业病病人诊断、医学观察所需费用，由用人单位承担。

第三节　职业病诊断与职业病病人保障

对患有职业病的劳动者或者有疑似职业病的劳动者进行诊断、治疗，是《职业病防治法》对职业病病人提供法律保障的前提。在这个过程中产生的法律关系，具体包括用人单位与劳动者、职业病患者与医疗机构、职业卫生监督管理部门与被监督管理者之间的关系。

一、职业病的诊断

（一）职业病诊断机构

职业病的诊断由法定的医疗机构承担。从事职业病诊断的医疗机构在向省级卫生行政机关提出申请并获得批准，取得职业病诊断机构批准书后，方可从事职业病诊断。劳动者可以在用人单位所在地或者本人居住地具有职业病诊断资格的医疗机构进行职业病诊断。医疗机构取得职业病诊断批准书应当具备如下条件：（1）持有《医疗机构执业许可证》；（2）具有与开展职业病诊断相适应的医疗卫生技术人员；（3）具有与开展职业病诊断相适应的仪器设备；（4）具有健全的职业病诊断质量管理制度。

（二）职业病诊断流程

劳动者申请职业病诊断时应当提供职业史、既往史、职业健康监护档案复印件、职业健康检查结果、工作场所历年职业病危害因素检测、评价资料等。

进行职业病诊断，应组织3名以上取得职业病诊断资格的执业医师进行集体诊断，对职业病诊断有意见分歧的，应当按多数人的意见作出诊断结论。诊断应结合职业病危害接触史、工作场所职业病危害因素检测与评价、临床表现和医学检查结果等资料，依据职业病诊断标准进行综合分析后得出诊断结论。对疑似职业病病人，可以经必要的医学检查或者住院观察后，再得出诊断结论；没有证据否定职业病危害因素与病人临床表现之间的必然联系的，在排除其他致病因素后，应当诊断为职业病。

职业病诊断机构作出职业病诊断后，应当向当事人出具职业病诊断证明书。职业病诊断证明书应当由参加诊断的医师共同签署，并经职业病诊断机构审核盖章。职业病诊断证明书应当明确是否患有职业病，对患有职业病的，还应载明所患职业病的名称、程度（期别）、处理意见和复查时间。职业病诊断机构应当建立职业病诊断档案并永久保存。确诊为职业病的，用人单位应当向所在地县级劳动保障行政部门报告。

（三）职业病诊断的鉴定

劳动者对职业病诊断有异议的，在接到职业病诊断证明书之日起 30 日内，可以向作出诊断的医疗卫生机构所在地设区的市级卫生行政部门申请鉴定。职业病鉴定实行两级鉴定制，设区的市级职业病诊断鉴定委员会负责职业病诊断争议的首次鉴定。当事人对设区的市级职业病鉴定结论不服的，可以在接到诊断鉴定书之日起 15 日内，向原鉴定组织所在地省级卫生健康主管部门申请再鉴定，省级鉴定为最终鉴定。

省级卫生健康主管部门应当设立职业病诊断鉴定专家库。专家库应当以取得职业病诊断资格的不同专业类别的医师为主要成员，吸收临床相关学科、职业卫生、放射卫生、法律等相关专业的专家。参加职业病诊断鉴定的专家，应当由当事人或者由其委托的职业病鉴定办事机构从专家库中按照专业类别以随机抽取的方式确定。

鉴定委员会应当认真审阅鉴定资料，依照有关规定和职业病诊断标准，经充分合议后，根据专业知识独立进行鉴定。在事实清楚的基础上，进行综合分析，作出鉴定结论，并制作职业病诊断鉴定书。职业病诊断、鉴定费用由用人单位承担。

二、职业病人的待遇

职业病人的待遇是指劳动者患有职业病后依法享有的医疗、职业康复、工作、工资以及物质福利等方面的权利。根据《职业病防治法》的规定，确定患有职业病的劳动者，用人单位应保障其享有如下待遇：（1）依照规定进行治疗、康复和定期检查，费用由用人单位承担。（2）不适宜继续从事原工作的，应调离原岗位并妥善安置。（3）伤残以及丧失劳动能力的职业病病人，享有国家规定的工伤保险的待遇；用人单位没有依法参加工伤保险的，其医疗和生活保障由该用人单位承担。（4）职业病病人除依法享有工伤社会保险外，依照相关的民事法律，还享有获得赔偿的权利，有权向用人单位提出赔偿要求。

第四节   尘肺病防治与放射卫生防护

一、尘肺病防治法律规定

尘肺病是指在生产活动中吸入粉尘而发生的肺组织纤维化为主的疾病。其主要包括尘肺、煤工尘肺、石墨尘肺、炭黑尘肺、石棉肺、滑石尘肺、水泥尘肺、云母尘肺、陶工尘肺、铝尘肺、电焊工尘肺、铸工尘肺，以及根据《尘肺病诊断标准》和《尘肺病理诊断标准》可以诊断的其他尘肺病。

新中国成立后，我国工业化建设进入较快发展阶段。随着矿山开采业和机械制造业的发展，干式作业和机械化生产使作业场所粉尘浓度急剧升高，随之尘肺发病率高发。1987年12月3日，国务院发布《尘肺病防治条例》。

（一）尘肺病管理制度

尘肺病管理制度包括防尘和健康管理两个方面。

1. 防尘

凡有粉尘作业的企业、事业单位均应采取综合防尘措施和无尘或低尘的新技术、新工艺、新设备，使作业场所的粉尘浓度不超过国家规定的卫生标准。新建、改建、扩建、续建有粉尘作业的工程项目，防尘设施必须与主体工程同时设计、同时施工、同时投产。未经上级主管部门批准，不得停止运行和拆除防尘设施。职工用于防尘的防护用品，必须符合国家的有关标准。对初次从事粉尘作业的职工，经防尘知识考核合格方可上岗。严禁任何企业、事业单位将粉尘作业以外包或者联营的形式转嫁给没有防尘设施的乡镇、街道企业或个体工商户。中、小学校各类校办的实习工厂或车间，禁止从事有粉尘的作业。不满18岁的未成年人禁止从事粉尘作业。作业场所的粉尘浓度超过国家标准又未积极治理，严重影响职工安全健康时，职工有权拒绝操作。

2. 健康管理

对新从事粉尘作业的职工，必须进行健康检查；对在职和离职的从事粉尘作业的职工，必须定期进行健康检查。各企业、事业单位必须贯彻执行职业病报告制度，按期向当地卫生行政部门、劳动部门、工会组织和本单位的主管部门报告职工尘肺病发生和死亡情况。对已确诊为尘肺病的职工，必须调离粉尘作业岗位，并给予治疗或疗养。

（二）监测和监督

卫生行政部门、劳动部门和工会组织要分工协作，互相配合，对企业、事业单位的尘肺病防治工作进行监督。卫生行政部门负责对卫生标准的监测，劳动部门负责对劳动卫生工程技术标准的监测，工会组织负责组织职工群众对本单位的尘肺病防治工作进行监督。凡有粉尘作业的企业、事业单位，均应定期测定作业场所的粉尘浓度，测尘结果必须向主管部门和当地卫生行政部门、劳动部门和工会组织报告，并定期向职工公布。从事粉尘作业的单位必须建立测尘资料档案。卫生行政部门和劳动部门，要对从事粉尘作业的企业、事业单位的测尘机构加强业务指导，并对测尘人员加强业务指导和技术培训。

（三）法律责任

对违反《尘肺病防治条例》规定的，卫生行政部门和劳动部门可视其情节轻重，给予警告、限期治理、罚款和停业整顿的处罚。停业整顿的处罚，需经当地人民政府同意。企业、事业单位负责人和监督、监测人员玩忽职守，致使公共财产、国家和人民利益遭受损失，情节轻微的，由其主管部门给予行政处分；造成重大损失，构成犯罪的，由司法机关依法追究直接责任人员的刑事责任。

二、放射卫生防护法律规定

放射卫生防护包括放射性同位素和射线装置放射的防护。放射性同位素，指核燃料、核原料、核材料以外的其他放射性物质。射线装置，指 X 线机、加速器及中子发生器。

为加强放射卫生管理，国家出台了一系列法律、法规，2005 年，国务院颁布了《放射性同位素与射线装置安全和防护条例》后于 2014 年、2019 年两次进行了修订。2011 年，环境保护部颁布了《放射性同位素与射线装置安全和防护管理办法》。卫生部于 2001 年颁布了《放射工作卫生防护管理办法》，于 2007 年颁布了《放射工作人员职业健康管理办法》，于 2012 年颁布了《放射卫生技术服务机构管理办法》等。

国家对放射源和射线装置实行分类管理。根据放射源、射线装置对人体健康和环境的潜在危害程度，从高到低将放射源分为 I 类、II 类、III 类、IV 类、V 类，具体分类办法由国务院环境保护主管部门制定；将射线装置分为 I 类、II 类、III 类，具体分类办法由国务院环境保护主管部门商国务院卫生主管部门制定。

（一）安全与防护

1. 职责分工

生产、销售、使用放射性同位素和射线装置的单位，应当对本单位的放射性同位素、射线装置的安全和防护工作负责，并依法对其造成的放射性危害承担责任。生产放射性同位素的单位的行业主管部门，应当加强对生产单位安全和防护工作的管理，并定期对其执行法律、法规和国家标准的情况进行监督检查。

2. 人员管理

生产、销售、使用放射性同位素和射线装置的单位，应当对直接从事生产、销售、使用活动的工作人员进行安全和防护知识教育培训，并进行考核；考核不合格的，不得上岗。生产、销售、使用放射性同位素和射线装置的单位，应当严格按照国家关于个人剂量监测和健康管理的规定，对直接从事生产、销售、使用活动的工作人员进行个人剂量监测和职业健康检查，建立个人剂量档案和职业健康监护档案。辐射安全关键岗位应当由注册核安全工程师担任。

3. 放射防护设施的管理

生产、销售、使用、贮存放射性同位素和射线装置的场所，应当按照国家有关规定设置明显的放射性标志，其入口处应当按照国家有关安全和防护标准的要求，设置安全和防护设施以及必要的防护安全联锁、报警装置或者工作信号。射线装置的生产调试和使用场所，应当具有防止误操作、防止工作人员和公众受到意外照射的安全措施。放射性同位素的包装容器、含放射性同位素的设备和射线装置，应当设置明显的放射性标识和中文警示说明；放射源上能够设置放射性标识的，应当一并设置。

4. 放射性物质生产的管理

辐射防护器材、含放射性同位素的设备和射线装置，以及含有放射性物质的产品和伴有产生 X 射线的电器产品，应当符合辐射防护要求。不合格的产品不得出厂和销售。

5. 放射性物质贮存的管理

放射性同位素应当单独存放，不得与易燃、易爆、腐蚀性物品等一起存放，并指定专人负责保管。贮存、领取、使用、归还放射性同位素时，应当进行登记、检查，做到账物相符。对放射性同位素贮存场所应当采取防火、防水、防盗、防丢失、防破坏、防射线泄漏的安全措施。

6. 放射性物质运输的管理

运输放射性同位素和含放射源的射线装置的工具，应当按照国家有关规定设置明显的放射性标志或者显示危险信号。

7. 放射性物质使用的管理

使用放射性同位素和射线装置进行放射诊疗的医疗卫生机构，应当依据国务院卫生主管部门有关规定和国家标准，制定与本单位从事的诊疗项目相适应的质量保证方案，遵守质量保证监测规范，按照医疗照射正当化和辐射防护最优化的原则，避免一切不必要的照射，并事先告知患者和受检者辐射对健康的潜在影响。

8. 放射性废物的管理

金属冶炼厂回收冶炼废旧金属时，应当采取必要的监测措施，防止放射性物质熔入产品中。监测中发现问题的，应当及时通知所在地设区的市级以上人民政府生态环境主管部门。

（二）放射防护监督检查

县级以上人民政府生态环境主管部门和其他有关部门应当按照各自职责对生产、销售、使用放射性同位素和射线装置的单位进行监督检查。

县级以上人民政府生态环境主管部门应当配备辐射防护安全监督员。辐射防护安全监督员由从事辐射防护工作，具有辐射防护安全知识并经省级以上人民政府生态环境主管部门认可的专业人员担任。辐射防护安全监督员应当定期接受专业知识培训和考核。

县级以上人民政府生态环境主管部门在监督检查中发现生产、销售、使用放射性同位素和射线装置的单位有不符合原发证条件的情形的，应当责令其限期整改。监督检查人员依法进行监督检查时，应当出示证件，并为被检查单位保守技术秘密和业务秘密。

任何单位和个人对违反放射性同位素与射线装置安全和防护的行为，有权向生态环境主管部门和其他有关部门检举；对生态环境主管部门和其他有关部门未依法履行监督管理职责的行为，有权向本级人民政府、上级人民政府有关部门检举。接到举报的有关人民政府、生态环境主管部门和其他有关部门对有关举报应当及时核实、处理。

第五节　使用有毒物品作业场所劳动保护的法律规定

从事存在有毒物品的作业，是指从事存在易发致死性中毒的化学品的作业。导致职业病的"毒物"，专指在生产过程中产生的或使用的各种化学物质，又称生产性毒物，如氯化物、砷化氢、对硫磷、一氧化碳、硫化氢、汞、锰等。通常可按化学毒物的剂量大小所引起的急性毒性作用的程度不同，将毒物分为低毒、中等毒、高毒和剧毒4级。高毒强调经口、经呼吸道吸入，或经皮肤进入人体的化学毒物的剂量较少，但能引起严重的中毒。国家对作业场所使用高毒物品实行特殊管理。根据 2003 年 6 月 10 日卫生部印发的《高毒物品目录》，高毒物品包括金属类金属、刺激性气体、窒息性气体、苯氨基（硝基）化物、致职业肿瘤物质和其他物质等共计 54 种。

使用有毒物品作业场所具有严重的职业病危害因素，为减少职业中毒，有效保护劳动者，国务院于 2002 年 5 月制定了《使用有毒物品作业场所劳动保护条例》。

一、作业场所预防措施

（一）作业场所的基本要求

作业场所应当满足以下要求：（1）作业场所与生活场所分开，作业场所不得住人。（2）有害作业与无害作业分开，高毒作业场所与其他作业场所隔离。（3）设置有效的通风装置，可能突然泄漏大量有毒物品或者易造成急性中毒的作业场所，设置自动报警装置和事故通风设施。（4）高毒作业场所设置应急撤离通道和必要的泄险区。

（二）有毒物品及高毒作业场所警示标志

使用有毒物品作业场所应当设置黄色区域警示线、警示标识和中文警示说明。警示说明应当载明产生职业中毒危害的种类、后果、预防以及应急救治措施等内容。高毒作业场所应当设置红色区域警示线、警示标识和中文警示说明，并设置通信报警设备。

（三）职业中毒危害防护设施"三同时"

新建、扩建、改建的建设项目和技术改造、技术引进项目（以下统称"建设项目"），可能产生职业中毒危害的，应当依法进行职业中毒危害预评价，并经卫生行政部门审核同意；可能产生职业中毒危害的建设项目的职业中毒危害防护设施应当与主体工程同时设计、同时施工、同时投入生产和使用；建设项目竣工，应当进行职业中毒危害控制效果评价，并经卫生行政部门验收合格。存在高毒作业的建设项目的职业中毒危害防护设施设计，应当经卫生行政部门进行卫生审查；经审查，符合国家职业卫生标准和卫生要求的，方可施工。

（四）申报职业中毒危害项目

用人单位应当按照国务院卫生行政部门的规定，向卫生行政部门及时、如实申报存在职业中毒危害项目。从事使用高毒物品作业的用人单位，在申报使用高毒物品作业项目时，应当向卫生部门提交下列有关资料：（1）职业中毒危害控制效果评价报告；（2）职业卫生管理制度和操作规程等材料；（3）职业中毒事故应急救援预案。从事使用高毒物品作业的用人单位变更所使用品种的，应向原受理申报的卫生部门重新申报。用人单位变更名称、法定代表人或者负责人的，应向原受理申报的卫生部门备案。

（五）应急救援预案

从事使用高毒物品作业的用人单位，应配备应急救援人员和必要的应急救援器材、设备，制定事故应急救援预案，根据实际情况变化对应急救援预案适时进行修订，定期组织演练。事故应急救援预案和演练记录应当报当地卫生部门、安全生产监管部门和公安部门备案。

二、劳动过程的防护

第一，用人单位应采取有效的职业卫生防护管理措施，加强劳动过程中的防护与管理。从事使用高毒物品作业的用人单位，应配备专职的或者兼职的职业卫生医师和护士；不具备配备专职的或者兼职的职业卫生医师和护士条件的，应与依法取得资质认证的职业卫生技术服务机构签订合同，由其提供职业卫生服务。

第二，用人单位应与劳动者订立劳动合同，将工作过程中可能产生的职业中毒危害及其后果、职业中毒危害防护措施和待遇等如实告知劳动者，不得隐瞒或者欺骗。劳动者在已订立劳动合同期间因工作岗位或工作内容变更，从事劳动合同中未告知的存在职业中毒危害的作业时，用人单位应当如实告知劳动者，协商变更原劳动合同。用人单位违反规定的，劳动者有权拒绝从事存在职业中毒危害的作业，用人单位不得因此单方面解除或终止与劳动者所订立的劳动合同。

第三，用人单位管理人员应熟悉有关职业病防治的法律、法规以及确保劳动者安全使用有毒物品作业的知识。用人单位应当对劳动者进行上岗前职业卫生培训和在岗期间的定期职业卫生培训，普及有关职业卫生知识，督促劳动者遵守法律、法规和操作规程，指导劳动者正确使用职业中毒危害防护设备和个人使用的防护用品。劳动者经培训考核合格，方可上岗作业。

第四，用人单位应当确保职业中毒危害防护设备、应急救援设施、通信报警装置处于正常适用状态，不得擅自拆除或者停止运行；对相关设施进行经常性维护、检修，定期检测其性能和效果，确保其处于良好运行状态。职业中毒危害防护设备、应急救援设施和通信报警装置处于不正常状态时，用人单位应当立即停止使用有毒物品作业；恢复正常状态后，方可重新作业。

第五，用人单位应当为从事使用有毒物品作业的劳动者提供符合国家职业卫生标准的防护用品，并确保劳动者正确使用。

第六，有毒物品必须附具说明书，如实载明产品特性、主要成分、存在的职业中毒危害因素、可能产生的危害后果、安全使用注意事项、职业中毒危害防护以及应急救治措施等内容；没有说明书或者说明书不符合要求的，不得向用人单位销售。用人单位有权向生产、经营有毒物品的单位索取说明书。

第七，有毒物品的包装应当符合国家标准，并以易于劳动者理解的方式加贴或者拴挂有毒物品安全标签。有毒物品的包装必须有醒目的警示标识和中文警示说明。经营、使用有毒物品的单位，不得经营、使用没有安全标签、警示标识和中文警示说明的有毒物品。

第八，用人单位维护、检修存在高毒物品的生产装置，必须事先制订维护、检修方案，明确职业中毒危害防护措施，确保维护、检修人员的生命安全和身体健康。维护、检修现场应当有专人监护，并设置警示标志。

第九，需要进入存在高毒物品的设备、容器或者狭窄封闭场所作业时，用人单位应当事先采取下列措施：（1）保持作业场所良好的通风状态，确保作业场所职业中毒危害因素浓度符合国家职业卫生标准；（2）为劳动者配备符合国家职业卫生标准的防护用品；

（3）设置现场监护人员和现场救援设备。未采取规定措施或者采取的措施不符合要求的，用人单位不得安排劳动者进入存在高毒物品的设备、容器或者狭窄封闭场所作业。

第十，用人单位应当定期对使用有毒物品作业场所职业中毒危害因素进行检测、评价。检测、评价结果存入用人单位职业卫生档案，定期向所在地卫生行政部门报告并向劳动者公布。从事使用高毒物品作业的用人单位应当至少每一个月对高毒作业场所进行一次职业中毒危害因素检测；至少每半年进行一次职业中毒危害控制效果评价。高毒作业场所职业中毒危害因素不符合国家职业卫生标准和卫生要求时，用人单位必须立即停止高毒作业，并采取相应治理措施；经治理，职业中毒危害因素符合国家职业卫生标准和卫生要求的，方可重新作业。

第十一，从事使用高毒物品作业的用人单位应当设置淋浴间和更衣室，并设置清洗、存放或者处理从事使用高毒物品作业劳动者的工作服、工作鞋帽等物品的专用间。劳动者结束作业时，其使用的工作服、工作鞋帽等物品必须存放在高毒作业区域内，不得穿戴到非高毒作业区域。

第十二，用人单位应当按照规定对从事使用高毒物品作业的劳动者进行岗位轮换，为从事使用高毒物品作业的劳动者提供岗位津贴。

第十三，用人单位转产、停产、停业或者解散、破产的，应当采取有效措施，妥善处理留存或者残留有毒物品的设备、包装物和容器。

第十四，用人单位应当对本单位执行情况进行经常性的监督检查，发现问题及时进行处理。

三、职业健康监护

（一）上岗前职业健康检查

用人单位应当组织从事使用有毒物品作业的劳动者进行上岗前职业健康检查。用人单位不得安排未经上岗前职业健康检查的劳动者从事使用有毒物品的作业，不得安排有职业禁忌的劳动者从事其所禁忌的作业。

（二）定期职业健康检查

用人单位应当对从事使用有毒物品作业的劳动者进行定期职业健康检查。用人单位发现有职业禁忌或者有与所从事职业相关的健康损害的劳动者，应当将其及时调离原工作岗位，并妥善安置。用人单位对需要复查和医学观察的劳动者，应当按照体检机构的要求安排其复查和医学观察。

（三）离岗时职业健康检查

用人单位应对从事使用有毒物品作业的劳动者进行离岗时的职业健康检查，对离岗时未进行职业健康检查的劳动者，不得解除或者终止与其订立的劳动合同。用人单位发生分立、合并、解散、破产等情形的，应当对从事使用有毒物品作业的劳动者进行健康检查，并按照国家有关规定妥善安置职业病病人。

（四）急性职业中毒健康检查

用人单位对受到或者可能受到急性职业中毒危害的劳动者，应当及时组织进行健康检查和医学观察。劳动者职业健康检查和医学观察的费用，由用人单位承担。

（五）建立职业健康监护档案

用人单位应建立职业健康监护档案，具体包括如下内容：（1）劳动者的职业史和职业中毒危害接触史；（2）相应作业场所职业中毒危害因素监测结果；（3）职业健康检查结果及处理情况；（4）职业病诊疗等劳动者健康资料。

四、劳动者权利和义务

（一）劳动者权利

劳动者享有下列职业卫生保护权利：（1）获得职业卫生教育、培训；（2）获得职业健康检查、职业病诊疗、康复等职业病防治服务；（3）了解工作场所产生或者可能产生的职业中毒危害因素、危害后果和应当采取的职业中毒危害防护措施；（4）要求用人单位提供符合防治职业病要求的职业中毒危害防护设施和个人使用的职业中毒危害防护用品，改善工作条件；（5）对违反职业病防治法律、法规，危及生命、健康的行为提出批评、检举和控告；（6）拒绝违章指挥和强令进行没有职业中毒危害防护措施的作业；（7）参与用人单位职业卫生工作的民主管理，对职业病防治工作提出意见和建议。

（二）劳动者义务

劳动者应承担下列义务：（1）学习和掌握相关职业卫生知识，遵守有关劳动保护的法律、法规和操作规程，正确使用和维护职业中毒危害防护设施及其用品；（2）发现职业中毒事故隐患时，应当及时报告；（3）作业场所出现使用有毒物品产生的危险时，应当采取必要措施，按照规定正确使用防护设施，将危险加以消除或者减少到最低程度。

第六节　职业病防治的监督与法律责任

一、职业病防治的监督

县级以上人民政府职业卫生监督管理部门依据职责划分，依法对用人单位的职业病防治工作进行监督检查。

职业卫生监督管理部门监督检查时，有权采取下列措施：（1）进入被检查单位和职业病危害现场，了解情况，调查取证；（2）查阅资料、采集样品；（3）责令停止违法行为。监督人员依法执行职务时应当出示监督执法证件，被检查单位应当接受检查并予以支持配合；监督人员知悉用人单位的秘密应当保密。

发生职业病危害事故或者有证据证明可能导致职业病危害事故发生时，职业卫生监督管理部门有权采取以下临时措施：（1）责令暂停导致职业病危害事故的作业；（2）封存造成职业病危害事故或者可能导致职业病危害事故发生的材料和设备；（3）组织控制职业病危害事故现场。在职业病危害事故或者危害状态得到有效控制后，职业卫生监督管理部门应当及时解除控制措施。

二、职业病防治的法律责任

（一）行政责任

对违反《职业病防治法》的单位，县级以上卫生行政部门可以根据违反情节给予警告，责令限期改正；逾期不改正的，处以罚款；情节严重的，责令停止产生职业病危害的作业，或者提请有关人民政府按照国务院规定的权限责令停建、关闭。

用人单位和医疗卫生机构未按照规定报告职业病、疑似职业病的，予以警告，责令限期改正，可以并处罚款；对直接负责的主管人员和其他直接责任人员，给予降级或者撤职的处分。

未取得职业卫生技术服务资质擅自从事职业卫生技术服务的，或者医疗卫生机构未经批准擅自从事职业健康检查、职业病诊断的，由卫生行政部门责令立即停止违法行为，没收违法所得，并处罚款；情节严重的，对直接负责人员依法给予降级、撤职或者开除。

对超出资质批准范围从事职业卫生技术服务或者职业健康检查、职业病诊断的或不履行法定职责的或有出具虚假证明文件行为之一的医疗卫生机构，由安全生产监督管理部门和卫生行政部门依据职责分工责令立即停止违法行为，给予警告，没收违法所得，并处罚款；情节严重的，取消其相应的资格；对直接责任人员依法给予降级、撤职或者开除。

职业病鉴定委员会组成人员收受职业病诊断争议当事人的财物的或其他好处的，给予警告，没收收受的财物，可以并处罚款，取消其担任职业病鉴定委员会组成人员的资格，并从专家库中予以除名。

（二）民事责任

劳动者患职业病或者其他职业性健康损害的，除依法享有工伤保险待遇之外，依照有关民事法律，还有权向用人单位提出赔偿要求。

（三）刑事责任

用人单位违反《职业病防治法》的规定，造成重大职业病危害事故或者其他严重后果，构成犯罪的，对直接负责的主管人员和其他直接责任人员，依法追究刑事责任。

对超出资质批准范围从事职业卫生技术服务或者职业健康检查、职业病诊断的或不履行法定职责的或有出具虚假证明文件行为之一的医疗卫生机构，构成犯罪的，依法追究刑事责任。

【练习题】

一、选择题

1. 职业病的分类和目录由国务院卫生行政部门会同国务院安全生产监督管理部门、劳动保障行政部门制定、调整并公布。目前，我国职业病共有 10 类（　　）种。

A. 100   B. 126
C. 115   D. 132
E. 168

2. (   ) 的主要负责人对本单位的职业病防治工作全面负责。
A. 用人单位   B. 劳动部门
C. 卫生部门   D. 工会
E. 质量安全监督部门

3. 新建、扩建、改建建设项目和技术改造技术引进项目可能产生职业病危害的，建设单位在可行性论证阶段应当向安全生产监督管理部门提交 (   )。
A. 职业卫生预评价报告   B. 职业病危害预评价报告
C. 职业安全卫生预评价报告   D. 职业安全预评价报告
E. 职业安全检查报告

4. 建设项目在竣工验收前，建设单位应当进行 (   )。
A. 劳动防护设施验收评价   B. 安全卫生设施验收评价
C. 职业卫生设施验收评价   D. 职业病危害控制效果评价
E. 职业病危害预评价报告

5. 建设项目的职业病防护设施所需费用应当纳入建设项目工程预算，并与主体工程同时设计、(   ) 并投入生产和使用。
A. 同时投资   B. 同时评估
C. 同时验收   D. 同时施工
E. 同时使用

6. 用人单位应当采用有效的职业病防护措施，并为劳动者提供个人使用的 (   )。
A. 劳动保护用品   B. 安全防护用品
C. 劳动防护用品   D. 职业病防护用品
E. 劳动安全手册

7. 对遭受或者可能遭受急性职业病危害的劳动者，用人单位应当及时 (   )，所需费用由用人单位承担。
A. 进行健康检查和医学观察   B. 组织救治和医学观察
C. 组织救治、进行健康检查和医学观察 D. 进行健康检查和医学观察
E. 组织救治和健康检查

8. 用人单位应当为劳动者建立 (   ) 档案，并按照规定的期限妥善保存。
A. 员工健康检查   B. 职业健康监护
C. 定期健康检查   D. 职业健康体检
E. 职业病诊疗档案

二、简答题

1. 我国职业病防治法的基本原则有哪些？

2. 用人单位职业病防治的主要义务有哪些?

3. 简述职业病诊断的鉴定程序。

4. 简述职业病人的法定待遇。

练习题参考答案

三、论述题

目前我国职业病防治主要存在哪些问题?

第九章
基本医疗卫生服务与健康促进法律制度

【本章重点】

1. 基本医疗卫生服务的概念和主要规定
2. 分级诊疗法律制度
3. 环境污染防治法律制度
4. 国境卫生检疫法律制度
5. 公共场所及学校卫生法律制度

大气污染责任纠纷案[①]

深圳市速美环保有限公司（以下简称"速美公司"）于 2015 年 9 月起在淘宝网销售汽车用品，主要销售产品为使机动车尾气年检蒙混过关的所谓"年检神器"，已售出 3 万余件，销售金额为 300 余万元。

思考：

1. 速美公司是否需要承担法律责任？
2. 我国大气污染防治的目标是什么？

案例解析

第一节　基本医疗卫生服务与健康促进概述

一、基本医疗卫生服务与健康促进法的发展历史

自 20 世纪 80 年代起，为促进卫生领域高效规范发展，专家学者提出有必要对基本

[①] 审理法院：一审法院为杭州市中级人民法院，案号为（2016）浙 01 民初 1269 号；二审为浙江省高级人民法院，案号为（2019）浙民终 863 号。

医疗卫生领域立法。1996年，国务院法制局将"初级卫生保健法"列入立法规划。2003年，十届全国人大将"初级卫生保健法"列入立法规划。2016年，全国卫生与健康大会召开，提出要把人民健康放在优先发展战略地位，"将健康融入所有政策"，为基本医疗卫生立法奠定基础。2019年，十三届全国人大通过《基本医疗卫生与健康促进法》，自2020年6月1日开始施行。这是我国卫生健康领域第一部基础性、综合性的法律，对于发展医疗卫生与健康事业，保障公民享有基本医疗卫生服务，提高公民健康水平，推进健康中国建设有重要意义。

二、公民健康权利与义务

《基本医疗卫生与健康促进法》的核心权利是健康权。国家和社会尊重、保护公民的健康权。健康权利和义务的内容包括：

（一）获得健康教育的权利

国家建立健康教育制度，保障公民获得健康教育的权利，提高公民的健康素养。

（二）获得基本医疗卫生服务的权利

公民依法享有从国家和社会获得基本医疗卫生服务的权利。国家建立基本医疗卫生制度，建立健全医疗卫生服务体系，保护和实现公民获得基本医疗卫生服务的权利。

（三）依法接种免疫规划疫苗的权利和义务

居民有依法接种免疫规划疫苗的权利和义务。政府向居民免费提供免疫规划疫苗。

（四）知情同意的权利

公民接受医疗卫生服务，对病情、诊疗方案、医疗风险、医疗费用等事项依法享有知情同意的权利。需要实施手术、特殊检查、特殊治疗的，医疗卫生人员应当及时向患者说明医疗风险、替代医疗方案等情况，并取得其明确同意；不能或者不宜向患者说明的，应当向患者的近亲属说明，并取得其明确同意。法律另有规定的，依照其规定。开展药物、医疗器械临床试验和其他医学研究应当遵守医学伦理规范，依法通过伦理审查，取得知情同意。

（五）参加基本医疗保险的权利

基本医疗服务费用主要由基本医疗保险基金和个人支付。国家依法多渠道筹集基本医疗保险基金，逐步完善基本医疗保险可持续筹资和保障水平调整机制。公民有依法参加基本医疗保险的权利和义务。用人单位和职工按照国家规定缴纳职工基本医疗保险费。城乡居民按照规定缴纳城乡居民基本医疗保险费。

（六）尊重他人健康权利的义务

公民是自己健康的第一责任人，树立和践行对自己健康负责的健康管理理念，主动学习健康知识，提高健康素养，加强健康管理。倡导家庭成员相互关爱，形成符合自身和家庭特点的健康生活方式。公民应当尊重他人的健康权利和利益，不得损害他人健康和社会公共利益。

三、基本医疗卫生服务

（一）基本医疗卫生服务的概念

基本医疗卫生服务，是指维护人体健康所必需、与经济社会发展水平相适应、公民可公平获得的，采用适宜药物、适宜技术、适宜设备提供的疾病预防、诊断、治疗、护理和康复等服务。基本医疗卫生服务包括基本公共卫生服务和基本医疗服务，其中基本公共卫生服务由国家免费提供。国家采取措施保障公民享有安全有效的基本公共卫生服务，控制影响健康的危险因素，提高疾病的预防控制水平。

（二）基本医疗卫生服务项目的确定

国家基本公共卫生服务项目由国务院卫生健康主管部门会同国务院财政部门、中医药主管部门等共同确定。省、自治区、直辖市人民政府可以在国家基本公共卫生服务项目基础上，补充确定本行政区域的基本公共卫生服务项目，并报国务院卫生健康主管部门备案。

（三）基本医疗卫生服务的提供主体

国务院和省、自治区、直辖市人民政府可以将针对重点地区、重点疾病和特定人群的服务内容纳入基本公共卫生服务项目并组织实施。

县级以上地方人民政府针对本行政区域重大疾病和主要健康危险因素，开展专项防控工作。县级以上人民政府通过举办专业公共卫生机构、基层医疗卫生机构和医院，或者从其他医疗卫生机构购买服务的方式提供基本公共卫生服务。

基本医疗服务主要由政府举办的医疗卫生机构提供。鼓励社会力量举办的医疗卫生机构提供基本医疗服务。

（四）基本医疗卫生服务的内容

基本医疗卫生服务主要包括突发事件卫生应急体系、传染病防控制度、预防接种制度、慢性非传染性疾病防控与管理制度、职业健康保护、妇幼健康服务体系、老年人保健事业、残疾预防和残疾人康复事业、残疾儿童康复工作、院前急救体系、精神卫生事业、分级诊疗制度以及家庭医师签约服务。

四、健康促进

（一）健康教育

各级人民政府应当加强健康教育工作及其专业人才培养，建立健康知识和技能核心信息发布制度，普及健康科学知识，向公众提供科学、准确的健康信息。国家将健康教育纳入国民教育体系。

（二）健康管理

公民是自己健康的第一责任人，应树立和践行对自己健康负责的健康管理理念，主动学习健康知识，提高健康素养，加强健康管理。

（三）国家在健康促进领域的制度安排

第一，国家组织居民健康状况调查和统计，开展体质监测，对健康绩效进行评估，并根据评估结果制定、完善与健康相关的法律、法规、政策和规划。

第二，国家建立疾病和健康危险因素监测、调查和风险评估制度。

第三，国家大力开展爱国卫生运动，鼓励和支持开展爱国卫生月等群众性卫生与健康活动，依靠和动员群众控制和消除健康危险因素，改善环境卫生状况，建设健康城市、健康村镇、健康社区。

第四，国家建立科学、严格的食品、饮用水安全监督管理制度，提高安全水平。

第五，国家建立营养状况监测制度，实施经济欠发达地区、重点人群营养干预计划，开展未成年人和老年人营养改善行动，倡导健康饮食习惯，减少不健康饮食引起的疾病风险。

第六，国家发展全民健身事业，完善覆盖城乡的全民健身公共服务体系，加强公共体育设施建设，组织开展和支持全民健身活动，加强全民健身指导服务，普及科学健身知识和方法。

第七，国家制定并实施未成年人、妇女、老年人、残疾人等的健康工作计划，加强重点人群健康服务。

第八，国家完善公共场所卫生管理制度。

第九，国家采取措施，减少吸烟对公民健康的危害。

第十，国家鼓励用人单位开展职工健康指导工作。国家提倡用人单位为职工定期开展健康检查。

五、法律责任

（一）行政责任

1. 卫生健康部门责任

地方各级人民政府、县级以上人民政府卫生健康主管部门和其他有关部门，滥用职权、玩忽职守、徇私舞弊的，对直接负责的主管人员和其他直接责任人员依法给予处分。

2. 医疗机构责任

未取得医疗机构执业许可证擅自执业的，由县级以上人民政府卫生健康主管部门责令停止执业活动，没收违法所得和药品、医疗器械，并处违法所得 5 倍以上 20 倍以下的罚款，违法所得不足 1 万元的，按 1 万元计算。

伪造、变造、买卖、出租、出借医疗机构执业许可证的，由县级以上人民政府卫生健康主管部门责令改正，没收违法所得，并处违法所得 5 倍以上 15 倍以下的罚款，违法所得不足 1 万元的，按 1 万元计算；情节严重的，吊销医疗机构执业许可证。

有下列行为之一的，由县级以上人民政府卫生健康主管部门责令改正，没收违法所得，并处违法所得 2 倍以上 10 倍以下的罚款，违法所得不足 1 万元的，按 1 万元计算；对直接负责的主管人员和其他直接责任人员依法给予处分：（1）政府举办的医疗卫生机构与其他组织投资设立非独立法人资格的医疗卫生机构；（2）医疗卫生机构对外出租、承包医疗科室；（3）非营利性医疗卫生机构向出资人、举办者分配或者变相分配收益。

3. 医疗信息安全责任

医疗卫生机构等的医疗信息安全制度、保障措施不健全，导致医疗信息泄露，或者医疗质量管理和医疗技术管理制度、安全措施不健全的，由县级以上人民政府卫生健康等主管部门责令改正，给予警告，并处 1 万元以上 5 万元以下的罚款；情节严重的，可以责令停止相应执业活动，对直接负责的主管人员和其他直接责任人员依法追究法律责任。

4. 医务卫生人员责任

医疗卫生人员有下列行为之一的，由县级以上人民政府卫生健康主管部门依照有关执业医师、护士管理和医疗纠纷预防处理等法律、行政法规的规定给予行政处罚：（1）利用职务之便索要、非法收受财物或者牟取其他不正当利益；（2）泄露公民个人健康信息；（3）在开展医学研究或提供医疗卫生服务过程中未按照规定履行告知义务或者违反医学伦理规范。前述规定的人员属于政府举办的医疗卫生机构中的人员的，依法给予处分。

5. 医疗采购投标责任

参加药品采购投标的投标人以低于成本的报价竞标，或者以欺诈、串通投标、滥用市场支配地位等方式竞标的，由县级以上人民政府医疗保障主管部门责令改正，没收违法所得；中标的，中标无效，处中标项目金额 5‰以上 10‰以下的罚款，对法定代表人、主要负责人、直接负责的主管人员和其他责任人员处对单位罚款数额 5% 以上 10% 以下的罚款；情节严重的，取消其 2 年至 5 年内参加药品采购投标的资格并予以公告。

6. 扰乱秩序责任

扰乱医疗卫生机构执业场所秩序，威胁、危害医疗卫生人员人身安全，侵犯医疗卫生人员人格尊严，非法收集、使用、加工、传输公民个人健康信息，非法买卖、提供或者公开公民个人健康信息等，构成违反治安管理行为的，依法给予治安管理处罚。

（二）民事责任

违反《基本医疗卫生与健康促进法》的规定，造成人身、财产损害的，依法承担民事责任。

（三）刑事责任

违反《基本医疗卫生与健康促进法》的规定，构成犯罪的，依法追究刑事责任。

第二节　分级诊疗法律制度

一、分级诊疗制度的历史发展

自 2009 年开始深化医疗卫生体制改革以来，分级诊疗制度在我国不断推行并深化，多项政策出台保障分级诊疗的有序发展。2009 年《关于深化医药卫生体制改革的意见》提出，要"逐步建立分级诊疗和双向转诊制度，为群众提供便捷、低成本的基本医疗卫生服务"。2015 年，国务院办公厅发布《关于推进分级诊疗制度建设的指导意见》，部署加快推进分级诊疗制度建设，形成科学有序就医格局，提高人民健康水平，进一步保障和改善民生。

此后，为落实分级诊疗制度，先后出台了一系列文件。2016 年，国家卫生计生委和国家中医药管理局出台《关于推进分级诊疗试点工作的通知》，确定了北京市等 4 个直辖市、河北省石家庄市等 266 个地级市作为试点城市开展分级诊疗试点工作。2018 年，国家卫生健康委员会和国家中医药管理局出台《关于进一步做好分级诊疗制度建设有关重点工作的通知》，对推进分级诊疗建设的重点工作做了相关部署。2021 年 6 月，为加快完善分级诊疗体系，推进医疗联合体建设，国家卫生健康委决定成立推进分级诊疗与医疗联合体建设工作专家组，并出台《推进分级诊疗与医疗联合体建设工作专家组管理办法》。

此外，《基本医疗卫生与健康促进法》首次将分级诊疗上升到法律层面，提出：（1）国家推进基本医疗服务实行分级诊疗制度，引导非急诊患者首先到基层医疗卫生机构就诊，实行首诊负责制和转诊审核责任制，逐步建立基层首诊、双向转诊、急慢分治、上下联动的机制，并与基本医疗保险制度相衔接。县级以上地方人民政府根据本行政区域医疗卫生需求，整合区域内政府举办的医疗卫生资源，因地制宜建立医疗联合体等协同联动的医疗服务合作机制。鼓励社会力量举办的医疗卫生机构参与医疗服务合作机制。（2）国家推进基层医疗卫生机构实行家庭医师签约服务，建立家庭医师服务团队，与居民签订协议，根据居民健康状况和医疗需求提供基本医疗卫生服务。

二、分级诊疗的基本模式

（一）基层首诊

坚持群众自愿、政策引导，鼓励并逐步规范常见病、多发病患者首先到基层医疗卫生机构就诊，对于超出基层医疗卫生机构功能定位和服务能力的疾病，由基层医疗卫生机构为患者提供转诊服务。

（二）双向转诊

坚持科学就医、方便群众、提高效率，完善双向转诊程序，建立健全转诊指导目录，重点畅通慢性期、恢复期患者向下转诊渠道，逐步实现不同级别、不同类别医疗卫生机构之间的有序转诊。

（三）急慢分治

明确和落实各级各类医疗卫生机构急慢病诊疗服务功能，完善治疗—康复—长期护理服务链，为患者提供科学、适宜、连续性的诊疗服务。急危重症患者可以直接到二级以上医院就诊。

（四）上下联动

引导不同级别、不同类别医疗卫生机构建立目标明确、权责清晰的分工协作机制，以促进优质医疗资源下沉为重点，推动医疗资源合理配置和纵向流动。

三、分级诊疗的重点工作

（一）加强统筹规划，加快推进医联体建设

1. 网格化布局组建城市医疗集团和县域医共体。各级卫生健康行政部门要按照"规划发展、分区包段、防治结合、行业监管"的原则，以设区的地市和县域为单位，将服务区域按照医疗资源分布情况划分为若干个网格，每个网格由一个医疗集团或者医共体

负责。

2. 重点推进重大疾病和短缺医疗资源专科联盟建设。各级卫生健康行政部门要根据患者跨省级行政区域就诊病种及技术需求情况，有针对性地主动指导专科联盟建设。要充分发挥国家级、省级医院临床重点专科优势，调动积极性，重点推进重大疾病和短缺医疗资源专科联盟建设，以专科协作为纽带，强弱项、补短板，促进专科整体能力提升。要将专科联盟建设与省级医疗中心设置工作有机结合，逐步减少患者就诊跨省级行政区域流动。

3. 加快远程医疗协作网建设，促进优质医疗资源下沉。各级卫生健康行政部门要按照相关要求，大力推进远程医疗服务发展，完善五级远程医疗服务网络，推动远程医疗服务覆盖所有医联体。要重点发展面向边远、贫困地区的远程医疗协作网，确保实现对口帮扶贫困县县级医院远程医疗全覆盖。要充分利用远程医疗、远程教学等信息化手段下沉优质医疗资源，提升基层医疗服务能力，提高优质医疗资源可及性。

（二）以区域医疗中心建设为重点推进分级诊疗区域分开

各级卫生健康行政部门要按照《关于印发"十三五"国家医学中心及国家区域医疗中心设置规划的通知》有关要求，通过加大投入、专科建设、人才培养、科技支撑、政策配套等措施，支持符合条件的国家级、省级医院开展国家医学中心、国家区域医疗中心建设工作。要统筹辖区内医疗资源，根据跨省就医需求和临床专科情况，规划建设省级医疗中心和省域内区域医疗中心。

（三）以县医院能力建设为重点推进分级诊疗城乡分开

各级卫生健康行政部门要进一步加强县医院人才、技术、临床专科等核心能力建设，提高县医院规范化、精细化、信息化管理水平。进一步完善县医院诊疗科目设置，进一步加强临床及其支撑专科建设。通过改善设备设施、引进专业人才、加入专科联盟等措施，提升急诊、儿科、麻醉科、重症医学科等薄弱专科能力。加强与上级医院的技术合作，引进并推广适宜技术项目，提高微创技术临床使用比例和重大疾病诊疗能力。

（四）以重大疾病单病种管理为重点推进分级诊疗上下分开

各级卫生健康行政部门要指导城市医疗集团和县域医共体重点做好重大慢性非传染性疾病分级诊疗，按照有关分级诊疗技术方案和双向转诊基本原则，细化慢性疾病单病种分级管理要求，明确不同级别和类别医疗机构职责，建立分工协作机制。要完善双向转诊制度，重点畅通向下转诊通道，明确转诊标准和转诊流程，将急性病恢复期患者、术后恢复期患者及危重症稳定期患者及时转诊至下级医疗机构，探索基层医疗卫生机构与老年医疗照护、家庭病床、居家护理等相结合的服务模式。要采取多种措施提高基层医疗卫生机构慢性疾病必需药品可及性，提高患者用药便利性，提升基层药学服务能力，确保基层用药合理安全。

（五）以三级医院日间服务为重点推进分级诊疗急慢分开

符合条件的三级医院要稳步开展日间手术，完善工作制度和流程，逐步扩大日间手术病种范围，提高日间手术占择期手术的比例，缩短患者等候时间，提升医疗服务效率。鼓励有条件的医院为患者提供适宜的日间诊疗服务，提高床单元使用效率。三级医院要主动调整门诊病种结构，基层医疗卫生机构要稳步推进家庭医生签约服务工作。

第三节 环境污染防治法律制度

一、环境污染防治概述

（一）环境污染的概念

环境污染是指由于人为因素，对影响人类生存和发展的各种天然的和经过人工改造的自然因素的总体造成污染，使得环境的物理、化学和生物等条件发生改变，导致环境系统不利于人类及其他生物的正常生存和发展。

（二）环境污染的分类

第一，根据环境污染主体不同，可将其分为天然污染、人为污染、其他环境污染主体污染。其中，天然污染，是指由自然因素造成的环境污染，如火山爆发，泥石流等。人为污染，是指由人类社会活动引起的环境污染，主要有工业、农业、交通运输和城镇生活污染等。

第二，根据环境污染性质不同，可将其分为物理污染、化学污染、生物污染、其他环境污染性质污染。物理污染是指由物理因素引起的环境污染，如放射性辐射、电磁辐射、噪声、光污染等。化学污染是指由化学污染物引起的环境污染。生物污染是指可导致人体疾病的各种生物特别是寄生虫、细菌和病毒等引起的环境（大气、水、土壤）和食品的污染。

第三，根据环境污染对象不同，可将其分为大气环境污染、地表水体环境污染、地下水体环境污染、海洋环境污染、土壤环境污染、外层空间环境污染、声环境污染、振动环境污染、放射性环境污染、电磁环境污染、光环境污染、热环境污染、嗅觉环境污染、其他环境污染。

大气环境污染是指由于人类活动或自然过程引起某些物质进入大气中，呈现出足够的浓度，达到足够的时间，并因此危害了人体的舒适、健康和福利或环境的现象。地表水体环境污染是指河流、湖泊、水库、沼泽等地表水中的污染物含量超过了水体的自净能力，改变了水体的物理化学性质，破坏了水体的原有用途和功能。地下水体环境污染主要指人类活动引起地下水化学成分、物理性质和生物学特性发生改变而使质量下降的现象。海洋环境污染是指由于人类活动，直接或间接地把物质或能量引入海洋环境（包括河口湾），造成或可能造成损害生物资源和海洋生物、危害人类健康、妨碍捕鱼和其他各种合法的海洋活动、损坏海水使用质量和减损环境优美等的有害影响。土壤环境污染是指人类活动产生的污染物进入土壤并积累到一定程度，引起土壤质量恶化的现象。外层空间环境污染是指人类活动所产生的有害物质引起外空环境的恶化，进而对后续的空间活动产生不利影响的现象。声环境污染是指所产生的环境噪声超过国家规定的环境噪声排放标准，并干扰他人正常生活、工作和学习的现象。振动环境污染是指振动源所产生的振动超过相关的标准限值，影响周围环境，干扰人们正常生活、工作和学习的现象。放射性环境污染是指由于人类活动造成物料、人体、场所、环境介质表面或者内部出现超过国家标准的放射性物质或者射线的现象。电磁环境污染是指天然和人为的各种电磁波的干扰及有害的电磁辐射。光环境污染是指过量的光辐射对人类生活和生产环境造成不良影响的现象，包括可见光、红外线和紫外线造成的污染。热环境污染是一种能量污染，是指人类活动危害热环境的现象。嗅觉环境污染是指一切刺激嗅觉器官引起人们不愉快及损坏生活环境的现象。

第四，根据环境污染影响范围不同，可将其分为全球性污染、区域性污染、局部性污染、其他环境污染。全球性污染是指环境污染物通过空气和水的运动，从污染源传播到地球各处造成全球的环境污染，如二氧化碳、二氧化硫、氮氧化物、滴滴涕等造成的全球性污染。区域性污染是指环境污染物能在排放源的一定距离之外造成损害但影响范围仍局限于一定范围内的环境污染。酸雨是一种典型的区域性污染物。局部性污染是指污染范围局限在污染源排出的局部区域，如某个工厂烟囱排出废气造成的影响。

（三）环境污染防治立法的历史发展

早在我国奴隶社会时期，统治者就已经开始注意保护环境，并在法律中作出了规定，一直到清代，这些关于环境保护的规定不断被沿袭和补充完善。到民国时期，沿海一带现代工业有所发展。由于不注意环境保护，局部地区已出现污染。但由于当时战乱频繁，政局不稳，执政者极不重视环境保护，因而环境与资源保护立法残缺不全，几乎查不到有关防治污染的专门法规。新中国成立后，我国的环境保护立法经历了较为曲折的发展过程，并逐步得到发展和完善。20世纪70年代初，我国颁布了一系列污染物排放标准。1979年《环境保护法（试行）》的颁布，标志着我国的环境保护工作进入了法制化阶段。

目前我国现有的污染防治立法主要有：《环境保护法》（1989年通过，2014年修订）、《大气污染防治法》（1987年通过，1995年、2000年、2015年、2018年四次修改）、《水污染防治法》（1984年通过，1996年、2008年、2017年三次修改）、《噪声污染防治法》（2021年通过）、《环境噪声污染防治法》（1996年通过）、《固体废物污染环境防治法》（1995年通过，2004年、2013年、2015年、2016年、2020年五次修改）；《医疗废物管理条例》（2003年通过，2011年修订）。

二、大气污染防治法

（一）大气污染防治目标

防治大气污染，应当以改善大气环境质量为目标，坚持源头治理，规划先行，转变经济发展方式，优化产业结构和布局，调整能源结构。防治大气污染，应当加强对燃煤、工业、机动车船、扬尘、农业等大气污染的综合防治，推行区域大气污染联合防治，对颗粒物、二氧化硫、氮氧化物、挥发性有机物、氨等大气污染物和温室气体实施协同控制。

（二）大气污染防治的管理

县级以上人民政府应当将大气污染防治工作纳入国民经济和社会发展规划，加大对大气污染防治的财政投入。地方各级人民政府应当对本行政区域的大气环境质量负责，制定规划，采取措施，控制或者逐步削减大气污染物的排放量，使大气环境质量达到规定标准并逐步改善。

国务院生态环境主管部门会同国务院有关部门，按照国务院的规定，对省、自治区、直辖市大气环境质量改善目标、大气污染防治重点任务完成情况进行考核。省、自治区、直辖市人民政府制定考核办法，对本行政区域内地方大气环境质量改善目标、大气污染防治重点任务完成情况实施考核。考核结果应当向社会公开。

县级以上人民政府生态环境主管部门对大气污染防治实施统一监督管理。县级以上人民政府其他有关部门在各自职责范围内对大气污染防治实施监督管理。

（三）大气污染防治标准和限期达标规划

国务院生态环境主管部门或者省、自治区、直辖市人民政府制定大气环境质量标准以及大气污染物排放标准。制定相关标准应组织专家进行审查和论证，并征求有关部门、行业协会、企业事业单位和公众等方面的意见。标准制定完成后，应在省级以上人民政府生态环境网站上公布。应对标准执行情况定期进行评估，根据评估结果对标准适时进行修订。

未达到国家大气环境质量标准城市的人民政府应当及时编制大气环境质量限期达标规划，采取措施，按照国务院或者省级人民政府规定的期限达到大气环境质量标准。编制城市大气环境质量限期达标规划，应当征求有关行业协会、企业事业单位、专家和公众等方面的意见。城市大气环境质量限期达标规划制定完成后，应向社会公开。直辖市和设区的市的大气环境质量限期达标规划应当报国务院生态环境主管部门备案。城市大气环境质量限期达标规划应当根据大气污染防治的要求和经济、技术条件适时进行评估、修订。

（四）大气污染防治的监督管理

企业事业单位和其他生产经营者建设对大气环境有影响的项目，应当依法进行环境影响评价、公开环境影响评价文件；向大气排放污染物的，应当符合大气污染物排放标准，遵守重点大气污染物排放总量控制要求。

（五）大气污染防治措施

大气污染防治措施具体包括燃煤和其他能源污染防治措施、工业污染防治措施、机动车船等污染防治措施、扬尘污染防治措施，以及农业和其他污染防治措施。

（六）重点区域大气污染联合防治

国家建立重点区域大气污染联防联控机制，统筹协调重点区域内大气污染防治工作。

（七）重污染天气应对

国家建立重污染天气监测预警体系。县级以上地方人民政府应当将重污染天气应对纳入突发事件应急管理体系。县级以上地方人民政府应当依据重污染天气的预警等级，及时启动应急预案。发生造成大气污染的突发环境事件，人民政府及其有关部门和相关企业事业单位，应当依照《突发事件应对法》《环境保护法》的规定，做好应急处置工作。

三、水污染防治法

（一）水污染防治法的适用水体类别

《水污染防治法》适用于中华人民共和国领域内的江河、湖泊、运河、渠道、水库等地表水体以及地下水体的污染防治。海洋污染防治适用《海洋环境保护法》。

（二）水污染防治原则

水污染防治应当坚持预防为主、防治结合、综合治理的原则，优先保护饮用水水源，严格控制工业污染、城镇生活污染，防治农业面源污染，积极推进生态治理工程建设，预防、控制和减少水环境污染和生态破坏。

（三）水污染防治的监管体系

县级以上人民政府应当将水环境保护工作纳入国民经济和社会发展规划。县级以上人民政府环境保护主管部门对水污染防治实施统一监督管理。交通主管部门的海事管理机构对船舶污染水域的防治实施监督管理。县级以上人民政府水行政、国土资源、卫生、建设、农业、渔业等部门以及重要江河、湖泊的流域水资源保护机构，在各自的职责范围内，对有关水污染防治实施监督管理。

（四）水污染防治的相关制度

省、市、县、乡建立河长制，分级分段组织领导本行政区域内江河、湖泊的水资源保护、水域岸线管理、水污染防治、水环境治理等工作。

国家实行水环境保护目标责任制和考核评价制度，将水环境保护目标完成情况作为对地方人民政府及其负责人考核评价的内容。

国家鼓励、支持水污染防治的科学技术研究和先进适用技术的推广应用，加强水环境保护的宣传教育。

国家通过财政转移支付等方式，建立健全对位于饮用水水源保护区区域和江河、湖泊、水库上游地区的水环境生态保护补偿机制。

四、噪声污染防治法

（一）噪声污染的概念

噪声污染是指超过噪声排放标准或者未依法采取防控措施产生噪声，并干扰他人正常生活、工作和学习的现象。

（二）噪声污染防治原则

噪声污染防治应当坚持统筹规划、源头防控、分类管理、社会共治、损害担责的原则。

（三）噪声污染防治的监管体系

国务院生态环境主管部门对全国噪声污染防治实施统一监督管理。地方人民政府生态环境主管部门对本行政区域噪声污染防治实施统一监督管理。各级住房和城乡建设、公安、交通运输、铁路监督管理、民用航空、海事等部门，在各自职责范围内，对建筑施工、交通运输和社会生活噪声污染防治实施监督管理。基层群众性自治组织应当协助地方人民政府及其有关部门做好噪声污染防治工作。

（四）噪声污染防治内容

噪声污染防治主要包括工业噪声污染防治、建筑施工噪声污染防治、交通运输噪声污染防治和社会生活噪声污染防治。

五、固体废物污染环境防治法

（一）固体废物污染环境防治原则

国家对固体废物污染环境的防治，坚持减量化、资源化和无害化的原则。任何单位和个人都应当采取措施，减少固体废物的产生量，综合利用固体废物，实现固体废物产生、收集、贮存、运输、利用、处置及相关活动无害化。

（二）固体废物污染防治的监管体系

国务院生态环境主管部门对全国固体废物污染环境的防治工作实施统一监督管理。国务院工业和信息化、自然资源、住房城乡建设、交通运输、农业农村、卫生健康、商务、海关等主管部门在各自职责范围内负责固体废物污染环境防治的监督管理工作。地方人民政府生态环境主管部门对本行政区域固体废物污染环境的防治工作实施统一监督管理。

（三）固体废物污染环境防治的内容

固体废物污染环境防治主要包括一般规定、工业固体废物污染环境的防治、生活垃圾污染环境的防治、建筑垃圾及农业固体废物污染环境的防治，以及危险废物污染环境防治的特别规定，不适用于固体废物污染海洋环境的防治和放射性固体废物污染环境的防治。

六、医疗废物管理法律制度

（一）医疗废物的概念

医疗废物是指医疗卫生机构在医疗、预防、保健以及其他相关活动中产生的具有直接或者间接感染性、毒性以及其他危害性的废物。医疗废物分类目录，由国务院卫生行政主管部门和环境保护行政主管部门共同制定、公布。

（二）医疗废物的监管体系

县级以上各级人民政府卫生行政主管部门，对医疗废物收集、运送、贮存、处置活动中的疾病防治工作实施统一监督管理；环境保护行政主管部门，对医疗废物收集、运送、贮存、处置活动中的环境污染防治工作实施统一监督管理。县级以上各级人民政府其他有关部门在各自的职责范围内负责与医疗废物处置有关的监督管理工作。

（三）医疗卫生机构对医疗废物的管理

第一，医疗卫生机构应当及时收集本单位产生的医疗废物，并按照类别分置于防渗漏、防锐器穿透的专用包装物或者密闭的容器内。

第二，医疗卫生机构应当建立医疗废物的暂时贮存设施、设备，不得露天存放医疗废物；医疗废物暂时贮存的时间不得超过2天。

第三，医疗卫生机构应当使用防渗漏、防遗撒的专用运送工具，按照本单位确定的内部医疗废物运送时间、路线，将医疗废物收集、运送至暂时贮存地点。

第四，医疗卫生机构应当根据就近集中处置的原则，及时将医疗废物交由医疗废物集中处置单位处置。

第五，医疗卫生机构产生的污水、传染病患者或者疑似传染病患者的排泄物，应当按照国家规定严格消毒；达到国家规定的排放标准后，方可排入污水处理系统。

第六，具备集中处置医疗废物条件的农村，医疗卫生机构应当按照县级人民政府卫生行政主管部门、环境保护行政主管部门的要求，自行就地处置其产生的医疗废物。

第四节　国境卫生检疫法律制度

一、国境卫生检疫法律制度概述

（一）国境卫生检疫的概念

国境卫生检疫，是指为防止传染病由国外传入或者由国内传出，保护人体健康，国境卫生检疫机关依据国境卫生检疫法律、法规，在国际通航的港口、机场以及陆地边境和国界江河的口岸，对入境、出境的人员、交通工具、运输设备以及可能传播检疫传染病的行李、货物、邮包等物品实施传染病检疫、监测和卫生监督的卫生行政执法活动。

（二）国境卫生检疫立法的历史发展

我国卫生检疫始于1873年，最早的卫生检疫机构隶属海关，主要是海港检疫，距今已有一百多年。新中国成立后，卫生检疫事业逐渐发展。1957年，经由第一届全国人民代表大会常务委员会第八十八次会议通过，《国境卫生检疫条例》出台，这是我国第一部卫生检疫法律。随后，经国务院批准，卫生部发布《国境卫生检疫条例实施规则》。1982年，由卫生部等联合发布《国境口岸卫生监督办法》，加强国境口岸和国际航行交通工具的卫生监督工作。1986年，经由第六届全国人民代表大会常务委员会第三十一次会议通过，《国境卫生检疫法》出台，此后于2007年、2009年、2018年三次修正。1989年，经国务院批准，卫生部发布《国境卫生检疫法实施细则》，并于2010年、2016年、2019年三次修订。

（三）国境卫生检疫的对象

依据《国境卫生检疫法》，入境、出境的人员、交通工具和集装箱，以及可能传播检疫传染病的行李、货物、邮包等，都应当接受检疫，经国境卫生检疫机关许可，方准入境或者出境。

（四）国境卫生检疫传染病的种类

我国国境卫生检疫传染病的类型主要包括：（1）检疫传染病，是指鼠疫、霍乱、黄热病以及国务院确定和公布的其他传染病。（2）监测传染病，由国务院卫生行政部门确定和公布。（3）限制入境传染病，包括精神病、麻风病、艾滋病、性病和开放性肺结核。卫生检疫机关应当阻止患有此类传染病或者有可能对公共卫生造成重大危害的其他传染病的外国人入境。

二、国境卫生检疫管理

（一）入境、出境检疫管理

1. 入境、出境的交通工具和人员检疫

入境的交通工具和人员，必须在最先到达的国境口岸的指定地点接受检疫。除引航员外，未经国境卫生检疫机关许可，任何人不准上下交通工具，不准装卸行李、货物、邮包等物品。具体办法由《国境卫生检疫法实施细则》规定。出境的交通工具和人员，必须在最后离开的国境口岸接受检疫。针对不同的交通方式采取不同的检疫管理，可分为海港检疫、航空检疫和陆地边境检疫。

此外，来自国外的船舶、航空器因故停泊、降落在中国境内非口岸地点的，船舶、航空器的负责人应当立即向就近的国境卫生检疫机关或者当地卫生行政部门报告。除紧急情况外，未经国境卫生检疫机关或者当地卫生行政部门许可，任何人不准上下船舶、航空器，不准装卸行李、货物、邮包等物品。在国境口岸发现检疫传染病、疑似检疫传染病，或者有人非因意外伤害而死亡且死因不明的，国境口岸有关单位和交通工具的负责人，应当立即向国境卫生检疫机关报告，并申请临时检疫。

2. 入境、出境的集装箱、货物、废旧物等物品检疫

入境、出境的集装箱、货物、废旧物等物品在到达口岸的时候，承运人、代理人或者货主，必须向卫生检疫机关申报并接受卫生检疫。对来自疫区的、被传染病污染的以及可能传播检疫传染病或者发现与人类健康有关的啮齿动物和病媒昆虫的集装箱、货物、废旧物等物品，应当实施消毒、除鼠、除虫或者其他必要的卫生处理。集装箱、货物、废旧物等物品的货主要求在其他地方实施卫生检疫的，卫生检疫机关可以给予方便，并按规定办理。

3. 入境、出境的微生物、人体组织、生物制品、血液及其制品等特殊物品检疫

入境、出境的微生物、人体组织、生物制品、血液及其制品等特殊物品的携带人、托运人或者邮递人，必须向卫生检疫机关申报并接受卫生检疫，凭卫生检疫机关签发的特殊物品审批单办理通关手续。未经卫生检疫机关许可，不准入境、出境。

4. 入境、出境的旅客、员工个人携带或者托运的可能传播传染病的行李和物品检疫

入境、出境的旅客、员工个人携带或者托运的可能传播传染病的行李和物品，应当接受卫生检查。卫生检疫机关对来自疫区或者被传染病污染的各种食品、饮料、水产品等应当实施卫生处理或者销毁，并签发卫生处理证明。

（二）卫生处理

卫生检疫机关的工作人员在实施卫生处理时，必须注意下列事项：（1）防止对任何人的健康造成危害；（2）防止对交通工具的结构和设备造成损害；（3）防止发生火灾；（4）防止对行李、货物造成损害。

接受入境检疫的交通工具有下列情形之一的，应当由国境卫生检疫机关实施消毒、除鼠、除虫或者其他卫生处理：（1）来自检疫传染病疫区的；（2）被检疫传染病污染的；（3）发现有与人类健康有关的啮齿动物或者病媒昆虫的。如果外国交通工具的负责人拒绝

接受卫生处理，除有特殊情况外，准许该交通工具在国境卫生检疫机关的监督下，立即离开中华人民共和国国境。

由国外起运经过中华人民共和国境内的货物，如果不在境内换装，除发生在流行病学上有重要意义的事件，需要实施卫生处理外，在一般情况下不实施卫生处理。

卫生检疫机关对入境、出境的废旧物品和曾行驶于境外港口的废旧交通工具，根据污染程度，分别实施消毒、除鼠、除虫，对污染严重的实施销毁。

入境、出境的尸体、骸骨托运人或者代理人应当申请卫生检疫，并出示死亡证明或者其他有关证件，对不符合卫生要求的，必须接受卫生检疫机关实施的卫生处理。经卫生检疫合格后，方准运进或者运出。对因患检疫传染病而死亡的患者尸体，必须就近火化，不准移运。

卫生检疫机关对已在到达本口岸前的其他口岸实施卫生处理的交通工具不再重复实施卫生处理。但有下列情形之一的，仍需实施卫生处理：（1）在原实施卫生处理的口岸或者该交通工具上，发生流行病学上有重要意义的事件，需要进一步实施卫生处理的；（2）在到达本口岸前的其他口岸实施的卫生处理没有实际效果的。

在国境口岸或者交通工具上发现啮齿动物反常死亡或者死因不明的，国境口岸有关单位或者交通工具的负责人，必须立即向卫生检疫机关报告，迅速查明原因，实施卫生处理。

在国境口岸停留的国内航行的船舶如果存在鼠患，船方应当进行除鼠。根据船方申请，也可由卫生检疫机关实施除鼠。

（三）检疫传染病管理

1. 就地诊验

就地诊验指一个人在卫生检疫机关指定的期间，到就近的卫生检疫机关或者其他医疗卫生单位接受诊察和检验；或者卫生检疫机关、其他医疗卫生单位到该人员的居留地，对其进行诊察和检验。

卫生检疫机关对受就地诊验的人员，应当发给就地诊验记录簿，必要的时候，可以在该人员出具履行就地诊验的保证书以后，再发给其就地诊验记录簿。受就地诊验的人员应当携带就地诊验记录簿，按照卫生检疫机关指定的期间、地点，接受医学检查；如果就地诊验的结果没有染疫，就地诊验期满的时候，受就地诊验的人员应当将就地诊验记录簿退还卫生检疫机关。

2. 留验

留验指将染疫嫌疑人收留在指定的处所进行诊察和检验。留验期限根据该传染病的潜伏期确定。受留验的人员在留验期间如果出现检疫传染病的症状，卫生检疫机关应当立即对该人员实施隔离，对与其接触的其他受留验的人员，应当实施必要的卫生处理，并且从卫生处理完毕时重新计算留验时间。

3. 隔离

隔离指将染疫人[①]收留在指定的处所，限制其活动并进行治疗，直到消除传染病传播

[①] 根据《国境卫生检疫法实施细则》，染疫人指正在患检疫传染病的人，或者经卫生检疫机关初步诊断，认为已经感染检疫传染病或者已经处于检疫传染病潜伏期的人。

的危险。对于检疫传染病染疫人，国境卫生检疫机关必须立即将其隔离，隔离期限根据医学检查结果确定。

三、传染病监测

（一）传染病监测的概念

传染病监测指对特定环境、人群进行流行病学、血清学、病原学、临床症状以及其他有关影响因素的调查研究，预测有关传染病的发生、发展和流行。

（二）传染病监测的对象

传染病监测的对象为入境、出境的交通工具、人员、食品、饮用水和其他物品以及病媒昆虫、动物。

（三）传染病监测的内容

传染病监测内容包括：（1）首发病例的个案调查；（2）暴发流行的流行病学调查；（3）传染源调查；（4）国境口岸内监测传染病的回顾性调查；（5）病原体的分离、鉴定，人群、有关动物血清学调查以及流行病学调查；（6）有关动物、病媒昆虫、食品、饮用水和环境因素的调查；（7）消毒、除鼠、除虫的效果观察与评价；（8）国境口岸以及国内外监测传染病疫情的收集、整理、分析和传递；（9）对监测对象开展健康检查和对监测传染病患者、疑似患者、密切接触人员的管理。

（四）传染病监测的措施

1. 限制入境

卫生检疫机关应当阻止患有严重精神病、传染性肺结核病或者有可能对公共卫生造成重大危害的其他传染病的外国人入境。

2. 出示相关证件

受入境、出境检疫的人员，必须根据检疫医师的要求，如实填报健康申明卡，出示某种有效的传染病预防接种证书、健康证明或者其他有关证件。

3. 发放就诊方便卡

卫生检疫机关对国境口岸的涉外宾馆、饭店内居住的入境、出境人员及工作人员实施传染病监测，并区别情况采取必要的预防、控制措施。对来自检疫传染病和监测传染病疫区的人员，检疫医师可以根据流行病学和医学检查结果，发给就诊方便卡。卫生检疫机关、医疗卫生机构遇到持有就诊方便卡的人员请求医学检查时，应当视同急诊给予医学检查；如果发现其患检疫传染病或者监测传染病，以及疑似检疫传染病或者疑似监测传染病，应当立即实施必要的卫生措施，并且将情况报告当地卫生防疫机构和签发就诊方便卡的卫生检疫机关。

4. 出示健康证明

凡申请出境居住 1 年以上的中国籍人员，必须持有卫生检疫机关签发的健康证明。中国公民出境、入境管理机关凭卫生检疫机关签发的健康证明办理出境手续。凡在境外居住 1 年以上的中国籍人员，入境时必须向卫生检疫机关申报健康情况，并在入境后 1 个月内到就近的卫生检疫机关或者县级以上的医院进行健康检查。公安机关凭健康证明办理有关手续。健康证明的副本应当寄送到原入境口岸的卫生检疫机关备案。国际通行交通工具上的中国籍员工，应当持有卫生检疫机关或者县级以上医院出具的健康证明。健康证明的项目、格式由海关总署统一规定，有效期为 12 个月。

四、卫生监督

卫生监督指依据卫生法规和卫生标准进行的卫生检查、卫生鉴定、卫生评价和采样检验等活动。

（一）卫生监督的内容

国境卫生检疫机关根据国家规定的卫生标准，对国境口岸的卫生状况和停留在国境口岸的入境、出境的交通工具的卫生状况实施以下卫生监督：（1）监督和指导有关人员对啮齿动物、病媒昆虫的防除；（2）检查和检验食品、饮用水及其储存、供应、运输设施；（3）监督从事食品、饮用水供应的从业人员的健康状况，检查其健康证明书；（4）监督和检查垃圾、废物、污水、粪便、压舱水的处理。

（二）卫生要求

1. 对国境口岸的卫生要求

（1）国境口岸和国境口岸内涉外的宾馆、生活服务单位以及候船、候车、候机厅（室）应当有健全的卫生制度和必要的卫生设施，并保持室内外环境整洁、通风良好。（2）国境口岸有关部门应当采取切实可行的措施，控制啮齿动物、病媒昆虫，使其数量降低到不足为害的程度。仓库、货场必须具有防鼠设施。（3）国境口岸的垃圾、废物、污水、粪便必须进行无害化处理，保持国境口岸环境整洁卫生。

2. 对交通工具的卫生要求

（1）交通工具上的宿舱、车厢必须保持清洁卫生，通风良好；（2）交通工具上必须备有足够的消毒、除鼠、除虫药物及器械，并备有防鼠装置；（3）交通工具上的货舱、行李舱、货车车厢在装货前或者卸货后应当进行彻底清扫，有毒物品和食品不得混装，防止污染；（4）对不符合卫生要求的入境、出境交通工具，必须接受卫生检疫机关的督导立即进行改进。

3. 对饮用水、食品及从业人员的卫生要求

（1）国境口岸和交通工具上的食品、饮用水必须符合有关的卫生标准；（2）国境口岸内的涉外宾馆，以及向入境、出境的交通工具提供饮食服务的部门，必须取得卫生检疫机关发放的卫生许可证；（3）国境口岸内涉外的宾馆和入境、出境交通工具上的食品、饮用水从业人员应当持有有效健康证明。

五、法律责任

（一）行政责任

对违反法律规定，有下列行为之一的单位或者个人，国境卫生检疫机关可以根据情节轻重，处以警告或者 100 元以上 5000 元以下的罚款：（1）应当受入境检疫的船舶，不悬

挂检疫信号的；（2）入境、出境的交通工具，在入境检疫之前或者在出境检疫之后，擅自上下人员，装卸行李、货物、邮包等物品的；（3）拒绝接受检疫或者抵制卫生监督，拒不接受卫生处理的；（4）伪造或者涂改检疫单、证、不如实申报疫情的；（5）瞒报携带禁止进口的微生物、人体组织、生物制品、血液及其制品或者其他可能引起传染病传播的动物和物品的。

对违反法律规定，有下列行为之一的单位或者个人，国境卫生检疫机关可以根据情节轻重，处以1000元以上1万元以下的罚款：（1）未经检疫的入境、出境交通工具，擅自离开检疫地点，逃避查验的；（2）隐瞒疫情或者伪造情节的；（3）未经卫生检疫机关实施卫生处理，擅自排放压舱水，移下垃圾、污物等控制的物品的；（4）未经卫生检疫机关实施卫生处理，擅自移运尸体、骸骨的。

对违反法律规定，有下列行为之一的单位或者个人，国境卫生检疫机关可以根据情节轻重，处以5000元以上3万元以下的罚款：（1）废旧物品、废旧交通工具，未向卫生检疫机关申报，未经卫生检疫机关实施卫生处理和签发卫生检疫证书而擅自入境、出境或者使用、拆卸的；（2）未经卫生检疫机关检查，从交通工具上移下传染病患者造成传染病传播危险的。

（二）刑事责任

《刑法》第332条规定，违反国境卫生检疫规定，引起检疫传染病传播或者有传播严重危险的，构成妨害国境卫生检疫罪，处3年以下有期徒刑或者拘役，并处或者单处罚金。

《国境卫生检疫法》规定，国境卫生检疫机关工作人员，应当秉公执法，忠于职守，对入境、出境的交通工具和人员，及时进行检疫；违法失职的，给予行政处分，情节严重构成犯罪的，依法追究刑事责任。

2020年3月，最高人民法院、最高人民检察院、公安部、司法部、海关总署联合印发的《关于进一步加强国境卫生检疫工作依法惩治妨害国境卫生检疫违法犯罪的意见》规定，对于单位实施妨害国境卫生检疫行为，引起鼠疫、霍乱、黄热病等国务院确定和公布的其他检疫传染病传播或者有传播严重危险的，应当对单位判处罚金，并对其直接负责的主管人员和其他直接责任人员定罪处罚。

第五节　公共场所及学校卫生法律制度

一、公共场所卫生法律制度

（一）公共场所卫生法律制度概述

1. 公共场所的概念及种类

公共场所是公众进行社会活动的重要载体，公共场所卫生安全关系人民群众健康和经济社会发展。当前我国相关法律法规并未对公共场所进行明确界定，不同的法律法规对公共场所有不同的规定。例如，《福建省公共场所治安管理办法》将公共场所定义为"从事文娱、体育和贸易等活动而形成的群众集散场所"；《公共场所卫生管理条例（修订草案）（征求意见稿）》将公共场所定义为"对公众开放、人群聚集，可能造成疾病传播和群体性健康危害的经营性场所以及公共交通工具"。

根据《公共场所卫生管理条例》，公共场所可分为 7 大类 28 种：（1）宾馆、饭馆、旅店、招待所、车马店、咖啡馆、酒吧、茶座；（2）公共浴室、理发店、美容店；（3）影剧院、录像厅（室）、游艺厅（室）、舞厅、音乐厅；（4）体育场（馆）、游泳场（馆）、公园；（5）展览馆、博物馆、美术馆、图书馆；（6）商场（店）、书店；（7）候诊室、候车（机、船）室、公共交通工具。

2. 公共场所立法的历史发展

1987 年，国务院发布《公共场所卫生管理条例》，并于 2016 年、2019 年两次修订。1991 年，卫生部发布《公共场所卫生管理条例实施细则》，后于 2011 年、2016 年、2017 年三次修改，更契合社会发展的实际。1987 年，卫生部出台《公共场所卫生监督监测要点》和《公共场所从业人员培训大纲》。此后，又公布《旅店业卫生标准》《文化娱乐场所卫生标准》等，对旅店业、文化娱乐场所、图书馆、博物馆、美术馆、展览馆、商场（店）、书店、医院候诊室、公共交通等候室等公共场所的卫生要求作出规定，并出台了《公共场所卫生监测技术规范》。为更好规范公共场所的卫生管理，国家出台《公共场所卫生检验办法》《公共场所卫生管理规范》《公共场所卫生指标及限制要求》《公共场所设计卫生规范》和《公共场所卫生学评价规范》等系列标准，构成公共卫生场所的卫生标准体系。2019 年出台的《基本医疗卫生与健康促进法》对公共场所作出规定，要求"公共场所应当按照规定配备必要的急救设备、设施"；"国家完善公共场所卫生管理制度。县级以上人民政府卫生健康等主管部门应当加强对公共场所的卫生监督。公共场所卫生监督信息应当依法向社会公开。公共场所经营单位应当建立健全并严格实施卫生管理制度，保证其经营活动持续符合国家对公共场所的卫生要求"；"公共场所控制吸烟，强化监督执法"。

3. 公共场所的卫生标准和要求

（1）空气、微小气候（湿度、温度、风速）。我国标准规定：冬季公共场所采用空调等调温方式的，除公共浴室和游泳场馆外，室内温度统一要求在 16℃~20℃；夏季采用空调等调温方式的，室内温度统一要求在 26℃~28℃。带有集中空调系统的公共场所相对湿度宜在 40%~65%，游泳场（馆）相对湿度不宜大于 80%。宾馆、旅店和招待所等人员停留时间较长或有休憩需求的场所，风速不宜大于 0.3m/s；其他场所统一规定风速不宜大于 0.5m/s。

（2）水质。公共场所提供的生活饮用水应该符合 GB5749 的要求；公共场所的浴池应该将浊度由 30NTU 降低到 5NTU；公共场所的游泳池水应该勤消毒，勤换水。

（3）采光、照明。从节约能源和利于人体健康角度出发，公共场所应当充分利用自然采光，照明指标主要考虑与现行国家标准的衔接，以及场所从业人员或顾客的安全性，避免出现意外事故。

（4）噪音。噪音会影响人们的睡眠和听力，所以对有睡眠、休憩需求的公共场所，环境噪声不应大于 45dB(A)，且设施运行产生的噪声不大于 5dB(A)，此规定为强制性条款。

对于其他场所，例如候车（机、船）室噪音宜小于 70dB（A），影剧院等娱乐场所噪音宜小于 85dB（A），地铁站台噪音宜小于 85dB（A）。

（5）顾客用具和卫生设施。公共用品用具的健康危害主要是因微生物超标而引起的疾病传播，所以公共用品用具应该确保卫生质量，不得含有超标微生物。

（二）卫生管理

1. 卫生管理组织及相关职能

经营单位应当负责所经营的公共场所的卫生管理。公共场所的法定代表人或者负责人是其经营场所卫生安全的第一责任人，应掌握相关卫生法律法规并熟悉本场所的卫生管理要求。公共场所应当设立卫生管理部门或者配备专（兼）职卫生管理人员，具体负责本公共场所的卫生工作，建立健全卫生管理制度和卫生管理档案。

公共场所经营者应履行如下义务：（1）公共场所经营者应当建立卫生培训制度，组织从业人员学习相关卫生法律知识和公共场所卫生知识，并进行考核。对考核不合格的，不得安排上岗。（2）公共场所经营者应当组织从业人员每年进行健康检查，从业人员在取得有效健康合格证明后方可上岗。（3）公共场所经营者应当保持公共场所空气流通，室内空气质量应当符合国家卫生标准和要求。（4）公共场所经营者提供给顾客使用的生活饮用水应当符合国家生活饮用水卫生标准要求。游泳场（馆）和公共浴室水质应当符合国家卫生标准和要求。（5）公共场所应当尽量采用自然光。自然采光不足的，公共场所经营者应当配置与其经营场所规模相适应的照明设施。（6）公共场所经营者应当采取措施降低噪声。（7）公共场所经营者提供给顾客使用的用品用具应当保证卫生安全，可以反复使用的用品用具应当一客一换，按照有关卫生标准和要求清洗、消毒、保洁。禁止重复使用一次性用品用具。（8）公共场所经营者应当根据经营规模、项目设置清洗、消毒、保洁、盥洗等设施设备和公共卫生间。（9）公共场所经营者应当配备安全、有效的预防控制蚊、蝇、蟑螂、鼠和其他病媒生物的设施设备及废弃物存放专用设施设备，并保证相关设施设备的正常使用，及时清运废弃物。（10）公共场所的选址、设计、装修应当符合国家相关标准和规范的要求。进行局部装饰装修的，经营者应当采取有效措施，保证营业的非装饰装修区域室内空气质量合格。（11）公共场所经营者应当设置醒目的禁止吸烟警语和标志。公共场所经营者应当开展吸烟危害健康的宣传，并配备专（兼）职人员对吸烟者进行劝阻。（12）公共场所经营者应当按照卫生标准、规范的要求对公共场所的空气、微小气候、水质、采光、照明、噪声、顾客用品用具等进行卫生检测，检测每年不得少于一次；检测结果不符合卫生标准、规范要求的应当及时整改。（13）公共场所经营者应当制定公共场所危害健康事故应急预案或者方案，定期检查公共场所各项卫生制度、措施的落实情况，及时消除危害公众健康的隐患。（14）公共场所发生危害健康事故的，经营者应当立即处置，防止危害扩大，并及时向县级人民政府卫生行政部门报告。

2. 卫生管理制度

公共场所应根据卫生法律法规、卫生标准、卫生规范的要求和本单位实际情况建立健全卫生管理制度，并对制度执行情况进行经常性检查。

卫生管理制度包括：（1）环境卫生清扫保洁制度；（2）空气质量、微小气候、水质、采光、照明、噪声、公共用品用具、集中空调通风系统等定期检测制度；（3）公共场所禁烟管理制度；（4）公共用品用具更换、清洗、消毒管理制度；（5）卫生设施设备使用、维护管理制度；（6）集中空调、分散式空调管理制度；（7）从业人员健康检查、培训、个人卫生制度；（8）卫生相关产品采购、索证、验收制度；（9）生活饮用水、二次供水设施管理制度；（10）游泳场所、沐浴场所水质管理制度；（11）卫生间卫生管理制度；（12）日常卫生检查及奖惩制度；（13）传染病、健康危害事故应急处置和报告制度。

3. 卫生管理档案

公共场所卫生管理档案主要包括下列内容：（1）卫生管理部门、人员设置情况及卫生管理制度；（2）空气、微小气候（湿度、温度、风速）、水质、采光、照明、噪声的检测情况；（3）顾客用品用具的清洗、消毒、更换及检测情况；（4）卫生设施的使用、维护、检查情况；（5）集中空调通风系统的清洗、消毒情况；（6）安排从业人员健康检查情况和培训考核情况；（7）公共卫生用品进货索证管理情况；（8）公共场所危害健康事故应急预案或者方案；（9）省、自治区、直辖市卫生行政部门要求记录的其他情况。

公共场所卫生管理档案应当有专人管理，分类记录，至少保存 2 年。

（三）卫生监督

1. 卫生监督机构及其职能

各级卫生防疫机构，负责管辖范围内的公共场所卫生监督工作。民航、铁路、交通、厂（场）矿卫生防疫机构对管辖范围内的公共场所，进行卫生监督，并接受当地卫生防疫机构的业务指导。

卫生防疫机构对公共场所的卫生监督职责包括：（1）对公共场所进行卫生监测和卫生技术指导；（2）监督从业人员健康检查，指导有关部门对从业人员进行卫生知识的教育和培训。

2. 卫生监督员及其职能

卫生防疫机构根据需要设立公共场所卫生监督员，执行卫生防疫机构交给的任务。公共场所卫生监督员由同级人民政府发给证书。民航、铁路、交通、厂（场）矿企业卫生防疫机构的公共场所卫生监督员，由其上级主管部门发给证书。

卫生监督员有权对公共场所进行现场检查，索取有关资料，经营单位不得拒绝或隐瞒。卫生监督员对所提供的技术资料负有保密义务。公共场所卫生监督员在执行任务时，应佩戴证章、出示证件。

3. 公共场所卫生监督量化分级管理制度

为切实履行公共场所卫生监督职责，不断提高公共场所卫生监督管理水平，卫生部组织制定了《公共场所卫生监督量化分级管理指南》，推行公共场所卫生监督量化分级管理制度。

（四）法律责任

1. 行政责任

对未依法取得公共场所卫生许可证擅自营业的，由县级以上地方人民政府卫生行政部门责令限期改正，给予警告，并处以 500 元以上 5000 元以下罚款；有下列情形之一的，处以 5000 元以上 3 万元以下罚款：（1）擅自营业曾受过卫生行政部门处罚的；（2）擅自营业时间在 3 个月以上的；（3）以涂改、转让、倒卖、伪造的卫生许可证擅自营业的。对涂改、转让、倒卖有效卫生许可证的，由原发证的卫生行政部门予以注销。

公共场所经营者有下列情形之一的，由县级以上地方人民政府卫生行政部门责令限期改正，给予警告，并可处以2000元以下罚款；逾期不改正，造成公共场所卫生质量不符合卫生标准和要求的，处以2000元以上2万元以下罚款；情节严重的，可以依法责令停业整顿，直至吊销卫生许可证：（1）未按照规定对公共场所的空气、微小气候、水质、采光、照明、噪声、顾客用品用具等进行卫生检测的；（2）未按照规定对顾客用品用具进行清洗、消毒、保洁，或者重复使用一次性用品用具的。

公共场所经营者有下列情形之一的，由县级以上地方人民政府卫生行政部门责令限期改正；逾期不改的，给予警告，并处以1000元以上1万元以下罚款；对拒绝监督的，处以1万元以上3万元以下罚款；情节严重的，可以依法责令停业整顿，直至吊销卫生许可证：（1）未按照规定建立卫生管理制度、设立卫生管理部门或者配备专（兼）职卫生管理人员，或者未建立卫生管理档案的；（2）未按照规定组织从业人员进行相关卫生法律知识和公共场所卫生知识培训，或者安排未经相关卫生法律知识和公共场所卫生知识培训考核的从业人员上岗的；（3）未按照规定设置与其经营规模、项目相适应的清洗、消毒、保洁、盥洗等设施设备和公共卫生间，或者擅自停止使用、拆除上述设施设备，或者挪作他用的；（4）未按照规定配备预防控制鼠、蚊、蝇、蟑螂和其他病媒生物的设施设备以及废弃物存放专用设施设备，或者擅自停止使用、拆除预防控制鼠、蚊、蝇、蟑螂和其他病媒生物的设施设备以及废弃物存放专用设施设备的；（5）未按照规定索取公共卫生用品检验合格证明和其他相关资料的；（6）未按照规定对公共场所新建、改建、扩建项目办理预防性卫生审查手续的；（7）公共场所集中空调通风系统未经卫生检测或者评价不合格而投入使用的；（8）未按照规定公示公共场所卫生许可证、卫生检测结果和卫生信誉度等级的。

公共场所经营者安排未获得有效健康合格证明的从业人员从事直接为顾客服务工作的，由县级以上地方人民政府卫生行政部门责令限期改正，给予警告，并处以500元以上5000元以下罚款；逾期不改正的，处以5000元以上15 000元以下罚款。

公共场所经营者违反其他卫生法律、行政法规规定，应当给予行政处罚的，按照有关卫生法律、行政法规规定进行处罚。

县级以上人民政府卫生行政部门及其工作人员玩忽职守、滥用职权、收取贿赂的，由有关部门对单位负责人、直接负责的主管人员和其他责任人员依法给予行政处分。

2. 民事责任

违反相关法律法规，造成严重危害公民健康的事故或中毒事故的单位或者个人，应当对受害人赔偿损失。

3. 刑事责任

公共场所经营者对发生的危害健康事故未立即采取处置措施，导致危害扩大，或者隐瞒、缓报、谎报的，由县级以上地方人民政府卫生行政部门处以5000元以上3万元以下罚款；情节严重的，可以依法责令停业整顿，直至吊销卫生许可证。构成犯罪的，依法追究刑事责任。

县级以上人民政府卫生行政部门及其工作人员构成犯罪的，依法追究刑事责任。

违反相关法律法规，致人残疾或者死亡，构成犯罪的，应由司法机关依法追究直接责任人员的刑事责任。

二、学校卫生法律制度

（一）概述

1. 学校卫生的概念及种类

学校卫生，是教育行政部门和卫生行政部门作为行政管理和监督指导部门，为提高学生健康水平，针对普通中小学、农业中学、职业中学、中等专业学校、技工学校、普通高等学校，以监测学生健康状况，对学生进行健康教育，培养学生良好的卫生习惯，改善学校卫生环境和教学卫生条件，加强对传染病、学生常见病的预防和治疗为主要任务的工作。

2. 学校卫生立法的历史发展

我国对学校卫生工作长期高度重视，1979 年，教育部和卫生部联合出台《中、小学卫生工作暂行规定（草案）》，1980 年联合出台《高等学校卫生工作暂行规定（草案）》。后为对学校卫生工作的开展进行考核评估，卫生部出台了《学校卫生工作考核暂行办法》。1990 年，经六部委共同拟定、国务院批准，国家教委、卫生部发布《学校卫生工作条例》，同时发布《学校体育工作条例》，标志着学校卫生工作和体育工作法制化管理的开始。1992 年，《中小学生健康教育基本要求（试行）》发布，1995 年，应世界卫生组织倡导"健康促进学校"理念，在我国上海制定了《健康促进学校发展纲领（行动框架）》，2007 年，制定了《国家学校体育卫生条件试行基本标准》，2012 年，卫生部出台《学校卫生监督工作规范》，2019 年，国家卫生计生委发布《健康促进学校规范》。

此外，针对影响学生健康的其他因素，陆续出台了《保护学生视力工作实施办法（试行）》《全国学生常见病综合防治方案》《关于加强学校预防艾滋病健康教育工作的通知》《学校食堂与学生集体用餐卫生管理规定》《中小学生健康体检管理办法》。

2019 年出台的《基本医疗卫生与健康促进法》，对学校工作作出了规定：国家将健康教育纳入国民教育体系。学校应当利用多种形式实施健康教育，普及健康知识、科学健身知识、急救知识和技能，提高学生主动防病的意识，培养学生良好的卫生习惯和健康的行为习惯，减少、改善学生近视、肥胖等不良健康状况。学校应当按照规定开设体育与健康课程，组织学生开展广播体操、眼保健操、体能锻炼等活动。学校按照规定配备校医，建立和完善卫生室、保健室等。县级以上人民政府教育主管部门应当按照规定将学生体质健康水平纳入学校考核体系。

（二）学校卫生工作要求

1. 教学和作息要求

学校应当合理安排学生的学习时间。学生每日学习时间（包括自习），小学不超过 6小时，中学不超过 8 小时，大学不超过 10 小时。学校或者教师不得以任何理由和方式，增加授课时间和作业量，加重学生学习负担。

2. 设施设备要求

学校教学建筑、环境噪声、室内微小气候、采光、照明等环境质量以及黑板、课桌椅的设置应当符合国家有关标准。新建、改建、扩建校舍，其选址、设计应当符合国家的卫生标准，并取得当地卫生行政部门的许可。竣工验收应当有当地卫生行政部门参加。

学校应当按照有关规定为学生设置厕所和洗手设施。寄宿制学校应当为学生提供相应的洗漱、洗澡等卫生设施。学校应当为学生提供充足的符合卫生标准的饮用水。

3. 卫生制度要求

学校应当建立卫生制度，加强对学生个人卫生、环境卫生以及教室、宿舍卫生的管理。学校应当认真贯彻执行食品卫生法律、法规，加强饮食卫生管理，办好学生膳食，加强营养指导。

4. 体育运动及劳动要求

学校体育场地和器材应当符合卫生和安全要求。运动项目和运动强度应当适合学生的生理承受能力和体质健康状况，防止发生伤害事故。

学校应当根据学生的年龄，组织学生参加适当的劳动，并对参加劳动的学生，进行安全教育，提供必要的安全和卫生防护措施。普通中小学校组织学生参加劳动，不得让学生接触有毒有害物质或者从事不安全工种的作业，不得让学生参加夜班劳动。普通高等学校、中等专业学校、技工学校、农业中学、职业中学组织学生参加生产劳动，接触有毒有害物质的，按照国家有关规定，提供保健待遇。学校应当定期对他们进行体格检查，加强卫生防护。

学校在安排体育课以及劳动等体力活动时，应当注意女学生的生理特点，给予必要的照顾。

5. 健康教育及管理要求

学校应当把健康教育纳入教学计划。普通中小学必须开设健康教育课，普通高等学校、中等专业学校、技工学校、农业中学、职业中学应当开设健康教育选修课或者讲座。学校应当开展学生健康咨询活动。

学校应当建立学生健康管理制度。根据条件定期对学生进行体格检查，建立学生体质健康卡片，纳入学生档案。学校对体格检查中发现学生有器质性疾病的，应当配合学生家长做好转诊治疗。学校对残疾、体弱学生，应当加强医学照顾和心理卫生工作。

6. 医疗用品配备、常见病的预防以及传染病防控要求

学校应当配备可以处理一般伤病事故的医疗用品；积极做好近视眼、弱视、沙眼、龋齿、寄生虫、营养不良、贫血、脊柱弯曲、神经衰弱等学生常见疾病的群体预防和矫治工作；认真贯彻执行传染病防治法律、法规，做好急、慢性传染病的预防和控制管理工作，同时做好地方病的预防和控制管理工作。

（三）学校卫生工作管理

1. 总体管理要求

各级教育行政部门应当把学校卫生工作纳入学校工作计划，作为考评学校工作的一项内容。

2. 卫生管理机构及卫生技术人员管理

普通高等学校设校医院或者卫生科。校医院应当设保健科（室），负责师生的卫生保健工作。城市普通中小学、农村中心小学和普通中学设卫生室，按学生人数600∶1的比

例配备专职卫生技术人员。中等专业学校、技工学校、农业中学、职业中学，可以根据需要，配备专职卫生技术人员。学生人数不足600人的学校，可以配备专职或者兼职保健教师，开展学校卫生工作。经本地区卫生行政部门批准，可以成立区域性中小学卫生保健机构。学校卫生技术人员的专业技术职称考核、评定，按照卫生、教育行政部门制定的考核标准和办法，由教育行政部门组织实施。学校卫生技术人员按照国家有关规定，享受卫生保健津贴。教育行政部门应当将培养学校卫生技术人员的工作列入招生计划，并通过各种教育形式为学校卫生技术人员和保健教师提供进修机会。

3. 卫生经费管理

各级教育行政部门和学校应当将学校卫生经费纳入核定的年度教育经费预算。

4. 卫生机构的管理任务

区域性的中小学生卫生保健机构负有如下管理任务：调查研究本地区中小学生体质健康状况；开展中小学生常见疾病的预防与矫治；开展中小学卫生技术人员的技术培训和业务指导。

各级卫生行政部门应当组织医疗单位和专业防治机构对学生进行健康检查、传染病防治和常见病矫治，接受转诊治疗。

各级卫生防疫站，对学校卫生工作承担下列任务：（1）实施学校卫生监测，掌握本地区学生生长发育和健康状况，掌握学生常见病、传染病、地方病动态；（2）制订学生常见病、传染病、地方病的防治计划；（3）对本地区学校卫生工作进行技术指导；（4）开展学校卫生服务。

5. 其他管理

供学生使用的文具、娱乐器具、保健用品，必须符合国家有关卫生标准。

（四）学校卫生工作监督

1. 卫生行政部门的监督

县以上卫生行政部门对学校卫生工作行以下监督职权：（1）对新建、改建、扩建校舍的选址、设计实行卫生监督；（2）对学校内影响学生健康的学习、生活、劳动、环境、食品等方面的卫生和传染病防治工作实行卫生监督；（3）对学生使用的文具、娱乐器具、保健用品实行卫生监督。国务院卫生行政部门可以委托国务院其他有关部门的卫生主管机构，在本系统内对（1）（2）项职责行使学校卫生监督职权。

2. 卫生监督员的监督

行使学校卫生监督职权的机构设立学校卫生监督员，由省级以上卫生行政部门聘任并发给学校卫生监督员证书。学校卫生监督员执行卫生行政部门或者其他有关部门卫生主管机构交付的学校卫生监督任务。

学校卫生监督员在执行任务时应出示证件。学校卫生监督员在进行卫生监督时，有权查阅与卫生监督有关的资料，搜集与卫生监督有关的情况，被监督的单位或者个人应当给予配合。学校卫生监督员对所掌握的资料、情况负有保密义务。

（五）奖励与处罚

1. 奖励

对在学校卫生工作中成绩显著的单位或者个人，各级教育、卫生行政部门和学校应当给予表彰、奖励。

2. 处罚

违反《学校卫生工作条例》第6条第2款的规定，未经卫生行政部门许可新建、改建、扩建校舍的，由卫生行政部门对直接责任单位或者个人给予警告、责令停止施工或者限期改建。

违反《学校卫生工作条例》第6条第1款、第7条和第10条规定的，由卫生行政部门对直接责任单位或者个人给予警告并责令限期改进。情节严重的，可以同时建议教育行政部门给予行政处分。

违反《学校卫生工作条例》第11条的规定，致使学生健康受到损害的，由卫生行政部门对直接责任单位或者个人给予警告，责令限期改进。

违反《学校卫生工作条例》第27条规定的，由卫生行政部门对直接责任单位或者个人给予警告。情节严重的，可以会同工商行政部门没收其不符合国家有关卫生标准的物品，并处以非法所得2倍以下的罚款。

拒绝或者妨碍学校卫生监督员依照《学校卫生工作条例》实施卫生监督的，由卫生行政部门对直接责任单位或者个人给予警告。情节严重的，可以建议教育行政部门给予行政处分或者处以200元以下的罚款。

【练习题】

一、选择题

1.（2018年）在居民小区建设健康步道，改善小区绿化环境，以鼓励他们参加体育锻炼，这种方法属于（　　）。

  A. 健康促进   B. 卫生宣传

  C. 社区启蒙   D. 健康教育

  E. 临床预防服务

2.（2017年）健康促进的核心策略包括（　　）。

  A. 保护环境   B. 职业卫生

  C. 社会动员   D. 疾病控制

  E. 学校卫生

3.（2016年）我国社区卫生服务体系建设内容不包括（　　）。

  A. 坚持公益性质，完善社区卫生服务功能

  B. 建设大型综合性医院

  C. 加强社区卫生服务队伍建设与完善社区卫生服务运行机制

  D. 建立社区卫生服务机构与预防保健机构、医院合理的分工协作关系

  E. 坚持政府主导、鼓励社会参与，建立健全社会卫生服务网络

4.（2014 年）属于环境中的二次污染物是（　　　）。

    A. 二手烟　　　　　　　　　　　　B. 光化学烟雾

    C. 镉　　　　　　　　　　　　　　D. 二氧化碳

    E. 汞

5.（2013 年）初级卫生保健的基础原则不包括（　　　）。

    A. 社区参与　　　　　　　　　　　B. 预防为主

    C. 推广医学实验技术　　　　　　　D. 合理分配资源

    E. 合理转诊

二、简答题

1. 什么是基本医疗卫生服务？基本医疗卫生服务的项目如何确定？

2. 分级诊疗的基本模式有哪些？

3. 什么是医疗废物？

4. 简述国境卫生检疫的概念及对象。

5. 简述公共场所的卫生标准和要求。

6. 学校卫生工作要求可分为几类？

练习题参考答案

三、论述题

论公民健康权利与义务。

第十章
精神卫生法律制度

【本章重点】

1. 精神卫生法的概念
2. 我国精神卫生法的原则
3. 心理健康促进
4. 开展精神障碍诊疗活动的资质条件
5. 精神障碍治疗

"被精神病"案例

李某（化名）的妻子吕某（化名）到某省城一精神病院称其丈夫有精神病，并为丈夫办理了住院手续，交纳了 5000 元住院押金。第二天，精神病院 5 名工作人员乘出租车到李某家，欲将其带往医院治疗。由于李某拒不前往，并极力反抗，精神病院工作人员采取了用约束带捆绑的方式，将其从家中强行带出，并欲将其塞入出租车带往医院。在此过程中，李某极力反抗，引来部分群众围观。后吕某打电话报警，公安民警到达现场后，精神病院工作人员解开了捆绑李某的约束带。

思考：

1. 强制医疗应符合什么条件？
2. 我国精神卫生工作的原则有哪些？

案例解析

第一节 精神卫生法律制度概述

一、精神卫生法的概念

精神卫生法是调整精神卫生工作中产生的各种社会关系的法律规范的总和，包括精神疾病的预防，精神障碍患者的医疗、康复、就业等合法权益保护，精神卫生机构及其工作人员的要求，等等。

精神卫生的概念源自英文"mental health"。精神卫生又称心理卫生或心理健康、精神健康，有广义、狭义两种理解。广义上的精神卫生，是指一切维护和增进公民心理健康、预防和治疗精神障碍、促进精神障碍患者康复的活动。狭义的精神卫生通常指为避免人的精神活动处于精神障碍（或精神疾病）状态所进行的相关活动。我国《精神卫生法》中的"精神卫生"取其广义。

二、精神卫生立法

（一）国际精神卫生立法

早在 1800 年，英国便制定了《精神错乱者条例》，规定了对精神病人的收容、监护措施等。1890 年该条例更名为《精神错乱条例》，增加了对病人以治疗代替惩罚、保护其基本权益等内容。世界上第一部正式命名为《精神卫生法》的法律诞生于 1838 年的法国。20 世纪 60 年代以后，一些国际组织也陆续发表了一系列声明和宣言，如联合国通过的《精神发育迟滞者权利宣言》（1971 年）、《残疾人权利宣言》（1975 年）、《保护精神病患者和改善精神保健的原则》（1991 年）等，世界精神病学协会（WPA）、世界心理卫生联合会（WFMA）等机构通过的《夏威夷宣言》（1977 年）、《精神疾病患者权益和保障的声明》（1989 年）、《精神病人人权宣言》（1989 年）等。1995 年，世界卫生组织（WHO）精神卫生处又提出了《精神卫生保健法——十项基本原则》，作为各国政府制定和修改精神卫生法的参考。

（二）我国精神卫生立法

我国精神卫生立法经历了漫长的过程。早在 1985 年，卫生部就开始组织起草《精神卫生法》。2011 年 10 月，十一届全国人大常委会第二十三次会议对《精神卫生法（草案）》进行了初次审议，并通过我国人大网站全文公布，向社会征求意见。经过 3 次审议，十一届全国人大常委会第二十九次会议通过了《精神卫生法》，分为 7 章共 85 条，该法于 2013 年 5 月 1 日正式实施，并于 2018 年 4 月 27 日予以修正。该法第一次以法律的形式确定了精神障碍患者的自愿治疗原则，并对精神障碍患者非自愿入院治疗的实体和程序要件进行了明确的规范。该法对社会心理健康促进和精神障碍预防，精神障碍的诊断、治疗与康复，以及相关的保障措施、法律责任等作了规定，其对营造有利于尊重、理解、关爱精神障碍患者的社会氛围，维护精神障碍患者的合法权益，保障、促进我国精神卫生事业的发展具有重要意义。

三、精神卫生工作的原则

（一）预防为主、防治结合的原则

积极干预是减少精神疾病危害公众与个人健康的首选方案。精神卫生工作必须坚持预防为主的方针，坚持预防、治疗和康复相结合的原则。我国《精神卫生法》不仅在第 3 条明确肯定了该原则，还在第二章"心理健康促进和精神障碍预防"规定了具体措施。

（二）政府主导、全社会共同参与原则

国家实行政府组织领导、部门各负其责、家庭和单位尽力尽责、全社会共同参与的精神卫生工作综合管理机制。这是精神障碍作为一个公共卫生问题目前唯一可行的行动方案。我国《精神卫生法》第 6 条、第 7 条、第 8 条、第 10 条的规定即体现了该原则的要求。

（三）精神障碍患者权益保护原则

我国《精神卫生法》肯定了精神障碍患者权益保护原则。该法第 1 条规定，为了发展精神卫生事业，规范精神卫生服务，维护精神障碍患者的合法权益，制定本法。第 4 条规定，精神障碍患者的人格尊严、人身和财产安全不受侵犯。精神障碍患者的教育、劳动、医疗以及从国家和社会获得物质帮助等方面的合法权益受法律保护。第 5 条规定，全社会应当尊重、理解、关爱精神障碍患者。

四、精神障碍患者的权利

（一）人格尊严权

精神障碍患者的人格尊严受法律保护。任何组织或者个人不得歧视、侮辱、虐待精神障碍患者，不得非法限制精神障碍患者的人身自由。禁止对精神障碍患者实施家庭暴力，禁止遗弃精神障碍患者。精神障碍的诊断、治疗，应当遵循维护患者合法权益、尊重患者人格尊严的原则，保障患者在现有条件下获得良好的精神卫生服务。

（二）人身自由权

尽管《精神卫生法》设定了非自愿住院制度，但其实施必须严格按照法定程序进行，否则就可能构成对患者人身自由权的侵犯，严重时还可能构成刑事犯罪。任何组织或者个人不得非法限制精神障碍患者的人身自由。住院精神障碍患者的通讯和会见探访者等权利受法律保护。除急性发病期或者为了避免妨碍治疗外，不得限制患者的通讯和会见探访者等权利。

（三）疾病治疗权

精神障碍患者是否进行住院治疗及是否出院实行自愿原则。严重精神障碍患者是否住院和出院实行监护人决定原则。医疗机构应当为在家居住的严重精神障碍患者提供精神科

基本药物维持治疗，并为社区康复机构提供有关精神障碍康复的技术指导和支持。

（四）知情同意权

医疗机构及其医务人员应当将精神障碍患者在诊断、治疗过程中享有的权利，告知患者或者其监护人。精神障碍患者及其监护人或者近亲属有权了解精神障碍患者的病情、治疗措施、用药情况、实施约束、隔离措施等内容。患者及其监护人可以查阅、复制病历资料；但是，可能对其治疗产生不利影响的除外。

（五）个人健康信息及隐私权

政府部门、医疗机构、与精神卫生工作相关的其他单位及其工作人员应当依法保护精神疾病患者的个人健康信息及隐私权。未经精神病患者及其近亲属或监护人同意，不得对精神疾病患者录音、录像、摄影或者播放与该精神疾病患者有关的视听资料。因学术交流等原因需要在一定场合公开精神疾病患者病情资料的，应当隐去能够识别该精神疾病患者身份的内容。

（六）接受教育和劳动就业权

精神障碍患者的教育权益受法律保护。县级以上地方人民政府及其有关部门应当采取有效措施，保证患有精神障碍的适龄儿童、少年接受义务教育。

精神障碍患者的劳动权益受法律保护。县级以上地方人民政府及其有关部门应当采取有效措施，扶持有劳动能力的精神障碍患者从事力所能及的劳动，并为已经康复的人员提供就业服务。国家对安排精神障碍患者就业的用人单位依法给予税收优惠，并在生产、经营、技术、资金、物资、场地等方面给予扶持。

五、精神卫生工作的管理机制

精神卫生工作实行政府组织领导、部门各负其责、家庭和单位尽力尽责、全社会共同参与的综合管理机制。国务院卫生行政部门主管全国的精神卫生工作。县级以上人民政府领导精神卫生工作，将其纳入国民经济和社会发展规划，建设和完善精神障碍的预防、治疗和康复服务体系，建立健全精神卫生工作协调机制和工作责任制，对有关部门承担的精神卫生工作进行考核、监督。县级以上地方人民政府卫生行政部门主管本行政区域的精神卫生工作。县级以上人民政府司法行政、民政、公安、教育、医疗保障等部门在各自职责范围内负责有关的精神卫生工作。乡镇人民政府和街道办事处根据本地区的实际情况，组织开展预防精神障碍发生、促进精神障碍患者康复等工作。村民委员会、居民委员会依照法律规定开展精神卫生工作，并对所在地人民政府开展的精神卫生工作予以协助。

中国残疾人联合会及其地方组织依照法律、法规或者接受政府委托，动员社会力量，开展精神卫生工作。国家鼓励和支持工会、共产主义青年团、妇女联合会、红十字会、科学技术协会等团体依法开展精神卫生工作。

第二节　心理健康促进和精神障碍预防

一、心理健康促进

（一）心理健康促进概念

健康促进是指一切能促使行为和生活条件向有益于健康改变的教育与生态学支持的综合体。它由制定健康的公共政策、创造支持性环境、强化社区性行动、发展个人技能、调整卫生服务方向五项基本策略综合而成。心理健康促进就是促使人们提高、维护和改善他们自身心理健康的过程。

（二）心理健康促进具体措施

各级人民政府和县级以上人民政府有关部门应当采取措施，加强心理健康促进和精神障碍预防工作，提高公众心理健康水平。

用人单位应关注职工的心理健康；对处于职业发展特定时期或者在特殊岗位工作的职工，应当有针对性地开展心理健康教育。

各级各类学校应配备或者聘请心理健康教育教师、辅导人员，并可以设立心理健康辅导室，对学生进行心理健康教育。学前教育机构应当对幼儿开展符合其特点的心理健康教育。发生自然灾害、意外伤害、公共安全事件等可能影响学生心理健康的事件，学校应当及时组织专业人员对学生进行心理援助。教师应当学习和了解相关的精神卫生知识，关注学生心理健康状况，正确引导、激励学生。地方各级人民政府教育行政部门和学校应当重视教师心理健康。学校和教师应当与学生父母或者其他监护人、近亲属沟通学生心理健康情况。

村民委员会、居民委员会应当协助所在地人民政府及其有关部门开展社区心理健康指导、精神卫生知识宣传教育活动，创建有益于居民身心健康的社区环境。

乡镇卫生院或者社区卫生服务机构应当为村民委员会、居民委员会开展社区心理健康指导、精神卫生知识宣传教育活动提供技术指导。

国家鼓励和支持新闻媒体、社会组织开展精神卫生的公益性宣传，普及精神卫生知识，引导公众关注心理健康，预防精神障碍的发生。

二、精神障碍的概念及预防

（一）精神障碍概念

精神障碍，又称心理障碍或精神疾病，是指由各种原因引起的感知、情感和思维等精神活动的紊乱或者异常，导致患者明显的心理痛苦或者社会适应等功能遭受损害。严重精神障碍，是指疾病症状严重，导致患者社会适应等功能遭受严重损害、对自身健康状况或者客观现实不能完整认识，或者不能处理自身事务的精神障碍。对于患有精神障碍的患者，其监护人应当依照法律规定承担监护职责。

（二）精神障碍的预防

政府有关部门制定的突发事件应急预案，应当包括心理援助的内容；应按照应急预案的规定，组织开展心理援助工作。

医务人员开展疾病诊疗服务，应当按照诊断标准和治疗规范的要求，对就诊者进行心理健康指导；发现就诊者可能患有精神障碍的，应当建议其到符合规定的医疗机构就诊。

监狱、看守所、拘留所、强制隔离戒毒所等场所，应当对服刑人员，被依法拘留、逮捕、强制隔离戒毒的人员等，开展精神卫生知识宣传，关注其心理健康状况，必要时提供心理咨询和心理辅导。

县级以上地方人民政府人力资源、社会保障、教育、卫生、司法行政、公安等部门应当在各自职责围内分别对各相关单位履行精神障碍预防义务的情况进行督促和指导。

家庭成员之间应当相互关爱，创造良好、和睦的家庭环境，提高精神障碍预防意识；发现家庭成员可能患有精神障碍的，应当帮助其及时就诊，照顾其生活，做好看护管理。

心理咨询人员应当提高业务素质，遵守执业规范，为社会公众提供专业化的心理咨询服务，不得从事心理治疗或者精神障碍的诊断、治疗。心理咨询人员发现接受咨询的人员可能患有精神障碍的，应当建议其到符合《精神卫生法》规定的医疗机构就诊。心理咨询人员应当尊重接受咨询人员的隐私，并为其保守秘密。

国务院卫生行政部门建立精神卫生监测网络，实行严重精神障碍发病报告制度，组织开展精神障碍发生状况、发展趋势等的监测和专题调查工作。

第三节 精神障碍诊断治疗与康复

一、精神障碍诊断

（一）开展精神障碍诊断活动的资质条件

开展精神障碍诊断活动，应当具备下列条件，并依照医疗机构的管理规定办理有关手续：（1）有与从事的精神障碍诊断相适应的精神科执业医师、护士；（2）有满足开展精神障碍诊断需要的设施和设备；（3）有完善的精神障碍诊断管理制度和质量监控制度。从事精神障碍诊断的专科医疗机构还应当配备从事心理治疗的人员。

精神障碍的诊断，应当遵循维护患者合法权益、尊重患者人格尊严的原则，保障患者在现有条件下获得良好的精神卫生服务。如果医疗机构在不符合上述法定条件的情况下擅自从事精神障碍的诊断，将承担相应的法律责任。

（二）精神障碍的诊断规则

1. 精神障碍诊断依据

精神障碍的诊断应当以精神健康状况为依据。除法律另有规定外，不得违背本人意志进行确定其是否患有精神障碍的医学检查。

2. 精神障碍患者送诊的主体和条件

除个人自行到医疗机构进行精神障碍诊断外，疑似精神障碍患者的近亲属可以将其送往医疗机构进行精神障碍诊断。对查找不到近亲属的流浪乞讨疑似精神障碍患者，由当地民政等有关部门按照职责分工，帮助送往医疗机构进行精神障碍诊断。疑似精神障碍患者发生伤害自身、危害他人安全的行为，或者有伤害自身、危害他人安全危险的，其近亲属、所在单位、当地公安机关应当立即采取措施予以制止，并将其送往医疗机构进行精神障碍诊断。医疗机构接到送诊的疑似精神障碍患者，不得拒绝为其作出诊断。

3. 精神障碍诊断的主体

精神障碍的诊断应当由精神科执业医师作出。医疗机构接到伤害自身、危害他人安全的疑似精神障碍患者，应当将其留院，立即指派精神科执业医师进行诊断，并及时出具诊断结论。

二、精神障碍治疗

（一）精神障碍的治疗原则

1. 住院自愿原则

精神障碍的住院治疗实行自愿原则。但精神障碍患者的诊断结论、病情评估表明，就诊者为严重精神障碍患者并有下列情形之一的，应当对其实施住院治疗：（1）已经发生伤害自身的行为，或者有伤害自身的危险的；（2）已经发生危害他人安全的行为，或者有危害他人安全的危险的。

2. 监护人决定原则

伤害自身或者有伤害自身危险的精神障碍患者，以及不能辨认和控制自己行为的患者，经其监护人同意，医疗机构应当对患者实施住院治疗；监护人不同意的，医疗机构不得对患者实施住院治疗。监护人应当对在家居住的患者做好看护管理。

（二）再次诊断和医学鉴定

精神障碍患者已经发生危害他人安全的行为，或者有危害他人安全的危险情形，患者或者其监护人对需要住院治疗的诊断结论有异议，不同意对患者实施住院治疗的，可以要求再次诊断和鉴定。

1. 精神障碍再次诊断

要求再次诊断的精神障碍患者及其监护人，应当自收到诊断结论之日起 3 日内向原医疗机构或者其他具有合法资质的医疗机构提出。承担再次诊断的医疗机构应当在接到再次诊断要求后指派 2 名初次诊断医师以外的精神科执业医师进行再次诊断，并及时出具再次诊断结论。承担再次诊断的执业医师应当到收治患者的医疗机构面见、询问患者，该医疗机构应当予以配合。

2. 精神障碍医学鉴定

对再次诊断结论有异议的，可以自主委托依法取得执业资质的鉴定机构进行精神障碍医学鉴定；医疗机构应当公示鉴定机构名单和联系方式。接受委托的鉴定机构应当指定本机构具有该鉴定事项执业资格的 2 名以上鉴定人共同进行鉴定，并及时出具鉴定报告。鉴定人应当到收治精神障碍患者的医疗机构面见、询问患者，该医疗机构应当予以配合。鉴定人本人或者其近亲属与鉴定事项有利害关系，可能影响其独立、客观、公正进行鉴定的，应当回避。

鉴定机构、鉴定人应当尊重科学，恪守职业道德，按照精神障碍鉴定的实施程序、技术方法和操作规范，依法独立进行鉴定，出具客观、公正的鉴定报告。鉴定人应当对鉴定过程进行实时记录并签名。记录的内容应当真实、客观、准确、完整，记录的文本或者声像载体应当妥善保存。

再次诊断结论或者鉴定报告表明，不能确定就诊者为严重精神障碍患者，或者患者不需要住院治疗的，医疗机构不得对其实施住院治疗。再次诊断结论或者鉴定报告表明，精神障碍患者确有危害他人安全，或者有危害他人安全的危险的情形的，其监护人应当同意对患者实施住院治疗。监护人阻碍实施住院治疗或者患者擅自脱离住院治疗的，可以由公安机关协助医疗机构采取措施对患者实施住院治疗。在相关机构出具再次诊断结论、鉴定报告前，收治精神障碍患者的医疗机构应当按照诊疗规范的要求对患者实施住院治疗。

（三）住院治疗

1. 医疗机构的环境设施

医疗机构应当配备适宜的设施、设备，保护就诊和住院治疗的精神障碍患者的人身安全，防止其受到伤害，并为住院患者创造尽可能接近正常生活的环境和条件。

2. 住院手续的办理

诊断结论表明需要住院治疗的精神障碍患者，本人没有能力办理住院手续的，由其监护人办理住院手续；患者属于查找不到监护人的流浪乞讨人员的，由送诊的有关部门办理住院手续。精神障碍患者有危害他人安全的行为，或者有危害他人安全的危险情形，其监护人不办理住院手续的，由患者所在单位、村民委员会或者居民委员会办理住院手续，并由医疗机构在患者病历中予以记录。

3. 告知和知情同意

医疗机构及其医务人员应当遵循精神障碍诊断标准和治疗规范，制定治疗方案，并向精神障碍患者或者其监护人告知治疗方案和治疗方法、目的以及可能产生的后果。

4. 保护性医疗措施

精神障碍患者在医疗机构内发生或者将要发生伤害自身、危害他人安全、扰乱医疗秩序行为的，医疗机构及其医务人员在没有其他可替代措施的情况下，可以实施约束、隔离等保护性医疗措施。实施保护性医疗措施应当遵循诊断标准和治疗规范，并在实施后告知患者的监护人。禁止利用约束、隔离等保护性医疗措施惩罚精神障碍患者。

5. 药物使用

对精神障碍患者使用药物，应当以诊断和治疗为目的，使用安全、有效的药物，不得为诊断或者治疗以外的目的使用药物。

6. 特殊治疗告知义务

禁止对实施住院治疗的已经发生危害他人安全的行为，或者有危害他人安全的危险的精神障碍患者实施以治疗精神障碍为目的的外科手术。《精神卫生法》规定，医疗机构对精神障碍患者实施下列治疗措施，应当向患者或者其监护人告知医疗风险、替代医疗方案等情况，并取得患者的书面同意；无法取得患者意见的，应当取得其监护人的书面同意，并经本医疗机构伦理委员会批准：（1）导致人体器官丧失功能的外科手术；（2）与精神障碍治疗有关的实验性临床医疗。实施第（1）项治疗措施，因情况紧急查找不到监护人的，应当取得本医疗机构负责人和伦理委员会批准。禁止对精神障碍患者实施与治疗其精神障碍无关的实验性临床医疗。

7. 尊重住院精神障碍患者的权利

医疗机构及其医务人员应当尊重住院精神障碍患者的通讯和会见探访者等权利。除在急性发病期或者为了避免妨碍治疗可以暂时性限制外，不得限制患者的通讯和会见探访者等权利。医疗机构不得因就诊者是精神障碍患者，推诿或者拒绝为其治疗属于本医疗机构诊疗范围的其他疾病。

8. 精神障碍患者病历记录

医疗机构及其医务人员应当在病历资料中如实记录精神障碍患者的病情、治疗措施、用药情况、实施约束、隔离措施等内容，并如实告知患者或者其监护人。患者及其监护人可以查阅、复制病历资料；但是，患者查阅、复制病历资料可能对其治疗产生不利影响的除外。病历资料保存期限不得少于 30 年。

9. 卫生行政管理

县级以上地方人民政府卫生行政部门应当定期就下列事项对本行政区域内从事精神障碍诊断、治疗的医疗机构进行检查：（1）相关人员、设施、设备是否符合《精神卫生法》要求；（2）诊疗行为是否符合《精神卫生法》以及诊断标准、治疗规范的规定；（3）对精神障碍患者实施住院治疗的程序是否符合《精神卫生法》规定；（4）是否依法维护精神障碍患者的合法权益。县级以上地方人民政府卫生行政部门进行检查时，应当听取精神障碍患者及其监护人的意见；发现存在违法行为的，应当立即制止或者责令改正，并依法作出处理。

（四）精神障碍患者的出院

自愿住院治疗的精神障碍患者可以随时要求出院，医疗机构应当同意。对已经发生伤害自身的行为，或者有伤害自身的危险情形的精神障碍患者实施住院治疗的，监护人可以随时要求患者出院，医疗机构应当同意。医疗机构认为精神障碍患者不宜出院的，应当告知不宜出院的理由；患者或者其监护人仍要求出院的，执业医师应当在病历资料中详细记录告知的过程，同时提出出院后的医学建议，患者或者其监护人应当签字确认。

对已经发生危害他人安全的行为，或者有危害他人安全的危险情形的精神障碍患者实施住院治疗后，医疗机构认为患者可以出院的，应当立即告知患者及其监护人。医疗机构应当根据精神障碍患者病情，及时组织精神科执业医师对已经发生危害他人安全的行为，或者有危害他人安全的危险的住院治疗患者进行检查评估。评估结果表明患者不需要继续住院治疗的，医疗机构应当立即通知患者及其监护人。精神障碍患者出院，本人没有能力办理出院手续的，监护人应当为其办理出院手续。

（五）家庭、其他组织职责

精神障碍患者的监护人应当妥善看护未住院治疗的患者，按照医嘱督促其按时服药、接受随访或者治疗。村民委员会、居民委员会、患者所在单位等应当依患者或者其监护人的请求，对监护人看护患者提供必要的帮助。

心理治疗活动应当在医疗机构内开展。专门从事心理治疗的人员不得从事精神障碍的诊断，不得为精神障碍患者开具处方或者提供外科治疗。监狱、强制隔离戒毒所等场所应当采取措施，保证患有精神障碍的服刑人员、强制隔离戒毒人员等获得治疗。

三、精神障碍康复

（一）精神障碍康复的概念

精神障碍康复是指对精神障碍患者本身和家庭，采取各种措施，解除其精神障碍，使其能够正常参与社会工作与生活。

（二）相关机构和单位的义务

1. 社区康复机构的义务

社区康复机构应当为需要康复的精神障碍患者提供场所和条件，对患者进行生活自理能力和社会适应能力等方面的康复训练。

2. 医疗机构的义务

医疗机构应当为在家居住的严重精神障碍患者提供精神科基本药物维持治疗，并为社区康复机构提供有关精神障碍康复的技术指导和支持。社区卫生服务机构、乡镇卫生院、村卫生室应当建立严重精神障碍患者的健康档案，对在家居住的严重精神障碍患者进行定期随访，指导患者服药和开展康复训练，并对患者的监护人进行精神卫生知识和看护知识的培训。县级人民政府卫生行政部门应当为社区卫生服务机构、乡镇卫生院、村卫生室开展上述工作给予指导和培训。

3. 基层组织的义务

村民委员会、居民委员会应当为生活困难的精神障碍患者家庭提供帮助，并向所在地乡镇人民政府或者街道办事处以及县级人民政府有关部门反映患者及其家庭的情况和要求，帮助其解决实际困难，为患者融入社会创造条件。

4. 残疾人康复机构组织的义务

残疾人组织或者残疾人康复机构应当根据精神障碍患者康复的需要，组织患者参加康复活动。

5. 用人单位的义务

用人单位应当根据精神障碍患者的实际情况，安排患者从事力所能及的工作，保障患者享有同等待遇，安排患者参加必要的职业技能培训，提高患者的就业能力，为患者创造适宜的工作环境，对患者在工作中取得的成绩予以鼓励。

第四节　精神障碍患者的保障措施

一、政府保障

县级以上人民政府卫生行政部门会同有关部门依据国民经济和社会发展规划的要求，制定精神卫生工作规划并组织实施。精神卫生监测和专题调查结果应当作为制定精神卫生工作规划的依据。

省、自治区、直辖市人民政府根据本行政区域的实际情况，统筹规划，整合资源，建设和完善精神卫生服务体系，加强精神障碍预防、治疗和康复服务能力建设。县级人民政府根据本行政区域的实际情况，统筹规划，建立精神障碍患者社区康复机构。县级以上地方人民政府应当采取措施，鼓励和支持社会力量举办从事精神障碍诊断、治疗的医疗机构和精神障碍患者康复机构。

二、经费保障

国家加强基层精神卫生服务体系建设，扶持贫困地区、边远地区的精神卫生工作，保障城市社区、农村基层精神卫生工作所需经费。各级人民政府应当根据精神卫生工作需要，加大财政投入力度，保障精神卫生工作所需经费，将精神卫生工作经费列入本级财政预算。

三、医疗保障

综合性医疗机构应当按照国务院卫生行政部门的规定开设精神科门诊或者心理治疗门诊，提高精神障碍预防、诊断、治疗能力。县级以上人民政府卫生行政部门应当组织医疗机构为严重精神障碍患者免费提供基本公共卫生服务。精神障碍患者的医疗费用按照国家有关社会保险的规定由基本医疗保险基金支付。医疗保险经办机构应当按照国家有关规定将精神障碍患者纳入城镇职工基本医疗保险、城镇居民基本医疗保险或者新型农村合作医疗的保障范围。县级人民政府应当按照国家有关规定对家庭经济困难的严重精神障碍患者参加基本医疗保险给予资助。医疗保障、财政等部门应当加强协调，简化程序，实现属于基本医疗保险基金支付的医疗费用由医疗机构与医疗保险经办机构直接结算。

四、知识与人才保障

医学院校应当加强精神医学的教学和研究，按照精神卫生工作的实际需要培养精神医学专门人才，为精神卫生工作提供人才保障。

医疗机构应当组织医务人员学习精神卫生知识和相关法律、法规、政策。从事精神障碍诊断、治疗、康复的机构应当定期组织医务人员、工作人员进行在岗培训，更新精神卫生知识。县级以上人民政府卫生行政部门应当组织医务人员进行精神卫生知识培训，提高其识别精神障碍的能力。

师范院校应当为学生开设精神卫生课程；医学院校应当为非精神医学专业的学生开设精神卫生课程。县级以上人民政府教育行政部门对教师进行上岗前和在岗培训，应当有精神卫生的内容，并定期组织心理健康教育教师、辅导人员进行专业培训。

五、严重精神障碍患者的社会救助

精神障碍患者通过基本医疗保险支付医疗费用后仍有困难，或者不能通过基本医疗保险支付医疗费用的，民政部门应当优先给予医疗救助。对符合城乡最低生活保障条件的严重精神障碍患者，民政部门应当会同有关部门及时将其纳入最低生活保障。

对属于农村五保供养对象的严重精神障碍患者，以及城市中无劳动能力、无生活来源且无法定赡养、抚养、扶养义务人，或者其法定赡养、抚养、扶养义务人无赡养、抚养、扶养能力的严重精神障碍患者，民政部门应当按照国家有关规定予以供养、救助。此外，严重精神障碍患者确有困难的，民政部门可以采取临时救助等措施，帮助其解决生活困难。

六、教育与劳动保障

县级以上地方人民政府及其有关部门应当采取有效措施，保证患有精神障碍的适龄儿童、少年接受义务教育，扶持有劳动能力的精神障碍患者从事力所能及的劳动，并为已经康复的人员提供就业服务。国家对安排精神障碍患者就业的用人单位依法给予税收优惠，并在生产、经营、技术、资金、物资、场地等方面给予扶持。

七、职业安全保障

精神卫生工作人员的人格尊严、人身安全不受侵犯，精神卫生工作人员依法履行职责受法律保护。全社会应当尊重精神卫生工作人员。县级以上人民政府及其有关部门、医疗机构、康复机构应当采取措施，加强对精神卫生工作人员的职业保护，提高精神卫生工作人员的待遇水平，并按照规定给予适当的津贴。精神卫生工作人员因工致伤、致残、死亡的，其工伤待遇以及抚恤按照国家有关规定执行。

第五节　精神卫生的法律责任

一、行政责任

（一）卫生行政部门和其他有关部门的行政责任

县级以上人民政府卫生行政部门和其他有关部门未依法履行精神卫生工作职责，或者滥用职权、玩忽职守、徇私舞弊的，由本级人民政府或者上一级人民政府有关部门责令改正，通报批评，对直接负责的主管人员和其他直接责任人员依法给予警告、记过或者记大过的处分；造成严重后果的，给予降级、撤职或者开除的处分。

（二）医疗机构及其工作人员的行政责任

1. 擅自从事精神障碍诊断、治疗的行政责任

不符合法定条件的医疗机构擅自从事精神障碍诊断、治疗的，由县级以上人民政府卫生行政部门责令停止相关诊疗活动，给予警告，并处 5000 元以上 1 万元以下罚款，有违法所得的，没收违法所得；对直接负责的主管人员和其他直接责任人员依法给予或者责令给予降低岗位等级或者撤职、开除的处分；对有关医务人员，吊销其执业证书。

2. 拒绝对疑似精神障碍患者诊断的行政责任

医疗机构及其工作人员有下列行为之一的，由县级以上人民政府卫生行政部门责令改正，给予警告；情节严重的，对直接负责的主管人员和其他直接责任人员依法给予或者责令给予降低岗位等级或者撤职、开除的处分，并可以责令有关医务人员暂停 1 个月以上 6 个月以下执业活动：（1）拒绝对送诊的疑似精神障碍患者作出诊断的；（2）对已经发生危害他人安全的行为，或者有危害他人安全的危险的实施住院治疗的严重精神障碍患者未及时进行检查评估或者未根据评估结果作出处理的。

3. 其他行政责任

医疗机构及其工作人员有下列行为之一的，由县级以上人民政府卫生行政部门责令改正，对直接负责的主管人员和其他直接责任人员依法给予或者责令给予降低岗位等级或者撤职的处分；对有关医务人员，暂停 6 个月以上 1 年以下执业活动；情节严重的，给予或者责令给予开除的处分，并吊销有关医务人员的执业证书：（1）违反《精神卫生法》规定实施约束、隔离等保护性医疗措施的；（2）违反《精神卫生法》规定，强迫精神障碍患者劳动的；（3）违反《精神卫生法》规定，对精神障碍患者实施外科手术或者实验性临床医疗的；（4）违反《精神卫生法》规定，侵害精神障碍患者的通讯和会见探访者等权利的；（5）违反精神障碍诊断标准，将非精神障碍患者诊断为精神障碍患者的。

（三）从事心理咨询、治疗人员的行政责任

有下列情形之一的，由县级以上人民政府卫生行政部门、市场监督管理部门依据各自职责责令改正，给予警告，并处 5000 元以上 1 万元以下罚款，有违法所得的，没收违法

所得；造成严重后果的，责令暂停6个月以上1年以下执业活动，直至吊销执业证书或者营业执照：（1）心理咨询人员从事心理治疗或者精神障碍的诊断、治疗的；（2）从事心理治疗的人员在医疗机构以外开展心理治疗活动的；（3）专门从事心理治疗的人员从事精神障碍的诊断的；（4）专门从事心理治疗的人员为精神障碍患者开具处方或者提供外科治疗的。

（四）有关单位和个人的行政责任

有关单位和个人违反《精神卫生法》的规定，给精神障碍患者造成损害的，对单位直接负责的主管人员和其他直接责任人员，还应当依法给予处分。

（五）其他人员的行政责任

在精神障碍的诊断、治疗、鉴定过程中，寻衅滋事，阻挠有关工作人员依法履行职责，扰乱医疗机构、鉴定机构工作秩序的，依法给予治安管理处罚。违反《精神卫生法》规定，有其他构成违反治安管理行为的，依法给予治安管理处罚。

二、民事责任

精神障碍患者或者其监护人、近亲属认为行政机关、医疗机构或者其他有关单位和个人违反《精神卫生法》规定侵害患者合法权益的，可以依法提起诉讼。

（一）侵害患者隐私权的民事责任

有关单位和个人应当对精神障碍患者的姓名、肖像、住址、工作单位、病历资料以及其他可能推断出其身份的信息予以保密；但是，依法履行职责需要公开的除外。有关单位和个人违反规定侵犯精神障碍患者隐私权，给精神障碍患者造成损害的，依法承担赔偿责任。

（二）损害精神障碍患者人身、财产利益的民事责任

违反《精神卫生法》规定，有下列情形之一，给精神障碍患者或者其他公民造成人身、财产或者其他损害的，依法承担赔偿责任：（1）将非精神障碍患者故意作为精神障碍患者送入医疗机构治疗的；（2）精神障碍患者的监护人遗弃患者，或者有不履行监护职责的其他情形的；（3）歧视、侮辱、虐待精神障碍患者，侵害患者的人格尊严、人身安全的；（4）非法限制精神障碍患者人身自由的；（5）其他侵害精神障碍患者合法权益的情形。

（三）精神障碍患者监护人的民事责任

医疗机构出具的诊断结论表明精神障碍患者应当住院治疗而其监护人拒绝，致使患者造成他人人身、财产损害的，或者患者有其他造成他人人身、财产损害情形的，其监护人依法承担民事责任。

（四）心理咨询、治疗的人员的民事责任

心理咨询人员、专门从事心理治疗的人员在心理咨询、心理治疗活动中造成他人人身、财产或者其他损害的，依法承担民事责任。

三、刑事责任

违反《精神卫生法》规定，构成犯罪的，依法追究刑事责任。

《刑法》第18条规定，精神病人在不能辨认或者不能控制自己行为的时候造成危害结果，经法定程序鉴定确认的，不负刑事责任，但是应当责令他的家属或者监护人严加看管和医疗；在必要的时候，由政府强制医疗。间歇性的精神病人在精神正常的时候犯罪，应当负刑事责任。尚未完全丧失辨认或者控制自己行为能力的精神病人犯罪的，应当负刑事责任，但是可以从轻或者减轻处罚。《刑法》关于精神病人刑事责任能力的规定，是根据精神病人行为能力以及刑罚适用的效果所作的规定，保护了精神病人免受不必要的刑罚处罚。

【练习题】

一、选择题

1.（2021年）不符合《精神卫生法》规定条件的医疗机构擅自从事精神障碍诊断、治疗的，由县级以上人民政府卫生行政部门责令停止相关诊疗活动，给予警告，并处（　　）元罚款，有违法所得的，没收违法所得。

　　A. 2000—3000　　　　　　　　　　B. 3000—5000

　　C. 5000—10 000　　　　　　　　　D. 10 000—20 000

　　E. 20 000以上

2.（2020年）以下哪一项不应是单位和个人应对精神障碍患者保密的信息？（　　）

　　A. 姓名　　　　　　　　　　　　　B. 性别

　　C. 肖像　　　　　　　　　　　　　D. 住址

　　E. 工作单位

3.（2019年）对精神障碍患者实施住院治疗须经监护人同意的情形是（　　）。

　　A. 医疗费用需要自理　　　　　　　B. 没有办理住院手续能力

　　C. 发生伤害自身行为　　　　　　　D. 患者家属提出医学鉴定要求

　　E. 没有危害他人安全危险

4.（2018年）开展精神障碍诊断、治疗活动，除依照医疗机构的管理规定办理有关手续，还应具备的条件中，不正确的是（　　）。

　　A. 必须配齐各种科室的医师

　　B. 从事精神障碍诊断、治疗的专科医疗机构还应当配备从事心理治疗的人员

　　C. 有满足开展精神障碍诊断、治疗需要的设施和设备

　　D. 有完善的精神障碍诊断、治疗管理制度和质量监控制度

　　E. 有与从事的精神障碍诊断、治疗相适应的精神科执业医师、护士

5.（2017年）精神卫生工作中最主要的任务是（　　）。

　　A. 维护和促进心理健康　　　　　　B. 预防各种心理障碍、心理疾病

　　C. 矫治各种心理障碍、心理疾病　　D. 培养健全人格

　　E. 提高人类对社会生活的适应能力

6. 关于精神障碍患者的治疗措施，描述错误的是（　　　）。

    A. 患者自愿住院

    B. 医疗机构不能同意患者要求的随时出院

    C. 自愿住院治疗的精神障碍患者可以要求随时出院

    D. 医生应尊重患者的权利

7.（2016 年）对于精神障碍患者的病理资料的保管年限是（　　　）。

    A. 10 年　　　　　　　　　　　　B. 15 年

    C. 20 年　　　　　　　　　　　　D. 25 年

    E. 30 年

二、简答题

1. 精神卫生工作的原则是什么？

2. 精神障碍患者的权利有哪些？

3. 精神障碍诊断机构应当具备哪些条件？

4.《精神卫生法》对精神障碍患者出院是如何规定的？

练习题参考答案

三、论述题

结合《精神卫生法》相关规定，谈谈如何防止被"精神病"。

第十一章
母婴保健法律制度

【本章重点】

1. 母婴保健法的概念和意义
2. 婚前保健的重要内容
3. 孕产期保健的具体内容
4. 母婴保健医学技术鉴定的程序
5. 母婴保健机构的监督和管理
6. 违反母婴保健法的法律责任

未经批准擅自开展产前诊断（筛查）案①

2021年8月，泸州市卫生健康委员会监督执法人员在对某诊所日常监督检查中发现，该诊所的诊室内放置一台B超机，在该B超机超声工作站系统发现有多份超声检查报告提示"胎儿心脏未见重大结构异常""共同动脉干（CAT）并室间隔缺损"等内容。经查实，该诊所未取得超声产前诊断（筛查）类《母婴保健技术服务执业许可》，擅自为多名孕妇实施超声产前诊断和产前筛查。以上行为违反了《母婴保健法实施办法》第35条第1款和《产前诊断技术管理办法》第11条的规定，泸州市卫生健康委员会依据《母婴保健法实施办法》第40条及《产前诊断技术管理办法》第30条的规定给予该诊所警告、没收违法所得20 328元、罚款81 312元的行政处罚。

思考：

1. 孕妇出现哪些情形，医师应当对其进行产前诊断？
2. 医疗保健机构开展产前诊断需要经过哪些许可程序？
3. 从事产前诊断的人员需要获得什么证书？
4. 擅自从事产前诊断的医疗机构和个人，要承担哪些法律责任？

案例解析

---

① 四川省卫生健康委员会：《四川省2021年卫生健康行政处罚十大典型案例》，载 http://wsjkw.sc.gov.cn。

第一节　母婴保健法律制度概述

一、母婴保健法的概念

（一）母婴保健的概念和工作方针

母婴保健，是指为母亲和婴儿提供医疗保健服务，以保障母亲和婴儿健康、提高出生人口素质的一种活动，包括婚前检查、产前咨询、产前检查、分娩服务、儿童保健等系列医疗服务。母婴保健工作以保健为中心，以保障生殖健康为目的，实行保健和临床相结合，面向群体、面向基层，预防为主的方针。

（二）母婴保健法的概念

母婴保健法，是指调整保障母亲和婴儿健康、提高出生人口素质活动中产生的各种社会关系的法律规范的总和，泛指《母婴保健法》及与其配套实施的各种法规、规章和规范性文件。

二、母婴保健法律关系

母婴保健法律关系是指发生在母婴保健机构和个人之间，以母婴保健机构提供母婴保健服务、个人接受母婴保健服务为内容的法律关系。

在母婴保健法律关系中，母婴保健机构享有获得国家财政拨款、收取个人费用等权利；须履行为个人提供包括婚前检查、产前咨询、产前检查、分娩服务、儿童保健在内的母婴保健服务及告知、说明建议等义务。个人享有获得母婴保健服务的权利和优生优育选择权、知情同意权、隐私保护权等权利；须履行配合母婴保健机构进行检查并交纳相关费用等义务。

其中，知情同意权，又称知情选择权，是指医疗机构服务对象知晓其自身母婴保健方面的基本情况和风险并自主作出决定的权利，与母婴保健机构的告知义务相对应。母婴保健机构及其工作人员应当采取合理方式确保母婴保健服务对象获得所需的信息，并能充分理解这些信息，在此基础上给予其考虑时间，充分尊重个人的自主权和选择权。[①]

三、母婴保健立法概述

（一）母婴保健的国际立法概况

1995 年 9 月，联合国第四次世界妇女大会通过的《北京宣言》和《北京行动纲领》，进一步确立和提高了妇女的地位。1989 年 11 月，第 44 届联合国大会通过了《儿童权利

---

① 石悦、王安富主编：《卫生法学》，科学出版社 2016 年版，第 188 页。

公约》，该公约确立了儿童利益最大化原则，旨为世界各国儿童创建良好的成长环境。2002年5月，联合国儿童问题特别会议通过了《适合儿童成长的世界》的行动计划，明确了在保健、教育、保护和艾滋病防治四个主要领域保护儿童利益，改善儿童生存条件的原则和目标。

保障母亲和儿童的健康权利是世界各国共同关心的社会问题，一些国家和地区对此有专门立法来保障母婴的合法权益，预防和减少先天性病残儿的出生，提高出生人口素质。如日本的《母体保护法》、韩国的《母子保健法》等。法国、英国、德国、新加坡等国家也在法律中作了相关条款的规定。①

（二）我国母婴保健的立法概况

在我国，保障妇女和儿童的健康权利，一直受到党和政府的重视。1949年9月，《中国人民政治协商会议共同纲领》明确规定"保护母亲、婴儿和儿童的健康"。我国《宪法》第49条明确规定母亲和儿童受国家的保护。为了贯彻《宪法》的规定，《民法典》《妇女权益保障法》《未成年人保护法》等法律对保护妇女和儿童的健康都作出了明确的规定。

为了保障母亲和婴儿健康，提高出生人口素质，1994年10月27日，第八届全国人大常委会第十次会议通过了《母婴保健法》，自1995年6月1日起施行。这是我国第一部保护妇女儿童健康的法律，是《宪法》对人民的健康和对妇女、儿童保护原则规定的具体化，是我国妇幼卫生史上的一个里程碑。2009年8月27日第十一届全国人大常委会第十次会议、2017年11月4日第十二届全国人大常委会第三十次会议对《母婴保健法》进行了两次修正。2001年6月20日，国务院颁布了《母婴保健法实施办法》，并于2017年11月17日、2022年3月29日两次修订。

2019年12月28日，第十三届全国人大常委会第十五次会议通过的《基本医疗卫生与健康促进法》规定，国家发展妇幼保健事业，建立健全妇幼健康服务体系，为妇女、儿童提供保健及常见病防治服务，保障妇女、儿童健康。国家采取措施，为公民提供婚前保健、孕产期保健等服务，促进生殖健康，预防出生缺陷。

国务院卫生行政部门颁布了《产前诊断技术管理办法》《新生儿疾病筛查管理办法》《关于禁止非医学需要的胎儿性别鉴定和选择性别的人工终止妊娠的规定》《婚前保健工作规范》《孕前保健服务工作规范（试行）》《孕产期保健工作管理办法》《孕产期保健工作规范》《母婴保健医学技术鉴定管理办法》等规范性文件。

这些立法对于加强我国政府对母婴工作的领导，发展妇幼卫生事业，提高母婴健康水平，降低孕产妇死亡率和婴儿死亡率，起到了重要作用。

第二节　婚前保健

根据《母婴保健法》及其实施办法的规定，婚前保健服务主要包括三方面内容：（1）婚前卫生指导，提供性卫生知识、生育知识和遗传病相关知识的教育；（2）婚前卫生

---

① 蒲川、陈大义主编：《卫生法学》，科学出版社2017年版，第231页。

咨询，主要对有关婚配、生育保健等问题提供医学意见；（3）婚前医学检查，主要对准备结婚的男女双方可能患影响结婚和生育的疾病进行医学检查。《国家卫生健康委办公厅关于统筹推进婚前孕前保健工作的通知》规定，健康教育、婚前医学检查、孕前优生健康检查、增补叶酸是婚前孕前保健及生育全程服务的重要内容，也是出生缺陷一级预防的重要措施，对于促进生殖健康、预防出生缺陷、提高婚育质量和出生人口素质具有重要作用。《基本医疗卫生与健康促进法》明确将婚前孕前保健纳入基本医疗卫生服务。《健康中国行动（2019—2030年）》明确将"主动接受婚前医学检查和孕前优生健康检查"纳入评估指标体系，将健康教育、婚前医学检查、孕前优生健康检查、增补叶酸作为重点任务，列入妇幼健康促进及健康知识普及专项行动。

一、婚前卫生指导

婚前卫生指导是指对准备结婚的男女双方进行的以生殖健康为核心，与结婚和生育有关的保健知识的宣传教育。包括下列事项：（1）有关性卫生的保健和教育；（2）新婚避孕知识及计划生育指导；（3）受孕前的准备、环境和疾病对后代影响等孕前保健知识；（4）遗传病的基本知识；（5）影响婚育有关疾病的基本知识；（6）其他生殖健康知识。

根据《婚前保健工作规范（修订）》，省级妇幼保健机构根据婚前卫生指导的内容，制定宣传教育材料。婚前保健机构通过多种方法系统地为服务对象进行婚前生殖健康教育，并向婚检对象提供婚前保健宣传资料。宣教时间不少于40分钟，并进行效果评估。

二、婚前卫生咨询

婚前卫生咨询是指有关婚配、生育保健等问题的咨询。医师进行婚前卫生咨询时，应当为服务对象提供科学的信息，对可能产生的后果提出适当的建议。让准备结婚的男女了解性生理、性卫生，以及受孕、避孕的科学知识和方法，为婚后性生活打下基础，为计划受孕增加成功机会，减少计划外妊娠和人工流产，为妇女生殖健康提供保障。

三、婚前医学检查

婚前医学检查是对准备结婚的男女双方可能患影响结婚和生育的疾病进行医学检查。《母婴保健法》第12条规定，男女双方在登记结婚时，应当持有婚前检查证明或者医学鉴定证明。2003年，《婚姻登记条例》不再要求强制婚检。《民法典》第1053条规定，一方患有重大疾病的，应当在结婚登记前如实告知另一方；不如实告知的，另一方可以向人民法院请求撤销婚姻。2020年，卫健委会同民政部、国务院妇儿工委办公室、共青团中央、全国妇联5部门印发《关于加强婚前保健工作的通知》，2020年，卫健委印发《关于统筹推进婚前孕前保健工作的通知》，进一步鼓励婚前检查。

（一）婚前医学检查的机构

从事婚前医学检查的机构，必须是取得《医疗机构执业许可证》的医疗、保健机构，并经其所在地设区的地（市）级卫生行政部门审查，取得《母婴保健技术服务执业许可证》，并在其《医疗机构执业许可证》副本上予以注明。

依据《婚前保健工作规范（修订）》，申请从事婚前医学检查的医疗、保健机构应当具备下列条件：（1）分别设置专用的男、女婚前医学检查室，配备常规检查和专科检查设备；（2）设置婚前生殖健康宣传教育室；（3）具有符合条件的进行男、女婚前医学检查的执业医师。

婚前保健服务机构应根据实际需要，配备数量适宜、符合要求的男、女婚检医师、主检医师和注册护士，合格的检验人员和经过培训的健康教育人员。从事婚前医学检查的人员，必须取得《执业医师证书》和《母婴保健技术考核合格证书》。主检医师必须取得主治医师以上技术职称。

（二）婚前医学检查项目和主要疾病

婚前医学检查项目主要由国务院卫生行政部门规定，通常包括询问病史、体格检查、常规辅助检查和其他特殊检查。婚前医学检查的主要疾病包括：（1）严重遗传性疾病；（2）指定传染病；（3）有关精神病。其中，指定传染病是指《传染病防治法》规定的艾滋病、淋病、梅毒以及医学上认为影响结婚和生育的其他传染病。

（三）婚前医学检查的程序

经婚前医学检查，医疗、保健机构应当向接受婚前医学检查的当事人出具《婚前医学检查证明》。《婚前医学检查证明》应当列明是否发现下列疾病：在传染期内的指定传染病；在发病期内的有关精神病；不宜生育的严重遗传性疾病；医学上认为不宜结婚的其他疾病。

经婚前医学检查，对患指定传染病在传染期内或者有关精神病在发病期内的，医师应当提出医学意见；准备结婚的男女双方应当暂缓结婚。经婚前医学检查，对诊断患医学上认为不宜生育的严重遗传性疾病的，医师应当向男女双方说明情况，提出医学意见；经男女双方同意，采取长效避孕措施或者施行结扎手术后不生育的，可以结婚。经婚前医学检查，医疗、保健机构不能确诊的，应当转到设区的市级以上人民政府卫生行政部门指定的医疗、保健机构确诊。不宜生育的严重遗传性疾病的诊断，由省级卫生行政部门指定的医疗保健机构负责。接受婚前医学检查的人员对检查结果持有异议的，可以自接到检查或者诊断结果之日起15日内向所在地县级或者设区的市级母婴保健医学技术鉴定委员会提出书面鉴定申请，取得医学鉴定证明。

（四）婚前医学检查的资料管理

《婚前医学检查表》是婚前医学检查的原始记录，是出具《婚前医学检查证明》的依据，应逐项完整、认真填写，并妥善管理。《婚前医学检查证明》是法律规定的医学证明之一，由婚检医师填写，主检医师审核签名，婚检单位加盖婚前医学检查专用章。

《婚前医学检查证明》分两联，存根联由婚前保健服务机构存档保存，另一联交受检者。男女双方在结婚登记时，须将《婚前医学检查证明》或《医学鉴定证明》交婚姻登记部门。《婚前医学检查表》的保存同医疗机构住院病历，保存期一般不得少于30年。《婚前医学检查证明》的保存同医疗机构门诊病历，保存期一般不得少于15年。

第三节　孕产期保健

《母婴保健法》规定，医疗保健机构应当开展母婴保健指导、孕产妇保健、胎儿保健和新生儿保健，为育龄妇女和孕产妇提供有关避孕、节育、生育、不育和生殖健康的咨询和医疗保健服务。

一、孕产期保健内容

根据《孕产期保健工作管理办法》和《孕产期保健工作规范》，孕产期保健是指各级各类医疗保健机构为准备妊娠至产后 42 天的妇女及胎婴儿提供全程系列的医疗保健服务。孕产期保健应当以保障母婴安全为目的，遵循保健与临床相结合的工作方针。

（一）母婴保健指导

母婴保健指导是指对孕育健康后代以及严重遗传疾病、碘缺乏病等地方病的原因治疗和预防方法提供医学意见。孕前保健一般在计划受孕前 6 个月进行。医疗保健机构为准备妊娠的夫妇提供孕前保健，包括健康教育与咨询、孕前医学检查、健康状况评估和健康指导等。

医师发现或怀疑育龄夫妻患有严重的遗传性疾病的，应当提出医学意见；限于现有医疗技术条件难以确诊的，应当向当事人说明情况。育龄夫妇可以根据医师的医学意见自愿选择避孕、节育、不孕等相应的医学措施。

（二）孕产妇保健

孕产妇保健是指为孕妇、产妇提供卫生、营养、心理等方面的咨询和指导以及产前定期检查等医疗保健服务，具体包括：（1）为孕妇建立保健手册（卡），定期进行产前检查；（2）为孕妇提供卫生、营养、心理等方面的医学指导和咨询；（3）对高危孕妇进行重点监护、随访和医疗保健服务；（4）为孕产妇提供安全分娩技术服务；（5）定期进行产后访视，指导产妇科学喂养婴儿；（6）提供避孕咨询指导和技术服务；（7）对产妇及其家属进行生殖健康教育和科学育儿知识教育；（8）其他孕产妇保健服务。

1. 孕期保健

孕期保健是指从确定妊娠之日开始至临产前，为孕妇及胎儿提供的系列保健服务，包括建立孕产期保健册（卡）、提供产前检查、筛查危险因素、诊治妊娠合并症和并发症、提供心理、营养和卫生指导等。

孕期应当至少检查 5 次。其中孕早期至少 1 次，孕中期至少 2 次（建议分别在孕16—20 周、孕 21—24 周各进行 1 次），孕晚期至少 2 次（其中至少在孕 36 周后进行 1 次），发现异常者应当酌情增加检查次数。对妊娠应当做到早诊断、早检查、早保健，并根据不同妊娠时期确定各期保健重点。

（1）孕早期（妊娠 12+6 周前）：①按照初诊要求进行问诊和检查。②进行保健指导，包括讲解孕期检查的内容和意义，给予营养、心理、卫生（包括口腔卫生等）和避免致畸因素的指导，提供疾病预防知识，告知出生缺陷产前筛查及产前诊断的意义和最佳时间等。③筛查孕期危险因素，发现高危孕妇，并进行专案管理。对有合并症、并发症的孕妇及时诊治或转诊，必要时请专科医师会诊，评估是否适于继续妊娠。

（2）孕中期（妊娠 13—27+6 周）：①按照初诊或复诊要求进行相应检查。②了解胎动出现时间，绘制妊娠图。③筛查胎儿畸形，对需要做产前诊断的孕妇应当及时转到具有产前诊断资质的医疗保健机构进行检查。④特殊辅助检查。基本检查项目：妊娠 16—24 周超声筛查胎儿畸形。建议检查项目：妊娠 16—20 周知情选择进行唐氏综合征筛查；妊娠 24—28 周进行妊娠期糖尿病筛查。⑤进行保健指导，包括提供营养、心理及卫生指导，告知产前筛查及产前诊断的重要性等。提倡适量运动，预防及纠正贫血。有口腔疾病的孕妇，建议到口腔科治疗。⑥筛查危险因素，对发现的高危孕妇及高危胎儿应当专案管理，进行监测、治疗妊娠合并症及并发症，必要时转诊。

（3）孕晚期（妊娠 28 周及以后）：①按照初诊或复诊要求进行相应检查。②继续绘制妊娠图。妊娠 36 周前后估计胎儿体重，进行骨盆测量，预测分娩方式，指导其选择分娩医疗保健机构。③特殊辅助检查。基本检查项目：进行一次肝功能、肾功能复查。建议检查项目：妊娠 36 周后进行胎心电子监护及超声检查等。④进行保健指导，包括孕妇自我监测胎动，纠正贫血，提供营养、分娩前心理准备、临产先兆症状、提倡住院分娩和自然分娩、婴儿喂养及新生儿护理等方面的指导。⑤筛查危险因素，发现高危孕妇应当专案管理，进行监测、治疗妊娠合并症及并发症，必要时转诊。

2. 分娩期保健

医疗保健机构为妇女提供分娩期保健，包括对产妇和胎儿进行全产程监护、安全助产及对新生儿进行评估及处理。具体包括：（1）对产妇的健康情况及产科情况进行全面了解和动态评估；（2）严密观察产程进展，正确绘制产程图，尽早发现产程异常，及时诊治或转诊；（3）鼓励阴道分娩，在具备医学指征的情况下实施剖宫产；（4）规范应用助产技术，正确使用缩宫素；（5）加强分娩室的规范管理，严格无菌操作，预防和控制医源性感染；（6）分娩后产妇需在分娩室内观察 2 小时，预防产后出血；（7）预防新生儿窒息，对窒息新生儿及时进行复苏；（8）对新生儿进行全面体检和评估，做好出生缺陷诊断与报告；（9）按照规定对新生儿进行预防接种。

国家提倡住院分娩。高危产妇应当在医疗、保健机构住院分娩。医疗、保健机构应当按照国务院卫生行政部门制定的技术操作规范，实施消毒接生和新生儿复苏，预防产伤及产后出血等产科并发症，降低孕产妇及围产儿死亡率。接诊的医疗保健机构根据职责及业务能力，判断能否实施相应处理与抢救，及时决定是否转诊。

对因地理环境等因素不能住院分娩的，有条件的地区应当由医疗保健机构派出具有执业资质的医务人员进行家庭接生；无条件的地区，应当由依法取得家庭接生员技术合格证书的接生员实施家庭接生。家庭接生人员应当严格执行助产技术规范，实施消毒接生，对分娩后的产妇应当观察 2—4 小时，发现异常情况及时与当地医疗保健机构联系并进行转诊。

3. 产褥期保健

正常分娩的产妇至少住院观察 24 小时，产后 3—7 天及 28 天进行家庭访视，产后 42

天进行母婴健康检查。

（1）住院期间保健。对正常分娩的产妇至少住院观察 24 小时，及时发现产后出血；加强对孕产期合并症和并发症的产后病情监测；创造良好的休养环境，加强营养、心理及卫生指导，注意产妇心理健康；做好婴儿喂养及营养指导，提供母乳喂养的条件，进行母乳喂养知识和技能、产褥期保健、新生儿保健及产后避孕指导；产妇出院时，进行全面健康评估，对有合并症及并发症者，应当转交产妇住地的医疗保健机构继续实施高危管理。

（2）产后访视。了解产妇分娩情况、孕产期有无异常以及诊治过程；询问一般情况，观察精神状态、面色和恶露情况；监测体温、血压、脉搏，检查子宫复旧、伤口愈合及乳房有无异常；提供喂养、营养、心理、卫生及避孕方法等指导。关注产后抑郁等心理问题。督促产后 42 天进行母婴健康检查。

（3）产后 42 天健康检查。了解产褥期基本情况；测量体重、血压，进行盆腔检查，了解子宫复旧及伤口愈合情况；对孕产期有合并症和并发症者，应当进行相关检查，提出诊疗意见；提供喂养、营养、心理、卫生及避孕方法等指导。

（三）胎儿保健

胎儿保健是指为胎儿生长发育进行监护，提供咨询和医学指导。医师发现或者怀疑胎儿异常的，应当对孕妇进行产前诊断，诊断发现下列情况的，医师应当向夫妻双方说明情况，并提出终止妊娠的医学意见，包括：（1）胎儿患有严重遗传性疾病的；（2）胎儿有严重缺陷的；（3）因患严重疾病，继续妊娠可能危及孕妇生命安全或者严重危害孕妇健康的。

（四）新生儿保健

新生儿保健是指为新生儿生长发育、哺乳和护理提供医疗保健服务，包括：按照国家有关规定开展新生儿先天性、遗传性代谢病的筛查、诊断、治疗和监测；对新生儿进行访视，建立儿童保健手册（卡），定期对其进行健康检查，提供有关预防疾病、合理用膳、促进智力发育等科学知识，做好婴儿多发病、常见病防治等医疗保健服务；按照规定的程序和项目对婴儿进行预防接种；推行母乳喂养，医疗、保健机构应当为实施母乳喂养提供技术指导，为住院分娩的产妇提供必要的母乳喂养的条件。

1. 住院期间保健

新生儿出生后 1 小时内，实行早接触、早吸吮、早开奶。对新生儿进行全面体检和胎龄、生长发育评估，及时发现异常，及时处理。做好出生缺陷的诊断与报告。加强对高危新生儿的监护，必要时应当转入有条件的医疗保健机构进行监护及治疗。进行新生儿疾病筛查及预防接种。出院时对新生儿进行全面健康评估。对有高危因素者，应当转交当地医疗保健机构实施高危新生儿管理。

2. 产后访视

了解新生儿出生、喂养等情况；观察精神状态、吸吮、哭声、肤色、脐部、臀部及四肢活动等；听心肺，测量体温、体重和身长；提供新生儿喂养、护理及预防接种等保健指导。

3. 产后 42 天健康检查

了解婴儿基本情况；测量体重和身长，进行全面体格检查，如发现出生缺陷，应当做好登记、报告与管理；对有高危因素的婴儿，进行相应的检查和处理；提供婴儿喂养和儿童早期发展及口腔保健等方面的指导。

国家建立孕产妇死亡、婴儿死亡和新生儿出生缺陷监测、报告制度。有产妇和婴儿死亡以及新生儿出生缺陷情况的，应当向卫生行政部门报告。

二、产前诊断与医学指导

（一）产前诊断

根据《产前诊断技术管理办法》，产前诊断是指对胎儿进行先天性缺陷和遗传性疾病的诊断，包括相应筛查。产前诊断技术的应用应当以医疗为目的，符合国家有关法律规定和伦理原则，由经资格认定的医务人员在经许可的医疗保健机构中进行。产前诊断技术项目包括遗传咨询、医学影像、生化免疫、细胞遗传和分子遗传等。

1. 产前诊断的适用情形

医师发现孕妇有下列情形之一的，应当对其进行产前诊断：（1）羊水过多或过少；（2）胎儿发育异常或胎儿有可疑畸形；（3）孕早期可能接触过可能导致胎儿先天性缺陷的物质；（4）有遗传家族史或曾经分娩过先天性严重缺陷的婴儿；（5）初产妇年龄超过 35 岁。

2. 产前诊断的许可

申请开展产前诊断技术的医疗保健机构，须经省、自治区、直辖市人民政府卫生行政部门许可，向所在地省级卫生健康主管部门提交下列文件：《医疗机构执业许可证》副本；开展产前诊断技术的母婴保健技术服务执业许可申请文件；可行性报告；拟开展产前诊断技术的人员配备、设备和技术条件情况；开展产前诊断技术的规章制度；省级以上卫生行政部门规定提交的其他材料。

根据《国务院关于深化"证照分离"改革进一步激发市场主体发展活力的通知》和《国家卫生健康委办公厅关于做好妇幼健康领域"证照分离"改革工作的通知》，开展产前诊断中产前筛查技术的母婴保健专项技术服务机构的审批权限已下放至县级卫生健康行政部门。因此，申请从事产前诊断中产前筛查技术的医疗保健机构，须经县级人民政府卫生行政部门许可，向审批机关交验下列材料：《医疗机构执业许可证》及其副本；有关医师的《母婴保健技术考核合格证书》或者加注母婴保健技术考核合格及技术类别的《医师执业证书》；申请登记书，内容包括医疗机构基本信息、开展产前筛查技术的可行性、与产前诊断机构合作的情况等；法律法规规章规定的其他材料。

卫生健康主管部门收到上述规定的材料后，组织有关专家进行论证，并在收到专家论证报告后 30 个工作日内进行审核。经审核同意的，发给开展产前诊断技术的母婴保健技术服务执业许可证，注明开展产前诊断以及具体技术服务项目；经审核不同意的，书面通知申请单位。

3. 产前诊断的程序

开展产前诊断技术的医疗保健机构出具的产前诊断报告，应当由 2 名以上经资格认定的执业医师签发。对于产前诊断技术及诊断结果，经治医师应本着科学、负责的态度，向孕妇或家属告知技术的安全性、有效性和风险性，使孕妇或家属理解技术可能存在的风险和结果的不确定性。

在发现胎儿异常的情况下，经治医师必须将继续妊娠和终止妊娠可能出现的结果以及进一步处理意见，以书面形式明确告知孕妇，由孕妇夫妻双方自行选择处理方案，并签署知情同意书。若孕妇缺乏认知能力，由其近亲属代为选择。涉及伦理问题的，应当交医学伦理委员会讨论。开展产前诊断技术的医疗保健机构对经产前诊断后终止妊娠娩出的胎儿，在征得其家属同意后，进行尸体病理学解剖及相关的遗传学检查。开展产前诊断技术的医疗保健机构应当建立健全技术档案管理和追踪观察制度。

（二）医学指导

医疗、保健机构发现孕妇患有下列严重疾病或者接触物理、化学、生物等有毒、有害因素，可能危及孕妇生命安全或者严重影响孕妇健康和胎儿正常发育的，应当对孕妇进行医学指导和必要的医学检查。具体包括：（1）严重的妊娠合并症或者并发症；（2）严重的精神性疾病；（3）国务院卫生行政部门规定的严重影响生育的其他疾病。

提供医学指导与医学意见是医疗机构在提供孕产期保健服务的过程中应当履行的义务，包括：（1）对患严重疾病或者接触致畸物质，妊娠可能危及孕妇生命安全或者可能严重影响孕妇健康和胎儿正常发育的，医疗机构应当给予医学指导；（2）医师发现或者怀疑患严重遗传性疾病的育龄夫妻，应提出医学意见，育龄夫妻应根据医学意见采取相应的措施；（3）经产前检查，胎儿可能患严重遗传性疾病或者有严重缺陷，或者患严重疾病，继续妊娠可能危及孕妇生命或严重损害其健康的，医师应说明情况并提出终止妊娠的医学意见。

生育过严重遗传性疾病或者严重缺陷患儿的，再次妊娠前，夫妻双方应当按照国家有关规定到医疗、保健机构进行医学检查。医疗、保健机构应当向当事人介绍有关遗传性疾病的知识，给予咨询、指导。对诊断患有医学上认定不宜生育的严重遗传性疾病的，医师应当向当事人说明情况，并提出医学意见。

三、胎儿性别鉴定与出生医学证明

（一）严禁采用技术手段对胎儿进行性别鉴定

《母婴保健法》规定，严禁采用技术手段对胎儿进行性别鉴定。对怀疑胎儿可能为伴性遗传病，需要进行性别鉴定的，由省、自治区、直辖市人民政府卫生行政部门指定的医疗、保健机构按照国务院卫生行政部门的规定进行鉴定。2016年发布的《禁止非医学需要的胎儿性别鉴定和选择性别人工终止妊娠的规定》指出，禁止任何单位或者个人实施非医学需要的胎儿性别鉴定和选择性别人工终止妊娠。

符合法定生育条件，不得实施选择性别人工终止妊娠，下列情形除外：（1）胎儿患严重遗传性疾病的；（2）胎儿有严重缺陷的；（3）因患严重疾病，继续妊娠可能危及孕妇生命安全或者严重危害孕妇健康的；（4）法律法规规定的或医学上认为确有必要终止妊娠的其他情形。

实施医学需要的胎儿性别鉴定，应当由医疗卫生机构组织3名以上具有临床经验和医学遗传学知识，并具有副主任医师以上的专业技术职称的专家集体审核。经诊断，确需人工终止妊娠的，应当出具医学诊断报告，并由医疗卫生机构通报当地县级卫生行政部门。违反规定利用相关技术为他人实施非医学需要的胎儿性别鉴定或者选择性别人工终止妊娠的，由县级以上卫生行政部门依据《人口与计划生育法》等有关法律法规进行处理；对医疗卫生机构的主要负责人、直接负责的主管人员和直接责任人员，依法给予处分。

（二）新生儿出生医学证明

新生儿出生医学证明，又称出生医学证明，是依据《母婴保健法》出具的，证明婴儿出生状态、血亲关系以及申报国籍、户籍取得公民身份的法定医学证明。医疗保健机构和从事家庭接生的人员应当按照国家卫生行政部门的规定，出具统一制发的新生儿出生医学证明。

新生儿出生医学证明由卫生行政部门统一印制，以省、自治区、直辖市为单位统一编号，不得跨省使用或借用。出生医学证明必须由批准开展助产技术服务并依法取得《母婴保健技术服务许可证》的医疗保健机构签发。严禁任何单位和个人伪造、倒卖、转让、出借、私自涂改或使用非法印制的出生医学证明。

新生儿父母或监护人凭《出生医学证明》到户口所在地的户籍登记部门申报出生登记；户口登记部门凭《出生医学证明》办理登记手续，并保留《出生医学证明》副页作为新生儿户籍登记的原始凭证。在港、澳、台和中华人民共和国境外出生的新生儿可凭出生地签署的出生医学证明文件到其父母或监护人户籍所在地卫生行政部门确认登记后，到户籍登记机关办理登记手续。

第四节　母婴保健医学技术鉴定

根据《母婴保健法》和《母婴保健法实施办法》的规定，母婴保健医学技术鉴定，是指接受母婴保健服务的公民或者提供母婴保健服务的医疗保健机构，对婚前医学检查、遗传病诊断和产前诊断结果或医学技术鉴定结论持有异议所进行的医学技术鉴定。

一、母婴保健医学技术鉴定的组织及其人员

（一）医学技术鉴定组织

《母婴保健法》规定，县级以上地方人民政府可以设立医学技术鉴定组织，负责对婚前医学检查、遗传病诊断和产前诊断结果有异议的进行医学技术鉴定。母婴保健医学技术鉴定委员会分为省、市、县三级。

（二）医学技术鉴定人员

从事医学技术鉴定的人员，必须具有临床经验和医学遗传学知识，并符合下列任职条件：（1）县级母婴保健医学技术鉴定委员会成员应当具有主治医师以上专业技术职务；（2）设区的市级和省级母婴保健医学技术鉴定委员会成员应当具有副主任医师以上专业技术职务。医学技术鉴定组织的组成人员，由卫生行政部门提名，同级人民政府聘任。

二、母婴保健医学技术鉴定的程序

（一）鉴定的申请

当事人对婚前医学检查、遗传病诊断、产前诊断结果有异议，需要进一步确诊的，可

以自接到检查或者诊断结果之日起 15 日内向所在地县级或者设区的市级母婴保健医学技术鉴定委员会提出书面鉴定申请。

（二）鉴定的期限

母婴保健医学技术鉴定委员会应当自接到鉴定申请之日起 30 日内作出医学技术鉴定意见，并及时通知当事人。

（三）鉴定委员会成员的组成

母婴保健医学技术鉴定委员会进行医学鉴定时须有 5 名以上相关专业医学技术鉴定委员会成员参加。医学技术鉴定实行回避制度。凡与当事人有利害关系，可能影响公正鉴定的人员，应当回避。

（四）鉴定流程

母婴保健医学技术鉴定工作必须坚持实事求是、尊重科学、公正鉴定、保守秘密的原则。鉴定委员会成员应当在鉴定结论上署名；不同意见应当如实记录。鉴定委员会根据鉴定结论向当事人出具鉴定意见书。

（五）鉴定的救济措施

当事人对鉴定意见有异议的，可以自接到鉴定意见通知书之日起 15 日内向上一级母婴保健医学技术鉴定委员会申请再鉴定。

第五节 医疗保健服务的行政管理

一、医疗保健服务相关机构的职责

根据《母婴保健法》，国家发展母婴保健事业，提供必要条件和物质帮助，使母亲和儿童获得医疗保健服务；各级人民政府应当采取措施，加强母婴保健工作，提高医疗保健服务水平，积极防治由环境因素所致严重危害母亲和婴儿健康的地方性高发性疾病，促进母婴保健事业的发展。

（一）国家卫生行政主管部门的职责

国家卫生健康委员会主管全国母婴保健工作，并对母婴保健工作实施监督管理。根据《母婴保健法实施办法》，其主要职责包括：（1）按照母婴保健法律法规和国务院卫生健康主管部门规定的条件和技术标准，对从事母婴保健工作的机构和人员实施许可，并核发相应的许可证书；（2）对《母婴保健法》及其实施办法的执行情况进行监督检查；（3）对违反《母婴保健法》及其实施办法的行为依法给予行政处罚；（4）负责母婴保健工作监督管理的其他事项。

（二）县级以上地方人民政府卫生行政部门的职责

《母婴保健法实施办法》第 34 条规定，县级以上地方人民政府卫生行政部门管理本行政区域内的母婴保健工作，并实施监督。其主要职责包括：（1）按照国务院卫生健康主管部门规定的条件和技术标准，对婚前医学检查、遗传病诊断、产前诊断及结扎手术和终止妊娠手术单位进行审批和注册；（2）对从事婚前医学检查、遗传病诊断、产前诊断、结扎手术和终止妊娠手术的人员以及从事家庭接生的人员进行考核，并颁发相应的证书；（3）对《母婴保健法》及《母婴保健法实施办法》的执行情况进行监督检查；（4）对违反《母婴保健法》及《母婴保健法实施办法》的行为，依法给予行政处罚。

（三）母婴保健机构的职责

《母婴保健法》第30条规定，省、自治区、直辖市人民政府卫生行政部门指定的医疗保健机构，即各级妇幼保健机构，负责本行政区域内的母婴保健监测和技术指导。

二、医疗保健机构的许可

《母婴保健法》第32条规定，医疗保健机构依照本法规定开展婚前医学检查、遗传病诊断、产前诊断以及施行结扎手术和终止妊娠手术的，必须符合国务院卫生行政部门规定的条件和技术标准，并经县级以上地方人民政府卫生行政部门许可。具体而言：（1）从事遗传病诊断、产前诊断的医疗、保健机构，须经省、自治区、直辖市人民政府卫生行政部门许可，但从事产前诊断中产前筛查的医疗、保健机构，须经县级人民政府卫生行政部门许可；（2）从事婚前医学检查的医疗、保健机构，须经县级人民政府卫生行政部门许可；（3）从事助产技术服务、结扎手术和终止妊娠手术的医疗、保健机构，须经县级人民政府卫生行政部门许可。

三、母婴保健服务人员的许可

《母婴保健法实施办法》第35条规定，从事母婴保健服务的人员需符合相应条件和许可：（1）从事遗传病诊断、产前诊断的人员，须经省、自治区、直辖市人民政府卫生行政部门许可；（2）从事婚前医学检查的人员，须经县级人民政府卫生行政部门许可；（3）从事助产技术服务、结扎手术和终止妊娠手术的医疗、保健机构和人员，须经县级人民政府卫生行政部门许可，并取得相应的合格证书。

第六节　母婴保健的法律责任

医疗、保健机构及其母婴保健工作人员违反母婴保健法律法规的，需要承担相应的行政责任、民事责任和刑事责任。

一、行政责任

（一）擅自从事母婴保健技术服务的行政责任

未取得母婴保健技术许可，医疗、保健机构或者人员擅自从事婚前医学检查、遗传病诊断、产前诊断、终止妊娠手术和医学技术鉴定或者出具有关医学证明的，由卫生行政部门给予警告，责令停止违法行为，没收违法所得；违法所得 5000 元以上的，并处违法所得 3 倍以上 5 倍以下的罚款；没有违法所得或者违法所得不足 5000 元的，并处 5000 元以上 2 万元以下的罚款。

医疗保健机构未取得产前诊断执业许可或超越许可范围，擅自从事产前诊断，情节严重的，依据《医疗机构管理条例》依法吊销医疗机构执业许可证。对未取得《母婴保健技术考核合格证书》或者《医师执业证书》中未加注母婴保健技术（产前诊断类）考核合格的个人，擅自从事产前诊断或者超范围执业的，由县级以上人民政府卫生健康主管部门给予警告或者责令暂停 6 个月以上 1 年以下执业活动；情节严重的，按照《执业医师法》吊销其医师执业证书。

（二）出具虚假医学证明文件的行政责任

从事母婴保健技术服务的人员出具虚假医学证明文件的，依法给予行政处分。有下列情形之一的，由原发证部门撤销相应的母婴保健技术执业资格或者医师执业证书：（1）因延误诊治，造成严重后果的；（2）给当事人身心健康造成严重后果的；（3）造成其他严重后果的。

（三）违反规定进行胎儿性别鉴定的行政责任

违反《母婴保健法》规定进行胎儿性别鉴定的，由卫生行政部门给予警告，责令停止违法行为；对医疗、保健机构直接负责的主管人员和其他直接责任人员，依法给予行政处分。进行胎儿性别鉴定两次以上的或者以营利为目的进行胎儿性别鉴定的，并由原发证机关撤销相应的母婴保健技术执业资格或者医师执业证书。

二、民事责任

医疗、保健机构及其母婴保健工作人员，在诊疗护理过程中，违反《母婴保健法》等法律、法规、规章、技术规范，造成患者人身损害的，应当按照《民法典》等法律法规的规定承担相应的民事责任。

三、刑事责任

（一）医疗事故罪

取得相应合格证书、从事母婴保健工作的医务人员由于严重不负责任，造成就诊人员死亡或者严重损害就诊人身体健康的，依照《刑法》第 335 条医疗事故罪追究刑事责任，处 3 年以下有期徒刑或者拘役。

（二）非法进行节育手术罪

未取得医师执业资格的人员，擅自为他人进行节育复通手术、假节育手术、终止妊娠手术或者摘取宫内节育器，情节严重的，依照《刑法》第 336 条非法进行节育手术罪追究刑事责任，处 3 年以下有期徒刑、拘役或者管制，并处或者单处罚金；严重损害就诊人身体健康的，处 3 年以上 10 年以下有期徒刑并处罚金；造成就诊人死亡的，处 10 年以上有期徒刑，并处罚金。

【练习题】

一、选择题

1.（2020 年）母婴保健工作方针不包括（　　）。
　　A. 以保健为中心　　　　　　　　　　B. 以保障生殖健康为目的
　　C. 实行保健和临床相结合　　　　　　D. 面向群体，面向基层
　　E. 保障母亲和婴儿健康

2.（2015 年）李某因妊娠异常需行剖宫产术，经主治医生在告知孕妇丈夫手术相关信息并取得签字后实施手术。胎儿被取出后发现产妇患有双侧卵巢畸胎瘤，遂告知其丈夫并建议切除双侧卵巢。李某丈夫立即打电话与其他家属商议，医师在尚未得到家属商议结果的情况下，继续手术并切除双侧卵巢，于是发生医患纠纷。此案例中，医师侵犯的患者权利是（　　）。
　　A. 疾病认知权　　　　　　　　　　　B. 知情同意权
　　C. 隐私保护权　　　　　　　　　　　D. 生命权
　　E. 健康权

3.（2021 年）属于婚前医学检查的是（　　）。
　　A. 指定传染病的检查　　　　　　　　B. 严重传染病的检查
　　C. 新生儿疾病筛查　　　　　　　　　D. 新生儿遗传病筛查
　　E. 新生儿性病筛查

4.（2018 年）某地级市卫生行政部门接到举报，称市中心医院妇产科主治医师陶某违反《母婴保健法》及其实施办法相关规定，未经市级卫生行政部门批准擅自从事母婴保健专项技术服务，经查证举报属实，依法给予陶某行政处罚。陶某的违法行为是（　　）。
　　A. 擅自开展宫腔镜手术　　　　　　　B. 擅自从事助产技术服务
　　C. 擅自开展孕妇营养咨询和指导　　　D. 擅自开展婴儿保健
　　E. 擅自从事婚前医学检查

5.（2019 年）刘某有家族遗传病史，怀孕后担心胎儿健康。到某医疗机构进行遗传病诊断。后因医疗纠纷投诉至卫生监督机构。经查，该医疗机构未取得遗传病诊断资质。根据规定，负责遗传病诊断许可的卫生行政部门是（　　）。
　　A. 县级卫生行政部门　　　　　　　　B. 设区的市级卫生行政部门
　　C. 各级卫生行政部门　　　　　　　　D. 国务院卫生行政部门
　　E. 省级卫生行政部门

6.（2010 年）从事以下哪种工作的医务人员，须经过省、自治区、直辖市人民政府卫生行政部门的考核，并取得相应的合格证书？（　　）
　　A. 婚前医学检查　　　　　　　　　　B. 施行结扎手术

C. 遗传病诊断　　　　　　　　　　D. 终止妊娠手术

E. 从事家庭接生

7.（2017 年）医务人员必须经过省级卫生行政部门考核并取得相应合格证书方可从事的母婴保健服务项目是（　　　）。

A. 结扎手术　　　　　　　　　　　B. 家庭接生

C. 产前诊断　　　　　　　　　　　D. 婚前医学检查

E. 终止妊娠手术

8.（2014 年）某女怀孕后，非常想知道胎儿的性别，遂请好友某妇产科医师为其做胎儿性别鉴定。该医师碍于情面实施胎儿性别鉴定。根据《母婴保健法》的规定，当地卫生行政部门应对该医师作出的处理是（　　　）。

A. 处以罚款　　　　　　　　　　　B. 给予行政处分

C. 扣发年度奖金　　　　　　　　　D. 调离工作岗位

E. 离岗接受培训

9.（2016 年）母婴保健工作人员出具虚假医学证明，即使未造成严重后果，仍应承担一定的法律责任，该法律责任是（　　　）。

A. 暂停执业　　　　　　　　　　　B. 行政处分

C. 吊销执业证书　　　　　　　　　D. 通报批评

E. 注销执业注册

二、简答题

1. 什么是母婴保健？什么是母婴保健法？
2. 婚前保健的具体内容有哪些？
3. 什么是产前诊断？符合哪些情形应当进行产前诊断？
4. 母婴保健医学技术鉴定包括哪些程序？
5. 母婴保健机构和人员的执业许可程序是什么？
6. 违反母婴保健法的法律责任有哪些？

练习题参考答案

三、论述题

论母婴保健立法的意义。

第十二章
医疗损害责任法律制度

【本章重点】

1. 医疗损害责任的概念及特征
2. 医疗损害责任的主要类型
3. 医疗损害责任的归责原则与构成要件
4. 医疗损害责任的免责事由

未尽诊疗义务医疗损害责任案[①]

2020年7月18日凌晨，陈某到安徽省某医院就诊，主诉因"饮白酒2.5两、啤酒1瓶，2小时伴反复呕吐"，医生初步诊断为：饮酒过量，急性胃炎；给予留院观察、静脉输液等治疗。就诊期间，医生仅以治疗醉酒方式对陈某予以相应的治疗，而对陈某所陈述的胸口不适症状置之不理，并对检查结果判断错误，造成误诊，加上输液过程中操作失误、抢救不及时、抢救设备故障等因素，导致陈某抢救无效死亡。之后患者陈某家属将该医院诉诸法院，2021年8月30日，北京华夏物证鉴定中心作出鉴定意见书，鉴定意见为：该医院对被鉴定人陈某的诊疗行为存在过失，该过失的诊疗行为与其死亡的损害后果之间存在因果关系，原因力大小为次要至同等原因。

思考：

1. 该案是否构成医疗损害责任？
2. 医疗损害责任的归责原则是什么？

案例解析

[①] 审理法院：一审法院为安徽省庐江县人民法院，案号为（2021）皖0124民初3042号。

第一节　医疗损害责任法律制度概述

一、医疗损害责任的概念和特征

（一）医疗损害责任的概念

医疗损害责任是指医疗机构及医务人员在诊疗过程中造成患者人身损害或者其他损害，基于其过失或法律规定而应承担的以损害赔偿为主要方式的侵权责任。为了进一步了解医疗损害责任的概念，有必要了解相近概念。

1. 医疗事故

医疗事故是指医疗机构及其医务人员在医疗活动中，违反医疗卫生管理法律、行政法规、部门规章和诊疗护理规范、常规，过失造成患者人身损害的事故。这是《医疗事故处理条例》确认的，因此医疗事故这一概念具有很强的行政色彩。至于是否构成医疗事故，需通过医疗事故鉴定委员会鉴定。医疗事故，实际是指一个事实、一个事件，即医疗机构的医务人员在诊疗过程中基于过失造成患者人身损害的事故。事故本身并不是侵权法调整的对象，侵权责任法调整的是行为和责任。

使用医疗事故责任的概念，虽然能够概括医务人员因其过失而应当承担的侵权责任，但无法与相应的侵权行为相衔接。承担医疗事故责任的前提是医疗事故鉴定委员会对医疗事故进行了认定，这不完全符合有损害即有救济、有过错即有责任的民事侵权法理，即医疗事故责任赔偿的范围比医疗损害责任赔偿的范围窄。更为重要的是，医疗事故责任概念在与医疗过错责任概念同时使用时，将对完整的医疗侵权行为人为地进行分割，造成同一种侵权行为类型在法律适用上不统一的后果，对患者的权利无法进行统一的法律保护。

2. 医疗差错

在医疗管理实践中，医学界将"虽有诊疗护理错误，但未造成患者死亡、残疾、功能障碍"这种情形归纳为"医疗差错"，并将其划分为严重医疗差错和一般医疗差错。严重医疗差错是指医务人员在诊疗护理工作中，因诊疗护理过失，虽给患者的身体健康造成了一定的损害，延长了治疗时期，但尚未造成患者死亡、残疾、组织器官损伤障碍的不良后果；一般医疗差错，是指医务人员在诊疗护理中，虽然发生诊疗护理过失，但尚未给病员身体健康造成损害，无任何不良后果。可见，医疗差错也是一种医疗损害，只是后果尚未达到一定程度。医疗差错强调医疗行为不符合诊疗常规、法律法规，是对行为的否定评价，而医疗事故是对损害结果的描述，但二者均不能完整地概括医疗损害应负的责任。

3. 医疗过错

医疗过错，是指在诊疗护理工作中，医务人员基于诊疗护理的过错，致使患者死亡、残疾、组织器官损失，导致功能障碍或其他人身损害的情形。司法实践中的医疗过错有两种常见用法：一是指不构成医疗事故的医疗侵权案件，与医疗事故概念相对应；二是作为医疗事故和医疗侵权的上位概念，是指医疗事故和医疗侵权的统称。实践中多数使用前一种表述。

使用医疗过错概念，可能会产生如下问题：第一，将医疗过错视为医疗事故和医疗侵权的上位概念，还不如将医疗侵权作为医疗事故和医疗过错的上位概念，因为医疗侵权范围更广。第二，医疗事故中也存在过错，从这个角度来看，医疗过错与医疗事故并不存在差别，将医疗过错作为与医疗事故相对应的概念也不适当。第三，医疗过错概念中使用"过错"一词并不准确，因为过错包括故意和过失，而医疗侵权行为中并不存在故意，因为医务人员一旦基于故意给患者造成损害，将构成刑事犯罪行为或者一般侵权行为，不再认定为医疗侵权行为。

在我国司法实践中，医疗事故、医疗侵权、医疗过错都在被不准确地使用着，引发法律适用上、赔偿范围上的严重混乱。因此，有必要使用一个能够概括上述概念的概念。医疗损害责任是一个不常被使用的概念，具有包容性强，能够包含所有的医疗侵权行为的特点，较直观、中性，容易被社会各界所接受，用它来概括所有的医疗侵权行为责任更为准确。使用这个概念能够结束医疗侵权概念、案由以及对这类侵权行为法律适用上的不统一局面，维护法制统一和司法权威，依相同标准保护受害患者的合法权益，建立统一的医疗损害责任制度。

（二）医疗损害责任的特征

1. 医疗损害责任的责任主体是医疗机构

医疗损害责任的责任主体是医疗机构，且须为合法的医疗机构。《民法典》第1218条规定："患者在诊疗活动中受到损害，医疗机构或者其医务人员有过错的，由医疗机构承担赔偿责任。"按照《医疗机构管理条例》第2条的规定，医疗机构应当是从事疾病诊断、治疗活动的医院、卫生院、疗养院、门诊部、诊所、卫生所（室）以及急救站等机构。除此之外，不属于医疗机构。例如，执业助理医师不得成立个体诊所，设立个体诊所行医的，因不是医疗机构，仍为非法行医。

2. 医疗损害责任的行为主体是医务人员

医疗损害责任的行为主体是医务人员，而不是其他人员。医务人员包括医师和其他医务人员。按照《医师法》第2条的规定，医师，是指依法取得医师资格，经注册在医疗卫生机构中执业的专业医务人员，包括执业医师和执业助理医师。尚未取得执业医师或者执业助理医师资格，取得乡村医生执业证书，经注册在村医疗卫生机构从事预防、保健和一般医疗服务的乡村医生，也视为医务人员。《护士条例》第2条规定，护士是指经执业注册取得护士执业证书的卫生技术人员。非法行医的医生或者非医生、护士或者非护士，都不适用医疗损害责任的法律规范，而应当适用一般侵权行为的规则处理。除此之外，在医疗机构执业的药师（士）、检验技师（士）、影像技师（士）等也属于医务人员。

未取得执业医师资格，但取得省级以上教育行政部门认可的医学院校医学专业的毕业生，在医疗机构根据上级医师的指导进行相应的医疗活动的，不属于非法行医，但违反上级医师的指导擅自进行医疗活动的，不认为是医务人员。

3. 医疗损害责任发生在医疗活动之中

医疗损害责任发生在一般医疗活动之中，其他场合不能产生这种侵权责任。只要在诊疗活动中受到损害，患者都可以主张损害赔偿。诊疗活动是指通过各种检查，使用药物、器械及手术等方法，对疾病作出判断和消除疾病、缓解病情、减轻痛苦、改善功能、延长生命、帮助患者恢复健康的活动。对医疗活动应当予以准确理解，并不是只有医疗才是医疗活动，在医院进行的身体检查，在医院进行的医疗器械的植入，医疗机构进行的影像、病理、超声、心电图等诊断性活动，以及对患者的观察、诊断、治疗、护理、康复等活动，也属于医疗活动。此外，医疗美容是运用手术、药物、医疗器械以及其他具有创伤性或者侵入性的医学技术方法，对人的容貌和人体各部位形态进行的修复与再塑，因此属于医疗活动；而没有通过这样的手段进行的美容，如进行面部护理、一般的保健按摩等，则不属于医疗活动。

4. 医疗损害责任的主观要件主要是过失

过错是承担一般侵权责任的必要要件。在医疗损害中，主观要件通常为过失，特殊情形下为故意，因为医学伦理道德要求医生以救病治人为准则。如果医务机构和医务人员基于故意实施导致患者损害的医疗行为，大多数情形下会因故意损害而构成一般侵权损害责任。此外，在医疗产品损害中，医疗机构承担的是无过错责任。

5. 医疗损害责任的基本形态是替代责任

替代责任的特征是责任人和行为人相分离。在医疗损害中，造成患者人身损害的行为人是医务人员，但其并不直接承担赔偿责任，而由造成损害的医务人员所属的医疗机构承担赔偿责任。因为医疗损害责任具有不同于一般侵权责任的特殊性，医务人员在进行医疗行为时，实际上是一种职务行为且代表了医疗机构的意志，因此所产生的后果也应当由医疗机构承担。医疗机构在自身承担了赔偿责任之后，对于有过失的医务人员可以行使追偿权。

二、医疗损害责任的主要类型

（一）医疗技术损害责任

医疗技术损害责任，是指医疗机构及医务人员在医疗活动中，违反医疗技术上的高度注意义务，具有不符合当时的医疗水平的技术过失，造成患者人身损害而应承担的医疗损害责任。构成这种医疗损害责任，必须具备医疗技术过失要件，即具有不符合当时医疗水平的疏忽和懈怠，造成患者的人身损害，因而应当承担侵权责任。

（二）医疗伦理损害责任

医疗伦理损害责任，是指医疗机构及医务人员基于过失，违背医疗良知和医疗伦理的要求，违背医疗机构和医务人员的告知和保密义务，造成患者人身损害以及其他合法权益损害的医疗损害责任。

（三）医疗产品损害责任

医疗产品损害责任，是指医疗机构在医疗过程中使用有缺陷的药品、消毒药剂、医疗器械以及血液及制品等医疗产品，造成患者人身损害，医疗机构或者医疗产品生产者、销售者应当承担的医疗损害赔偿责任。

（四）医疗管理损害责任

医疗管理损害责任，是指医疗机构及医务人员在诊疗活动中违反医政管理规范和要求，存在管理过失，造成患者人身或财产损害，而应当承担的损害赔偿责任。

三、医疗损害责任制度的改革

随着 1978 年的改革开放，医疗体制改革不断发展，医疗损害责任纠纷也开始逐渐增多，相应的法律规范逐渐完善。40 余年来，我国的医疗损害责任制度经历了以下三个阶段：

（一）患者赔偿权利受到一定限制的阶段

改革开放之初，并没有统一的法律和法规规制医疗损害责任纠纷。随着这类纠纷的不断增加，为了规范医疗机构的医疗行为，确定医疗损害责任，国务院于 1986 年 6 月 29 日出台了《医疗事故处理办法》，于 1987 年 1 月 1 日生效。该办法出台之际，我国仍实行公费医疗的福利化政策，医疗机构医疗行为的性质是社会福利保障。因此，对于医疗机构在医疗活动中造成患者人身损害的赔偿责任，我国采取严格限制政策，偏重于对医疗机构的保护，在一定程度上限制了患者受赔偿的权利，因而在实践中也出现反对的声音，该办法由原卫生部负责起草，而原卫生部又是各级医院的行政主管部门，首先这就违反了公平公正的原则。此外，《医疗事故处理办法》中有些规定也体现了不平等。

1. 限制赔偿范围

《医疗事故处理办法》明确规定只有构成医疗事故，患方才能请求赔偿，对于非医疗事故引起的损害，即使医方存在过错也不承担责任。除此之外，还对医疗事故的构成作了诸多限制，如患者的损害必须严重到死亡、残疾等程度才能被认定为医疗事故。而医学是一门技术性很强的科学，医疗事故技术鉴定委员会的认定结果就大致决定了纠纷的胜败。《医疗事故处理办法》规定，各级鉴定委员会负责本地区医疗事故的鉴定，也就是说鉴定者和涉事医疗机构在一个地区，并且同属一个行业，医学工作者的相同身份可能会使鉴定不公正，这次医疗事故中的鉴定者可能就会成为下次医疗事故的涉事者，在巨大的关系网下，难免会手下留情。患方处于弱势地位难以受到保护，对鉴定机构会产生不信任感。一旦鉴定结果显示不属于医疗事故，即使鉴定委员会并未偏袒医院，患者也不愿意接受鉴定结果。这种不信任，不仅不利于医疗纠纷的解决，可能还会因为患方情绪激动出现更严重的后果。

2. 限制赔偿数额

《医疗事故处理办法》规定，构成医疗事故的，根据事故等级、情节和患者的情况给予一次性经济补偿。补偿标准由省、自治区、直辖市人民政府规定。但各省对医疗事故赔偿标准的规定相对较低。例如，《江苏省〈医疗事故处理办法〉实施细则》规定，确认是医疗事故的（包括责任事故和技术事故），由医疗单位根据事故等级给予患者或患者家属一次性经济补偿，具体标准如下：一级医疗事故，补偿金额不超过 3000 元；二级医疗事故，补偿金额不超过 2000 元；三级医疗事故，补偿金额不超过 1500 元。虽然当时整体的工资水平较低，但在经济发展较好的江苏省，这样的赔偿标准根本不足以填补患者及家属的实际损害，在同一时期的普通的人身损害案件中，赔偿的数额是医疗事故的数倍。

（二）举证责任倒置，三个"二元化"并行的阶段

2002 年《医疗事故处理条例》的出台，相比《医疗事故处理办法》有了较大的进步。《医疗事故处理条例》将医疗事故的损害后果范围扩大，只要造成明显的人身损害后果就可以构成医疗事故，降低了构成医疗事故的门槛，将绝大多数医疗损害纳入了医疗事故中。而关于赔偿的问题，不仅明确赔偿而非补偿的性质，而且增加了赔偿的数额，将医疗费、护理费、营养费、交通费、伤残者生活补助费等计算标准予以明示，也为精神损害赔偿提供了依据。但相较一般人身损害赔偿的标准还是很低。随着 2003 年《关于参照〈医疗事故处理条例〉审理医疗纠纷民事案件的通知》以及《关于审理人身损害赔偿案件适用法律若干问题的解释》的相继出台，在司法实践中出现了医疗事故责任受害患者一方得到的赔偿数额大大低于以医疗过错起诉获得的人身损害赔偿数额，使更多的受害者一方选择医疗过错的案由向法院起诉，以避开适用《医疗事故处理条例》所规定的过低标准。相关立法的不一致也形成了后续十余年间司法实务中三个"二元化"并行的医疗损害责任制度：医疗损害责任诉由的两元化——医疗事故责任和医疗过错责任；医疗损害赔偿标准的两元化——行政条例和司法解释；医疗损害责任鉴定的两元化——医学会的医疗事故鉴定和司法鉴定机构的医疗过错鉴定。

而根据 2001 年《关于民事诉讼证据的若干规定》第 4 条第 8 项规定，因医疗行为引起的侵权诉讼，由医疗机构就医疗行为与损害结果之间不存在因果关系及不存在医疗过错承担举证责任。采取医疗侵权责任倒置的主要原因是：医疗机构具备专业的医学知识，对医学上的因果关系较为熟悉，由其来证明能保护患者的弱势地位，患方仅凭自己的医学知识很难证明医疗机构的过错。并且医疗机构掌握着病历等相关资料、熟悉患者的病情，并具有丰富的信息资源，如果由患方从医方获取证据并进行证明，不仅耗时耗力，而且难度过大，因此为了平衡医患双方当事人的地位，更好地实现实质公平，保护受害者的利益，对医疗侵权责任实行举证责任倒置。但过错和因果关系两个推定证据规则的适用，又使医疗机构陷入极其不利的诉讼地位。医疗机构及医务人员普遍陷入恐慌之中，为保存证据以应对医疗诉讼和赔偿责任的压力，对患者普遍实行过度检查等手段，大大增加了患者的医疗费负担，进而对具有一定风险的医疗行为进行推诿甚至拒绝治疗，进一步加剧了医患矛盾，造成了较为明显的防御性医疗态势。

（三）医患合法权益受同等保护的阶段

在医疗机构全面防御，医疗费用普遍提高，医患关系日益紧张的态势下，法律界和医学界都开始进行反思和理性思考，深入探讨医疗损害责任纠纷法律适用的应然对策，进入了医患合法权益受同等保护的阶段。

1.《侵权责任法》的规定

《关于民事诉讼证据的若干规定》实行举证责任倒置，但医学领域认知的局限性使得医方的举证责任也并不轻松。每个患者的生物特征或多或少存在差异，即便实施了同样的诊疗手段，诊疗效果也可能不同。医方较易获得证据并且具有专业知识，就应当负担证明责任的观点忽视了证明责任的另一重含义：当医方提供证据后案件依然处于事实不清、真伪不明状态时，由谁来承担不利后果。医疗行为本身就具有损害性，既可能治愈疾病也可能损害人体。况且，临床科学中的因果关系是相当难以证明的。临床医学中的"真伪不明"，不但必然反映到诉讼中的真伪不明之中，而且在经过证据证明后表现为法律上的真伪不明时比起原来的范围更大。在诊疗中，也有可能因为患者的原因使得医方无法完成举证。首先，门诊的病历并不由医疗机构保存，而由患者自行保存，医方不具有较易获得证据的优势。其次，患者就诊时有可能对病史做不真实的陈述，致使医方对病情或诊疗手段产生误判。因此，举证责任倒置对医方并不公平，不适当地减轻了患者的举证负担，降低了医疗诉讼的门槛，促成了"诉讼爆炸"。

鉴于此，《侵权责任法》改变了《关于民事诉讼证据的若干规定》对过错和因果关系要件的双重倒置，确定了以过错责任为主，特定条件下的过错推定和医疗产品侵权的无过错责任的归责原则，将医疗损害责任的证明责任重新分配给患方，以期遏制患方的滥诉行为，重构良好的医患关系。在《侵权责任法》的过错责任为主的大前提下，一般来说，患者要对医疗行为的违法性、损害后果、违法行为和损害后果之间的因果关系、主观过错这四个构成要件进行证明，并在事实不清、真伪不明时承担败诉风险。当出现《侵权责任法》第 58 条规定的 3 种例外情形时，过错的证明责任倒置给医方。

2.《关于审理医疗损害责任纠纷案件适用法律若干问题的解释》的规定

《侵权责任法》的实施较好地解决了一些问题，但有些规定仍然不尽如人意，而且《医疗事故处理条例》和《关于审理人身损害赔偿案件适用法律若干问题的解释》并未被废除，因此依然存在法律适用、二元化并未完全结束等现实问题，故最高人民法院于 2017 年公布了《关于审理医疗损害责任纠纷案件适用法律若干问题的解释》。《关于审理医疗损害责任纠纷案件适用法律若干问题的解释》共 26 条，分为适用范围、当事人主体资格的确定、举证责任、鉴定程序、责任承担、附则六部分。

《关于审理医疗损害责任纠纷案件适用法律若干问题的解释》明确了医疗损害责任的举证责任由患方承担。由患者提交医疗机构及其医务人员有过错、诊疗行为与损害之间具有因果关系的证据。有学者认为这只说明患者承担了提交证据的责任，并不等于承担证明责任。然而，最高人民法院研究室负责人指出，这样将医疗损害责任的举证责任分配给患方的规定既遵循了《侵权责任法》确立的过错责任原则，又避免了因举证证明责任分配不当而导致双方实体权利义务显著失衡，充分考虑到患者存在医学专业性不足、信息不对称等客观情况，对患者进行了适当的举证责任缓和。

3.《民法典》的规定

2020 年 5 月 28 日，我国颁布了《民法典》，对医疗损害责任进行专章规定，并对《侵权责任法》的内容进行了更进一步的细化和深化。《民法典》"医疗损害责任"一章明确规定，医疗机构及其医务人员除了对患者隐私负有保密的法定义务外，对患者的个人信息同样需要承担相应的保密义务。该变化直接呼应了《民法典》人格权编中个人信息保护条款以及 2016 年出台的《网络安全法》等相关法律法规，通过这种特别强调的形式，从法律层面回应了目前急需对患者个人信息保护的经济现状和社会需求。并且《民法典》还对医务人员的安全进行了保护，增加了侵害医务人员合法权益的兜底性责任条款。这些处理体现了立法者在解决医患问题上的良苦用心，既考虑到患者的合法权益，也强化了对医务人员的保护力度，医患双方的合法权益受到法律的同等保护。

第二节 医疗损害责任的归责原则与构成要件

一、医疗损害的过错责任

（一）医疗损害过错责任概念

医疗损害过错责任，是指在医疗机构存在过错且该过错造成患者损害后果的情况下，由医疗机构承担赔偿责任。当医务人员在诊疗过程中未能尽到相应的诊疗义务时，便可以认定其存在过错，因此造成患者损害的，医疗机构应当承担损害赔偿责任。对诊疗活动引起的纠纷，应当适用一般侵权的过错责任原则。确定医疗机构承担侵权赔偿责任，应当具备侵权责任的一般构成要件，即违法行为、损害事实、因果关系和医疗过错。在证明责任上，实行一般的举证责任规则，即"谁主张、谁举证"。

（二）医疗损害过错责任的要件

第一，医疗机构及其医务人员存在违法诊疗的行为。违法诊疗行为是指医方的诊疗行为违反法律、行政法规、规章以及其他有关诊疗规范的规定，进而导致了患者的损害。违法行为是承担侵权责任的首要条件，存在违法诊疗行为才需要承担医疗损害责任。违法诊疗行为包括作为和不作为两种。其中，作为的违法诊疗行为是主要的行为方式，是指医方以积极主动的方式实施了违法行为。不作为的违法诊疗行为，是指医方以被动消极的方式不履行应尽的法定义务。

第二，造成患者人身损害。患者的人身损害是医疗损害责任的关键。未造成患者人身损害，即便医务人员存在过错，也不承担责任。一旦存在损害后果，向患者赔偿的主体也并非医务人员，而是医疗机构。《民法典》第1191条规定，用人单位的工作人员因执行工作职务造成他人损害的，由用人单位承担侵权责任。虽然医疗侵权是由于医务人员的过失造成的，但是由于医务人员属于医疗机构的雇员，所以应当由医疗机构对患者进行赔偿。

第三，医疗机构及其医务人员的违法诊疗行为与患者的损害之间具有因果关系。因果关系是指医方的违法诊疗行为与患者的损害之间存在引起与被引起的关系。只有在因果关系存在的情况下，才能将患者的损害归责于医方的违法诊疗行为，医方才需要承担相应的医疗损害责任。

第四，医方存在主观过错。主观过错是指医务人员违反诊疗义务时应该被苛责的主观心理状态，分为故意和过失。故意是指医务人员预见到自己违反诊疗义务的行为会造成患者的损害，但依然希望或放任其发生。故意实施不必要的检查、故意实施过度医疗都是故意的侵权行为。过失是指应当预见自己违反诊疗义务的行为会导致患者的损害，但由于疏忽大意或过于自信而未能预见。在医疗损害责任中，只有医务人员存在主观过错才构成医疗损害过错责任。根据过错程度和原因力大小，公平、合理、准确地综合判定医务人员承担侵权责任的比重。

（三）医疗损害过错责任的具体情形

1. 未尽说明告知义务

患者作为医疗合同的一方当事人，有权利知道医方将对自己采取何种措施的治疗、治疗的风险有多大、治疗的后果如何、治疗的费用大致会是多少等。只有医务人员向患者履行说明义务之后，患者才能作出自己的判断、行使自主权和决定权。关于医务人员的说明义务可作如下理解：

第一，医务人员的说明义务是医务人员在诊疗活动中的基本义务。说明义务的主体是医务人员，说明的对象一般情况下是患者本人，说明的内容是患者的病情和医方将要采取的医疗措施，这一说明义务贯穿于整个诊疗活动中。

第二，在一般说明义务之外，医务人员对于特定的患者还负有特殊的说明义务。特定的患者是指需要实施手术、特殊检查、特殊治疗的患者。

第三，对于不能或不宜向患者说明的，医务人员履行说明义务的对象不再是患者本人，而是患者的近亲属。

第四，医务人员违反说明义务，给患者造成损害的，医疗机构应当承担赔偿责任。赔偿的项目一般包括医疗费（不包括原发病医疗费）、住院伙食补助费、交通费、住宿费、误工费、陪护费、残疾用具费、残疾生活补助费、丧葬费、被扶养人生活费、精神损害抚慰金等费用。

第五，紧急情况下告知义务的例外。《民法典》第1220条规定："因抢救生命垂危的患者等紧急情况，不能取得患者或者其近亲属意见的，经医疗机构负责人或者授权的负责人批准，可以立即实施相应的医疗措施。"对此，需要注意的是：首先，医方在诊疗过程中必须先尊重患者的自主决定权。其次，医方紧急决策权的行使必须同时符合两个条件，一是患者已经处于生命垂危的危急状态、需要进行抢救；二是不能取得患者或者其近亲属的意见。再次，医方的决策必须由医务人员报经患者所处的医疗机构的负责人或者医疗机构授权的负责人批准之后才能实施。最后，一旦医疗机构负责人批准对患者进行抢救，医务人员应当立即对患者实施相应的医疗措施，不能拖延。

2. 未尽诊疗注意义务

医务人员的诊疗注意义务就是应当提供与当时的医疗水平相符的诊疗服务。《民法典》第1221条规定，医务人员在诊疗活动中未尽到与当时的医疗水平相应的诊疗义务，造成患者损害的，医疗机构应当承担赔偿责任。尽到诊疗注意义务的一个重要方面，是诊疗行为符合法律、行政法规、规章及诊疗规范的有关要求。然而，一个医务人员应当具有的与其诊疗水平相适应的注意义务，并非完全能够被法律、行政法规、规章以及诊疗规范的有关要求所涵盖。医务人员完全遵守了具体的操作规程，仍然有可能作出事后被证明是错误的判断，实施事后被证明是错误的行为。然而，医疗行为具有未知性、特异性和专业性等特点，不能仅凭事后被证明错误这一点就认定医务人员存在诊疗过错，而要看其他医务人员一般会不会犯这种错误。因此，诊疗注意义务可以理解为一般情况下医务人员通过谨慎的作为或者不作为可以避免患者受到损害的义务。

3. 未尽保密义务

《民法典》第1226条规定，医疗机构及其医务人员应当对患者的隐私和个人信息保密。泄露患者的隐私和个人信息，或者未经患者同意公开其病历资料的，应当承担侵权责任。这是对医务人员保密义务的规定，也就是对患者隐私权的保护。保护隐私是民法上的每个自然人作为民事权利主体均应享有的一种基本权利，它具有普遍性，并非只存在于医患关系之间。但是医患关系具有特殊性，患者到医院就医，医务人员首先要知晓患者的病情与既往病史，要根据患者的陈述制作门诊或住院病历。在必要的情况下，还需要对患者的身体进行接触和观察，以便对疾病进行正确的治疗。正是基于诊疗活动本身的特点，医务人员在其职业活动中极易掌握患者的隐私。因此，对于基于患者的信赖而在执业活动中知悉的患者的隐私，医疗机构及其医务人员负有保密义务。实践中，医疗机构及其医务人员侵犯患者隐私权的情况大体分为两种：一是泄露患者隐私，即包括医疗机构及其医务人员将其在诊疗活动中掌握的患者的个人隐私信息向外公布、披露的行为，如对外散布患者患有艾滋病的事实，导致患者精神遭受巨大痛苦；也包括未经患者同意而将患者的身体暴露给与诊疗无关人员的行为。二是未经患者同意公开其病历资料，既包括出于医学会诊、医学教学或者传染性疾病防治的目的，公开患者的病历资料；也包括医疗机构本身对病历资料管理不善，向未取得患者授权的人公开，造成患者损害。

4. 过度医疗行为

《民法典》第1227条规定，医疗机构及其医务人员不得违反诊疗规范实施不必要的检查。过度检查，一般是指医疗机构提供的超出患者个体和社会保健实践需求的医疗检查服务。过度检查具有以下特征：（1）为诊疗疾病所采取的检查手段超出疾病的基本需求，不符合疾病的规律与特点。（2）采用非"金标准"的诊疗手段。所谓"金标准"，是指当前临床学界公认的诊断疾病的最可靠方法。（3）费用超出正常情况下疾病诊疗所需费用。

二、医疗损害的过错推定责任

医疗损害的过错推定责任，是指在出现违规操作或妨碍证明的严重行为并造成患者损害时，直接推定医疗机构存在过错。推定有过错并不等于当然认定有过错，因为被推定有过错的一方可以提出反证以证明自己没有过错。但从我国《民法典》的规定来看，推定医疗机构有过错的情形都是严重的不法行为，而且隐匿、拒绝提供、伪造、篡改、销毁等词语，本身就表明是一种故意的行为，因此，医疗机构事实上很难提出反证来证明自己没有过错。

根据《民法典》第1222条的规定，患者在诊疗活动中受到损害，有下列情形之一的，推定医疗机构有过错：

（一）违反法律、行政法规、规章以及其他有关诊疗规范的规定

这里所称的"法律、行政法规、规章"是指与具体诊疗活动有关的法律、行政法规和规章，这些规范性文件属于制定法的范畴，具有较高的效力，是国家对医疗行为的管理、指引和规范，医疗机构在从事诊疗活动时必须遵守这些规范性文件的规定，否则不仅应当承担行政违法的后果，而且在侵权责任法上直接推定为有过错，应当对患者承担损失赔偿责任。其他有关诊疗规范虽然在效力上没有法律、行政法规和规章高，但这些诊疗规范往往是医疗行政管理部门针对医务人员的执业行为作出的专业性规定，或者是医疗行业

规范，是在医疗执业实践中总结出来的诊疗操作规范，是医务人员在诊疗过程中的基本行为规范。因此，如果医疗机构违反了这些诊疗规范，说明其违反了诊疗活动的基本操作规范，因此造成患者损害的，直接可以推定医疗机构有过错。

（二）隐匿或者拒绝提供与纠纷有关的病历资料

《民法典》第1225条规定，医疗机构及其医务人员应当按照规定填写并妥善保管住院志、医嘱单、检验报告、手术及麻醉记录、病理资料、护理记录等病历资料。当患者和医疗结构产生纠纷时，如果医疗机构隐匿或者拒绝提供与纠纷有关的病历资料，则构成妨碍证明，直接可以推定医疗机构存在过错。病历资料原本就被医疗机构掌控和保管，如果在纠纷产生后医疗机构故意不提供病历资料，就会使得当事人双方无法就证据进行质证，进而妨碍患者一方的诉讼主张，并影响法院在审理中对纠纷事实真相的查明。对此行为就可以直接认定医疗机构存在过错。

（三）遗失、伪造、篡改或者违法销毁病历资料

如果医疗机构将患者的病历资料遗失、篡改、伪造甚至销毁，将会使患者在接受新的诊疗时无法提供既往病史资料，或者提供的是被篡改伪造的材料，极可能给患者带来生命健康危险。此外，发生纠纷时，医疗机构遗失、伪造、篡改或者销毁病历资料的行为也会导致患者无法主张权利、法院无法查明真相。因此，对于医疗机构遗失、伪造、篡改或者销毁病历资料的行为，应直接推定其存在过错。

三、医疗损害的无过错责任

对于使用有缺陷的器械、消毒药剂、药品以及输血等造成患者人身损害的医疗产品损害责任，应当适用无过错责任原则，只具备违法行为、人身损害事实、行为与损害之间有因果关系三个要件，即构成侵权责任。《民法典》第1223条规定，因药品、消毒产品、医疗器械的缺陷，或者输入不合格的血液造成患者损害的，患者可以向药品上市许可持有人、生产者、血液提供机构请求赔偿，也可以向医疗机构请求赔偿。患者向医疗机构请求赔偿的，医疗机构赔偿后，有权向负有责任的药品上市许可持有人、生产者、血液提供机构追偿。

（一）因药品、消毒药剂、医疗器械的缺陷造成患者人身损害

药品、消毒药剂、医疗器械属于产品，具有缺陷的，可以直接适用《民法典》关于产品责任的无过错责任原则的规定，确定侵权责任。患者可以向医疗机构要求赔偿，也可以向生产者、销售者、药品上市许可持有人要求赔偿。医疗机构赔偿后，属于生产者、销售者责任的，有权向生产者、销售者、药品上市许可持有人追偿。

（二）因输入不合格的血液以及使用血液制品造成患者人身损害

对于因输入不合格的血液以及使用血液制品造成患者人身损害的，应当适用无过错责任原则。尽管血液是人体组织，不具有物的属性，但一旦其脱离人体，便成为人体的衍生物，具有一定程度的流通性，也就具有产品的属性，因此，可以作为产品对待，适用无过错责任原则。患者可以向血液提供机构请求赔偿，也可以向医疗机构请求赔偿。医疗机构在对患者承担赔偿责任之后，有权向负有责任的血液提供机构进行追偿。

第三节 医疗损害责任的免责事由

本书所述的医疗损害责任的免责事由仅指关于医疗机构免责事由的特别规定,《民法典》总则编所规定的不承担责任和减轻责任的情形也可以适用于医疗侵权损害赔偿领域,例如,损害由受害人故意造成的,行为人不承担责任。鉴于医疗损害责任的特殊性,医疗损害中医疗机构的免责事由包括以下几点。

(一)患者或者其近亲属不配合医疗机构进行符合诊疗规范的诊疗

患者或者其近亲属不配合医疗机构进行符合诊疗规范的诊疗是医疗机构的当然免责事由,但是在这种情形下医疗机构完全免责的前提,必须是医疗机构及其医务人员没有过错,如果医疗机构及其医务人员也有过错,则应该根据其过错大小承担相应的责任。也就是说,尽管损害是由于患者或者近亲属不配合医疗机构进行符合诊疗规范的诊疗造成的,但如果医疗机构及其医务人员对此也有过错,如对患者及其近亲属进行的说明和告知不充分、不及时等,也要对患者的损害承担与过错程度相应的赔偿责任。

(二)紧急情况下已经尽到合理诊疗义务

在抢救生命垂危的患者时,由于情况紧急,医务人员必须争分夺秒进行抢救,因此在时间上不允许像常规手术那样进行全面而周到的准备,在操作上也不可能像一般状态下的手术措施那样细致精确。在抢救生命的紧急状态下,医务人员的首要任务是抢救,而非平常状态下对患者的治疗。为了抢救生命,医务人员只要在急救中尽到了合理的诊疗义务,即使造成了患者的损害,也可以免于承担责任。这也是为了鼓励医务人员在紧急情况下救死扶伤。当然,这项免责事由也是有前提的,就是医务人员尽到了合理诊疗义务,即医务人员对于生命垂危的患者患病原因的诊断是正确的,所采取的急救治疗措施是合理的,药品的使用是合适的,并且将急救措施可能造成的损害尽量控制在合理的限度之内。此外,结合《民法典》第1220条的规定,在采取急救措施之前,医务人员还应履行了告知义务或者正确行使了紧急情况下的决策权。只有符合这些条件,医务人员才可以对患者的损害免责。

(三)限于当时的医疗水平难以诊疗

医疗行为具有高技术性、高风险性、复杂性以及不可控性,还有很多未知领域需要探索。现代医学技术水平的发展具有局限性,目前还不能达到百分之百的治愈率。医学作为发展中的科学,人们至今还在实践中不断探索并寻求解除疾病的办法。即使医学家开始从基因水平认识疾病,人类对癌症、艾滋病等疾病仍没有根治手段。此外,由于病人个体的差异性,即使治疗常见病或者治疗同一种疾病,医生采取相同的诊疗措施,所达到的效果也不尽一样。因此,判断医务人员对于采取的诊疗行为是否存在过错,只能基于当时的医学技术水平,即判断医务人员是否尽到了与当时的医疗水平相适应的诊疗义务。尽到这项义务的,就视为医疗机构及其医务人员没有过错,对于患者不承担赔偿责任。

【练习题】

一、选择题

1.（2019 年）因医疗机构的行为造成患者损害，应当承担侵权责任的情形是（　　　）。
   A. 鉴于当时医疗水平的诊断
   B. 未经患者同意公开其病历资料
   C. 未说服患者近亲属配合符合诊疗规范的诊疗
   D. 医务人员抢救患者时尽到合理的诊疗义务
   E. 患者认为医务人员没有尽到合理诊疗义务

2.（2018 年）患者有损害，但医疗机构不承担赔偿责任的是（　　　）。
   A. 在抢救生命垂危患者等紧急情况下未尽到合理诊疗义务
   B. 患者或者其近亲属不配合医疗机构进行符合诊疗规范的诊疗
   C. 未经患者同意公开其病历资料
   D. 未尽到与当时医疗水平相应的诊疗义务
   E. 输血错误造成不良后果

3. 依据《民法典》，医务人员实施手术前应当向患者说明的事项是（　　　）。
   A. 医疗纠纷处理方式　　　　　　　B. 隐私保密要求
   C. 替代医疗方案　　　　　　　　　D. 承担赔偿责任的情形
   E. 复印病例资料范围

4.（2013 年）医疗侵权赔偿责任中，医疗过错的认定标准是（　　　）。
   A. 未尽到分级诊疗的义务　　　　　B. 未尽到先行垫付的义务
   C. 未尽到健康教育的义务　　　　　D. 未尽到主动协商的义务
   E. 未尽到与当时医疗水平相适应的义务

5. 某女，36 岁，因患子宫肌瘤在县医院接受手术治疗，术后患者因对手术效果不满意诉
   至法院。法院经审理认为医院存在《民法典》规定的过错推定情形，判决医院败诉。
   下列属于过错推定情形的是（　　　）。
   A. 未尽到说明义务　　　　　　　　B. 未尽到与当时医疗水平相应的诊疗义务
   C. 伪造病历资料　　　　　　　　　D. 泄露患者隐私
   E. 限于当时的医疗水平难以诊疗

二、简答题

1. 什么是医疗损害责任？医疗损害责任的特征有什么？
2. 医疗损害责任的主要类型有哪些？
3. 医疗损害责任的构成要件有哪些？

4. 医疗损害责任适用过错推定的情形有哪些？

5. 医疗损害责任的免责事由有哪些？

三、论述题

论医疗损害责任的过错责任原则。

练习题参考答案

第十三章
医疗纠纷预防和处理法律制度

【本章重点】

1. 医疗纠纷的概念
2. 医疗纠纷的非诉讼解决机制
3. 医疗事故的构成要件
4. 医疗事故鉴定与医疗损害鉴定的区别

杨某整容死亡案

2019 年 8 月 18 日 15 时许，杨某到某医疗美容外科诊所行面部、颈部、胸部等部位的脂肪填充术，手术进行全身麻醉，其间杨某出现呼吸困难、血压下降的状况。后杨某经抢救无效死亡。当地卫生行政主管部门委托某司法鉴定中心对杨某的死亡原因进行鉴定。司法鉴定意见显示，死者杨某符合行脂肪填充术中因肺脂肪栓塞致急性呼吸，循环功能衰竭而死亡的征象。经初步调查，该诊所是一家经依法批准设立的私立医疗机构，参与此次手术的主治医师、麻醉医师、护士均有资质，但麻醉医师未在该机构注册。[①]

思考：

本案某诊所的行为是否构成医疗事故？医疗事故的构成要件是什么？

案例解析

---

① 参见中国新闻网：《河南南阳回应女护士整形致死：已成立专项调查组》，载 https://www.chinanews.com.cn。

第一节　医疗纠纷预防和处理法律制度概述

一、医疗纠纷概述

（一）医疗纠纷的概念

近年来，居高不下的医疗纠纷严重扰乱了正常的医疗秩序，侵害了人民群众的合法利益，引发了社会大众的极大关注。但对于医疗纠纷的概念，并没有形成统一的界定。《医疗事故处理条例》采用"医疗事故"的概念，却并不能涵盖所有医患之间的冲突和矛盾，并且这个概念的表述并不科学，因为医疗纠纷是否构成医疗事故必须要通过专业鉴定才能判断，如果在医疗纠纷发生之时就定性为"医疗事故"，实际上就直接推定了医疗机构及医务人员有过错。医疗纠纷概念的外延较宽，应是"医疗事故"的上位概念。为了表述更加科学合理，2018 年 10 月 1 日起实施的《医疗纠纷预防和处理条例》对"医疗纠纷"的概念作了明确规定，即医疗纠纷是指医患双方因诊疗活动引发的争议。当然这并不意味着"医疗事故"概念就此消失，《医疗事故处理条例》并没有废止，"医疗事故"的概念也继续存在，只是在医疗民事纠纷中更多地采用医疗损害责任确定民事赔偿，在医疗行政管理中依然沿用医疗事故的概念，对医疗机构及其医务人员进行行政处罚。因此，在法规中分别明确"医疗纠纷"与"医疗事故"的概念，有利于根据不同的后果区分不同的法律责任。

（二）医疗纠纷的构成要件

根据《医疗纠纷预防和处理条例》关于"医疗纠纷"的规定，医疗纠纷必须符合以下三个要件。

1. 主体是医患双方

医方包括医疗机构及其医务人员。医疗机构，是指从事疾病诊断、治疗活动的医院、卫生院、疗养院、门诊部、诊所、卫生所（室）以及急救站等机构。《医疗机构管理条例实施细则》第 3 条规定，医疗机构的类别为：（1）综合医院、中医医院、中西医结合医院、民族医医院、专科医院、康复医院；（2）妇幼保健院、妇幼保健计划生育服务中心；（3）社区卫生服务中心、社区卫生服务站；（4）中心卫生院、乡（镇）卫生院、街道卫生院；（5）疗养院；（6）综合门诊部、专科门诊部、中医门诊部、中西医结合门诊部、民族医门诊部；（7）诊所、中医诊所、民族医诊所、卫生所、医务室、卫生保健所、卫生站；（8）村卫生室（所）；（9）急救中心、急救站；（10）临床检验中心；（11）专科疾病防治院、专科疾病防治所、专科疾病防治站；（12）护理院、护理站；（13）医学检验实验室、病理诊断中心、医学影像诊断中心、血液透析中心、安宁疗护中心；（14）其他诊疗机构。

所谓医务人员，是指从事医疗活动的自然人。《民法典》《医疗机构管理条例》等法律法规都使用了"医务人员"的概念，但对医务人员的具体范围并没有作明确规定。2020 年

6月1日起实施的《基本医疗卫生与健康促进法》未沿用"医务人员"的概念，而是采用了"医疗卫生人员"的概念，并对医疗卫生人员的范围作了明确规定。其第107条规定，所谓医疗卫生人员，是指执业医师、执业助理医师、注册护士、药师（士）、检验技师（士）、影像技师（士）和乡村医生等卫生专业人员。

患方包括患者及其近亲属。所谓患者，是指通过挂号就诊等接受诊疗服务的人。根据《民法典》第1045条规定，患者的近亲属包括患者的配偶、父母、子女、兄弟姐妹、祖父母、外祖父母、孙子女、外孙子女。

2. 医患双方存在争议

此处的"争议"既包括基于诊疗行为造成人身损害而产生的争议，也包括没有造成人身损害而产生的争议，如仅对医方服务态度不满等。根据争议性质的不同，应采取不同的处理方法。

3. 医患双方的争议由诊疗活动引发

《医疗机构管理条例实施细则》第88条规定，诊疗活动是指通过各种检查，使用药物、器械及手术等方法，对疾病作出判断和消除疾病、缓解病情、减轻痛苦、改善功能、延长生命、帮助患者恢复健康的活动。医疗美容是指使用药物以及手术、物理和其他损伤性或者侵入性手段进行的美容。为了更好地保护患者权益和解决医疗纠纷，这里的"诊疗活动"应作扩大解释，除了诊疗活动外，还应包括医疗美容活动。所谓"引发"，就是指诊疗活动与争议之间是引起与被引起的关系，也就是说争议是由诊疗活动直接引起的。最常见的情形为医务人员侵犯了患者的生命权、健康权等。由于涉及的问题比较专业，此类争议常常需要通过专业的第三方机构对医方有无过错、过错与损害之间有无因果关系等进行判断，非由诊疗活动引发的纠纷不能称为医疗纠纷。

二、医疗纠纷预防和处理制度的立法沿革

1987年，国务院颁布《医疗事故处理办法》，将医疗事故分为责任事故和技术事故，就医疗事故的处理程序作出了明确规定。1997年修正后的《刑法》新增了医疗事故罪，自此，对医务人员严重不负责任的行为有了明确的刑事处罚。2002年施行的《关于民事诉讼证据的若干规定》，首次明确了在医疗侵权责任纠纷中实行因果关系和过错的举证责任倒置，由医方举证证明医疗行为和患者的损害结果之间不存在因果关系及医方不存在医疗过错，否则承担举证不能即败诉的风险。该证据规则改变了患者在诉讼中的弱势地位，但也加重了医方的举证责任，不利于医患纠纷的公平合理解决。

与此同时，《医疗事故处理条例》也于2002年颁布实施，对医疗事故造成的医患纠纷的预防和处理发挥了积极作用。《医疗事故处理条例》在某种程度上建立了医疗纠纷预防的制度体系，卫生行政部门按照相关规定，制定了医疗质量管理、医疗事故报告、医院投诉管理等一系列管理制度，各级各类医疗机构也建立健全了本机构内部相关的规章制度，在保障患者合法权益的同时，加强了医疗机构及其医务人员的风险防范意识。此外，该条例建立了医疗事故赔偿机制，确定了医疗事故的赔偿原则和标准，依据医疗事故等级、医疗过失行为在医疗事故损害后果中的作用、医疗事故损害后果与患者原有疾

病状况之间的关系等确定赔偿责任，对赔偿的项目、原则、计算方法、标准、期限等内容进行了明确规定，为医疗事故的赔偿提供了法律依据。

但在《医疗事故处理条例》实施的过程中也出现了诸多问题。如本书第十二章所述，《医疗事故处理条例》所规定的医疗事故损害赔偿具有较强的行政执法色彩，卫生行政部门处理医疗纠纷也常常遭受公平性质疑。最高人民法院于 2003 年发布《关于参照〈医疗事故处理条例〉审理医疗纠纷民事案件的通知》，导致《医疗事故处理条例》事实上被边缘化，也导致医疗纠纷处理"二元化"的形成。2010 年施行的《侵权责任法》将医疗损害责任单独成章，使得取消"医疗事故"在民事医疗纠纷案件中运用的呼声越来越高。2010 年下发的《关于适用〈侵权责任法〉若干问题的解释》规定，人民法院适用《侵权责任法》审理医疗纠纷民事案件，根据当事人申请或依据职权进行医疗损害鉴定的，根据《全国人民代表大会常务委员会关于司法鉴定管理的决定》《人民法院对外委托司法鉴定管理规定》及国家有关部门的规定组织鉴定。这一司法解释进一步表明卫生行政部门的医疗事故鉴定模式已经不再适合于民事司法审判工作，医疗损害鉴定也走向了统一，由司法行政部门审核登记设立的面向社会服务的司法鉴定机构负责医疗过错司法鉴定工作。

为了进一步预防和妥善处理医疗纠纷，保护医患双方的合法权益，维护医疗秩序，保障医疗安全，《医疗纠纷预防和处理条例》于 2018 年 10 月 1 日正式实施。这标志着医疗纠纷的处理逐渐向依靠民事诉讼、仲裁、多元协调调解机制等方向发展。《医疗纠纷预防和处理条例》将重点放在医疗纠纷的预防与诉前化解措施上，规定医疗机构在医疗纠纷发生早期要告知患者医疗纠纷处理的渠道、程序和所享有的权利；规范了患者病历知情权，以及对于病历和可疑医疗物品封存、尸体存放、移除和解剖的要求；强调医疗纠纷诉讼外解决程序，构建了以医疗责任保险、医疗意外保险为基础的医患和解、医疗纠纷人民调解和行政调解机制；构建了全新、统一的医疗损害鉴定模式。

第二节　医疗纠纷的预防

一、以患者为中心，加强人文关怀

《医疗纠纷预防与处理条例》第 9 条提出，医疗机构及其医务人员在诊疗活动中应当以患者为中心，加强人文关怀。传统的医学模式为生物医学模式，关注疾病本身。后美国学者恩格尔提出生物—心理—社会三维医学模式，认为诊疗活动应以患者为中心而不是以疾病为中心。随着由生物医学模式向三维医学模式的转变，一种新型的基于共同参与的朋友式的医患关系开始构建。因此，"以患者为中心，加强人文关怀"不是一句口号，而是基于医患关系的转变而产生的一种理念，应当落实到医院管理制度和诊疗活动的各个环节之中。

二、加强医疗机构及其医务人员的行为规范

1. 医疗机构及其医务人员必须严格依法执业

医疗卫生法律法规明确医疗机构及医务人员必须遵守的法律底线，既是为了保护患者的合法权益，更是为了通过惩罚违法行为进而产生威慑力，预防和减少医疗机构及其医务人员的违法行为。

2. 医疗机构及其医务人员必须严格遵守诊疗规范、常规

诊疗规范、常规是医务人员进行治疗、诊断、检验、护理等各项诊疗活动必须遵循的方法与步骤。对于诊疗规范、常规的具体范围，现行法律并没有明确规定。一般认为，诊疗规范、常规是指医疗卫生行政部门、行业协会、医疗机构制定和发布的，具有技术性、规范性、可操作性以及必须遵守的工作方法与步骤。

3. 医务人员必须恪守职业道德

医务人员的职业神圣，事关生命健康，具备良好的职业道德尤其重要。2014 年 6 月 25 日，中国医师学会发布《中国医师道德准则》，其目的就是规范医师的职业道德。《医师法》第 3 条规定，医师应当坚持人民至上、生命至上，发扬人道主义精神，弘扬敬佑生命、救死扶伤、甘于奉献、大爱无疆的崇高职业精神，恪守职业道德，遵守执业规范，提高执业水平，履行防病治病、保护人民健康的神圣职责。因此，要求医务人员严格恪守职业道德不仅是一种道德义务，更是法律上的要求。

三、按规定书写和保管病历资料

发生医疗纠纷之后，病历是唯一能体现医疗行为全过程的资料，是确定法律事实最重要的证据，是判断医患双方责任的重要依据。规范书写并妥善管理病历是医疗机构及其医务人员的法定义务，对于预防与解决医疗纠纷也具有重要意义。目前，规范医疗机构及医务人员书写与管理病历的法律规范主要有《病历书写基本规范》《中医病历书写基本规范》《医疗机构病历管理规定》《电子病历应用管理规范（试行）》等，上述规范要求医务人员客观、真实、准确、及时、完整、规范地书写病历资料，要求医疗机构完善、合法、完整地保管病历资料。医疗机构及其医务人员没有按上述要求书写与保管病历资料的，应承担相应的不利后果。

四、保障患者知情同意权的充分实现

患者的知情同意权是一项非常重要的权利，在临床实务中极易引发纠纷。知情同意权的目的是保证病人自主决定权、知情权的实现，其核心是保护患者的利益。在诊疗方案多元化的今天，没有最好的方案，只有最适合患者的方案。患者在充分知情的前提下自主作出选择的方案才是最适合患者的方案。随着医学模式的转变及患者权利意识的发展，传统的家父式医患关系已经无法维系，基于共同参与的朋友式的医患关系开始构建，知情同意权应运而生，并发挥了重要的作用。

知情同意权由知情权和同意权两个权利构成。《民法典》第1219条规定，医务人员在诊疗活动中应当向患者说明病情和医疗措施。需要实施手术、特殊检查、特殊治疗的，医务人员应当及时向患者具体说明医疗风险、替代医疗方案等情况，并取得其明确同意；不能或者不宜向患者说明的，应当向患者的近亲属说明，并取得其明确同意。《民法典》颁布以后，医务人员的说明告知义务出现了两个变化：一是将"说明"改成了"具体说明"，增加了知情同意的实质性，即不仅告知，还应达到知情和同意的合一。自此对知情同意书等相关病历资料的判断，不仅要看是否具有，还要看其内容是否明确和具体。二是将患者、近亲属"书面同意"改成了"明确同意"，医务人员可以按照具体情况采取口头、录音、录像、律师见证等不同的告知形式，使其能够更好地完成说明告知义务。

五、健全医患沟通机制

《医疗纠纷预防与处理条例》第17条规定，医疗机构应当建立健全医患沟通机制，对患者在诊疗过程中提出的咨询、意见和建议，应当耐心解释、说明，并按照规定进行处理；对患者就诊疗行为提出的疑问，应当及时予以核实、自查，并指定有关人员与患者或者其近亲属沟通，如实说明情况。良好的医患沟通有助于减少患者的疑问和困惑，降低医患双方误会的可能性，对于预防医疗纠纷具有重要作用。由于诊疗活动涉及大量的专业知识，医患之间存在严重的知识、信息不对等，所以医患之间极易产生误解。很多纠纷都源自沟通不畅，如果双方对一个问题有完全相同的认知，就不会产生纠纷。知情同意最重要的意义不是完成签字的过程，而是通过沟通达到缩小认知差距、避免误解目的。因此，临床上医患沟通的核心在于贯彻、落实对患者知情同意权的保护。为了全面保障患者获得与其病情相关信息的权利，除了保障患者知情同意权充分实现外，还须健全医患沟通机制，让医生成为患者"博学且值得信赖的朋友"。

第三节　医疗纠纷的处理

一、医疗机构的告知义务

《医疗纠纷预防和处理条例》第23条规定："发生医疗纠纷，医疗机构应当告知患者或者其近亲属下列事项：（一）解决医疗纠纷的合法途径；（二）有关病历资料、现场实物封存和启封的规定；（三）有关病历资料查阅、复制的规定。患者死亡的，还应当告知其近亲属有关尸检的规定。"根据该条规定，发生医疗纠纷后，医疗机构应当告知患者或者其近亲属解决医疗纠纷所涉及的相关事项。这有助于减少医患之间的信息不对称，患者或其近亲属可依法行使权利，选择合适的纠纷解决途径。而且病历资料与现场实物的封存、尸体解剖等程序都需要医患双方共同完成，医疗机构有必要及时告知患者或者其近亲属，共同完成上述事项，为医疗纠纷的后续处理作准备。此外，根据该条规定，发生医疗纠纷后，履行告知义务的主体为医疗机构，告知的对象为患者或者其近亲属。关于告知的形式，法律并未作明确的规定，口头、书面及其他有效方式均可，但为了证据保存的需要，应优先采用书面形式。

二、病历资料查阅、复制及封存

（一）病历资料查阅及复制

病历资料对于记录诊疗活动、还原诊疗过程具有重要作用。一旦发生医疗纠纷，病历资料便成为判定过错、明晰责任的重要证据。鉴于病历资料的重要性，《民法典》《医疗纠纷预防与处理条例》《医疗事故处理条例》等法律法规都对患者查阅、复制病历资料的权利作了明确规定。

根据规定，患者或其代理人、死亡患者的法定继承人或者代理人有权查阅、复制以下所有的主观病历和客观病历：门诊病历、住院志、体温单、医嘱单、化验单（检验报告）、医学影像检查资料、特殊检查同意书、手术同意书、手术及麻醉记录单、病理资料、护理记录、死亡病例讨论记录、疑难病例讨论记录、上级医师查房记录、会诊意见、病程记录。

（二）病历资料的封存

1. 封存病历资料可分阶段进行

《医疗纠纷预防与处理条例》第24条规定，发生医疗纠纷需要封存、启封病历资料的，应当在医患双方在场的情况下进行。封存的病历资料可以是原件，也可以是复制件，由医疗机构保管。病历尚未完成需要封存的，对已完成病历先行封存；病历按照规定完成后，再对后续完成部分进行封存。分阶段封存病历既考虑到了诊疗过程的连续性，又能确保病历资料的完整性。

2. 原则上医患双方应当在场

这里的医患双方主要包括医疗机构或者其委托代理人、患者或者其代理人，患者死亡的，还可能是患者法定继承人或者其近亲属。《医疗机构病历管理规定》第24条规定，医疗机构申请封存病历时，医疗机构应当告知患者或者其代理人共同实施病历封存；但患者或者其代理人拒绝或者放弃实施病历封存的，医疗机构可以在公证机构公证的情况下，对病历进行确认，由公证机构签封病历复制件。根据该规定，患者或者其代理人拒绝或者放弃实施病历封存的，医疗机构可通过公证制度进行病历的封存。

3. 制作封存清单

医疗机构负有开列封存病历清单的义务，由医患双方签字或者盖章，各执一份。按照实务经验，为了避免纠纷，封存清单上除了列明所封存的名录资料的名称、数量等事项之外，还需要记录封存时间、地点、参与人、封存过程、如何封存、封存期限、启封事项等内容。

三、尸检

（一）尸检的前提

尸检是一种对尸体进行解剖从而确认死亡原因的医学手段。医患双方对患者死亡的原因有异议或不能确定患者死因的，尸检对查明事实具有重要作用。医疗纠纷尸检以医患双方对死因有异议或不能确定死因为前提。

（二）医方的告知义务

患者死亡的，医疗机构应当告知其近亲属有关尸检的规定。

尸检应当经死者近亲属同意并签字。医疗机构应当制定书面的尸检告知模板。死者近亲属拒绝签字的，视为近亲属不同意进行尸检，应在尸检告知书上备注告知时间、告知地点、告知人姓名、在场人姓名等。不同意或者拖延尸检，超过规定时间，影响对死因的判断的，由不同意或者拖延的一方承担责任。

（三）尸检的程序

1. 尸检时间

尸检时间是由尸体的医学性质决定的，是在对尸体现象的变化过程进行总结的基础上确定的。《医疗事故处理条例》《医疗纠纷预防与处理条例》都规定应当在患者死亡后48小时内进行尸检；具备尸体冻存条件的，可以延长至7日。

2. 尸检的机构及人员

尸检应当由按照国家有关规定取得相应资格的机构和专业技术人员进行。法律对具体的机构和人员并没有作明确的规定，只要具备相应的资质即可。

3. 尸检的监督

由于尸检活动具有专业性，涉及复杂的解剖学、病理学等方面的知识，为了保障尸检过程的公正、透明，医患双方可以委派代表观察尸检过程。

四、重大医疗纠纷报告制度

《医疗纠纷预防和处理条例》第28条规定："发生重大医疗纠纷的，医疗机构应当按照规定向所在地县级以上地方人民政府卫生主管部门报告。卫生主管部门接到报告后，应当及时了解掌握情况，引导医患双方通过合法途径解决纠纷。"依据该条规定，发生重大医疗纠纷时，医疗机构负有向相关卫生行政部门报告的义务，卫生行政部门在接到报告后应开展相应的工作，但对何为重大医疗纠纷并没有作明确的规定。《医疗事故处理条例》第14条规定了重大医疗过失行为的报告制度，即发生下列重大医疗过失行为的，医疗机构应当在12小时内向所在地卫生行政部门报告：（1）导致患者死亡或者可能为二级以上的医疗事故；（2）导致3人以上人身损害后果；（3）国务院卫生行政部门和省、自治区、直辖市人民政府卫生行政部门规定的其他情形。重大医疗纠纷可以参照该条内容进行判定。

第四节 医疗纠纷的救济途径

根据现行医疗卫生法律法规的规定，医疗纠纷的救济主要有和解、调解、仲裁和诉讼等方式。按照不同性质又可将上述救济途径归纳为非诉讼解决机制和诉讼解决机制两类。

一、非诉讼解决机制

非诉讼解决机制又称为替代性纠纷解决方式，是 20 世纪逐步发展起来的各种诉讼外民事纠纷解决方式的总称。医疗纠纷属于民事纠纷的一种，非诉讼纠纷解决机制能有效、快捷地解决医疗纠纷，促进医患关系的和谐稳定。医疗纠纷的替代性纠纷解决方式主要包括和解、调解、仲裁三类。

（一）和解

和解即当事人自行协商解决，这种方式形式灵活、便于操作，有助于增进相互理解、修护医患关系，具有交易成本低、隐蔽性强等优势。和解无时间限制，能够及时解决双方的争议，达到沟通和解决问题的目的，往往易为医患双方所接受。

1. 和解的特点

（1）医患双方以平等的身份参与协商。在该纠纷解决模式下，医患双方在没有第三人介入的情况下进行协商，具有完全的话语权利。就算有第三人参加，也只是作为证人或者公证人出现，并不会对当事人的协商进行任何的干预。

（2）双方自愿协商达成一致，签署和解协议书，没有基于强迫或行政机关的命令。

（3）和解无时间限制，可以在纠纷发生后的任何阶段进行。和解可以发生在诉讼前，也可以在向法院提起诉讼之后，只要没有司法裁判结果的约束，双方都可以自愿协商。

（4）只能就赔偿或补偿内容进行协商。涉及医疗机构及其医务人员行政违法或者可能涉及刑事处罚的事项，医患双方不能协商。即使对赔偿或补偿内容进行协商，对协商的赔付金额也有一定的限制。《医疗纠纷预防与处理条例》第 30 条规定，索赔数额较大的医疗纠纷，鼓励医患双方通过人民调解的途径解决。部分地方发布的相关规范性法律文件中也明确规定，医疗纠纷索赔金额较大的，医疗机构（或者公立医疗机构）不得通过协商的方式解决。

2. 和解的分类

（1）诉讼前的和解。诉讼前的和解是指双方当事人不向法院提起诉讼，通过相互协商达成和解协议来解决双方的争议。和解协议一经签订，当事人不得任意反悔撤销。一方当事人不履行和解协议，另一方当事人可以根据和解协议向人民法院提起诉讼。

（2）诉讼中的和解。诉讼中的和解是指向法院提起诉讼后、法院作出判决前，双方当事人相互协商，达成协议。双方当事人可以就整个诉讼标的达成协议，也可以对诉讼中的个别问题达成协议。和解协议经当事人签字盖章即发生效力，达成和解协议后应与法院沟通，申请撤诉或变更诉讼请求。但为避免诉讼风险，建议在法院的主持下进行调解，出具调解书。

3. 和解的基本原则

（1）坚持自愿、合法、平等的原则。协商必须建立在医患双方完全自愿的基础之上，愿不愿意协商、能否形成共识、是否达成和解协议等问题，都是双方自己意愿的体现。合法主要是指协商的过程、达成的协议等都不得违反法律法规的强制性规定。双方在协商过程中的法律地位平等，一方当事人不能将自己的意愿强加给对方。

（2）尊重当事人的权利，尊重客观事实。协商的前提是医患双方的权利都得到重视和维护，对于医疗纠纷的成因、医方是否有过错、过错程度及责任承担问题的讨论与判断，都应当以客观事实作为基础。由于医学知识、信息的不对称，患方极易对诊疗行为产生误解，医方应当在协商中进行必要的解释与说明，尽力消除双方的误解。医方的解释与说明难以说服患者的，可以委托司法鉴定机构对医方是否存在过错、过错程度、因果关系进行鉴定，然后在司法鉴定意见书的基础上进行协商。

（二）调解

医疗纠纷的调解是指在一定组织机构的主持下，医患双方在自愿的基础上，坚持合法的原则，就争议问题通过平等协商达成协议，以消除纷争的活动。调解可分为诉讼中的调解和诉讼外的调解，诉讼中的调解即人民法院的调解，诉讼外的调解主要是指人民调解、行政调解和仲裁调解。本部分主要介绍医疗纠纷人民调解制度。

1. 医疗纠纷人民调解的申请

人民调解的申请主体为医患双方，即与医疗纠纷直接相关的双方当事人，他人未经合法授权不得代替医患双方提出申请。接受申请的单位为医疗纠纷人民调解委员会。应由医患双方共同提出申请，仅一方申请的，由医疗纠纷人民调解委员会在征得另一方同意后进行调解，如另一方不同意，则不能启动调解程序。

医疗纠纷人民调解的申请既可通过书面形式，也可通过口头形式提出。书面申请的，申请书应当载明申请人的基本情况、申请调解的争议事项和理由等；口头申请的，医疗纠纷人民调解员应当当场记录申请人的基本情况，申请调解的争议事项和理由等，并经申请人签字确认。[①]

2. 医疗纠纷人民调解委员会的工作原则

医疗纠纷人民调解委员会是根据我国法律规定设立的一种专业性的人民调解机构，其在履行调解职责时，必须遵循以下基本原则：（1）在双方自愿、平等的前提下进行调解；（2）调解不得违反法律、法规、规章和政策等规定；（3）尊重当事人的诉讼权利，无论调解成功与否，不得妨碍当事人依法通过仲裁、司法等途径来维护权益。

3. 医疗纠纷人民调解的程序

（1）确定调解员。医疗纠纷人民调解委员会受理医疗纠纷调解申请后，应当指定1名或者数名人民调解员进行调解，也可以由当事人选择1名或者数名人民调解员进行调解。当事人可以通过口头或者书面的方式对调解员提出回避申请。

（2）调解前准备。医疗纠纷人民调解委员会应当告知双方当事人权利义务、调解规则、调解程序、调解秩序、调解协议效力等事项。

（3）依法调解。双方当事人参加调解的人员一般不超过5名。无正当理由不参加调解的，医疗纠纷人民调解委员会可以视为拒绝调解而终止调解。调解员应当在查明事实、分清责任的基础上，引导、帮助当事人达成调解协议。调解不成的，要防止纠纷激化，引导当事人通过法律途径解决纠纷。

---

① 《医疗纠纷预防与处理条例》第31条。

（4）专家咨询。具有下列情形之一的，医疗纠纷人民调解委员会应当启动专家咨询程序：负责该纠纷调解的人民调解员认为需要的；医患双方对引起医疗纠纷的诊疗活动及其损害后果存在重大分歧的；其他需要进行专家咨询的情形。咨询专家应当从专家库中选取，并遵循回避相关规定。医疗纠纷人民调解委员会可以就是否存在医疗损害以及损害程度、是否存在过错、过错与损害之间是否存在因果关系等事项咨询专家意见，专家意见是医疗纠纷人民调解委员会调解的参考依据。

（5）鉴定。医疗纠纷人民调解委员会调解医疗纠纷，需要进行医疗损害鉴定的，由医患双方共同委托医学会或者司法鉴定机构进行鉴定；也可以经医患双方同意，由医疗纠纷人民调解委员会委托鉴定。

（6）制作调解协议。经调解成功的，应制作调解协议书，由医患双方签字盖章或按手印，经人民调解员签字并盖章后生效。调解协议书必须明确当事人的基本情况、主要事实、争议事项、责任、调解内容、履行方式及期限等事项。

（7）执行。调解协议可向当地法院申请司法确认，赋予其强制执行力。

（三）仲裁

仲裁是指当事人自愿协商将纠纷提交不属于法院的第三方机构来处理，由该第三方机构对争议进行裁决的一种争议解决制度。仲裁坚持双方自愿、裁决不公开、一裁终决的原则。

《仲裁法》第2条规定："平等主体的公民、法人和其他组织之间的合同纠纷与其他财产权益纠纷，可以仲裁。"国内一直在探讨如何以仲裁的方式来解决医疗纠纷，2010年，深圳医患纠纷仲裁院成立，受理本市范围内的医疗纠纷案件。随后，国内其他地方也成立了类似的仲裁机构，但仲裁至今尚未成为解决医疗纠纷的主流方式。

二、诉讼解决机制

（一）医疗纠纷诉讼解决的概念

医疗纠纷诉讼解决是指医疗纠纷当事人一方向人民法院起诉，人民法院依照法律规定对医疗争议进行开庭审理、质证辩论、裁判的过程。通过审判程序，人民法院通过判决确定当事人之间的权利义务关系，并由国家强制力确保义务主体履行生效裁判。不论当事人是否自愿、是否积极参与诉讼，都会受到法院裁判的约束。医疗纠纷诉讼解决具有以下特点：（1）法院作为第三方介入纠纷解决。（2）医患双方都有启动诉讼的权利。患者主要针对医方给其造成的人身、财产或精神损害起诉，要求医方予以赔偿。而医方则主要针对患方拖欠医疗费、拒绝出院、干扰医疗机构正常诊疗秩序等予以起诉，要求患方承担相应责任。（3）依照法律的规定进行审理。诉讼解决的程序必须按照《民事诉讼法》的规定进行，包括庭前程序、鉴定、开庭、调解、判决、执行等。对于案件的判决，需要根据《民法典》《最高人民法院关于审理医疗损害责任纠纷案件适用法律若干问题的解释》等实体法来确定。（4）法庭经过开庭审理、查明案件事实之后，可以对双方当事人进行调解，调解成功的，依法出具调解书；调解失败的，法院必须依法判决。

（二）医疗纠纷诉讼解决的程序

1. 起诉的条件

起诉必须具备一定的条件。根据《民事诉讼法》第122条的规定，起诉必须符合下列条件：（1）原告是与本案有直接利害关系的公民、法人和其他组织；（2）有明确的被告；（3）有具体的诉讼请求和事实、理由；（4）属于人民法院受理民事诉讼的范围和受诉人民法院管辖。在医疗纠纷案件中，被告比较好判断，一般情况下是医疗机构。而原告有时难以判断，一般情况下原告是患者，患者死亡时，其近亲属为原告。但如果患者为新生儿遭受损害时，对于新生儿和父母哪个是原告，不易区分，主要看侵害的对象和主张权利的范围。

2. 诉讼时效

根据《民法典》第188条的规定，向人民法院请求保护民事权利的诉讼时效期间为3年。法律另有规定的，依照其规定。诉讼时效期间自权利人知道或者应当知道权利受到损害以及义务人之日起计算。法律另有规定的，依照其规定。但是，自权利受到损害之日起超过20年的，人民法院不予保护，有特殊情况的，人民法院可以根据权利人的申请决定延长。

3. 案由

在医疗纠纷诉讼中，针对患者的损害可能会发生侵权责任和违约责任的竞合，患者可以选择向医疗机构提出违约之诉，也可以提出侵权之诉。根据《民事案件案由规定》，主要有以下两个二级案由：

（1）医疗损害责任纠纷。又可以分为两个三级案由：侵害患者知情同意权责任纠纷和医疗产品责任纠纷。在医疗损害责任纠纷的案由之下，案件审理中通常需要进行医疗损害鉴定以明确过错、损害结果以及过错与损害结果之间的因果关系。医疗美容活动中关于人身财产损害的纠纷可以以该案由起诉。

（2）医疗服务合同纠纷。这类诉讼是将患者到医院就医的关系视为医院与患者之间建立起了一种医疗服务合同关系，当患方权益受到损害时，可以依据双方的医疗服务合同关系向法院提出违约之诉。

第五节　医疗事故法律制度

一、医疗事故概述

（一）医疗事故的概念

根据《医疗事故处理条例》的规定，所谓医疗事故，是指医疗机构及其医务人员在医疗活动中，违反医疗卫生管理法律、行政法规、部门规章和诊疗护理规范、常规，过失造成患者人身损害的事故。

（二）医疗事故的分级

《医疗事故处理条例》规定，根据对患者人身造成的损害程度，可将医疗事故分为四级：一级医疗事故：造成患者死亡、重度残疾的；二级医疗事故：造成患者中度残疾、器官组织损伤导致严重功能障碍的；三级医疗事故：造成患者轻度残疾、器官组织损伤导致一般功能障碍的；四级医疗事故：造成患者明显人身损害的其他后果的。《医疗事故分级标准（试行）》对医疗事故的分级分类进一步作出明确规定，将医疗事故分为四级十二等。对医疗事故进行分级分类，便于卫生行政部门对医疗事故进行处理和监督；便于卫生行政部门对医疗机构及其医务人员采取科学、合理的行政处罚措施。

二、医疗事故的构成要件

构成要件是法律效果发生的前提。医疗事故的构成要件是指成立医疗事故需要具备的事实要素。根据现行的规范和学说，一般认为医疗事故的构成要件包括以下五个方面。

（一）医疗事故的主体只能是医疗机构及其医务人员

作为医疗事故主体的医疗机构及其医务人员，必须是合法的，即医疗机构是指依照《医疗机构管理条例》的规定取得《医疗机构执业许可证》的机构；医务人员指经国家卫生行政主管部门考核、并依法取得执业资格的卫生技术人员。如果不是上述主体从事"医疗行为"，造成患者人身损害的，不构成医疗事故，而属于非法行医。

（二）医疗事故发生在医疗行为中

这一要件可以理解为医疗事故的行为特征，包括医疗事故主体行为的时间、场所和性质特征。发生医疗事故的行为，必须是医疗机构或者其医务人员在履行其职责范围内的医疗行为。也就是说医疗事故行为主体非正式的医疗活动（如不在医疗机构行医）给就诊人员造成损害后果的，属一般侵权行为，不构成医疗事故。

（三）医疗机构及其医务人员主观上具有过失

这里的过失是医疗机构及其医务人员未尽注意义务，包括以下两种情形：（1）疏忽大意的过失，即行为人因疏忽大意而未能预见到其行为可能会给患者造成损害；（2）过于自信的过失，即行为人虽然能预见其行为可能会给患者带来危害，但轻信能够凭借技术、经验或有利的客观条件避免，从而造成患者受到损害的结果。医疗过失表示医疗机构及其医务人员对患者应负注意义务的疏忽和懈怠，这种注意义务是一种具有职业特点的高度的注意义务，要求医疗机构和义务人员在实施诊疗行为时应尽到谨慎、勤勉义务，极力避免损害发生，也是判断医疗过失的一个标准。需注意的是，这里的过失是与故意相对的。作为医疗事故的构成要件，只能是过失，如果行为人出于故意造成了患者损害，则不属于医疗事故，应当另作处罚。

（四）造成了患者人身损害

医疗事故的这一要件要求过失后果具有人身损害性，仅限于患者生命健康权遭受损害，不涉及对其他权利的侵害。并且患者应遭受具体的人身伤害，如死亡、残疾、器官功能障碍以及其他明显的人身伤害，造成了《医疗事故分级标准（试行）》所规定的人身损害的情形才能构成医疗事故。

（五）过失行为与损害后果之间有因果关系

因果关系是现代法律归责原则的客观基础，是任何一种法律责任的构成要件。在认定是否构成医疗事故时，必须确定医疗机构及其医务人员的过失行为与患者所遭受的损害之间是否具有因果关系，即判断特定的医疗损害后果是否为医疗机构及其医务人员的行为必然引起的结果。

以上医疗事故成立的构成要件是密切关联、有机统一、缺一不可的。

三、医疗事故的报告

医疗事故发生后，相关部门及时掌握情况有利于事故的妥善、及时处理。根据《医疗事故处理条例》的规定，发生医疗事故的，医疗机构应当按照规定向所在地卫生行政部门报告。发生下列重大医疗过失行为的，医疗机构应当在 12 小时内向所在地卫生行政部门报告：（1）导致患者死亡或者可能为二级以上的医疗事故；（2）导致 3 人以上人身损害后果；（3）国务院卫生行政部门和省、自治区、直辖市人民政府卫生行政部门规定的其他情形。

第六节　医疗技术鉴定法律制度

医疗纠纷解决难度大的一个重要原因是医患双方医学信息的不对称，故解决医疗纠纷需借助第三方对专业问题进行客观、中立、专业、合法的评定，医疗技术鉴定往往是医疗纠纷解决的核心环节。医疗技术鉴定是在解决医疗纠纷的过程中，相关的鉴定机构或组织受人民法院、行政主管部门、当事人或代理人的委托，运用专门的知识和技能，依法对医患双方所争议的某些专门性问题作出鉴别和判断的活动。

一、医疗技术鉴定制度的历史沿革

1986 年，国务院出台了第一部处理医疗纠纷的行政法规——《医疗事故处理办法》，规定发生医疗争议的，由卫生行政机关进行是否存在医疗事故的鉴定，医疗事故鉴定自此在评价医疗争议案件中发挥重要作用，但该规定主要受到两个方面的诟病：第一，医疗事故鉴定的主体是卫生行政部门，而卫生行政部门同时又是医疗机构的上级单位，案件的公正性存疑。第二，构成医疗事故的范围过窄，该规定明确规定了一些医疗差错不构成事故，不予赔偿。2002 年出台的《医疗事故处理条例》对以上两个问题作出了回应，改由医学会来进行医疗事故鉴定，同时对医疗事故的概念进行了重新定义。但是，医学会鉴定的中立性、医疗事故构成的门槛偏高、医疗事故的赔偿数额偏少等问题依然存在争议。2005 年，《北京高级人民法院关于审理医疗损害赔偿纠纷案件若干问题的意见（试行）》出台，规定对于涉及医疗纠纷的诉讼，先由医疗机构申请医疗事故鉴定，构成医疗事故的，根据《医疗事故处理条例》的规定进行赔偿；不构成医疗事故的，由患方申请司法过错鉴定，根据人身损害相关法律法规进行赔偿。在北京高院出台了该规定后，许多省份相继模仿，从此开启了我国医疗纠纷案件审判的三个"二元化"，即诉由二元化、鉴定二元化、赔偿二元化。同样是因医院全部责任造成患者死亡的情况，如果按照"医疗损害"起诉，就有可能获得死亡赔偿金，但如果按"医疗事故"处理，就得不到这笔赔偿金。同样的医疗损害行为，如果没有经过医疗事故鉴定，死者近亲属或许能够获赔高额的死亡赔偿金，但如果经过鉴定并且确认为医疗事故，死亡赔偿金却无法得到支持，再加之构成医疗事故的门槛较高，当时绝大多数医疗争议案件是依据司法过错鉴定的结果进行判决的。

2010年《侵权责任法》的出台，结束了上述局面，对于医疗纠纷统一适用医疗损害赔偿的案由，赔偿标准统一按照人身损害赔偿计算。对于涉及民事赔偿的鉴定问题，统一只作医疗损害责任鉴定。为了适应《侵权责任法》的要求，医学会在医疗事故鉴定的基础上推出了医疗损害鉴定。2018年出台的《医疗纠纷预防和处理条例》规定了医学会和司法鉴定机构都可以开展医疗损害鉴定，其第55条规定，对诊疗活动中医疗事故的行政调查处理，依照《医疗事故处理条例》的相关法律法规进行执行，也就是医疗事故鉴定被保留下来，但仅仅限于行政调查领域，不再作为民事赔偿的依据，只是作为卫生行政部门对医疗机构及其医务人员的医疗行为进行监督的依据。

以上就是医疗技术鉴定演变的全过程，在医疗技术鉴定领域，目前有三种鉴定模式：医学会进行的医疗事故鉴定、医学会进行的医疗损害鉴定和司法鉴定机构进行的医疗损害鉴定。第一种鉴定（医疗事故鉴定）主要应用于行政调查处理程序，而第二种、第三种（医疗损害鉴定）则主要用于民事赔偿领域。

二、医疗事故鉴定

（一）医疗事故鉴定概述

1. 概念

医疗事故鉴定是指中华医学会各级分会根据卫生行政部门或医患双方的共同委托，组织专家组对医方的医疗行为是否构成医疗事故，构成哪级医疗事故进行判定的活动。

2. 法律依据

医疗事故鉴定的法律依据主要是现行有效的医疗卫生管理法律、行政法规、部门规章和诊疗护理规范、常规，包括《医师法》《医疗机构管理条例》《医疗纠纷预防与处理条例》《医疗事故处理条例》《医疗事故分级标准（试行）》《医疗机构病历管理规定》《病历书写基本规范》等。

（二）医疗事故鉴定的特点

1. 行政鉴定

医疗事故鉴定仅限于行政调查领域，由卫生行政部门主导，其鉴定结果作为卫生行政部门对医疗机构及其医务人员的医疗行为进行监督的依据。

2. 逐级鉴定

《医疗事故处理条例》第21条规定，设区的市级地方医学会和省、自治区、直辖市直接管辖的县（市）地方医学会负责组织首次医疗事故鉴定工作。省、自治区、直辖市地方医学会负责组织再次鉴定工作。必要时，中华医学会可以组织疑难、复杂并在全国有重大影响的医疗事故争议的鉴定工作。故医疗事故鉴定不允许当事人跨区越级选择鉴定机构。

3. 集体鉴定

医疗事故鉴定由负责组织医疗事故鉴定工作的医学会组织专家鉴定组进行，鉴定书盖医学会医疗事故鉴定专用印章，鉴定专家不签名。

（三）医疗事故鉴定的程序

1. 鉴定的提起

卫生行政部门接到医疗机构关于重大医疗过失行为的报告或者医疗事故争议当事人要求处理医疗事故争议的申请后，对需要进行医疗事故技术鉴定的，交由负责医疗事故鉴定工作的医学会组织鉴定；医患双方协商解决医疗事故争议，需要进行医疗事故鉴定的，由双方当事人共同委托负责医疗事故鉴定工作的医学会组织鉴定。当事人对首次医疗事故鉴定意见不服的，可以自收到首次鉴定意见之日起15日内向医疗机构所在地卫生行政部门提出再次鉴定的申请。

2. 专家库的建立

医疗事故鉴定，由负责组织医疗事故鉴定工作的医学会组织专家鉴定组进行。参加医疗事故鉴定的相关专业的专家，由医患双方在医学会主持下从专家库中随机抽取。专家库由具备下列条件的医疗卫生专业技术人员组成：（1）有良好的业务素质和执业品德；（2）受聘于医疗卫生机构或者医学教学、科研机构并担任相应专业高级技术职务3年以上。符合上述第（1）项规定条件并具备高级技术任职资格的法医可以受聘进入专家库。负责组织医疗事故鉴定工作的医学会依照《医疗事故处理条例》规定聘请医疗卫生专业技术人员和法医进入专家库，可以不受行政区域的限制。

3. 具体鉴定程序

（1）双方当事人提交医疗事故鉴定所需材料。医学会应当自受理医疗事故鉴定之日起5日内通知医疗事故争议双方当事人提交进行医疗事故鉴定所需的材料。当事人应当自收到医学会的通知之日起10日内提交有关医疗事故鉴定的材料、书面陈述及答辩。医疗机构无正当理由如实提供相关材料，导致医疗事故鉴定不能进行的，应当承担责任。

（2）抽取参加医疗事故鉴定的相关专业的专家。参加医疗事故鉴定的相关专业的专家，由医患双方在医学会主持下从专家库中随机抽取。在特殊情况下，医学会根据医疗事故鉴定工作的需要，可以组织医患双方在其他医学会建立的专家库中随机抽取相关专业的专家参加鉴定或者函件咨询。专家鉴定组进行医疗事故鉴定，实行合议制。专家鉴定组人数为单数，涉及的主要学科的专家一般不得少于鉴定组成员的1/2；涉及死因、伤残等级鉴定的，并应当从专家库中随机抽取法医参加专家鉴定组。

（3）调查取证、听取陈述及答辩并进行核实。专家鉴定组应当认真审查双方当事人提交的材料，听取双方当事人的陈述及答辩并进行核实。双方当事人应当按照法律规定如实提交进行医疗事故鉴定所需要的材料，并积极配合调查。当事人任何一方不予配合，影响医疗事故鉴定的，由不予配合的一方承担责任。

（4）出具鉴定意见书。专家鉴定组应当在事实清楚、证据确凿的基础上，综合分析患者的病情和个体差异，作出鉴定意见，并制作医疗事故技术鉴定书。

三、医疗损害鉴定

（一）医疗损害鉴定概述

1. 概念

医疗损害鉴定是指人民法院在审理医疗损害赔偿民事诉讼案件中，依职权或应医患纠纷任何一方的请求，委托具有专门知识的鉴定机构或鉴定人对医方有无医疗过错以及患方所述医疗损害结果与医疗过错有无因果关系等专门问题进行分析、判断并提供鉴定意见的活动。

2. 法律依据

医疗损害鉴定的主要法律依据是《民法典》《最高人民法院关于民事诉讼证据的若干规定》《司法鉴定程序通则》《人体损伤致残程度分级》等。

（二）医疗损害鉴定的特点

医疗损害鉴定具有以下特点：（1）只能对诉讼过程中涉及的医疗损害专门事实问题进行鉴定，不能进行法律评价。（2）鉴定机构具有中立性，各鉴定机构之间没有行政隶属关系，接受委托不受地域的限制。（3）实行鉴定人负责制，鉴定人独立进行鉴定，在鉴定书上签名或盖章，对出具的鉴定意见负责。

相比医学会开展的医疗损害鉴定，司法鉴定机构开展的医疗损害鉴定在程序公正性上具有一定优势。医学会的医疗损害鉴定是在医疗事故鉴定的基础上发展而来的，除了中立性被质疑以外，和医疗事故鉴定一样实行专家合意制、集体鉴定，这就意味他们往往不在鉴定意见书在签字，因此也不会出庭作证，医患双方难以对医学会鉴定的意见进行质询。而司法鉴定机构由司法行政机关管理，与医疗系统没有任何关系，并且司法鉴定在程序上更符合法律规范，其出具的鉴定意见更符合法院审判的需求。鉴定意见实行鉴定人负责制，鉴定人在鉴定意见书上签字、可以出庭接受质询。因此，司法鉴定机构进行的医疗损害鉴定是目前民事诉讼中的常见选择。

（三）医疗损害鉴定的程序

1. 鉴定的申请

当事人依法申请对医疗损害责任纠纷中的专门性问题进行鉴定的，人民法院应予准许。当事人未申请鉴定，人民法院对前款规定的专门性问题认为需要鉴定的，应当依职权委托鉴定。

2. 鉴定的内容

下列专门性问题可以作为申请医疗损害鉴定的事项：（1）实施诊疗行为有无过错；（2）诊疗行为与损害后果之间是否存在因果关系以及原因力大小；（3）医疗机构是否尽到了说明义务、取得患者或者患者近亲属明确同意的义务；（4）医疗产品是否有缺陷，该缺陷与损害后果之间是否存在因果关系以及原因力的大小；（5）患者损伤残疾程度；（6）患者的护理期、休息期、营养期；（7）其他专门性问题。

3. 具体的鉴定程序

（1）确定鉴定人。司法鉴定机构对同一鉴定事项，应当指定或者选择 2 名司法鉴定人进行鉴定；对复杂、疑难或者特殊鉴定事项，可以指定或者选择多名司法鉴定人进行鉴定。

（2）查阅、复制相关资料。司法鉴定人有权了解进行鉴定所需要的案件材料，可以查阅、复制相关资料，必要时可以询问诉讼当事人、证人。

（3）出具鉴定意见书。司法鉴定机构应当自司法鉴定委托书生效之日起 30 个工作日内完成鉴定。鉴定过程中，涉及复杂、疑难、特殊技术问题的，可以向本机构以外的相关专业领域的专家进行咨询，但最终的鉴定意见应当由本机构的司法鉴定人出具。

（4）对鉴定意见的质证。鉴定意见应当经当事人质证。当事人申请鉴定人出庭作证，经人民法院审查同意，或者人民法院认为鉴定人有必要出庭的，应当通知鉴定人出庭作证。双方当事人同意鉴定人通过书面说明、视听传输技术或者视听资料等方式作证的，可以准许。鉴定人无正当理由拒绝出庭作证，当事人对鉴定意见又不认可的，对该鉴定意见不予采信。由于鉴定意见书具有很强的专业性，当事人可以申请通知 1 至 2 名具有医学专门知识的人出庭，对鉴定意见或者案件的其他专门性事实问题提出意见，人民法院准许的，应当通知具有医学专门知识的人出庭。具有医学专门知识的人提出的意见，视为当事人的陈述，经质证可以作为认定案件事实的根据。

【练习题】

一、选择题

1. （2010 年）病人患胆管癌，术中术者用手指钝性剥离胆总管而撕破静脉，导致病员急性大出血，慌乱中术者用钳夹止血，造成静脉完全离断，虽经吻合术，病员终因急性肝功能衰竭而死亡，产生的后果属于（　　　）。
   A. 医疗意外
   B. 医疗差错
   C. 病情重而发生的难以避免的死亡
   D. 医疗事故
   E. 手术难以避免的并发症

2. （2007 年）王某，4 岁。玩耍时将一小跳棋子误吸卡于喉部，导致严重窒息。其父速将其送至张某开设的中医诊所就诊。张某即刻用桌上的一把水果刀将王某的气管切开，并用手伸入切口将棋子捅出。王某的生命虽得救，但伤口感染。经抗炎治疗后，伤口愈合，痕形成，气管狭窄。张某行为的性质属于（　　　）。
   A. 违规操作，构成医疗事故
   B. 非法行医，不属于医疗事故
   C. 超范围执业，构成医疗事故
   D. 见义勇为，不构成医疗事故
   E. 在紧急情况下抢救垂危患者的生命，采取紧急医疗措施虽造成不良后果，但不属于医疗事故

3. （2019 年）男，30 岁。因胸闷、胸痛到某医院做冠状动脉 CT 检查，注射造影剂后患者立即出现休克，经抢救无效死亡，医患双方发生纠纷。后经鉴定，认为患者死亡系临床中极为少见的造影剂过敏所致。根据《医疗事故处理条例》，该事件性质属于（　　　）。
   A. 医疗事故，医方承担主要责任
   B. 医疗意外，医方不承担责任

C. 医疗事故，医方承担轻微责任

D. 医疗事故，医方承担全部责任

E. 医疗事故，医方承担

4.（2007年）医疗事故鉴定应由（　　　）。

A. 医师协会负责

B. 医学会负责

C. 医疗事故鉴定专家组负责

D. 卫生行政部门负责

E. 法院负责

5.（2003年）《医疗事故处理条例》规定，造成患者轻度残疾器官组织损伤导致一般功能障碍的属于（　　　）。

A. 一级医疗事故

B. 二级医疗事故

C. 三级医疗事故

D. 四级医疗事故

E. 严重医疗差错

6.（2001年）凡发生医疗事故或事件，临床诊断不能明确死亡原因的，病人死亡后对其进行尸检的期限要求是（　　　）。

A. 24 小时内

B. 48 小时内

C. 15 日内

D. 30 日内

E. 45 日内

二、简答题

1. 简述医疗纠纷的救济途径。

2. 简述医疗事故的构成要件。

3. 简述医疗损害与医疗事故的区别。

练习题参考答案

三、论述题

论非诉讼解决机制处理医疗纠纷的优势。

第十四章
医学发展引起的法律问题

【本章重点】

1. 人类辅助生殖技术的概念及意义
2. 活体器官捐献的法律规定
3. 基因技术的法律问题
4. 临床试验的知情同意原则
5. 脑死亡的认定标准
6. 安乐死合法化的争议

组织出卖人体器官案[①]

　　王某多次伙同徐某、李某在山东省沂南县组织实施人体肾脏器官移植手术。在租用的民房、停业废弃的骨科医院等地布置简易手术室，私自购置医疗器械、药品和消毒制剂，将自愿出卖肾脏器官的陈某、张某等人运至其布置的手术室内，由上线团伙其他人员实施手术，手术过程中徐某帮助按压被害人，负责手术室卫生清洁，术后王某给予出卖肾脏人员相关费用，并运至李某的生态园内养护，运送过程中李某曾帮助抬人，而在生态园内的看护由王某负责。

思考：

1. 我国器官移植应遵循哪些原则？
2. 王某、徐某和李某的行为是否构成刑事犯罪？

案例解析

---

① 审理法院：一审法院为山东省沂南县人民法院，案号为（2019）鲁 1321 刑初 586 号；二审法院为山东省临沂市中级人民法院，案号为（2020）鲁 13 刑终 213 号。

第一节   医学发展引起的法律问题概述

一、医疗技术的应用原则

医学的发展离不开医疗技术的进步，人类辅助生殖技术、器官移植、基因技术等现代医学科技在为人类创造和延长生命提供条件的同时，也冲击了传统的社会伦理观念，引发了新的医疗卫生法律关系。目前，我国已基本建立了医疗技术准入和管理相关制度，为提高医疗质量、保障医疗安全提供了法律支撑。在医学发展的过程中，要遵循科学、安全、有效、经济、符合伦理的原则。医疗机构开展医疗技术应与其功能相适应，具有符合资质的专业技术人员，相应的设备、设施和质量控制体系，并遵守技术管理规范。

二、医学技术发展的立法沿革

新技术的不断出现及推广应用，给医疗服务市场带来了积极影响，但由此给患者造成的安全风险也不可忽视，因此与医疗技术发展相关的法律制度也在同步更新。在 2001 年之前，对医疗技术的管理主要依据《医疗机构管理条例》《护士管理办法》和《执业医师法》的相关规定进行。

2001 年，卫生部发布了《人类辅助生殖技术管理办法》《人类精子库管理办法》等一系列文件，标志着我国开始构建系统的医疗技术监管体系。2007 年，国务院发布了《人体器官移植条例》，进一步加强了对医疗技术的行政监管。

随着新技术的不断涌现，医疗技术的管理也必须与时俱进。卫生部于 2006 年发布了《特殊医疗技术临床应用管理办法（征求意见稿）》，用以规范特殊重点医疗技术临床准入的程序。2007 年又发布了《医疗技术临床应用管理办法（征求意见稿）》。经过两次修改后，2009 年，卫生部正式颁布《医疗技术临床应用管理办法》，初步建立了医疗技术临床应用的管理体系。该办法明确指出建立分级、分类的管理制度，并将医疗技术分为三类管理。

2015 年，国家卫计委发布了《关于取消第三类医疗技术临床应用准入审批有关工作的通知》，将第三类医疗技术临床应用管理从准入审批制变更为"负面清单"管理制度。监管重点和监管体系也发生了变化，建立医疗技术临床应用事中事后监管制度和机制，强化在医疗技术临床应用和管理中的医疗机构主体责任，加强了医疗机构的参与程度。2018 年，国家卫健委颁布了新修订的《医疗技术临床应用管理办法》，提出国家建立医疗技术临床应用负面清单管理制度、医疗技术临床应用质量管理与控制制度和医疗技术临床应用规范化培训制度。修订后的《医疗技术临床应用管理办法》的颁布实施，开启了我国医疗技术临床应用的新阶段。

第二节　人类辅助生殖技术法律制度

一、人类辅助生殖技术概述

人类辅助生殖技术，又叫人工生殖技术或辅助生殖技术，是指借用现代科学和医学的知识、技术及方法改变或代替人类自然生殖过程中的某一环节或全部过程的人工技术方法，具体包括人工授精、体外受精和无性生殖。

（一）人工授精

人工授精，是指用人工的方法将精液置入女性生殖道内，以达到受孕目的的辅助生殖技术。人工授精实际上替代了自然生殖过程中的性交。按照精液来源可分为同源人工授精和异源人工授精。前者是用自己丈夫的精子进行的人工授精，又称夫精人工授精或同质人工授精；后者使用自愿捐精者的精子进行人工授精，又称供精人工授精或异质人工授精。由于精液可以在-196.5℃的液态氮中长期保存，于是诞生了运用冷冻技术存储精子的机构——精子库。

（二）体外受精

体外受精，是指用人工方法让卵子和精子在人体外受精和发育，再将发育的胚胎植入女性子宫内继续发育的辅助生殖技术。体外受精代替了自然生殖过程中的性交、受精和自然植入子宫三个步骤。目前在人体外完成胚胎和胎儿的全部发育过程还只是一个设想，但可以做到将发育到一定程度的胚胎移植到母体子宫，进一步发育直至诞生。因此体外受精技术常常结合胚胎移植技术同时应用。由于受精过程是在实验室中的试管中进行，通过该项技术诞生的婴儿通常被称为"试管婴儿"。1978年7月25日，世界上第一个"试管婴儿"诞生。在临床实践中，通常促排卵子和受精卵的数量可能会超过移植的需要，由此诞生了冷冻卵子库和冷冻胚胎库。[①]

（三）无性生殖

无性生殖又称为克隆技术（Clone），是指生物体并不是通过性细胞的受精，而是从一个简单的细胞、组织或器官繁殖而得到具有相同遗传物质的细胞或生物。无性生殖运用现代医学技术，不通过两性结合而对高等动物（包括人）进行繁殖，几乎完全放弃了人类自然生殖的全部过程。虽然无性生殖已经逾越了技术的障碍，但其应用仍面临激烈的争议。

二、人类辅助生殖技术应用原则

《人类辅助生殖技术管理办法》规定，人类辅助生殖技术的应用应当在医疗机构中进

[①]　汪建荣主编：《卫生法》，人民卫生出版社2018年版，第261页。

行，以医疗为目的，并符合国家计划生育政策、伦理原则和有关法律规定。禁止以任何形式买卖配子、合子、胚胎。医疗机构和医务人员不得实施任何形式的代孕技术。人类辅助生殖技术应当遵循有利于患者原则、保护后代原则、知情同意原则、社会公益原则、保密原则、禁止商业化原则等。

三、人类辅助生殖技术的审批

《人类辅助生殖技术管理办法》规定，卫生行政部门根据区域卫生规划、医疗需求和技术条件等实际情况，制订人类辅助生殖技术应用规划，对人类辅助生殖技术实行严格的审批准入制度。

（一）开展人类辅助生殖技术医疗机构的条件

申请开展人类辅助生殖技术的医疗机构应当符合下列条件：（1）具有与开展技术相适应的卫生专业技术人员和其他专业技术人员；（2）具有与开展技术相适应的技术和设备；（3）设有医学伦理委员会；（4）符合《人类辅助生殖技术规范》的要求。

（二）开展人类辅助生殖技术的申请

申请开展人类辅助生殖技术的医疗机构应当向所在地省、自治区、直辖市人民政府卫生行政部门提交下列文件：（1）可行性报告；（2）医疗机构基本情况（包括床位数、科室设置情况、人员情况、设备和技术条件情况等）；（3）拟开展的人类辅助生殖技术的业务项目和技术条件、设备条件、技术人员配备情况；（4）开展人类辅助生殖技术的规章制度；（5）省级以上卫生行政部门规定提交的其他材料。

（三）开展人类辅助生殖技术医疗机构的审批

1. 开展同源人工授精的审批

申请开展同源人工授精技术的医疗机构，由省、自治区、直辖市人民政府卫生行政部门审查批准。省、自治区、直辖市人民政府卫生行政部门收到相关材料后，可以组织有关专家进行论证，并在收到专家论证报告后 30 个工作日内进行审核，审核同意的，发给批准证书；审核不同意的，书面通知申请单位。

2. 开展异源人工授精的审批

对申请开展供精人工授精和体外受精—胚胎移植技术及其衍生技术的医疗机构，由省、自治区、直辖市人民政府卫生行政部门提出初审意见，国务院卫生行政部门审批。国务院卫生行政部门收到省、自治区、直辖市人民政府卫生行政部门的初审意见和材料后，聘请有关专家进行论证，并在收到专家论证报告后 45 个工作日内进行审核，审核同意的，发给批准证书；审核不同意的，书面通知申请单位。

四、人类辅助生殖技术的实施

人类辅助生殖技术必须在经过批准并进行登记的医疗机构中实施。未经卫生行政部门批准，任何单位和个人不得实施人类辅助生殖技术。实施人类辅助生殖技术，应具备严格的程序和规则，具体包括：（1）实施人类辅助生殖技术应当符合《人类辅助生殖技术管理办法》《人类辅助生殖技术规范》《人类精子库基本标准和技术规范》等相关规定。（2）实施人类辅助生殖技术应当遵循知情同意原则，签署知情同意书。涉及伦理问题的，应当提交医学伦理委员会讨论。（3）实施供精人工授精和体外受精—胚胎移植技术及其各种衍生技术的医疗机构应当与国务院卫生行政部门批准的人类精子库签订供精协议。严禁私自采精。医疗机构在实施人类辅助生殖技术时应当索取精子检验合格证明。（4）实施人类辅助生殖技术的医疗机构应当为当事人保密，不得泄露有关信息。（5）实施人类辅助生殖技术的医疗机构不得进行性别选择，法律法规另有规定的除外。（6）实施人类辅助生殖技术的医疗机构应当建立健全技术档案管理制度。供精人工授精医疗行为方面的医疗技术档案和法律文书应当永久保存。（7）实施人类辅助生殖技术的医疗机构应当对实施人类辅助生殖技术的人员进行医学业务和伦理学知识的培训。

五、人类辅助生殖技术的监督管理

国务院卫生行政部门主管全国人类辅助生殖技术和全国精子库的监督管理工作，县级以上地方人民政府负责本行政区域内人类辅助生殖技术和人类精子库的日常监督管理。

同时，国务院卫生行政部门指定卫生技术评估机构对开展人类辅助生殖技术的医疗机构进行技术质量监测和定期评估。技术评估的主要内容为人类辅助生殖技术的安全性、有效性、经济性和社会影响。监测结果和技术评估报告报医疗机构所在地的省、自治区、直辖市人民政府卫生行政部门和国务院卫生行政部门备案。

第三节 器官移植法律制度

一、器官移植概述

器官移植，是指摘取人体器官捐献人具有特定功能的心脏、肺脏、肝脏、肾脏或者胰腺等器官的全部或者部分，将其植入接受人身体以代替其病损器官的过程。

标志着人体器官移植技术从幻想走到现实的是美国外科医生约瑟夫·默瑞（Joseph Murray）的移植行为。从 1954 年到 1962 年，他成功地进行了第一例同卵双胞胎供肾、活体非亲属供肾以及死者肾脏供肾的肾移植，创造了人类器官移植史上的三个"第一"。法国医生卡雷尔（Alexis Carrel）发明的血管缝合技术、英国医生梅达沃（Peter Brian Medawar）发现的免疫排斥和获得性免疫耐受等，也为人体器官移植技术的发展提供了技术支持。

我国的器官移植技术于 20 世纪 60 年代开始，虽然起步较晚但发展迅速，器官移植技术已相对成熟，达到世界先进水平，器官移植的总量也仅次于美国跃居世界第二。为了规范人体器官移植，保证医疗质量，保障人体健康，维护公民的合法权益，国务院于 2007 年 3 月 31 日发布《人体器官移植条例》，在中华人民共和国境内从事人体器官移植，适用该条例；从事人体细胞和角膜、骨髓等人体组织移植，不适用该条例。

二、人体器官的捐献

（一）人体器官捐献的基本原则

《人体器官移植条例》规定，人体器官捐献应当遵循自愿、无偿的原则。公民享有捐献或者不捐献其人体器官的权利；任何组织或者个人不得强迫、欺骗或者利诱他人捐献人体器官。我国禁止任何形式买卖器官的行为，任何组织和个人不得从事买卖人体器官有关的活动。

（二）人体器官的来源

和国际惯例一致，我国人体器官的来源包括尸体器官捐献和活体器官捐献。

1. 尸体器官捐献

《人体器官移植条例》规定，公民生前表示不同意捐献其人体器官的，任何组织或者个人不得捐献、摘取该公民的人体器官；公民生前未表示不同意捐献其人体器官的，该公民死亡后，其配偶、成年子女、父母可以以书面形式共同表示同意捐献该公民人体器官的意愿。

2. 活体器官捐献

《人体器官移植条例》规定，捐献人体器官的公民应当具有完全民事行为能力。公民捐献其人体器官应当有书面形式的捐献意愿，对已经表示捐献其人体器官的意愿，有权予以撤销。任何组织或者个人不得摘取未满 18 周岁公民的活体器官用于移植。

为了防止买卖器官的违法行为，活体器官的接受人限于活体器官捐献人的配偶、直系血亲或者三代以内旁系血亲，或者有证据证明与活体器官捐献人存在因帮扶等形成亲情关系的人员。需要注意的是，2009 年颁布的《关于规范活体器官移植的若干规定》进一步限制了活体器官接受人的范围：其中的"配偶"，仅限于结婚 3 年以上或者婚后已育有子女的；"因帮扶等形成亲情关系"，仅限于养父母和养子女之间的关系、继父母与继子女之间的关系。

（三）人体器官的分配

《人体器官移植条例》规定，申请人体器官移植手术患者的排序，应当符合医学需要，遵循公平、公正和公开的原则。为保障人体器官捐献工作顺利开展，不断完善科学、高效、公平、公正、公开的人体捐献器官获取与分配工作体系，2013 年，国家卫生计生委发布了《人体捐献器官获取与分配管理规定（试行）》。为积极推进人体器官捐献与移植工作，进一步规范人体器官获取，2019 年，国家卫生健康委员会对该试行管理规定进行修订，形成了《人体捐献器官获取与分配管理规定》，适用于公民逝世后捐献器官的获取与分配。其中均规定，捐献器官的分配应当符合医疗需要，遵循公平、公正和公开的原则。

三、人体器官的移植

（一）医疗机构诊疗科目登记

《人体器官移植条例》规定，医疗机构从事人体器官移植，应当依照《医疗机构管理条例》的规定，向所在地省、自治区、直辖市人民政府卫生主管部门申请办理人体器官移植诊疗科目登记。医疗机构从事人体器官移植，应当具备下列条件：（1）有与从事人体器官移植相适应的执业医师和其他医务人员；（2）有满足人体器官移植所需要的设备、设施；（3）有由医学、法学、伦理学等方面专家组成的人体器官移植技术临床应用与伦理委员会，该委员会中从事人体器官移植的医学专家不超过委员人数的1/4；（4）有完善的人体器官移植质量监控等管理制度。

（二）人员基本要求

国家卫生健康委员会于2020年8月24日印发了《人体器官移植技术临床应用管理规范（2020年版）》，明确了器官移植相关人员的基本要求。

1. 人体器官移植医师

开展肝脏、肾脏、心脏、肺脏移植技术临床应用，应当至少有3名经省级卫生健康行政部门或军队卫生部门认定的本机构在职人体器官移植医师，其中，至少1名应当具有主任医师专业技术任职资格。开展胰腺、小肠移植技术临床应用，应当至少有1名经省级卫生健康行政部门或军队卫生部门认定的本机构在职人体器官移植医师。

2. 脑死亡判定技术人员

经培训合格具备脑电图评估、诱发电位评估和经颅多普勒超声评估能力的医师或卫生技术人员不少于1人；具备脑死亡临床评估能力的医师不少于2人。

3. 其他人员

具备开展相应器官移植技术所需的麻醉、重症、护理等相关卫生技术人员，以及专门的移植数据网络直报人员。

（三）器官移植术前准备

1. 术前告知

从事人体器官移植的医疗机构及其医务人员摘取活体器官前，应当向活体器官捐献人说明器官摘取手术的风险、术后注意事项、可能发生的并发症及其预防措施等，并与活体器官捐献人签署知情同意书。

2. 术前检查与评估

医疗机构及其医务人员从事人体器官移植，应当遵守伦理原则和人体器官移植技术管理规范。在摘取活体器官前，应当确认除摘取器官产生的直接后果外不会损害活体器官捐献人其他正常的生理功能。

实施人体器官手术之前要对人体器官捐献人进行医学检查，对器官移植的风险进行评估，评估内容包括：（1）评估接受人是否有接受活体器官移植手术的必要性、适应性；（2）评估活体器官捐献人的健康状况是否适合捐献器官；（3）评估摘取器官可能对活体器官捐献人健康产生的影响，确认不会因捐献活体器官而损害捐献者正常的生理功能；（4）评估接受人因活体器官移植传播疾病的风险；（5）根据医学及伦理学原则需要进行的其他评估。

（四）伦理审查

在摘取活体器官前或者尸体器官捐献人死亡前，负责人体器官移植的执业医师应当向所在医疗机构的人体器官移植技术临床应用与伦理委员会提出摘取人体器官审查申请。人体器官移植技术临床应用与伦理委员会不同意摘取人体器官的，医疗机构不得做出摘取人体器官的决定，医务人员不得摘取人体器官。

人体器官移植技术临床应用与伦理委员会收到摘取人体器官审查申请后，应当对下列事项进行审查，并出具同意或者不同意的书面意见：（1）活体器官捐献人和接受人按照要求提供的材料是否真实、合法，其关系是否符合法定要求；（2）活体器官捐献人的捐献意愿是否真实；（3）有无买卖人体器官的情形；（4）器官的配型和接受人的适应性是否符合人体器官移植技术管理规范；（5）活体器官捐献人的身体和心理状况是否适宜捐献器官；（6）对摘取器官可能对活体器官捐献人健康产生的影响，确认不会因捐献活体器官而损害捐献者正常的生理功能的评估是否全面、科学；（7）捐献是否符合医学和伦理学原则。医疗机构应当存留完整的伦理委员会会议记录备查。

（五）人体器官的摘取

摘取尸体器官，应当在依法判定尸体器官捐献人死亡后进行。从事人体器官移植的医务人员不得参与捐献人的死亡判定。从事人体器官移植的医疗机构及其医务人员应当尊重死者的尊严；对摘取器官完毕的尸体，应当进行符合伦理原则的医学处理，除用于移植的器官以外，应当恢复尸体原貌。

从事人体器官移植的医疗机构实施人体器官移植手术，除向接受人收取下列费用外，不得收取或者变相收取所移植人体器官的费用：摘取和植入人体器官的手术费，保存和运送人体器官的费用；摘取、植入人体器官所发生的药费、检验费、医用耗材费。医务人员应当对人体器官捐献人、接受人和申请人体器官移植手术的患者的个人资料保密。

四、法律责任

（一）刑事责任

违反《人体器官移植条例》的规定，有下列情形之一，构成犯罪的，依法追究刑事责任：（1）未经公民本人同意摘取其活体器官的；（2）公民生前表示不同意捐献其人体器官而摘取其尸体器官的；（3）摘取未满18周岁公民的活体器官的。

未经本人同意摘取其器官，或者摘取不满18周岁的人的器官，或者强迫、欺骗他人捐献器官的，以故意伤害罪或者故意杀人罪定罪处罚；违背本人生前意愿摘取其尸体器官，或者本人生前未表示同意，违反国家规定，违背其近亲属意愿摘取其尸体器官的，依盗窃、侮辱、故意毁坏尸体、尸骨、骨灰罪定罪处罚。如果组织他人出卖人体器官的，以组织贩卖人体器官罪定罪处罚。

（二）行政责任

1. 买卖器官的行政责任

违反《人体器官移植条例》的规定，买卖人体器官或者从事与买卖人体器官有关活动的，由设区的市级以上地方人民政府卫生主管部门依照职责分工没收违法所得，并处交易额8倍以上10倍以下的罚款；医疗机构参与上述活动的，还应当对负有责任的主管人员和其他直接责任人员依法给予处分，并由原登记部门撤销该医疗机构人体器官移植诊疗科目登记，该医疗机构3年内不得再申请人体器官移植诊疗科目登记；医务人员参与上述活动的，由原发证部门吊销其执业证书。国家工作人员参与买卖人体器官或者从事与买卖人体器官有关活动的，由有关国家机关依据职权依法给予撤职、开除的处分。

2. 医疗机构的行政责任

医疗机构未办理人体器官移植诊疗科目登记，擅自从事人体器官移植的，依照《医疗机构管理条例》的规定予以处罚。实施人体器官移植手术的医疗机构违反《人体器官移植条例》规定，未对人体器官捐献人进行医学检查或者未采取措施，导致接受人因人体器官移植手术感染疾病的，依照《医疗事故处理条例》的规定予以处罚。

医疗机构有下列情形之一的，对负有责任的主管人员和其他直接责任人员依法给予处分；情节严重的，由原登记部门撤销该医疗机构人体器官移植诊疗科目登记，该医疗机构3年内不得再申请人体器官移植诊疗科目登记：（1）不再具备从事人体器官移植活动的法定条件，仍从事人体器官移植的；（2）未经人体器官移植技术临床应用与伦理委员会审查同意，做出摘取人体器官的决定，或者胁迫医务人员违法摘取人体器官的；（3）有摘取活体器官前未依照规定履行说明、查验、确认义务的；（4）对摘取器官完毕的尸体未进行符合伦理原则的医学处理，恢复尸体原貌的。医疗机构未定期将实施人体器官移植的情况向所在地省、自治区、直辖市人民政府卫生主管部门报告的，由所在地省、自治区、直辖市人民政府卫生主管部门责令限期改正；逾期不改正的，对负有责任的主管人员和其他直接责任人员依法给予处分。

3. 医务人员的行政责任

医务人员有下列情形之一的，依法给予处分；情节严重的，由县级以上地方人民政府卫生主管部门依照职责分工暂停其6个月以上1年以下执业活动；情节特别严重的，由原发证部门吊销其执业证书：（1）未经人体器官移植技术临床应用与伦理委员会审查同意摘取人体器官的；（2）摘取活体器官前未依照本规定履行说明、查验、确认义务的；（3）对摘取器官完毕的尸体未进行符合伦理原则的医学处理，恢复尸体原貌的。

从事人体器官移植的医务人员违反规定，泄露人体器官捐献人、接受人或者申请人体器官移植手术患者个人资料的，依照《医师法》或者国家有关护士管理的规定予以处罚。

从事人体器官移植的医务人员参与尸体器官捐献人的死亡判定的，由县级以上地方人民政府卫生主管部门依照职责分工暂停其6个月以上1年以下执业活动；情节严重的，由原发证部门吊销其执业证书。

第四节　基因技术法律制度

一、基因技术概述

基因是具有遗传效应的特定核苷酸序列的总成，是染色体上有遗传意义的 DNA 分子片段，是遗传物质传递遗传信息的基本单位。基因决定着个体的生物学性状，更重要的是基因与许多疾病有关。

基因技术，又称基因拼接技术或 DNA 重组技术，是指采取类似工程设计的方法，按照人们的需要，通过一定的程序将具有遗传信息的基因，在离体条件下进行剪接、组合、拼接，再把经过人工重组的基因转入宿主细胞大量复制，并使遗传信息在新的宿主细胞或个体中高速表达，产生出人类需要的基因产物，或者改造、创造新的生物类型。

1973 年金黄色葡萄球菌的质粒 DNA 与大肠杆菌质粒 DNA 的成功重组获得具有双亲特点的新菌种，是基因工程技术的一次成功实践。此后基因工程技术获得了长足的进步，被广泛应用于农业、工业、医药、卫生、环保等各个领域。在医疗卫生领域，基因工程技术主要应用于基因诊断、基因治疗和无性繁殖等。

二、基因技术的基本原则

《民法典》第 1009 条规定，从事与人体基因、人体胚胎等有关的医学和科研活动，应当遵守法律、行政法规和国家有关规定，不得危害人体健康，不得违背伦理道德，不得损害公共利益。

三、基因技术中的法律问题

（一）基因诊断

基因诊断也称 DNA 诊断、DNA 探针技术或基因探针技术，是指通过直接探查基因的存在和缺陷对人体的状态和疾病作出判断。1976 年，凯恩等人借助 DNA 分子杂交方法首次成功地对地中海贫血作出产前诊断是基因诊断的最早应用。经过几十年的发展，基因诊断取得了许多成果，目前已经被广泛应用于多种疾病的诊断，尤其是在遗传病诊断方面，现在可以进行基因诊断的疾病已经有上百种。但在取得巨大发展的同时，许多法律问题也伴随而生。比如，医生是否有为患有遗传疾病患者保密的义务？如果医生为患者保密，是否损害了患者配偶或未来孩子的利益？如果医生泄密，影响了患者的婚姻、工作、保险等，医生是否应承担责任？等等。

（二）基因治疗

基因治疗，是指以改变细胞遗传物质为基础的医学治疗，即通过基因诊断出异常的基因后，用正常的基因代替异常基因，以达到治疗疾病的目的。基因治疗一般可分为体细胞基因治疗、生殖细胞基因治疗、基因增强工程和优生基因工程。从定义可以看出，基因治疗的目的是治疗疾病，而不是增强人类的某种特性。因此，转移的目的基因都是疾病相关基因。

1980 年基因治疗被首次应用于人体。1989 年 5 月 22 日，世界上首项获准的临床基因标记试验开始进行。基因治疗的成功迅速引起医学界、产业界和各国政府的重视。基因治疗为人类展示了美好的前景，但是由于基因的复杂性，基因治疗设计会改变人类的遗传物质，有可能产生不可预知的后果。一般认为，体细胞基因治疗仅涉及患者个体，而生殖细胞的基因治疗则可能对人类未来产生影响，这就会在伦理、法律方面引起困惑。比如人是否有权利改变人、人的尊严何在、以什么标准来改变人、人体基因是否可以买卖等。对此，许多国家对基因治疗采取审慎的态度，同时也考虑从法律角度进行调整、规范和控制。[1] 我国目前仅允许体细胞基因治疗，在 1993 年制定的《人的体细胞治疗及基因治疗临床研究指控要点》中，强调对基因治疗临床试验之前要进行安全性论证、有效性评价和免疫学考虑，同时注意社会伦理影响。

（三）人类基因组计划

人类基因组大约有 5 万至 10 万个基因。人类基因组计划由美国科学家 1985 年率先提出，并于 1990 年正式启动，它旨在通过国际合作，阐明人类基因组 30 亿个碱基对的序列，发现所有人类基因并搞清其在染色体上的位置，破译人类全部遗传信息。这样一项伟大的人类生命科学工程，其规模和重要性可与登月计划相比。1999 年 9 月，中国获准加入人类基因组计划，负责测定人类基因组的全部序列的 1%，即人类 3 号染色体断臂上约 3000 万个碱基对的测序任务。

人类基因组计划是人类科学史上的一个里程碑。但是生命天书奥秘的揭示可能带来的伦理、法律、社会等一系列问题，值得思考和回应。例如，人类遗传密码破译后，人们首先面对的就是基因歧视。基因实际上并没有好坏之分，科学家反对"基因决定论"，因为一个人的智力、性格等受到环境、社会等因素的多重影响。同时，一个人的遗传信息应当属于个人隐私，而不是一般的医学数据。从基因角度来说，任何人都有可能是某种或某几种"致病基因"的携带者。这些携带者不应受到遗传歧视，应该像尊重隐私权一样尊重携带者的人格尊严。而隐性疾病基因携带者、显性疾病基因携带者在发病前都是健康人，个人权利等方面应一律平等。再如基因专利问题。基因是否能像专利一样获利。主流观点认为基因"人人皆有，与生俱来"，同心脏、胳膊等肢体、器官一样是人体组成部分。就像心脏、胳膊不能被专利，其解剖、病理、生化等数据不能被占有一样，人类基因也不应该被专利。遗传信息不应该被任何组织或个人垄断。DNA 序列所能揭示的遗传信息，更不能被专利。人类基因组计划应有益于全人类，但如何来公正地分享利益，这也是法学界应当思考的问题。

第五节　临床试验法律制度

一、临床试验概述

（一）临床试验的概念

临床试验，又称涉及人的生物医学研究或人体试验，是指任何在人体上（患者或健康志愿者）进行的系统性生物医学研究。主要包括以下活动：（1）采用现代物理学、化学、生物学、中医药学和心理学等方法对人的生理、心理行为、病理现象、疾病病因和发病机制，以及疾病的预防、诊断、治疗和康复进行研究的活动；（2）医学新技术或者医疗新

---

[1]　吴崇其主编：《中国卫生法学》，中国协和医科大学出版社 2018 年版，第 343 页。

产品在人体上进行试验研究的活动；（3）采用流行病学、社会学、心理学等方法收集、记录、使用、报告或者储存有关人的样本、医疗记录、行为等科学研究资料的活动。参加临床试验的人员被称为"受试者"，既包括患者，也包括身体健康的人。

临床试验的目的是对新药物、新医疗器械以及新治疗方案等在人体中的作用与效果进行系统性研究，以确定其安全性。由于新开发药品所具有的副作用、不良反应，新医疗器械以及治疗方案的不确定性等其他作用均处于未知状态，因此，临床试验是新药品、新医疗器械以及新治疗方案在投入使用前必须经过的步骤。

从医学发展的历程来看，临床试验是医学科科学技术发展的必经阶段。不同于医疗行为，临床试验的主要目的不在于治愈患者的疾病或增强健康人的体魄，而是在于确定试验药物的疗效与安全性。在试验中，医疗方案的安全性必须要透过受试者的具体应用才能进行观测和记载。

（二）临床试验的特征

1. 试验为主治疗为辅

不同于普通医疗行为，临床试验的实施目的主要是确定新药物、新医疗器械以及新治疗方案等在人体中的作用与效果，临床试验是新药物、新医疗器械以及新治疗方案能够应用临床的前提条件，而对受试者的治疗居于次要地位。

2. 具有未知的风险

临床试验是使用危险与疗效均属未知的新药物或新技术，试验结果无法依靠人类现今所掌握的医学知识得出必然的结论，药物临床试验无疑是对人体构成一定风险的医疗行为。

3. 可抗辩性

在药品生产企业、医疗机构履行了充分告知、谨慎实施监测义务的情况下，如果仍然在药物临床试验中发生了药害事件，药品生产企业、医疗机构会提出其无主观过错的抗辩。

4. 受试者无法证明

即使患者作为受害人寻求司法救济，如果按照"谁主张，谁举证"的举证规则，患者往往无法证明服用试验药品与自己目前的人身损害后果之间存在直接因果关系。

（三）临床试验的基本原则

根据世界医学大会《赫尔辛基宣言》和国际医学科学组织委员会颁布的《人体生物医学研究国际伦理指南》的道德原则，所有以人为对象的研究，必须确保临床试验活动符合公正、尊重人格、力求使受试者最大限度受益和尽可能避免伤害的原则。因此世界各国均出台了调整临床试验关系的法律、法规。目前，公认的临床试验伦理原则包括尊重原则、有利原则、不伤害原则和诚信原则等。

国家卫计委于2016年发布了《涉及人的生物医学研究伦理审查办法》，其中第4条规定，伦理审查应当遵守国家法律法规规定，在研究中尊重受试者的自主意愿，同时遵守有益、不伤害以及公正的原则。2020年4月，由国家药品监督管理局会同国家卫生健康委员会组织修订了《药物临床试验质量管理规范》，旨在保证药品临床试验过程规范，结果科学可靠，保护受试者的权益并保障其安全。《民法典》第1008条明确了临床试验中的尊重受试者权益原则。这是第一次从民事立法角度对临床试验中受试者的人格权益保护给予正面回应。《民法典》第1009条规定，从事与人体基因、人体胚胎等有关的医学和科研活动，应当遵守法律、行政法规和国家有关规定，不得危害人体健康，不得违背伦理道德，不得损害公共利益。

二、受试者的权利

受试者，指参加一项临床试验，并作为试验用药品或试验用医疗器械等的接受者，包括患者、健康受试者。临床试验受试者如下五项权利应当在临床试验的过程中受到尊重。

（一）生命健康权

生命健康权作为人的一项基本权利，在药物临床试验中当然被医学伦理和法律所关注。通过临床试验进行安全性评价正是出于保障药品上市后患者安全之需要，故试验过程中，受试者的生命健康安全应当首先被重视，对于其生命健康权之保障自然与《药物非临床研究质量管理规范》中所称用于非临床研究阶段的各种动物不同。

《赫尔辛基宣言》宣称，进行临床试验的前提之一，是研究者确信能够充分地预见风险并能够妥当处理。同理，如果发现风险超过可能的受益或者已经得出阳性的结论和有利的结果时，医师应当停止研究。妥当处理临床试验严重不良事件的措施，是受试者生命健康权保障的一个重要方面。对于严重不良事件的处理措施应是试验方案的一项重要内容，应在事前细致、周全地进行，未雨绸缪；研究者和申办者同为保障受试者安全的义务人，当严重不良事件出现时，应及时采取必要的措施以保证受试者的安全和权益。

（二）知情同意权

受试者的知情同意权是指在临床试验中，受试者享有的了解临床试验的目的、方法、过程、可能获得的利益、可能的风险及不适的权利。临床试验中的知情同意权与临床诊断、治疗中一般的知情同意权之内容、目的等不尽相同。从其完整意义上来说，知情同意权包括被告知权、自主决定权和随时终止试验权。知情同意是受试者参加临床试验的前提和基础。

1. 被告知权

在接受试验前和试验过程中，受试者均享有被告知的权利，并应当有充分的时间认真考虑。在试验前，应当向受试者说明试验目的、程序，告知该试验的风险，说明受试者可能获得的利益，介绍其他可供选择的办法，回答受试者的疑问，允许受试者随时退出，并不得使用为实施试验人员开脱责任的用语，等等。

2. 自主决定权

受试者有权决定是否自愿参加临床试验而不被胁迫或诱导，包括拒绝权和同意权。同时在形式上有严格的要求，以书面同意为宜，如果不能得到书面的同意，则必须正规记录非书面同意的获得过程并应有见证。

3. 随时终止试验权

在临床试验过程中，受试者有权随时终止试验，其医疗待遇与权益不受到影响。

（三）隐私权

隐私权是人类文明发展到近代社会的产物。对患者隐私权的保护，一方面体现了对他们人格尊严的尊重，另一方面有利于保证私人生活的安宁。在药物临床试验活动中，受试者的各种自然情况（姓名、性别、年龄、婚姻状况等）、健康状况、临床试验的各种资料以及其他相关个人信息都属于其隐私内容，都应当予以充分保护。根据隐私权的四项基本权能，权利人对相关信息享有隐瞒、利用、维护、支配的权利，在临床试验中主要体现为隐瞒受试者的个人试验资料。相应地，研究者、申办者对此负有保密义务。

（四）医疗救治权

在临床试验中，试验药品、对照品和安慰剂等物质都可能会在受试者体内出现不良反应甚至毒性反应。如果研究者不及时治疗就会严重损害到受试者的生命健康，医疗救治权理所当然地应成为受试者权益的必要部分。研究者负责作出与临床试验相关的医疗决定，保证受试者在试验期间出现不良反应时得到适当的治疗。在临床试验过程中，如发现严重不良事件，研究者应立即对受试者采取适当的治疗措施，同时报告药品监督管理部门、卫生行政部门、申办者和伦理委员会。

（五）经济补偿权

受试者因参加研究而受到伤害的，研究者应保证其有权获得对这类伤害的免费医疗以及经济或其他之补偿。如果受试者由于参加研究而死亡，其被抚养人有权得到赔偿。受试者决不能被要求放弃获得补偿的权利。根据《药物临床试验质量管理规范》的规定，申办者应对参加临床试验的受试者提供保险，对于发生与试验相关的损害或者死亡的受试者承担治疗的费用及相应的经济补偿。申办者应向研究者提供法律上与经济上的担保，但由医疗事故所致者除外。

第六节　脑死亡相关法律问题

一、脑死亡的概念

长期以来，人们都把呼吸和心跳停止作为死亡的依据，这就是传统的"心肺死亡说"。但随着急救医学及重症监护技术的发展，一些垂危患者在人工心肺的支持下渡过了死亡的难关，保持了呼吸及心脏功能，但是由于持久的脑缺血缺氧，脑功能发生不可逆损害，从而出现了脑死亡的概念。

脑死亡，是指整个中枢神经系统的全部死亡，包括脑干在内的全脑功能不可逆转和永久的丧失。脑死亡分为原发性脑死亡和继发性脑死亡。原发性脑死亡由原发性脑疾病或损伤引起；继发性脑死亡由心、肺等脑外器官的原发性疾病或损伤致脑缺氧或代谢障碍所致。脑死亡的基本原因是脑组织的严重损伤、出血、炎症、肿瘤、脑水肿、脑压迫、脑疝或继发于心肺功能障碍。

二、脑死亡的诊断标准

目前，世界上许多国家在脑死亡判断上基本还是采用"哈佛标准"或与其相近似的标准。哈佛标准的主要内容是：（1）不可逆的深度昏迷，对于外界刺激和内在的需求完全没有知觉，而且没有反应能力；（2）自主的肌肉运动和自主呼吸消失；（3）反射消失，主要是诱导反射消失；（4）脑电波平直或等电位。凡符合以上标准，并在24小时内反复测试，多次检查的结果一致，即可宣告死亡。但需排除体温过低（<32.2℃）或刚服用过巴比妥类及其他中枢神经系统抑制剂两种情况。

三、确立脑死亡的意义

（一）有利于科学准确判断死亡

从传统的心肺死亡标准的普遍适用到脑死亡标准的提出，反映了医学科学的发展和人类对自身生命认识的深入。仅仅以心肺死亡的标准作为死亡的判定标准，无法考虑到特殊人群的情况，由此可能会产生死亡误判的情形。如对服用中枢神经抑制剂自杀的患者，不易鉴别其假死状态从而导致错失最佳的救治时机。而脑死亡是全脑功能死亡，包括了大脑、小脑和生命中枢的功能丧失，并且功能丧失是不可逆的，由于包括脑干在内的全脑功能的丧失，自主的呼吸和运动都会消失。因此脑死亡的标准相比于传统的心肺死亡的标准，具有更加详尽、严格的指标，可以更好地维护人的生命尊严，更好地尊重人的生命价值。

（二）有利于节约医疗卫生资源

医疗卫生资源是为社会及人群提供卫生服务的物质基础和基本条件，是重要的社会资源。但我国目前医疗卫生资源总量不足、质量不高、结构与布局不合理等问题依然突出。因此合理科学的配置医疗卫生资源，能够提高效率降低成本，从而实现公平与效率的统一。现代医学技术的应用，可以在一定时间内维持脑死亡患者的心肺功能，但实际上，对于脑死亡患者来说，全脑功能的丧失是不可逆的，即便继续抢救也并不能恢复其意识和真正有质量有价值的生命，反而是在无谓的消耗医疗卫生资源，而其他患者则可能因医疗资源不足而得不到基本的医疗救治。因此确认脑死亡，可以适时地终止对脑死亡患者的医疗措施，减少不必要的医疗支出，把有限的医疗卫生资源用于那些需要治疗而又能够达到预期效果的患者身上，也可以减轻脑死亡者亲属的精神和经济负担，有利于维护社会的公共利益。

（三）有利于法律关系的确定

死亡不仅是一个医学概念，而且是一个法律概念。各国的民事法律、刑事法律的许多规定都涉及人的死亡问题。死亡决定着杀人罪的成立、刑事责任的免除、民事权利的终止、继承的开始、婚姻关系的消灭以及诸如合伙、代理等关系的变更等。因此，科学地、准确地判断一个人的死亡时间，在司法实践中具有极其重要的意义。鉴于传统心肺死亡标准的局限性，脑死亡标准的确立对于法律关系的确定就有了重要的意义。

（四）有利于人道主义的实现

器官移植的技术使千千万万的患者重获新生，但目前器官来源极其短缺。如果仅以心肺死亡的标准判定，那么脑死亡患者想要进行器官捐献，就只能等呼吸、心跳停止后宣布死亡才可。此时，机体的血液循环已经停止，体内大多数器官处于缺氧状态质量下降，影响器官移植的存活率。而确认脑死亡标准，当患者处于脑死亡状态时就可以进行死亡判定，此时患者机体器官处于较好的状态，有利于提高移植后器官的成活率。因此，确定脑死亡是为了实现更广泛、更高、更温和的人道主义，这也是确立脑死亡的社会意义和医学价值所在。

四、我国脑死亡立法讨论

目前，我国对脑死亡的定义与标准，尚无明确法律规定。但是对脑死亡的研究在20世纪80年代就已经开始，近些年来我国召开了数次有关脑死亡的专题讨论会。由于脑死亡立法涉及医学、生物学、社会伦理学、法学等多个学科，必须具备坚实的医学基础、社会基础和法治环境，是否应该接受脑死亡的概念，在学术界存在着不同观点。

赞同者认为在我国确认脑死亡的实际意义是客观存在的，我国应制定法律接受脑死亡概念。确认脑死亡观念和实施脑死亡法，可以适时地终止无效的医疗救治，减少无意义的卫生资源消耗。当然脑死亡立法不仅仅是为了节约资源，放弃明知无效的抢救，也是为了让人死得尊严。在法律上承认脑死亡，还有助于推进器官移植医学发展，使成千上万器官终末期患者因此得到再生的机会，更能倡导精神文明和社会进步。

反对者认为脑死亡定义是建立在功利主义基础之上的，是为器官移植而设的法律，有悖于人道主义原则，脑死亡标准在实践中也并不能解决所有情况下的死亡问题。实行脑死亡，将给社会观念、法律制度带来冲击，将导致对法律中死亡概念的重新界定，例如"重伤"或者"杀人未遂"但出现的"脑死亡"的情形，就可能成为"伤害致死""杀人既遂"，也会影响到遗产的继承等；如果患者家属与医生有某种协议，就可以很容易地谋杀患者等。

综上所述，我们对于死亡的观念和认识较为模糊，短期内达成脑死亡立法共识是不可能的。但是随着社会的发展和进步，脑死亡的概念在我国正在被越来越多的人接受。通过法律来确认脑死亡标准，已成为十分现实的需要。为此，本书建议在脑死亡立法时注意以下几个方面：

（一）允许两种死亡标准并存

立法时应考虑允许传统的死亡和脑死亡两个死亡定义和标准同时并存。传统死亡标准虽有缺陷，但其观念已根深蒂固，而现代医学又没有完全否定其科学性。特别在我国广大农村和边远贫困地区医疗条件比较落后的情况下，传统死亡标准仍是判断死亡的有效标准。另外，脑死亡标准本身也并不排斥传统死亡标准。这样既能防止因脑死亡误诊可能造成的对有抢救价值的患者的延误抢救，又可以使医生正确运用脑死亡标准对那些脑功能全部丧失，对外界和自身毫无感觉、意识，也没有自主活动，处于不可逆昏迷状态的患者及时宣布死亡。

（二）制定严格的脑死亡诊断标准

制定脑死亡标准，应当借鉴国外立法经验，结合我国医疗实践的具体情况，充分考虑到科学判定的依据、司法制度的支持和完善、社会伦理的认同和鉴别监督的实施，才能制定出严格的、具体的脑死亡诊断标准。脑死亡诊断标准的主要内容应当包括：（1）患者陷入不可逆的深度昏迷；（2）脑干反射全部消失；（3）无自主呼吸（靠呼吸机维持，自主呼吸诱发试验证实无自主呼吸）；（4）脑电图呈电静息。在初步判定脑死亡之后，需要间隔一定的时间进行复核，观察12小时复查无变化，方可最后判定为脑死亡。

（三）建立科学完整的脑死亡管理制度

脑死亡立法应明确判定脑死亡医师以及医疗机构的条件，以防止医生的草率诊断或者虚假诊断。有权判定脑死亡的医师必须具有国家执业医师资格，从事神经内科、神经外科、麻醉科、急救科、危重病监护临床工作达规定年限并具有高级专业技术职称，且需接受过有关脑死亡判定的培训和考核，取得《脑死亡判定医师执业证书》。同时，与器官移植有关的医生应当回避。判定脑死亡的医疗机构应当是三级医院，具有经考核合格并取得《脑死亡判定医师执业证书》的医务人员，具备必要的医疗仪器、设备和相关卫生技术人员，具有实施脑死亡判定的规章制度和监督措施，且设有医学伦理委员会。

（四）脑死亡判定的实施

脑死亡判定应尊重患者及其近亲属的意愿和选择，并遵循知情同意的原则。应当由患者近亲属提出脑死亡判定的书面申请并签署知情同意书。涉及伦理问题的，应当提交所在医疗机构的医学伦理委员会讨论。病历记录实施脑死亡判定的医务人员应当如实、完整记录实施过程，所有病历资料应当妥善长期保管，由两位具有脑死亡判定资格的医务人员在《脑死亡确认书》上签字，脑死亡判定方可生效。

（五）法律责任

脑死亡立法应当明确规定违反脑死亡法律法规的法律责任。对于不符合脑死亡判定标准或判定流程的患者，由于医务人员的过错导致违法认定脑死亡的，应追究相关医务人员的民事责任或行政责任，构成犯罪的，依法追究刑事责任。[①]

第七节　安乐死相关法律问题

一、安乐死的概念

"安乐死"一词源自希腊文 euthanasia，原意为舒适或无痛苦地死亡、安然去世，现在主要是指为解除患者无法忍受的肉体痛苦而采取的一种结束生命的行为。

安乐死有广义和狭义之分。广义的安乐死，包括一切因为身心健康的原因致死、让其死亡以及自杀。狭义的安乐死的对象则仅限于患有不治之症而又极端痛苦的人，即对死亡已经开始的患者，不对他们采取人工干预的办法来延长痛苦的死亡过程，或为了制止剧烈疼痛的折磨而采取积极的措施人为地加速其死亡过程。

安乐死并不是生与死的选择，而是每个人必须面临的安乐死亡还是痛苦死亡方式的选择；安乐死不只是人为地导致死亡，还指死亡过程中的一种良好状态，以及达到这种良好状态的方法。其目的是通过人工调节和控制，使死亡呈现出一种良好的状态，以避免精神和肉体的痛苦折磨，达到舒适或愉快，即改善死者濒临死亡时的自我感觉状态，维护其死

---

① 吴崇其主编：《中国卫生法学》，中国协和医科大学出版社 2018 年版，第 352 页。

亡时的尊严。

二、安乐死的分类

对安乐死最常见的分类，一是根据安乐死实施中的"作为"和"不作为"，将其分为主动安乐死和被动安乐死；二是按照是否自愿，将其分为自愿安乐死和非自愿安乐死。

（一）主动安乐死和被动安乐死

主动安乐死，也称积极安乐死，是指医务人员或其他人在无法挽救患者生命的情况下，采取药物注射或其他积极的措施主动结束患者的生命或加速患者死亡的过程。

被动安乐死，也称消极安乐死，指对符合安乐死条件的患者，医生应患者本人或其家属的意愿，停止使用抢救措施不予实施积极的医疗措施，撤除患者赖以生存的体外循环装置、人工呼吸装置及其他辅助设施，给予减轻痛苦的适当维持治疗，任其等待死亡的降临，自然逝去。

（二）自愿安乐死和非自愿安乐死

自愿安乐死，是指患者有表达安乐死意愿的行为能力，且在意识清醒时表达过同意安乐死的意愿并签署相关医疗证明文书。

非自愿安乐死，是指患者没有表达过同意安乐死，这种情况主要是针对那些无行为能力的患者（如婴儿、昏迷不醒的患者、精神患者和能力严重低下者）实行安乐死，这些患者没有表达安乐死意愿的行为能力，根据患者家属意见，只能由医生依据实际情况决定给予安乐死。

综合以上两种分类方式，安乐死可以有四种类型：自愿主动安乐死、自愿被动安乐死、非自愿主动安乐死、非自愿被动安乐死。

三、国外安乐死立法

（一）荷兰

荷兰是世界上第一个就安乐死问题制定法律的国家。1968 年，荷兰社会开始注重安乐死问题。1988 年，荷兰皇家药物管理局在一份报告中阐述了关于安乐死的标准。2000 年 11 月，荷兰议会下院以多数票通过了关于"没有希望治愈的患者有权要求结束自己生命"的《根据请求终止生命和帮助自杀（审查程序）法》。2001 年 4 月 10 日，荷兰议会上院正式通过安乐死法案，成为世界上第一个安乐死合法化的国家。该法案将荷兰长期以来的安乐死判例加以条文化、规范化、法律化，不仅承认消极被动的安乐死，还有条件地承认主动安乐死。《根据请求终止生命和帮助自杀（审查程序）法》对荷兰的刑法进行了修改，按照该法律，如果是医生实施的帮助自杀，并且实现了符合一定标准的适当的医护，那么就不被视为犯罪，将被免于法律起诉。

（二）澳大利亚

1995 年，澳大利亚北部地区议会通过了《临终患者权利法案》，允许医生按照一定的准则结束患者的生命。该法案的立法的目的是保障危重患者以体面的方式终止其生命的权利，保证医务人员依法提供上述服务免遭法律处罚，并为上述合法行为提供法定程序。但在 1997 年 3 月，澳大利亚联邦参议院经过辩论，推翻了《临终患者权利法案》。

（三）美国

美国对安乐死立法一直表现得较为积极，但各州对安乐死的立法不尽相同。从总体上看，有些州反对安乐死，认为不论从法律上还是道德上都不能接受；而有些州已经认定特殊条件下的安乐死是合法的，当然在安乐死的确认方面有着严格的程序。

美国自 20 世纪 70 年代以来，判例开始明确承认被动安乐死，同时对主动安乐死持宽容态度。1976 年，加利福尼亚州州长签署了《自然死亡法》。这是美国第一部成文的被动安乐死法。该法规定，任何成人可执行一个指令，旨在临终条件下中止维持生命的措施。该指令为"我的生命不再用人工延长"，条件是"我有不可医治的病，有两个医生证明我处于临终状态，使用维持生命的措施只是人工延长我的死亡时间，为我的医生确定我的死亡即将到来，不管是否利用维持生命的措施"。该法还明确规定，要在处于临终状态 14 天后方执行这一指令，医生必须遵循它，除非患者撤回，否则医生就犯有失职的罪责。这是第一次使"生前遗嘱"这类书面文件具有法律的权威。

1994 年 11 月，在美国俄勒冈州的一次全民公决中，通过了《尊严死亡法》。这项法律使得安乐死和医生协助自杀在有限的条件下不是非法的。1997 年，俄勒冈州就安乐死问题进行第二次全民公决，再次肯定《尊严死亡法》，使俄勒冈州成为全美唯一允许合法医生帮助自杀的州。

（四）日本

1962 年 12 月，日本在名古屋高等法院对一例安乐死案件的判决中，指出了安乐死在日本合法的要件，并逐渐形成了日本安乐死判例法。安乐死必须具备以下要件：（1）根据现代医学知识和技术判断，患者已患不治之症且死亡已经迫近；（2）患者痛苦剧烈，且惨不忍睹；（3）实行的唯一目的是减轻患者死亡前的痛苦；（4）如果患者神志清醒，并能表达自己的意志，则需要本人的真诚委托或同意；（5）原则上由医生执行，如果不能必须有足够说服人的理由；（6）实行的方法在伦理上被认为是正当的。上述条件全部具备，夺去患者生命的行为属于日本刑法规定的"正当行为"。为消除患者肉体痛苦而不得已侵害生命的行为，可被认为相当于日本刑法规定的"紧急避难行为"。执行安乐死而不追究法律责任，其依据是作为正当行为的违法性阻却和紧急避难的违法性阻却，即通常构成违法的行为，由于特殊理由可不认为是违法。

（五）其他西方国家

2001 年 10 月，比利时参议院批准了《安乐死法案》：允许医生在特殊情况下，可以帮助患绝症的患者实施安乐死。2002 年 5 月 16 日，比利时正式公布了该法案，成为继荷兰之后第二个使安乐死合法化的国家。该法案对实施安乐死规定了非常严格的条件：（1）实施安乐死的前提是患者的病情已经无法挽回，并遭受着持续的和难以忍受的生理、心理痛苦；（2）要求安乐死者必须是成年、意识正常的患者在没有外界压力的情况下经过深思熟虑后自己提出来的；（3）不允许未成年人（16 岁以下者）申请安乐死。

瑞士法律规定，对一个遭受痛苦、注定要死亡的重病患者施行安乐死是合法的，已经允许医生在患者提出清晰和准确的安乐死请求时采取帮助性自杀措施。丹麦、新加坡、加拿大都允许患者拒绝继续接受治疗。

四、我国安乐死的立法思考

安乐死在我国引起医学界、法学界、伦理学界、社会学界和公众的关注和讨论，始于20世纪80年代中期，现行法律并未认可安乐死。

关于安乐死立法，一种观点认为：选择安乐死是患绝症患者的一种权利，让安乐死合法化是人类理智、科学地对待死亡的一种表现。制定安乐死法规，可解除不治患者的痛苦。另一种观点认为：安乐死立法不可轻言。首先，当今时代对社会道德水准和人权保障愈益强调。安乐死合法化的观点，是违背国际人权公约的，因为在人权保护上人人平等，不得基于任何原因而给予任何人任何歧视。其次，安乐死的核心问题是社会或社会中的个人有无权利帮助别人死亡，而不是一个人自己有无权利死亡。如果法律允许一部分人帮助他人死亡，这将是令人生畏的。最后，安乐死不符合我国的传统道德观念，实施安乐死有悖医生的职业道德和要求，《刑法》规定的故意杀人罪没有排斥安乐死，实施安乐死有违法律规定。

在司法实践中，对于被动的消极安乐死，无论是患者或其家属主动要求中止治疗，还是医院或医生动员患者出院或撤除患者的生命维持装置，一般都不需承担责任。但是，在尚未立法的情况下，主动安乐死是我国现行法律所禁止的一种违法行为，一旦有人控告，实施者就要受到刑事法律制裁。此类案件近些年来在国内已发生数起，但从对行为人的处罚结果看，还是从宽的，明显区别于其他性质的故意杀人行为。

安乐死问题也引起了国家立法机关的重视。在全国人民代表大会上，人大代表曾多次提交安乐死合法化的议案。但卫生行政部门经反复研究后认为，安乐死是一种具有特殊意义的死亡类型，它既是一个复杂的医学、法学问题，又是一个极为敏感的社会、伦理问题。但从目前的法律、法规来看，安乐死在我国法律上是被禁止的。目前制定安乐死相关法律法规的条件尚不成熟，但要为安乐死立法做准备，并且要大力开展死亡教育。

【练习题】

一、选择题

1.（2014年）下列说法符合人类辅助生殖技术法律要求的是（　　　）。
   A. 社会名人负有捐赠其精子/卵子的法律义务
   B. 医疗机构不得保留供精人工受孕妇女的病历资料
   C. 医疗机构不得向未婚大龄妇女提供助孕技术
   D. 实施人工授精时，精子库必须保证提供新鲜精液
   E. 我国大陆已婚女性，若其丈夫同意可以提供无偿代孕服务

2.（2005年）在下列各项中，违背卫生部颁布的人类辅助生殖技术法律原则的是使用（　　　）。
   A. 捐赠的精子　　　　　　　　　　　　B. 亲属代孕

C. 卵泡浆内单精注射　　　　　　D. 捐赠的卵子

E. 植入前胚胎遗传学诊断

3.（2017 年）目前我国提倡的活体供体器官获取的方式是（　　）。

A. 自由买卖　　　　　　　　　　B. 指定同意

C. 自愿捐献　　　　　　　　　　D. 家属决定

E. 医生强制

4.（2005 年）对患有不治之症且濒临死亡而又极度痛苦的患者，停止采用人工干预方式抢救而缩短患者痛苦的死亡过程称为（　　）。

A. 医生助死　　　　　　　　　　B. 积极安乐死

C. 消极安乐死　　　　　　　　　D. 自愿安乐死

E. 非自愿安乐死

5.（2020 年）一位符合安乐死条件的患者，医生使用药物结束其痛苦的生命，称为（　　）。

A. 强迫安乐死　　　　　　　　　B. 医助安乐死

C. 被动安乐死　　　　　　　　　D. 主动安乐死

E. 自杀安乐死

6.（2012 年）下列国家中安乐死合法化的是（　　）。

A. 日本　　　　　　　　　　　　B. 比利时

C. 澳大利亚　　　　　　　　　　D. 美国

E. 新加坡

7.（2015 年）实施主动安乐死的首要社会条件是（　　）。

A. 家属的主动要求　　　　　　　B. 安乐死的合法化

C. 患者的主动要求　　　　　　　D. 能够减轻患者的痛苦

E. 维护患者的尊严

二、简答题

1. 什么是脑死亡？脑死亡的标准是什么？
2. 国外的脑死亡诊断标准是什么？
3. 什么是安乐死？最常见的安乐死分类有哪几种？
4. 安乐死法律地位争论的焦点在哪里？
5. 基因技术存在哪些法律问题？
6. 人类遗传资源管理应遵循哪些原则？

练习题参考答案

三、论述题

论脑死亡立法的意义。

第十五章
中医药管理法律制度

【本章重点】

1. 中医药医疗机构管理法律制度
2. 中医药医师管理法律制度
3. 中医药教育与知识产权保护法律制度

接骨涉嫌非法行医案

2022年9月，群众投诉某地区"某氏摸骨"责任人涉嫌非法行医。该地区卫生行政部门接报后，组织卫生行政执法人员现场抽查，经检查未取得《医疗机构执业许可证》，负责人蒋某未取得《医师资格证书》和《医师执业证书》。经进一步调查，举报人儿子由于脑瘫引起的步态异常到蒋某诊所就诊，诊疗过程中造成患儿股骨颈骨折，司法鉴定结果为轻伤2级。蒋某的行为违反了《医疗机构管理条例》有关诊疗活动的规定。依据《最高人民法院关于审理非法行医刑事案件具体应用法律若干问题的解释》第2条第1项、《行政执法机关移送涉嫌犯罪案件的规定》，该区卫生行政部门认定本案符合《刑法》第336条第1款"情节严重"的规定，将该案依法定程序移送至当地公安部门。

思考：

1. 蒋某是否构成非法行医？
2. 蒋某需要承担什么责任？

案例解析

第一节　中医药管理法律体系概述

中医药是中华民族的瑰宝，反映了中华民族对生命、健康和疾病的认识，是具有悠久历史传统、独特理论及技术方法的医药学体系，是我国各族人民在几千年生产生活实践中以及与疾病的斗争中逐步形成并不断发展的医学科学，为中华民族繁荣昌盛作出了重要贡献，对世界文明和传统医学进步产生了积极影响。

《中医药法》由我国第十二届全国人民代表大会常务委员会第二十五次会议于 2016 年 12 月 25 日通过，并于 2017 年 7 月 1 日开始施行。我国以特别立法的形式，对中医药服务、中药保护和发展、中医药人才培养、中医药科学研究、中医药传承和文化传播、保障措施等内容进行了全面的原则性规定。2019 年 5 月 25 日，在瑞士日内瓦召开的第 72 届世界卫生大会，审议通过了《国际疾病分类第 11 次修订本》，首次将起源于中医药的传统医学纳入其中。中医药正逐步融入世界主流医学体系。

一、中医药管理法律体系

建立科学的中医药管理制度，构建有序的中医药法律体系，是推动中医药事业稳定健康发展的重要基石，也是全面依法治国在中医药领域的重要体现。我国有权机关根据《宪法》《中医药法》和其他行政法规的有关规定，结合实际情况，制定了一些中医药法律法规、规章或其他规范性文件。

（一）国家立法和政策逐渐完善

《中医药法》实施后，中医药相关配套立法和中医药有关法律政策相继出台，为中医药管理奠定了法律基础。2017 年我国发布了《中医诊所备案管理暂行办法》和《中医医术确有专长人员医师资格考核注册管理暂行办法》。2019 年修订了《药品管理法》，通过了《基本医疗卫生与健康促进法》。此外，2019 年中共中央、国务院发布了《促进中医药传承创新发展的意见》，2021 年国务院印发了《"十四五"国家知识产权保护和运用规划》，一系列中医药相关政策文件相继出台，使得中医药法律和政策逐渐成熟，中医药管理法律体系日益完善。

（二）地方立法持续更新

《中医药法》实施后，地方性相关立法也在同步展开。2018 年 1 月 1 日河北省开始施行《河北省中医条例》；2019 年 11 月 1 日《湖北省中医药条例》施行；2019 年 12 月 1 日《四川省中医药条例》施行；2020 年 1 月 1 日《江西省中医药条例》施行；2020 年 4 月 1 日《陕西省中医药条例》施行；2020 年 9 月湖南省通过《湖南省实施〈中华人民共和国中医药法〉办法》；2021 年 5 月《北京市中医药条例》和《上海市中医药条例》正式实施；2021 年 7 月《广东省中医药条例》正式实施。地方立法持续更新，使得中医药管理法律体系内容更丰富。

综上所述，中医药管理法律体系逐步成型，基本形成了一个结构合理、内容健全、不断完善的管理体系。从横向上看，中医药诊疗、保健、科研、教育、产业、文化"六位一体"协调发展，中医药管理法律体系日臻完善。从纵向看，其以宪法为依据，包括法律、行政法规、地方性法规、部门规章和其他规范性文件等。

总体上，中医药法律体系，是立足我国基本国情，适应中医药事业发展需要的法律规范的统一整体，其以宪法为基础，以中医药专门法律规范为支撑，以宪法相关法、民法、商法、行政法、经济法、社会法等多个法律部门的法律规范为补充，是由宪法、法律、行政法规、地方性法规、部门规章、地方政府规章以及其他规范性文件等多个层次法律规范构成的有机系统。

二、中医药法律关系

中医药管理法律制度是中医药法律关系的具体表现形式，也中医药事业发展"法治化"的重要表现。中医药法律关系是在中医药法律规范调整中医药社会关系的过程中，基于保障和维护人体生命健康的利益、保障和促进中医中药发展而形成的多层面的、纵横交错的法律关系，包括民事法律关系、行政法律关系、刑事法律关系，涵盖着广泛的法律（权力）权利与义务。[1]

（一）中医药民事法律关系

中医药民事法律关系，主要是指中医药领域平等主体之间的财产关系和人身关系，是民事法律关系在中医药领域的具体形式。常见的中医药民事法律关系类型有中医医患法律关系、中医药物权法律关系、中医药买卖合同关系、中医药侵权法律关系、中医药传统知识和知识产权许可法律关系等。

（二）中医药行政法律关系

中医药行政法律关系，是指中医药卫生健康行政机关为了实施卫生健康管理，根据行政法律、行政法规、部门规章及行政规范性文件的规定，在行使卫生健康管理职权和履行卫生健康职责过程中所形成的各种权利／权力—义务关系。中医药行政法律关系，既包括在行政活动过程中所形成的行政主体与行政相对人之间的行政法上的权利义务关系，也包括因行政活动产生或引发的救济或监督关系。常见的中医药行政法律关系类型有对中医医疗机构的管理关系、对中医药行为的管理关系、对中药的管理关系、中医药从业人员的管理关系、对中医药传承和文化传播的管理关系、对中医药保障措施的管理关系等。

（三）中医药刑事法律关系

中医药刑事法律关系，主要是指在中医药领域发生的，基于中医药生产、经营、销售、使用、流通和管理活动所产生的需经刑事法律规范调整的国家与犯罪人之间的刑事权利义务关系。常见的中医药刑事犯罪有破坏社会主义市场经济秩序罪、妨碍社会管理秩序罪和渎职罪。

中医药领域的破坏社会主义市场经济秩序罪包括生产、销售、提供假药罪，生产、销售、提供劣药罪，生产、销售不符合标准的医用器材罪，非法经营罪，等等。中医药领域妨碍社会管理秩序罪主要包括妨害传染病防治罪，传染病菌种、毒种扩散罪，妨害国境卫生检疫罪，医疗事故罪，非法行医罪，非法猎捕、杀害珍贵、濒危野生动物罪，妨害药品管理罪，等等。中医药领域的渎职罪主要包括滥用职权型渎职罪、玩忽职守型渎职罪和徇私舞弊型渎职罪，如食品、药品监管渎职罪。

---

[1]　王梅红、张继旺：《中医药法学》，法律出版社 2012 年版，第 49 页。

第二节　中医医疗机构管理法律制度

中医医疗机构管理法律制度，是中医药管理法律制度中最为重要的制度之一，涵盖了市场准入、执业规范和职责管理等方面。

一、中医医疗机构准入法律制度

（一）规划布局和设置审批

中医医疗机构的规划和设置，国家实行审批和备案管理的双轨制。一方面，依照《医疗机构管理条例》，设置一般的中医类别的医疗机构，应当根据设置床位数是否多于100张，向县级或省级人民政府卫生行政部门提出书面申请，经审批同意后，获得医疗机构设置批准证书；另一方面，依照《中医药法》和《中医诊所备案管理暂行办法》的规定，举办中医诊所，向所在地县级中医药主管部门备案后即可开展执业活动。国家取消了对中医诊所执业的审批准入管理，改为备案管理，此举全面降低了中医诊所市场准入的门槛。

（二）登记和执业

《医疗机构管理条例》第14条规定："医疗机构执业，必须进行登记，领取《医疗机构执业许可证》；诊所按照国务院卫生行政部门的规定向所在地的县级人民政府卫生行政部门备案后，可以执业。"中医医疗机构登记和执业，也需要遵循前述规定，未取得《医疗机构执业许可证》或者未经备案，不得开展诊疗活动。

二、中医医疗机构行为管理制度

（一）中医诊疗行为管理制度

中医医疗机构获得《医疗机构执业许可证》或者《中医诊所备案证》后，可以开展相应的诊疗活动。在开展中医诊疗活动时，中医医疗机构要遵守《中医药法》《医疗机构管理条例》《医疗机构管理条例实施细则》《医疗技术临床应用管理办法》《中医临床诊疗指南》《中医诊疗技术操作规范》《中医临床诊疗方案及临床路径》等有关规定和要求，在执业登记的诊疗科目范围内开展诊疗服务活动。

（二）中医处方管理制度

中医医疗机构的处方，应当按照《中医药法》《医师法》《药品管理法》《医疗机构管理条例》《麻醉药品和精神药品管理条例》《处方管理办法》等有关规定，由注册的执业医师或执业助理医师在诊疗活动中为患者开具，由取得药学专业技术职务任职资格的药学专业技术人员审核、调配、核对，并作为患者用药凭证的医疗文书。

处方权虽然属于医师法定权利，但是也要求医师按照法律规定行使。《处方管理办法》

第 8 条规定，经注册的执业医师在执业地点取得相应的处方权。经注册的执业助理医师在医疗机构开具的处方，应当经所在执业地点执业医师签名或加盖专用签章后方有效。第 9 条规定，经注册的执业助理医师在乡、民族乡、镇、村的医疗机构独立从事一般的执业活动，可以在注册的执业地点取得相应的处方权。

（三）中医医疗机构病历管理制度

中医医疗机构病历，是指中医医疗机构的医务人员在诊疗过程中形成的文字、符号、图表、影像、切片等资料的总和，包括门（急）诊病历和住院病历。

为加强医疗机构病历管理，保障医疗质量与安全，维护医患双方的合法权益，中医医疗机构应当按照《医疗机构病历管理规定（2013 年版）》建立健全的病历管理制度，设置病案管理部门或者配备专（兼）职人员，负责病历和病案管理工作。中医医疗机构的医务人员，应当按照《中医病历书写基本规范》《中医电子病历基本规范（试行）》要求书写病历。

住院病历由中医医疗机构负责保管，保管时间自患者最后一次住院出院之日起不少于30 年。建有门（急）诊病历档案的中医医疗机构，负责保管门（急）诊病历档案，保存时间自患者最后一次就诊之日起不少于 15 年。中医医疗机构保管病历期间，应当严格病历管理，任何人不得随意涂改病历，严禁伪造、隐匿、销毁、抢夺、窃取病历。

（四）中医医疗广告管理制度

中医医疗广告，是指中医医疗机构利用各种媒介或者形式，直接或间接介绍医疗机构或医疗服务的行为。中医医疗机构发布广告，应当遵守《中医药法》《广告法》《医疗广告管理办法》《医疗机构管理条例》等法律、行政法规、部门规章和其他规范性文件的规定，依法取得《医疗广告审查证明》。

市场监督管理部门负责医疗广告的监督管理，中医药管理部门负责中医医疗广告的审查，并对医疗机构进行监督管理。非医疗机构不得发布中医医疗广告，医疗机构不得以内部科室名义发布中医医疗广告。

第三节　中医药从业人员管理法律制度

科学、合理、稳定且不断壮大中医药从业人员队伍，事关中医药事业的持续发展和不断繁荣。广义的中医药从业人员，包括中医药专业技术人员和其他中医药相关人员。中医药专业技术人员主要指中医师、中西结合医师、民族医师、中药师（士）、中医护士等。其他中医药相关人员，主要指在中医药领域从事科学研究、人才培养、传承与文化传播等工作的非中医药专业技术人员。通常情况下，中医药从业人员指的是狭义的中医药从业人员，即中医药专业技术人员。

国家卫生健康委发布的《2020 年我国卫生健康事业发展统计公报》显示，截至 2020 年末，全国中医药卫生人员总数达 82.9 万人，比 2019 年增加 6.2 万人，增长 8.0%。其中中医类别执业（助理）医师 68.3 万人，中药师（士）13.1 万人。两类人员较 2019 年均有所增加（详见表 15-1）。[①]

表 15-1　全国中医药人数及分布情况 [②]

	2019 年	2020 年
中医药人员总数（万人）	767 239	828 871
中医类别执业（助理）医师	624 783	682 770
见习中医师	15 302	14 938
中药师（士）	127 154	131 163
中医药人员占同类人员总数的 %	16.9	17.2
中医类别执业（助理）医师占比（%）	16.2	16.5
见习中医师占比（%）	7.9	8.2
中药师（士）占比（%）	26.3	26.4
每万人口中医类执业（助理）医师（人）	4.5	4.8

中医医疗机构执业人员，通常情况下是指中医医疗机构中的中医药专业技术人员，具体是指在中医、中药、中西医结合等专业领域，通过中医药专业资格考试或者考核合格，经注册在中医医疗、保健、预防、康复机构工作的各类中医药专业技术人员。

一、中医类别执业医师考试准入制度

中医类别执业医师，包括中医执业医师、中西医结合执业医师、民族医执业医师，其准入制度主要采取"医师资格考试制度"和"医师执业注册制度"。根据《中医药法》第 15 条的规定，从事中医医疗活动的人员应当依照《医师法》的规定，通过中医医师资格考试取得中医医师资格，并进行执业注册。

参加执业医师资格考试，需要满足一定的学历要求和工作实践要求。《医师法》第 9 条规定，具有下列条件之一的，可以参加执业医师资格考试：（1）具有高等学校相关医学专业本科以上学历，在执业医师指导下，在医疗卫生机构中参加医学专业工作实践满 1 年；（2）具有高等学校相关医学专业专科学历，取得执业助理医师执业证书后，在医疗卫生机构中执业满 2 年。

参加执业助理医师资格考试，需《医师法》第 10 条的规定：具有高等学校相关医学专业专科以上学历，在执业医师指导下，在医疗卫生机构中参加医学专业工作实践满 1 年的，可以参加执业助理医师资格考试。

以师承方式学习中医和医术确有专长人员，满足一定条件可以参加中医医师资格考试。根据《医师法》第 11 条的规定，以师承方式学习中医满 3 年，或者经多年实践医术确有专长的，经县级以上人民政府卫生健康主管部门委托的中医药专业组织或者医疗卫生

[①]　参见国家卫健委：《这一年，中医药从业人员增长 8.0%》，载《长江日报》，https://baijiahao.baidu.com。

[②]　国家中医药管理局：《国家中医药管理局办公室关于印发〈2020 中医药事业发展统计提要报告〉的通知》，载 http://gcs.satcm.gov.cn。

机构考核合格并推荐，可以参加中医医师资格考试。《中医医术确有专长人员医师资格考核注册管理暂行办法》第 32 条规定，中医（专长）医师通过学历教育取得省级以上教育行政部门认可的中医专业学历的，或者执业时间满 5 年、期间无不良执业记录的，可以申请参加中医类别执业医师资格考试。

二、中医医师资格考核准入制度

对于以师承方式学习中医或者经多年实践，医术确有专长的人员，可以依照法律规定，通过考核的方式取得中医医师资格。依法注册后，可以在注册范围内从事中医医疗活动。《中医药法》第 15 条规定，以师承方式学习中医或者经多年实践，医术确有专长的人员，由至少 2 名中医医师推荐，经省、自治区、直辖市人民政府中医药主管部门组织实践技能和效果考核合格后，即可取得中医医师资格；按照考核内容进行执业注册后，即可在注册的执业范围内，以个人开业的方式或者在医疗机构内从事中医医疗活动。《中医医术确有专长人员医师资格考核注册管理暂行办法》第 4 条规定，以师承方式学习中医或者经多年实践，医术确有专长的人员，可以申请参加中医医术确有专长人员医师资格考核。考核合格的，由省级中医药主管部门颁发《中医（专长）医师资格证书》。

综上所述，通过中医医师资格考试取得中医医师资格和通过考核取得中医医师资格有着明显的不同，但是两种方式也有着一定的衔接，能为各类中医人员取得中医医师资格提供合法渠道。

三、执业药师（中药师）考试准入制度

执业中药师是执业药师的一个类别，是指通过全国统一考试合格后，取得执业中药师职业资格证书的人员。根据《药品管理法》第 42 条的规定，从事药品生产活动，应当有依法经过资格认定的药学技术人员。执业中药师实行注册制度，从事中药类药品生产、经营和其他需要提供中药学服务的单位，应当按规定配备相应的执业中药师。

2019 年 3 月 20 日，《国家药监局、人力资源社会保障部关于印发执业药师职业资格制度规定和执业药师职业资格考试实施办法的通知》发布，明确了关于执业药师职业资格的有关事项。该通知第 9 条规定，凡中华人民共和国公民和获准在我国境内就业的外籍人员，具备以下条件之一者，均可申请参加执业药师职业资格考试：（1）取得药学类、中药学类专业大专学历，在药学或中药学岗位工作满 5 年；（2）取得药学类、中药学类专业大学本科学历或学士学位，在药学或中药学岗位工作满 3 年；（3）取得药学类、中药学类专业第二学士学位、研究生班毕业或硕士学位，在药学或中药学岗位工作满 1 年；（4）取得药学类、中药学类专业博士学位；（5）取得药学类、中药学类相关专业相应学历或学位的人员，在药学或中药学岗位工作的年限相应增加 1 年。

执业药师实行注册制度。国家药品监督管理局负责组织执业药师注册活动，制定政策并指导全国执业药师注册管理工作。各省、自治区、直辖市药品监督管理部门负责本行政区域内的执业药师注册管理工作。

第四节 中医药教育与科研法律制度

一、中医药院校教育制度

新中国成立以来，院校教育一直是中医药教育的主要发展模式。在国家政策的支持下，中医药院校教育得到了蓬勃发展。1956年，北京、上海、广州、成都率先建立中医学院。随后，全国各地相继成立各级各类从事中医药教育的院校机构。一些高等西医院校也将中医药相关课程列为必修课。目前，中医药院校教育，已经形成了中专、大专、本科、硕士研究生、博士研究生、博士后等多层次教育为主体，职业技术教育和成人教育为重要补充的发展格局。

2022年3月，国务院办公厅印发实施《"十四五"中医药发展规划》，将高素质中医药人才队伍建设作为一项重点任务，这是落实习近平总书记在中央人才工作会议提出的"四个面向"、深入实施新时代人才强国战略的重要举措，进一步突显了人才对于中医药事业发展的关键性作用，为中医药教育事业下一阶段的高质量发展指明了方向。

二、中医师承教育与确有专长人员教育

（一）中医师承教育与确有专长人员教育的区别

中医师承教育和中医确有专长人员教育，是我国中医药教育的重要组成部分，补充了院校教育的不足和短板，拓宽了中医教育路径。

中医师承教育是指无中医理论和临床知识的社会人士满足一定跟师条件，经过一定时间学习和培训，通过专业技能考试后，取得中医师行医资格的一种学习方式。中医确有专长教育针对的是从事传统医学实践5年以上，已经掌握中医独具特色且安全有效的传统医学诊疗技术的人员，为其打通合法执业路径。中医师承教育与确有专长教育二者相辅相成，虽然立法特点不同，但符合中医教育全面有法可依的立法目的。

（二）中医师承教育与确有专长人员教育相关法律法规

中医师承教育与确有专长教育制度是具有中国文化特色的中医药人才培养模式。我国中医药领域的立法工作起步较晚，2003年，首部中医药领域的行政法规《中医药条例》发布实施，其中第16条提出国家支持中医药学术经验与技术专长的传承，培养高层次临床人才和技术人才；可以看出国家对中医药师承和确有专长教育的重视和支持。

2007年2月1日施行的《传统医学师承和确有专长人员医师资格考核考试办法》，首次以规范性文件的形式明确了师承教育和确有专长人员教育的学习方法、标准要求和考核方法等内容。例如，第19条明确了申请确有专长考核应具备的条件；第22条明确了申请确有专长考核应当提交的材料；第27条明确了师承和确有专长人员取得《传统医学师承

出师证书》或《传统医学医术确有专长证书》后，在执业医师指导下，在授予《传统医学师承出师证书》或《传统医学医术确有专长证书》的省（自治区、直辖市）内的医疗机构中试用期满 1 年并考核合格，可以申请参加执业助理医师资格考试。

2017 年 7 月 1 日，《中医药法》正式施行，鼓励发展中医药师承教育。2017 年 11 月，国家出台了《中医医术确有专长人员医师资格考核注册管理暂行办法》，明确了中医医术确有专长人员的市场准入方式。

三、中医药科研法律制度

近年来，国家加快推进中医药现代化发展，加大了对中医药科研的投入。通过建立科研标准、梳理科研思路、建立科学方法，中医药科研实现了从医学史、临床诊疗、科研方法、伦理审查、成果转化和产业化等多个维度的守正创新。

中医药科研成果转化政策是中医药教育与科研的重点内容。2019 年 10 月，中共中央和国务院印发《关于促进中医药传承创新发展的意见》，要求加强中医药产业知识产权保护和运用，健全赋予中医药科研机构和人员更大自主权的管理制度，建立知识产权和科技成果转化权益保障机制。2021 年 2 月，国务院办公厅印发《关于加快中医药特色发展的若干政策措施》，提出应以中医临床需求为导向，加快推进国家重大科技项目成果转化；加强服务于中医药技术装备发展和成果转化应用示范的国家科技创新基地建设；建设一批代表国家水平的中医药研究和科技成果孵化转化基地，解决制约中医药发展的重大科技问题；制定一批中医特色诊疗方案，转化形成一批中医药先进装备、中药新药。

总体上，国家鼓励科研机构、高等学校、医疗机构和药品生产企业等，运用现代科学技术和传统中医药研究方法，开展中医药科学研究，加强中西医结合研究，促进中医药理论和技术方法的继承和创新。

第五节　中医药保护与发展法律制度

一、中药保护制度

（一）中药知识产权保护制度

中药作为传统药物，适用现代知识产权保护体系进行保护，存在一定的困难。中药是在传统中医药理论指导下形成的药物组合物，更多是临床经验总结，与建立在现代实验基础上的知识产权体系相比，是不同逻辑项下的不同产物。无论是专利、商标、版权还是商业秘密保护，都很难有效地适用中药领域。一方面，中药知识早就处于公开状态，很难满足专利"新颖性和创造性"的要求；另一方面，商标、版权和商业秘密保护，对于具有一定自然科学技术特征的中药而言，也难以适用。

因此，保护中药知识产权，需要另辟蹊径，制定特别的保护制度。《中药品种保护条例》是中药的特别行政保护制度。目前，中药专利保护制度、中药商业秘密保护制度、药品注册制度和中药品种保护制度，共同构成了中药保护的制度体系。

《中药品种保护条例》及其配套文件《中药品种保护指导原则》《中药保护品种证书核发服务指南》，是我国通过行政法规的方式，对中药等传统知识实施的特殊保护，属于一种过渡性保护措施。这种特殊保护提高了行业治理水平，促进了中医药事业发展。

中药品种保护，实施的是分级保护制度，按照中药品种保护的级别分别授予不同的保护期限，保护期限届满前 6 个月内还可以申请续期保护。中药一级保护品种期限可以为 30 年、20 年和 10 年，2 级保护品种为 7 年。中药品种保护，作为一种过渡性的行政保护措施，随着市场经济发展，其弊端越来明显，部分内容逐渐被弃用。截至 2022 年 1 月 1 日，在保中药保护品种只有 83 个，其中 1 级保护品种 3 个，包括云南白药集团的云南白药胶囊和云南白药（散剂），以及漳州片仔癀药业的片仔癀（锭剂）。其余均为 2 级保护品种，期限 7 年，涉及厂家 65 家，其中 15 家拥有多款中药保护品种。续保方面，2020 年以来合计 35 个品种申请中药保护品种，涉及生产厂家 35 家。其中 16 个为初保，12 个为续保，3 个初次申请，3 个复审，1 个补充申请[①]。实际上，自 1994 年至 2021 年，我国批准的中药品种保护证书数量总计近 5000 个。

（二）中药院内制剂保护制度

中药院内制剂，是指医疗机构根据本单位临床需要批准而配制、使用的固定处方制剂。中药院内制剂一直以来承担着中医临床诊疗和中药传承创新的重任，一方面很多中药院内制剂经过长期的临床实践验证，具有治愈率高、使用率稳定等特点；另一方面中药院内制剂本身具备的数据质量和数量条件，使其成为中药科研创新、中药临床转化的重要途径。

近年来，为促进中医药传承创新发展，中药院内制剂迎来诸多利好发展的政策，国家鼓励中药医疗机构制剂的合理合法使用。首先，《中医药法》正式颁布实施，该法第 31 条明确规定国家鼓励医疗机构根据本医疗机构临床用药需要配制和使用中药制剂，支持应用传统工艺配制中药制剂，支持以中药制剂为基础研制中药新药。其次，2019 年 10 月 20 日中共中央和国务院印发的《关于促进中医药传承创新发展的意见》，对中医药医疗机构制剂的注册、审评、审批等方面作出了详细规定。再次，2019 年 12 月 1 日，国家对《药品管理法》进行了修订，肯定了人用经验在新药创新方面的重大意义，奠定了中药院内制剂成果转化中数据基础的合法地位。最后，2020 年 12 月 25 日，国家药品监督管理局出台的《国家药监局关于促进中药传承创新发展的实施意见》，进一步明确了医疗机构中药制剂向中药新药转化和开发的方向。此外，2021 年 2 月 9 日国务院办公厅印发的《关于加快中医药特色发展的若干政策措施》，对医疗机构中药制剂价格予以放开，明确了医疗机构中药制剂可实行自主定价，为促进医疗机构中药制剂发展增添了新活力。特别需要指出的是，2022 年 4 月 29 日，国家药监局药审中心发布的《基于人用经验的中药复方制剂新药临床研发指导原则（试行）》《基于"三结合"注册审批证据体系下的沟通交流指导原则（试行）》，推动了中医药理论、人用经验和临床实验相结合的中药注册审评证据体系的完善建立。

---

① 谭国超：《中药专题报告九：中药保护品种梳理》，载 http://stock.finance.sina.com.cn。

近年来，随着国家鼓励中医药传承创新，许多省市颁布了促进中药院内制剂发展的地方性法规，例如，河北省、浙江省和江西省等卫生行政主管部门下发了允许中药院内制剂省内调剂使用；广东省药监局积极谋划布局，推动中药院内制剂备案制，压缩审批时间。

二、中医药传统知识保护制度

现代知识产权保护体系不能很好地保护中医药传统知识，专门的行政保护制度又逐渐失去活力，中医药传统知识应当如何保护，成为一个需要理论和实践解决的问题。

《"十四五"国家知识产权保护和运用规划》已经明确将制定中医药传统知识保护条例列入规划。根据2021年10月25日发布的《中医药传统知识保护条例（草案征求意见稿）》，国家拟通过设立专门行政法规，创建"中医药传统知识持有人"制度，实现对中医药传统知识的特别保护。中医药传统知识持有人将依法享有传承使用权、知情同意权、利益分享权、表明身份权、完整保护权和要求说明来源权。

国家出台《中医药传统知识保护条例》，有望从根本上建立一套有别于现代知识产权保护体系的中医传统知识保护制度。从《中医药传统知识保护条例（草案征求意见稿）》内容看，该草案既借鉴了国际公约关于遗传资源保护制度的相关规定，又将中药传统知识的特殊性结合其中。

三、中医药成果转化实务案例

中医药科研成果能否进行商业转化是衡量中医药产业价值的重要标准之一，也是中医药保护与发展的重要目标。多年来，诸多中医药专家、经济学专家、社会学专家、法学专家致力于中医药产学研联动合作和研究，经过不懈努力，促进中医药研发科技创新，推动商业成果转化取得突破性进展。

为响应国家号召，北京中医药大学专门成立了知识产权成果转化中心，通过成果转化管理机构，提高产学研成果转化比例，优化工作效率，解决中医药科研转化的路径问题、法律问题和经济问题。[1]上海中医药大学附属龙华医院为了探索产–学–研–用平台机制，推动国家医学中心建设服务战略，拟与上海药审中心、上海中药创新研究中心、张江集团等有关单位共同发起设立上海创新中医药转化平台，旨在加快推进上海市大型医院经方、验方、协定及中药制剂的临床转化工作。甘肃省实施中医药名方开发工程，推动"处方变制剂"，提高医疗机构对医院中药制剂的重视程度，重点开发中药协定处方，收集筛选保护民间中医药验方、秘方、技法并开展开发利用；强化中药院内制剂转化开发，推动"制剂变成药"，支持以中药医疗机构制剂为基础研制中药新药的转化工作。

---

[1]　2020年9月，北京中医药大学张冰团队在中关村论坛技术交易大会与知岐药业（北京）有限公司现场进行签约。被许可方知岐药业（北京）有限公司积极进行该成果项目的产业化转化与推广工作，目前成果转化首款产品"北苣牌菊苣茯苓通福汤"上市以来，深受消费者欢迎。

【练习题】

一、选择题

1. 可以参加中医医师资格考试的条件不包括（　　　）。

　　A. 以师承方式学习中医满 3 年

　　B. 经多年实践医术却有专长的，经县级以上人民政府卫生健康主管部门委托的中医药专业组织或者医疗卫生机构考核合格并推荐

　　C. 由至少 2 名中医医师推荐

　　D. 中医（专长）医师通过学历教育取得省级以上教育行政部门认可的中医专长学历

　　E. 执业时间满 5 年，期间无不良执业记录

2. 下列不属于取得中医医师资格条件的是（　　　）。

　　A. 以师承方式学习中医或者经多年实践

　　B. 医术确有专长的人员

　　C. 由至少 2 名中医医师推荐

　　D. 经省、自治区、直辖市人民政府中医药主管部门组织实践技能和效果考核合格后

　　E. 进行执业注册

3. 申请参加执业药师职业资格考试的条件不包括（　　　）。

　　A. 取得药学类、中药学类专业大专学历，在药学或者中药学岗位工作满 5 年

　　B. 取得药学类、中药学类专业大学本科学历或者学士学位，在药学或者中药学岗位工作满 3 年

　　C. 取得药学类、中药学类专业第二学士学位、研究生班毕业或硕士学位，在药学或者中药学岗位工作满 1 年

　　D. 取得药学类、中药学类专业硕士学位

　　E. 取得药学类、中药学类相关专业相应学历或学位的人员，在药学或者中药学岗位工作的年限相应增加 1 年

二、简答题

1. 中医医疗管理法律制度主要包括哪些制度？

2. 中医药从业人员管理法律制度主要包括哪些制度？

练习题参考答案

三、论述题

试论中药保护与发展制度。

第十六章
医疗卫生法律救济

【本章重点】

1. 医疗卫生法律救济的概念
2. 卫生行政复议的受案范围
3. 卫生行政复议的程序
4. 卫生行政诉讼的特征和受案范围
5. 承担卫生行政赔偿责任的情形
6. 卫生行政赔偿的方式和标准

医疗美容卫生行政诉讼案[①]

    Q市郊区卫生健康和体育局在检查中，发现玉某美容院未取得《医疗机构执业许可证》擅自开展针刺及拔罐治疗面部粉刺的行为，违反了《基本医疗卫生与健康促进法》的规定，于2020年9月9日作出了行政处罚决定书。美容院不服，于2020年10月14日向被告Q市卫生健康委员会申请行政复议，Q市卫生健康委员会于2020年12月7日作出维持原行政处罚的决定。美容院对行政复议决定依然不服，遂将Q市卫生健康委员会、Q市郊区卫生健康和体育局作为被告，向人民法院提起了行政诉讼。

思考：

1. 本案中美容院采取了哪些卫生行政救济途径？
2. 不同的卫生行政救济方式各自有什么特征？

案例解析

---

① 审理法院：山西省阳泉市城区人民法院，案号为（2021）晋 0302 行初 1 号。

第一节　医疗卫生法律救济概述

一、医疗卫生法律救济的概念

医疗卫生法律救济，广义上是指公民、法人或者其他组织认为其合法权益受到侵害，依照法律规定有权向有关国家机关告诉并请求予以补救的法律制度，其救济方式主要包括卫生行政法律救济、卫生民事法律救济以及卫生刑事法律救济。狭义的卫生法律救济特指卫生行政法律救济，是指公民、法人或者其他组织认为卫生行政机关的行政行为造成自己合法权益的损害，请求有关国家机关给予补救的法律制度的总称，包括对违法或不当的行政行为加以纠正，以及对于因行政行为而遭受的财产损失给予弥补等内容。本章卫生法律救济概念采狭义说，即指卫生行政法律救济。

二、医疗卫生法律救济的特征与途径

医疗卫生法律救济的特征包括：第一，医疗卫生法律救济是针对相对人的权利进行的救济。第二，医疗卫生法律救济是针对卫生行政行为所实施的救济。第三，医疗卫生法律救济在法律上形成某种制度。第四，医疗卫生法律救济一般是事后的救济。

医疗卫生法律救济主要包括卫生行政复议、卫生行政诉讼以及卫生行政赔偿。

第二节　卫生行政复议

一、卫生行政复议的概念

卫生行政复议是指公民、法人或其他组织认为卫生行政机关的具体行政行为侵犯其合法权益，依照法定程序和条件向卫生行政复议机关提出申请，卫生行政复议机关对该具体卫生行政行为进行合法性、适当性审查，并作出复议决定的活动。卫生行政复议是指卫生行政复议机关对公民、法人或者其他组织认为侵犯其合法权益的具体卫生行政行为，基于申请而予以受理、审理并作出决定的制度。

卫生行政复议是化解卫生行政争议的主要渠道之一，是卫生行政相对人保护自身合法权益的重要途径，在推进法治政府建设的道路上发挥着不可替代的作用。为了防止和纠正违法的或者不当的具体行政行为，保护公民、法人和其他组织的合法权益，保障和监督行政机关依法行使职权，1999 年 4 月 29 日，第九届全国人大常委会第九次会议通过了《行政复议法》，自 1999 年 10 月 1 日起施行，并于 2009 年 8 月 27 日、2017 年 9 月 1 日两次修正。为了进一步发挥行政复议制度在解决行政争议、建设法治政府、构建社会主义和谐社会中的作用，《行政复议法实施条例》经 2007 年 5 月 23 日国务院第 177 次常务会议通过，自 2007 年 8 月 1 日起施行。

二、卫生行政复议的特征

第一，卫生行政复议是基于卫生行政主体内部上下级之间领导与被领导的关系，体现上级卫生行政部门对下级部门进行事后层级监督的纠错机制。因此，卫生行政复议不是一种司法制度。

第二，卫生行政复议是一种经申请而启动的制度化程序。相对人对卫生行政主体已作出的具体行政行为不服，认为其违法或不当，向行政复议机关提出申请请求依法予以纠正。上级卫生行政主体可以基于管理职能对其所属的行政主体所实施的行为具有监督权，从而对所属行政主体作出的具体行政行为主动纠错，但这种行为属于一般性监督，不是行政复议。

第三，卫生行政复议是针对具体行政行为的法律救济制度。它是通过审查具体卫生行政行为的合法性与合理性并作出法律补救的一种制度，其目的是排除行政行为对相对人造成的不法侵害，保护相对人的权益。

三、卫生行政复议的受案范围

根据我国《行政复议法》的规定，公民、法人或者其他组织认为卫生行政机关作出的具体行政行为侵犯其合法权益的，可以依法向卫生行政复议机关申请行政复议。具体受案范围包括：（1）卫生行政处罚；（2）卫生行政强制措施；（3）卫生行政许可变更、中止、撤销行为；（4）涉及合法经营自主权行为；（5）要求卫生行政相对人履行义务的行为；（6）没有依法办理卫生行政许可的行为；（7）不履行保护人身权、财产权等法定职责的行为；（8）卫生行政给付行为；（9）其他具体卫生行政行为。

《行政复议法》对于行政复议的排除范围也作出了规定，具体包括：（1）卫生行政机关作出的行政处分或者其他人事处理决定；（2）卫生行政机关对民事纠纷作出的调解或者其他处理。以上事项不属于行政复议的受案范围，应当分别依照法律法规的规定提起申诉、申请仲裁或提起诉讼。

四、卫生行政复议的管辖

根据《行政复议法》的规定，医疗卫生行政复议的管辖分为以下几种情况：（1）对县级以上卫生行政机关的具体行政行为不服的，由申请人选择，可以向该部门的本级人民政府申请行政复议，也可以向上一级卫生行政机关申请行政复议；（2）对卫生行政机关依法设立的派出机构依照法律、法规或者规章规定，以自己的名义作出的具体行政行为不服的，向设立该派出机构的卫生行政机关或者该机关的本级人民政府申请行政复议；（3）对法律、法规授权的组织的具体行政行为不服的，可以向直接管理该组织的卫生行政机关申请行政复议；（4）两个卫生行政机关或者卫生行政机关与其他行政机关共同作出的行政行为，向共同上一级行政机关申请行政复议。

五、卫生行政复议程序

（一）卫生行政复议的申请

1. 申请期限

公民、法人或者其他组织认为卫生行政机关具体行政行为侵犯其合法权益的，可以自知道该具体行政行为之日起 60 日内提出行政复议申请，但法律规定的申请期限超过 60 日的除外。另外，因不可抗力或者其他正当理由耽误法定申请期限的，申请期限自障碍消除之日起继续计算。

2. 申请的提出

申请人申请卫生行政复议，可以书面申请，也可以口头申请。书面申请的，应当在行政复议申请书中载明法定事项。申请人可以采取当面递交、邮寄或者传真的方式提出复议申请，有条件的复议机关也可以接受以电子邮件形式提出的行政复议申请。口头申请的，卫生行政复议机关应当当场记录申请人的基本情况、行政复议请求、申请行政复议的主要事实、理由和时间，当场制作行政复议申请笔录交申请人核对或者向申请人宣读，由申请人签字确认。

3. 申请的限制

根据《行政复议法》的规定，复议申请有两项限制：第一，申请复议并已被受理的，在法定行政复议期限内不得向法院提起行政诉讼，该条源于处理行政纠纷的行政穷尽原则。第二，向法院起诉并已经被受理的，不得申请行政复议，该条源于司法最终解决原则。

（二）卫生行政复议的受理

卫生行政复议机关在收到复议申请后，依法应当在收到之日起 5 日内，对申请书进行审查，对于符合复议条件且没有向人民法院提起诉讼的，依法应当决定受理；对于不符合申请条件的，依法决定不予受理；对于卫生行政复议申请材料不齐全或者表述不清楚的，行政复议机关可以书面通知申请人补正。具体要求如下：

1. 受理条件

有明确的申请人和符合规定的被申请人；申请人与具体行政行为有利害关系；有具体的卫生行政复议请求和理由；在法定申请期限内提出；属于《行政复议法》规定的范围；属于收到行政复议申请的行政复议机关的职责范围；其他行政复议机关尚未受理同一申请，法院尚未受理同一主体就同一事实提起的行政诉讼。

2. 不予受理

对于不符合行政复议受理条件的复议申请，行政复议机关应在 5 日内作出不予受理的决定，并书面告知申请人。复议机关不予受理，应当说明理由。对符合《行政复议法》规定，但是不属于本机关受理的行政复议申请，应当告知申请人向有关行政复议机关提出。

3. 是否停止执行

行政复议期间不停止系争具体行政行为的执行，但下列情况下可以停止执行：（1）被申请人认为需要停止强制执行的；（2）行政复议机关认为需要停止强制执行的；（3）申请人申请停止执行的；（4）法律规定停止强制执行的。

（三）卫生行政复议的审理

1. 审理方式

行政复议原则上采取书面审查的办法，但是申请人提出要求或者行政复议机关负责法制工作的机构认为有必要时，可以向有关组织和人员调查情况，听取申请人、被申请人和第三人的意见。对重大、复杂的案件，申请人提出要求或者行政复议机构认为必要时，可以采取听证的方式审理。

2. 审理期限

行政复议机关应当自受理申请之日起 60 日内作出行政复议决定；但是法律规定的行政复议期限少于 60 日的除外。情况复杂，不能在规定期限内作出行政复议决定的，经行政复议机关的负责人批准，可以适当延长，并告知申请人和被申请人；但是延长期限最多不超过 30 日。

3. 审查证据和依据

公民、法人或者其他组织认为行政机关的具体行政行为所依据的行政规范性文件不合法，在对具体行政行为申请行政复议时，可以一并向行政复议机关提出对该规定的审查申请；行政复议机关应当处理或依法转送有权处理的行政机关处理。

行政复议机关在对被申请人作出的具体行政行为进行审查时，认为其依据不合法，本机关有权处理的，应当在 30 日内依法处理；无权处理的，应当在 7 日内按照法定程序转送有权处理的国家机关依法处理。处理期间，中止对具体行政行为的审查。

（四）卫生行政复议的决定

经审理，卫生行政复议机关应当依法作出如下行政复议决定：

维持决定。系争卫生行政行为认定事实清楚，证据确凿，适用依据正确，程序合法，内容适当的，决定维持。

履行决定。系争卫生行为是行政不作为，即被申请人不履行法定职责的，应决定其在一定期限内履行。

撤销、变更及确认违法决定。具体行政行为有下列情形之一的，决定撤销、变更或者确认该具体行政行为违法；决定撤销或者确认该具体行政行为违法的，可以责令被申请人在一定期限内重新作出具体行政行为：（1）主要事实不清、证据不足的；（2）适用依据错误的；（3）违反法定程序的；（4）超越或者滥用职权的；（5）具体行政行为明显不当的。

当事人对卫生行政决定不服的，可以在接到复议决定书之日起 15 日内向人民法院提起行政诉讼。

第三节　卫生行政诉讼

一、卫生行政诉讼的概念与特征

（一）卫生行政诉讼的概念

卫生行政诉讼，是指公民、法人或者其他组织认为卫生行政行为侵犯其合法权益，依法向人民法院提起诉讼，由人民法院主持审理并作出裁判的诉讼制度。关于卫生行政诉讼，最重要的现行法律为《行政诉讼法》。1989 年 4 月 4 日，第七届全国人民代表大会第二次会议通过了《行政诉讼法》后于 2014 年 11 月 1 日、2017 年 6 月 27 日二次修正。

（二）卫生行政诉讼的特征

第一，卫生行政诉讼是人民法院通过审判方式处理卫生行政争议的司法活动，体现了司法监督和司法救济，与行政复议中的行政监督和行政救济性质不同。

第二，卫生行政诉讼当事人具有恒定性，原告是卫生行政管理相对人，被告只能是卫生行政机关。

第三，卫生行政诉讼审查卫生行政行为的合法性。行政复议中的行政复议机关既审查行政行为的合法性，又审查其适当性；而行政诉讼中的法院一般只审查卫生行政主体行政行为的合法性。

二、卫生行政诉讼的受案范围

根据《行政诉讼法》的规定，公民、法人或者其他组织对下列具体卫生行政行为不服的，可以提起卫生行政诉讼：（1）对行政拘留、暂扣或者吊销许可证和执照、责令停产停业、没收违法所得、没收非法财物、罚款、警告等行政处罚不服的；（2）对限制人身自由或者对财产的查封、扣押、冻结等行政强制措施和行政强制执行不服的；（3）申请行政许可，卫生行政机关拒绝或者在法定期限内不予答复，或者对卫生行政机关作出的有关行政许可的其他决定不服的；（4）申请卫生行政主体履行保护人身权、财产权等合法权益的法定职责，卫生行政机关拒绝履行或者不予答复的；（5）认为卫生行政主体滥用行政权力排除或者限制竞争的；（6）认为卫生行政主体违法集资、摊派费用或者违法要求履行其他义务的；（7）认为卫生行政主体没有依法支付抚恤金、最低生活保障待遇或者社会保险待遇的；（8）认为卫生行政主体不依法履行、未按照约定履行或者违法变更、解除政府特许经营协议的；（9）认为卫生行政主体侵犯其他人身权、财产权等合法权益的。

根据《行政诉讼法》及其他相关法律法规的规定，人民法院不受理公民、法人或者其他组织对卫生行政机关针对下列事项提起的诉讼：（1）行政法规、规章或者行政机关制定、发布的具有普遍约束力的决定、命令；（2）卫生行政主体对行政机关工作人员的奖惩、任免等决定；（3）法律规定由行政机关最终裁决的行政行为；（4）卫生行政主体调解行为以及法律规定的仲裁行为；（5）卫生行政主体为作出行政行为而实施的准备、论证、研究、层报、咨询等过程性行为；（6）卫生行政指导行为；（7）法律法规规定的其他不纳入行政诉讼受案范围的其他事项。

三、卫生行政诉讼的管辖

卫生行政诉讼管辖是人民法院之间受理第一审卫生行政案件的职权划分，具体分为级别管辖、地域管辖和移送管辖。

（一）级别管辖

级别管辖是上下级人民法院受理第一审卫生行政案件的分工和权限。我国人民法院设置分为四级，分别为基层人民法院、中级人民法院、高级人民法院和最高人民法院。根据《行政诉讼法》的规定，基层人民法院原则上管辖第一审卫生行政案件；中级人民法院管辖对国务院部门或者县级以上地方人民政府所作的行政行为提起诉讼的案件、海关处理的案件、本辖区内重大复杂的案件以及其他法律规定由中级人民法院管辖的案件；高级人民法院管辖本辖区内重大、复杂的第一审行政案件；最高人民法院管辖全国范围内重大、复杂的第一审行政案件。

（二）地域管辖

地域管辖是同级人民法院之间受理第一审卫生行政案件的分工和权限，我国行政诉讼的管辖主要以人民法院辖区大小、被诉行政行为涉及的对象或当事人与人民法院辖区的关系等标准来确定。

1. 一般地域管辖

根据我国《行政诉讼法》的规定，卫生行政案件由最初作出卫生行政行为的卫生行政机关所在地人民法院管辖。这是一般地域管辖在卫生行政诉讼管辖制度中的体现，是最基本的一种管辖方式。

2. 特殊地域管辖

特殊地域管辖是除一般地域管辖以外的其他情况，具体包括：经过复议的案件，也可以由复议机关所在地人民法院管辖；经最高人民法院批准，高级人民法院可以根据审判工作的实际情况，确定若干人民法院跨行政区域管辖行政案件；对限制人身自由的行政强制措施不服提起的诉讼，由被告所在地或者原告所在地人民法院管辖；因不动产提起的行政诉讼，由不动产所在地人民法院管辖。

四、卫生行政诉讼程序

（一）起诉

起诉是指公民、法人或其他组织，认为卫生行政机关的具体行政行为侵犯了其合法权益而向人民法院提出诉讼请求，要求人民法院对卫生行政主体的具体行政行为进行合法性审查的法律行为。

1. 起诉的一般条件

根据《行政诉讼法》第49条的规定，提起行政诉讼应当符合以下条件：（1）原告必须是系争具体行政行为的相对人以及其他与行政行为有利害关系的公民、法人或者其他组织；（2）有明确的被告；（3）有具体的诉讼请求和事实根据；（4）属于人民法院受案范围和受诉人民法院管辖。

2. 起诉的时间条件

第一，不服行政复议提起诉讼的期限。根据《行政诉讼法》第45条的规定，公民、法人或者其他组织不服复议决定的，可以在收到复议决定书之日起15日内向人民法院提起诉讼。复议机关逾期不作决定的，申请人可以在复议期满之日起15日内向人民法院提起诉讼。法律另有规定的除外。

第二，直接向人民法院提起诉讼的期限。根据《行政诉讼法》第46条的规定，公民、法人或者其他组织直接向人民法院提起诉讼的，应当自知道或者应当知道作出行政行为之日起6个月内提出。法律另有规定的除外。因不动产提起诉讼的案件自行政行为作出之日起超过20年，其他案件自行政行为作出之日起超过5年提起诉讼的，人民法院不予受理。

（二）受理

卫生行政诉讼中的受理是指公民、法人或其他组织向人民法院起诉，经受诉人民法院审查认为其符合法律规定的起诉条件并接受其诉讼请求的法律行为。

我国《行政诉讼法》第51条规定了立案登记制，即人民法院在接到起诉状时对符合该法规定的起诉条件的，应当登记立案。对当场不能判定是否符合该法规定的起诉条件的，应当接收起诉状，出具注明收到日期的书面凭证，并在7日内决定是否立案。不符合起诉条件的，作出不予立案的裁定，裁定书应当载明不予立案的理由。原告对裁定不服的，可以提起上诉。起诉状内容欠缺或者有其他错误的，应当给予指导和释明，并一次性告知当事人需要补正的内容。不得未经指导和释明即以起诉不符合条件为由不接收起诉状。对于不接收起诉状、接收起诉状后不出具书面凭证，以及不一次性告知当事人需要补正的起诉状内容的，当事人可以向上级人民法院投诉，上级人民法院应当责令改正，并对直接负责的主管人员和其他直接责任人员依法给予处分。

根据我国《行政诉讼法》第52条的规定，人民法院既不立案，又不作出不予立案裁定的，当事人可以向上一级人民法院起诉。上一级人民法院认为符合起诉条件的，应当立案、审理，也可以指定其他下级人民法院立案、审理。

（三）审理

审理是指人民法院受理卫生行政案件之后，对案件进行实质性审查至终审判决前所进行的各项卫生行政诉讼活动的总和。我国行政诉讼实行两审终审制，当事人对于第一审人民法院裁判结果不服的，可以向上一级人民法院提起上诉，第二审人民法院的裁判结果为终审裁判。但当事人对已经发生法律效力的判决、裁定，认为确有错误的，可以向上一级人民法院申请再审，即申请启动审判监督程序，判决、裁定不停止执行。

人民法院审理卫生行政案件，由审判员组成合议庭，或者由审判员、陪审员组成合议庭。合议庭的成员，应当是 3 人以上的单数。人民法院应当在立案之日起 6 个月内作出第一审判决。有特殊情况需要延长的，由高级人民法院批准，高级人民法院审理第一审案件需要延长的，由最高人民法院批准。

五、卫生行政诉讼判决

卫生行政诉讼判决的种类主要包括以下几种：

驳回诉讼请求判决。卫生行政行为证据确凿，适用法律、法规正确，符合法定程序的，或者原告申请被告履行法定职责或者给付义务理由不成立的，人民法院判决驳回原告的诉讼请求。

撤销判决。撤销判决分为三种：全部撤销、部分撤销、判决撤销同时重新作出行政行为。撤销判决的情形主要包括以下几种：（1）主要证据不足的；（2）适用法律、法规错误的；（3）违反法定程序的；（4）超越职权的；（5）滥用职权的；（6）明显不当的。

履行判决。人民法院经过审理，查明被告不履行法定职责的，判决被告在一定期限内履行。

变更判决。卫生行政处罚明显不当，或者其他卫生行政行为涉及对款额的确定、认定确有错误的，人民法院可以判决变更。人民法院判决变更，不得加重原告的义务或者减损原告的权益。但利害关系人同为原告，且诉讼请求相反的除外。

确认判决。确认判决主要分两种：第一种为确认违法的判决。行政行为有下列情形之一的，人民法院判决确认违法，但不撤销行政行为：（1）行政行为依法应当撤销，但撤销会给国家利益、社会公共利益造成重大损害的；（2）行政行为程序轻微违法，但对原告权利不产生实际影响的。行政行为有下列情形之一，不需要撤销或者判决履行的，人民法院判决确认违法：（1）行政行为违法，但不具有可撤销内容的；（2）被告改变原违法行政行为，原告仍要求确认原行政行为违法的；（3）被告不履行或者拖延履行法定职责，判决履行没有意义的。第二种为确认无效的判决。行政行为有实施主体不具有行政主体资格或者没有依据等重大且明显违法情形，原告申请确认行政行为无效的，人民法院判决确认无效。人民法院判决确认违法或者无效的，可以同时判决责令被告采取补救措施；给原告造成损失的，依法判决被告承担赔偿责任。

第四节　卫生行政赔偿

一、卫生行政赔偿的概念与构成要件

卫生行政赔偿是指卫生行政机关及其工作人员在行使职权的过程中侵犯公民、法人或者其他组织的合法权益并造成损害，法律规定由国家承担赔偿责任的制度。

卫生行政赔偿的构成要件包括：（1）责任主体是国家。（2）侵权主体是卫生行政部门及其工作人员。（3）针对的是卫生行政机关及其工作人员的违法行为。卫生行政赔偿的现行法律依据是《国家赔偿法》。[1]

二、卫生行政赔偿的范围

（一）承担赔偿责任的情形

根据《国家赔偿法》第 3 条的规定，行政机关及其工作人员在行使行政职权时有下列侵犯人身权情形之一的，受害人有取得赔偿的权利：（1）违法拘留或者违法采取限制公民人身自由的行政强制措施的；（2）非法拘禁或者以其他方法非法剥夺公民人身自由的；（3）以殴打、虐待等行为或者唆使、放纵他人以殴打、虐待等行为造成公民身体伤害或者死亡的；（4）违法使用武器、警械造成公民身体伤害或者死亡的；（5）造成公民身体伤害或者死亡的其他违法行为。

根据《国家赔偿法》第 4 条的规定，行政机关及其工作人员在行使行政职权时有下列侵犯财产权情形之一的，受害人有取得赔偿的权利：（1）违法实施罚款、吊销许可证和执照、责令停产停业、没收财物等行政处罚的；（2）违法对财产采取查封、扣押、冻结等行政强制措施的；（3）违法征收、征用财产的；（4）造成财产损害的其他违法行为。

（二）不承担赔偿责任的情形

国家不承担赔偿责任的情形包括：（1）行政机关工作人员与行使职权无关的个人行为；（2）因公民、法人和其他组织自己的行为致使损害发生的；（3）法律规定的其他情形。

三、卫生行政赔偿的程序

卫生行政赔偿程序，是指赔偿请求人请求赔偿以及行政机关和人民法院处理赔偿案件的过程。行政赔偿程序有以下两种类型。

（一）单独请求行政赔偿的程序

赔偿请求人没有申请行政复议或提起行政诉讼的，可以单独就行政赔偿提出请求和诉讼。单独要求赔偿的，应当先向卫生行政赔偿义务机关提出，并按照法定要求递交行政赔偿申请书。卫生行政赔偿义务机关应当自收到申请之日起 2 个月内，作出是否赔偿的决定。赔偿义务机关决定不予赔偿的，应当自作出决定之日起 10 日内书面通知赔偿请求人，并说明理由。若赔偿义务机关在规定期限内未作出是否赔偿的决定，赔偿请求人可以自期限届满之日起 3 个月内，向人民法院提起诉讼。

（二）附带请求行政赔偿的程序

赔偿请求人在提起卫生行政复议或卫生行政诉讼的同时，可以一并提出卫生行政赔偿请求。

---

[1] 行政法与行政法学编写组：《行政法与行政诉讼法学》，高等教育出版社 2018 年版，第 301 页。

四、卫生行政赔偿的方式与计算标准

（一）卫生行政赔偿方式

根据《国家赔偿法》的规定，卫生行政赔偿以支付赔偿金为主要方式，能够返还财产或者恢复原状的，予以返还财产或者恢复原状。致人精神损害的，应当在侵权行为影响的范围内，为受害人消除影响，恢复名誉，赔礼道歉；造成严重后果的，应当支付相应的精神损害抚慰金。

（二）卫生行政赔偿的计算标准

1. 侵犯公民人身自由

每日赔偿金按照国家上年度职工日平均工资计算。

2. 侵犯公民生命健康权

（1）造成身体伤害的，应当支付医疗费、护理费，以及赔偿因误工减少的收入。减少的收入每日的赔偿金按照国家上年度职工日平均工资计算，最高额为国家上年度职工年平均工资的 5 倍；（2）造成部分或者全部丧失劳动能力的，应当支付医疗费、护理费、残疾生活辅助具费、康复费等因残疾而增加的必要支出和继续治疗所必需的费用，以及残疾赔偿金。残疾赔偿金根据丧失劳动能力的程度，按照国家规定的伤残等级确定，最高不超过国家上年度职工年平均工资的 20 倍。造成全部丧失劳动能力的，对其扶养的无劳动能力的人，还应当支付生活费；（3）造成死亡的，应当支付死亡赔偿金、丧葬费，总额为国家上年度职工年平均工资的 20 倍。对死者生前扶养的无劳动能力的人，还应当支付生活费。生活费的发放标准，参照当地最低生活保障标准执行。被扶养的人是未成年人的，生活费给付至 18 周岁止；其他无劳动能力的人，生活费给付至死亡时止。

3. 侵犯公民、法人和其他组织的财产权造成损害

（1）处罚款、罚金、追缴、没收财产或者违法征收、征用财产的，返还财产；（2）查封、扣押、冻结财产的，解除对财产的查封、扣押、冻结，造成财产损坏或者灭失的，依照（3）、（4）项的规定赔偿；（3）应当返还的财产损坏的，能够恢复原状的恢复原状，不能恢复原状的，按照损害程度给付相应的赔偿金；（4）应当返还的财产灭失的，给付相应的赔偿金；（5）财产已经拍卖或者变卖的，给付拍卖或者变卖所得的价款；变卖的价款明显低于财产价值的，应当支付相应的赔偿金；（6）吊销许可证和执照、责令停产停业的，赔偿停产停业期间必要的经常性费用开支；（7）返还执行的罚款或者罚金、追缴或者没收的金钱，解除冻结的存款或者汇款的，应当支付银行同期存款利息；（8）对财产权造成其他损害的，按照直接损失给予赔偿。

（三）卫生行政赔偿的费用

我国卫生行政赔偿费用列入各级财政预算。赔偿请求人凭生效的判决书、复议决定书、赔偿决定书或者调解书，向赔偿义务机关申请支付赔偿金。赔偿义务机关应当自收到支付赔偿金申请之日起 7 日内，依照预算管理权限向有关的财政部门提出支付申请。财政部门应当自收到支付申请之日起 15 日内支付赔偿金。

【练习题】

一、选择题

1. 以下卫生行政行为中，不能提起行政诉讼的是（　　）。
   A. 没收财物的处罚　　　　　　　　B. 责令停产停业
   C. 罚款　　　　　　　　　　　　　D. 吊销经营者的许可证
   E. 对卫生行政工作人员的处分

2. 不属于可以申请行政复议的情形是（　　）。
   A. 行政处罚　　　　　　　　　　　B. 行政强制
   C. 行政不作为　　　　　　　　　　D. 行政机关对民事纠纷作出的调解
   E. 行政机关侵犯合法的经营自主权的行为

3. 卫生行政诉讼中，卫生行政行为证据确凿，适用法律、法规正确，符合法定程序的，或者原告申请被告履行法定职责或者给付义务理由不成立的，人民法院应当判决（　　）。
   A. 驳回诉讼请求　　　　　　　　　B. 撤销该具体行政行为
   C. 确认该具体行政行为无效　　　　D. 变更该具体行政行为
   E. 确认该具体行政行为违法

4. 卫生行政复议机关应当自受理申请之日起（　　）作出行政复议决定。
   A. 30 之日内　　　　　　　　　　B. 60 之日内
   C. 3 个月之日内　　　　　　　　　D. 6 个月之日内
   E. 1 年之日内

5. 不属于我国卫生行政诉讼案件审理制度的是（　　）。
   A. 合议制度　　　　　　　　　　　B. 回避制度
   C. 公开审判制度　　　　　　　　　D. 一审终审制度
   E. 合法性审查制度

6. 管辖全国范围内重大、复杂的第一审行政案件的是（　　）。
   A. 最高人民法院　　　　　　　　　B. 高级人民法院
   C. 中级人民法院　　　　　　　　　D. 基层人民法院
   E. 全国人民代表大会

7. 公民、法人或者其他组织直接向人民法院提起诉讼的，应当自知道或者应当知道作出行政行为之日起（　　）内提出。
   A. 1 个月　　　　　　　　　　　　B. 3 个月
   C. 6 个月　　　　　　　　　　　　D. 1 年
   E. 3 年

8. 根据《国家赔偿法》的规定，卫生行政赔偿以哪种方式为主（　　）。
   A. 赔礼道歉　　　　　　　　　　　B. 恢复原状

C. 支付赔偿金   D. 返还已执行的罚款

E. 承担刑事责任

二、简答题

1. 简述卫生行政法律救济的概念及特征。
2. 简述卫生行政复议的受案范围。
3. 简述卫生行政诉讼的特征。
4. 简述卫生行政复议与卫生行政诉讼的异同。
5. 简述卫生行政赔偿的构成要件。

练习题参考答案

三、论述题

试论卫生行政诉讼中的合法性审查原则。

郑重声明

高等教育出版社依法对本书享有专有出版权。任何未经许可的复制、销售行为均违反《中华人民共和国著作权法》，其行为人将承担相应的民事责任和行政责任；构成犯罪的，将被依法追究刑事责任。为了维护市场秩序，保护读者的合法权益，避免读者误用盗版书造成不良后果，我社将配合行政执法部门和司法机关对违法犯罪的单位和个人进行严厉打击。社会各界人士如发现上述侵权行为，希望及时举报，我社将奖励举报有功人员。

读者意见反馈

为收集对教材的意见建议，进一步完善教材编写并做好服务工作，读者可将对本教材的意见建议通过如下渠道反馈至我社。

咨询电话　400-810-0598
反馈邮箱　gjdzfwb@pub.hep.cn
通信地址　北京市朝阳区惠新东街4号富盛大厦1座
　　　　　高等教育出版社总编辑办公室
邮政编码　100029